Denis DUPRE avec la complicité de Véronique METAY

Effondrement

Choisir la violence ou la révolution

Dessin de
Véronique
SAHAGIAN

ISBN : 978-2-9563-3780-5

🅭 **Jouquetti Libre**, Furmeyer, 2018

Diffusion libre et gratuite.
Illustration de couverture : Véronique Sahagian

Effondrement

Choisir la violence ou la révolution

Depuis vingt ans, dans des journaux grand public, j'ai publié une centaine d'articles... parce que je me sentais interpelé par ce qui m'apparaissait des urgences. Il était question de participer à la réforme de nos manières de faire et de vivre ensemble.

Aujourd'hui, je regroupe tous mes articles pour regarder la cohérence et l'évolution du cheminement de ma pensée. A leur relecture, je pense que ces combats pour des réformes n'ont plus d'utilité face à l'effondrement certain de notre société. Nos protestations sont vaines...Parce que les réformes désirées ne sont pas radicales et parce qu'elles ne se donnent pas les moyens de bousculer nos systèmes économiques et sociaux basés sur la compétition.

En effet, depuis 50 ans, malgré les alertes, nous n'avons rien changé à nos pratiques, nous avons mondialement poursuivi le *business as usual*[1]. Aujourd'hui nous suivons un scénario où la population mondiale va croître jusqu'en 2030 pour diminuer ensuite très rapidement et évidemment de façon très violente, jusqu'à ce qu'elle puisse être adaptée à une planète ravagée. L'effondrement est lié en particulier à notre système d'organisation basé uniquement sur la compétition et à nos désirs insatiables.
L'effondrement est devant nous.

Les effets de l'effondrement sont aggravés parce que nous n'attachons plus de valeur à ce qui nous permet de faire société. Aristote expliquait que *celui qui ne peut pas vivre en société, ou qui n'a besoin de rien parce qu'il se suffit à lui-même, ne fait point partie de l'État ; c'est une brute*. Nous sommes devenus des brutes, ou en voie de le devenir.
Nous avons fabriqué nos solitudes et il nous faut ensemble reprendre le pouvoir sur nos vies.

Ce recueil d'articles au goût d'autobiographie appelle à une révolution.

---

[1] Continuer les pratiques d'organisations du commerce mondial et des institutions sans en changer malgré les alertes sur la toxicité du système en vigueur.

Préface de la troisième édition de 2020.

Quatre mois se sont écoulés depuis la seconde édition en aout 2019.

La crise financière sera plus terrible que celle de 1929.

L'évasion fiscale reste favorisée ([220]) par une première classe qui danse dans les salons du Titanic en vendant les canots de sauvetage aux plus offrants ([223]). Nous les troisièmes classes allons mourrir ([219] et [222]).

Je signe une tribune pour que la BCE se bouge en urgence ([224]).

Je lance un appel pour que les chercheurs ne travaillent plus à la destruction du monde ([252]).

Je n'y crois plus.

Les menteurs et voleurs ont pris le contrôle sur nos vies ([221]).

Reste une question : L'insurrection du ghetto de Varsovie peut-il avoir une autre   issue ?

Articles dans des journaux grand public

[219] Consommer et crever : files d'attente aux urgences et au supermarché, *Mediapart*, 5 septembre 2019.

[220] 36 milliards +10 fonctionnaires + 3 ans de dossiers en retard = douce évasion fiscale, *Mediapart*, 6 septembre 2019.

[221] Trump a pour mentor le conseiller de la chasse aux communistes en 1950, *Mediapart*, 28 septembre 2019.

[222] Rejeterons-nous violemment à la mer les 3 milliards de migrants ?, *Mediapart*, 18 novembre 2019.

[223] Nous bradons démocratie et biens communs selon Challenges et le Financial Times, *Mediapart*, 30 novembre 2019.

[224] Lettre ouverte à Christine Lagarde : "La BCE doit agir sans tarder contre le changement climatique", 61 organisations (ONG, syndicats, think tanks, associations d'entrepreneurs) et 102 experts français et européens, *Financial Times, Bloomberg,* Les Echos, Tagespiegel, ElPais, La Republica, l'Agefi, De Standaard, Le Figaro, 27 novembre 2019.

Actions politiques

[252] Appel pour une transition scientifique, (https://sites.google.com/view/transitionscientifique/home?authuser=0), décembre 2019.

Interview grand public

Crise financière : à quand la prochaine ?, avec Virginie Monvoisin et Gilles Sanfilippo, café des sciences, Grenoble, 15 novembre 2019, (http://podcast.grenet.fr/episode/crise-financiere-a-quand-la-prochaine/)

Conférences grand public

Effondrements et finance (partie 2) – Les finances : pompiers des effondrements?, Cycle de conférence "Comprendre et agir", équipe STEEP, INRIA, Grenoble, 23 janvier 2020, Grenoble,
vidéo (https://www.youtube.com/channel/UCJbcXCcOA63M8VMysAbmt_A/videos)
ppt (https://drive.google.com/file/d/1esdVtiH8QHkLYc0KmsKUr57ZcWyRyyi6/view?usp=sharing)
Effondrements et finance (partie 1) – La finance : pyromane des effondrements?, Cycle de conférence "Comprendre et agir", équipe STEEP, INRIA, Grenoble, 5 décembre 2019, Grenoble,
vidéo (https://www.youtube.com/channel/UCJbcXCcOA63M8VMysAbmt_A/videos)
ppt (https://drive.google.com/file/d/1jGHrfTy57aE9n6n3qrCqb0CqDOcHWi0S/view?usp=sharing)

Préface de la deuxième édition de 2019.

Dix-huit mois se sont écoulés depuis la première édition en février 2018.

Tout s'effondre et de plus en plus vite. L'amazonie brûle. Le Présdent Macron fait violence sur le peuple.

Le cycle maudit de 80 ans semble se reproduire. Euphorie et démesure…puis chute. En 2008 un remake de la crise de 1929. En 2019, serions-nous comme en 1939 ? De plus en plus d'observateurs admettent depuis quelques mois ce que les intuitifs pressentaient déjà : nous sommes au bord du gouffre.

Depuis 2008, globalement, tout continue comme avant. Dans certains domaines on a adopté le vocabulaire du développement durable mais, de fait, on se contente de relooking. Que faire d'autre ? disent les fatalistes. On est cependant de plus en plus nombreux à défendre qu'il faudrait des « conversions » radicales.

Faire rapidement une transition radicale sans compter sur les marchés mais sur la loi ([200], [203] et [206]). Bâtir un système égalitaire pour survivre à l'effondrement. En fait les classes moyennes qui profitent encore et participent à l'effondrement percevront bien trop tard le besoin d'un système égalitaire. ([201]). Bâtir un système vraiment démocratique, où les citoyens décident de leur avenir ([202] , [208] et [251]). Orienter l'épargne vers des investissements adaptés à l'effondrement qui vient ([204]).

Ce mouvement ne peut s'abstenir de demander pardon aux jeunes d'avoir hypothéqué leur avenir et doit laisser vraiment de la place aux jeunes à même de diriger ([209]).

Or, ceux qui dirigent aujourd'hui campent sur leurs positions et accusent tous ceux qui veulent faire autrement de complotistes ([207]). Ils ferment une à une les issues non violentes et démocratiques ([210]) et imposent petit à petit un pouvoir dictatorial ([212]).

Nos dirigeants actuels laissent la fraude fiscale prospérer ([211] et [250]) pour le bénéfice d'une oligarchie financière et politique qui a commencé à trahir nos intérêts nationaux. Jusqu'où iront-ils ? ([213] et [217]).

Devient vitale la lutte pour imposer la réforme radicale et rapide de nos productions avec une consommation égalitaire pour ne pas foutre en l'air la planète ([214] et [215]).

Le créateur du mouvement Extinction Rebellion ([205] et [218]), Roger Hallam, (conférence "Time to Act Now" en août 2019) souligne le dérisoire de prétendre agir par de simples manifestations.

Les mouvements, sur le modèle de lutte de Gandhi, ont besoin d'un engagement fort des citoyens, qu'on peut « chiffrer » par 3% de la population qui soit prête à aller en prison pour imposer leurs convictions. Il ne faut plus vouloir manifester sans vouloir aussi déranger et déstabiliser le pouvoir.

Il est nécessaire aussi de parvenir à exprimer un objectif commun, clair et simple (comme par exemple celui d'Extinction Rebellion) à défendre sans faiblir. :

- La reconnaissance de la gravité et de l'urgence des crises écologiques actuelles et une communication honnête sur le sujet.

- La réduction immédiate des émissions de gaz à effet de serre pour atteindre la neutralité carbone en 2025, grâce à une réduction de la consommation et une descente énergétique planifiée.

- L'arrêt immédiat de la destruction des écosystèmes océaniques et terrestres, à l'origine d'une extinction massive du monde vivant. La création d'une assemblée citoyenne chargée de décider des mesures à mettre en place pour atteindre ces objectifs et garante d'une transition juste et équitable.

Articles dans des journaux grand public

[200] Collapse : nuit noire ou grand soir, *Le Grand Soir*, 18 novembre 2018.

[201] Gilets jaunes : les plus riches doivent donner l'exemple, *Usbek & Rica*, 1 décembre 2018.

[202] Ce que les gilets jaunes ont de vraiment révolutionnaire, *Huffington Post*, 27 décembre 2018.

[203] Le collapse français : de la fabrique des castes à l'insurrection, *Le Grand Soir*, 15 janvier 2019.

[204] L'épargne doit financer la transition écologique et sociale et non les énergies fossiles, *France info*, 19 février 2019.

[205] Appel des chercheurs à la grève climatique mondiale du 15 mars, *Le Temps de Genève*, 20 février 2019.

[206] Les marchés carbone ne vont pas «rendre à notre planète sa grandeur », *Mediapart*, 14 mars 2019.

[207] L'évasion fiscale est-elle une invention de complotistes ?, *Mediapart*, 23 mars 2019.

[208] Pourquoi ma femme soutient le souverainisme libéral…, *Mediapart*, 9 avril 2019.

[209] Demandons pardon à nos étudiants pour notre complicité dans la destruction de leur avenir, *Lundi matin*, 15 avril 2019.

[210] Évasion fiscale : une loi pour financer les transitions et atténuer l'effondrement, *Mediapart*, 19 avril 2019.

[211] Comment manipuler sa comptabilité pour faire de l'optimisation fiscale, *Mediapart*, 3 mai 2019.

[212] Macron a le profil du dictateur vert, *Mediapart*, 5 juin 2019.

[213] 2034 - Les chinois sont entrés dans Paris, *Mediapart*, 21 juillet 2019.

[214] À trop écouter les collapsologues nous finirons en grenouilles ébouillantées, *Huffington Post*, 23 juillet 2018.

[215] Aéroport de Paris bradé – crise de foi publique, *Mediapart*, 15 aout 2019.

[216] A quand une loi en France pour sauvegarder nos terres ?, *Usbek & Rica*, 19 aout 2019.

[217] Le Conseil Constitutionnel et des maires jouent contre nous avec nos terres agricoles, *Mediapart*, 20 aout 2019.

[218] Face à l'effondrement, quel collapsologue est fait pour vous ?, *Usbek & Rica*, 25 aout 2019.

Actions politiques

[250] Pétition « Faire passer une loi contre l'évasion fiscale », 2019.

[251] Pétition « Le RIC comme rempart contre l'évasion fiscale et la violence qui vient», 2019.

I. Les protestations devant notre maison qui brûle, sont devenues vaines.

J'ai rencontré Pierre Rabhi en 2000. Il était, à l'époque, un des rares à avoir compris deux enjeux stratégiques pour notre avenir commun : que la petite couche d'humus qui nous nourrit est fragile et que notre société basée sur le carbone, est vouée à s'effondrer. J'ai pu longuement l'interroger (voir les vidéos ici), souhaitant soutenir son projet d'agro écologie au service des plus pauvres. J'ai écrit en 2005 un texte pour résumer les problèmes qu'il décrivait (lire "Le petit prince Rabhi"[2]).

De 2000 à 2016, j'ai donné des cours d'éthique à l'ENSIMAG qui forme des ingénieurs spécialistes de finance et de mathématiques financières et à l'IAE dont les étudiants sont appelés à être gestionnaires en finance, ressources humaines et marketing. Avec eux, j'ai visionné, entre autres, le film sorti en 2005 "Le Cauchemar de Darwin". J'ai chaque année proposé à mes étudiants de préparer des exposés sur des sujets de leur choix. Nous avons découvert ensemble que, quel que soit le sujet qu'ils creusaient, il semblait que l'on arrivait à des impasses écologique et humaine : disparition des abeilles, conflits sur l'eau, obsolescence programmée, émeutes de la faim, changement climatique, etc. (voir best-off des travaux des étudiants).

En mai 2008, avec Michel Griffon, nous avons publié "La Planète, ses crises et nous". Ce livre faisait un état des lieux, en particulier sur les questions énergétiques et alimentaires (lire l'introduction). Nous y avons détaillé les changements possibles pour assurer un monde durable pour 2050 (lire ici).

J'ai pris conscience que les crises de la finance, du climat, de la nourriture et de l'énergie sont liées et qu'elles nous conduisent à une récession violente et sans fin ([6])[3]. J'ai acquis la certitude que si nous ne gérons pas la décroissance, elle nous sera imposée par la réalité physique avec violence.

Dès 2009, j'ai mesuré les limites des discours écologiques ([13] et [49]) dès qu'ils servent des intérêts politiques partisans ou satisfont au greenwashing des institutions. En 2015, j'ai souligné comme ils étaient même inaudibles face à l'absence de stratégie de nos dirigeants notamment au niveau européen pour nous éviter les pollutions de l'énergie du charbon dont la Chine souhaite se débarrasser ([37]).

Suivant de près les positions des experts, comme le GIEC, sur l'évolution du climat, il m'a semblé que nous pouvions limiter les dégâts par des actions radicales.

Pourtant, 40 ans après la publication de *Limits to growth*, en 2012, Dennis Meadows qui présentait la mise à jour de son modèle, lançait une dernière alerte

---

[2] Toutes les références sur internet sont disponibles en telechargant gratuitement le livre au format pdf sur mon site internet : https://sites.google.com/site/financeresponsable/denis-dupre.

[3] Les numéros entre crochets font références aux articles numérotés disponibles à la fin de ce livre.

pour limiter la croissance alors que Lester Brown, connu depuis 30 ans pour son plan B pour la planète, annonçait lui aussi que nous étions à la date du basculement irréversible (voir World on the Hedge).

C'est à cette époque que j'ai entamé une collaboration avec l'équipe STEEP de l'INRIA de Grenoble dans l'idée de concevoir des outils pour répondre aux enjeux écologiques au niveau des territoires. Si les questions environnementales butaient sur des solutions coordonnées pour toute la planète, nous avions la conviction qu'il convenait d'agir localement, au sein de communautés à taille humaine : notre territoire.

En 2015, une revue scientifique de premier ordre, Nature, publiait un article qui démontrait que, pour préserver notre avenir climatique, il faudrait laisser 80% des ressources énergétiques sous terre. Pour cela, il m'est apparu qu'un plan Marshall mondial financier était incontournable ([50] et [52]) et je l'ai décrit à l'occasion d'un exposé au Grand Palais dans le cadre de la COP21. Mais les conclusions de COP21, réunissant 140 chefs d'états en grande pompe à Paris, n'ont pas abordé cette question vitale.

Avec un souci d'information et de partage des expériences concrètes, nous avons avec l'équipe STEEP pris l'initiative des conférences Comprendre et agir ici.

Depuis qu'en septembre 2017, Dennis Meadows a affirmé qu'il était trop tard (vidéo about the State of our Planet : 45 years after "The Limits to Growth"), je me suis rendu à l'évidence : le climat sera maintenant incontrôlable, quoique nous fassions.

Nous sommes en perdition et j'ai cosigné avec plus de 15000 scientifiques mondiaux l'alerte à l'humanité ([94]).

La question se pose alors pour chacun : comment survivre? Que faire? ([80]).

Nous pouvons faire l'autruche. En effet, comme je l'ai décrit dans un article ([85]), notre cerveau ne semble pas capable de percevoir l'ampleur de ce terrible effondrement pourtant devant nous.

Pourtant, sans même voyager, il suffit d'ouvrir les yeux autour de soi pour conforter notre intuition avec les discours des scientifiques en ce qui concerne les dégradations sur la nature. Une étude internationale parue dans PLoS One récemment a conclu à un déclin des populations d'insectes volant de l'ordre de 80% en trente ans en Europe.

Je constate que malgré les discours et les efforts des bonnes volontés, nous n'avons JAMAIS diminué notre consommation mondiale annuelle d'énergie fossile. Certes, il y a des responsables mais notre inertie collective est aussi à déplorer.

II. Les protestations pour une finance au service de tous, demeurent dérisoires.

Avant d'enseigner à l'université, j'ai travaillé 15 ans dans la finance. Au Crédit Foncier de France puis au service général des Caisses d'Epargne, enfin à la Caisse des Dépôts et Consignations. Du service informatique au service de direction générale, en passant par le montage de titrisation à la gestion des fonds communs de créances, puis à la modélisation des risques financiers. J'ai vu de près les débuts des dérives du système financier. En 1997, j'ai achevé une thèse de gestion et j'ai choisi de m'engager dans l'enseignement de la finance et l'éthique.

En 1998, j'ai rédigé mon premier article pour la presse. J'y dénonçais l'organisation de nos échanges comme cause d'un potentiel effondrement mondial en faisant l'analogie entre notre mode d'économie mondialisée et le Titanic ([1]).

En 2000, j'ai publié à compte d'auteur, un petit livre qui décrivait nos responsabilités. Nous ne luttons pas contre les mafias, nous consommons sans tenir compte de la dignité des producteurs ni de la nécessité de favoriser la production locale, etc. (Lire Capitaliste et fier de l'être : 7 principes pour sauver nos âmes).

En 2002, j'ai dirigé la rédaction d'*Éthique et capitalisme,* un ouvrage pluridisciplinaire (économie, philosophie, finance, éducation, théologie, sociologie...) avec la participation de Bernard Perret, Gérard Verna, Véronique Métay, Isabelle Girerd-Potin, Pierre-

Patrick Kaltenbach, Denis Müller, Hughes Puel, Yvon Pesqueux et Patrice Meyer-Bisch. Ce livre soulignait les difficultés de faire exister une éthique du vivre ensemble dans la version moderne du capitalisme (lire ici un extrait du livre *Éthique et capitalisme*). Deux constats émergeaient : les entreprises avaient pris le pouvoir et ne cherchaient plus à répondre aux intérêts de la société et une corruption généralisée était en expansion inquiétante. Les frontières entre légalité et légitimité devenaient de plus en plus floues.

La crise économique de 2008 dévoile ses similitudes avec celle de 1929 : les mêmes mécanismes d'endettement, de spéculation et d'écart croissant entre des riches toujours plus riches et des pauvres toujours plus pauvres sont à l'œuvre (voir ici film sur la crise de 1929). Parmi les économistes, quelques-uns ont eu la lucidité de suggérer de limiter la spéculation et le crédit. C'est le sens des propositions de l'économiste français Maurice Allais et de l'américain Paul Volker, peut-être parce qu'ils ont vécu dans leur enfance les ravages de la crise de 1929. Ils ne seront pas écoutés et il n'y aura pas de Bretton Woods II.

Pour ma part, je défends en 2008, une nouvelle régulation qui devait limiter les possibilités de la spéculation ([7]).

En 2012, avec deux professeurs de finance, Marc Chesney et Ollivier Taramasco, nous soutenons même qu'il faut limiter la bourse à une seule cotation journalière pour que

l'entreprise et l'économie réelle retrouvent une place prépondérante face à la spéculation ([24]).

Selon moi, il est urgent de réguler la finance casino. En 2009, en utilisant mon expérience de modélisation mathématique, je démontre que le casino financier est possible parce que les mathématiciens de la finance font croire qu'ils maitrisent les risques ([10]). En 2012, avec Marc Chesney et l'économiste Paul Jorion, nous mettons en garde contre l'expansion sans limite, de la finance casino ([21]). Malgré la crise, son expansion a continué de plus belle. Les montants en jeu dans cette finance-casino correspondent, en 2017, à la somme astronomique de 100 000 dollars de paris pour chacun des 7 milliards d'habitants de la planète. On parie sur tout : le prix futur de l'or, du dollar, du pétrole mais aussi du maïs. On parie sur la faillite des entreprises ou des états.

La BCE (Banque Centrale Européenne) est venue au secours des banques privées en 2008. Il fallait dans l'urgence éviter l'effondrement. Mais la banque centrale aurait dû protéger les déposants et non les actionnaires des banques ([12]). La BCE a poussé les états, non pas à nationaliser pour rien les banques en faillite comme il aurait convenu, mais à renflouer les actionnaires en garantissant les banques privées, transférant de l'argent des contribuables vers les banques privées ([18] et [19] puis [20]).

Les états endettés se sont vu imposer des taux d'intérêts exorbitants par les banques privées. Or, il y avait une possibilité légale de refinancer les états, à moindre taux, sans passer par les banques privées, ce que la BCE à

l'époque a fait semblant de ne pas voir ([22] et [23]). De plus, la façon dont s'est déroulé le sauvetage des banques chypriotes a montré que l'Europe a délibérément laissé les gros déposants fuir et ne pas participer au renflouement des banques alors que la classe moyenne chypriote était lourdement ponctionnée ([25] et [26]).

Il me semble essentiel de contrôler démocratiquement la création monétaire par la banque centrale.

Sans objectif écologique, la BCE a refusé en 2014, d'orienter son financement massif de 1000 milliards par an vers les entreprises qui auraient permis une transition énergétique rapide et concrète ([30] et [31])

Il m'apparait fondamental de réguler la dette et pousser aux remises de dettes quand elles sont indispensables. La phase d'endettement dans une période d'euphorie est confortée par les techniques financières actuelles. La problématique de l'endettement n'a rien de neuf et, dans l'histoire humaine, nombreux sont les exemples où les religions et les civilisations ont tenté de le limiter. Le créancier ne pouvait pas, dans le code Hammurabi d'il y a 4000 ans, saisir ni la maison ni l'outil de travail du débiteur insolvable ([38]). Les principes pourtant clairs à ce sujet de la finance islamique n'ont même pas été respectés dans les projets démesurés des états pétroliers endettés comme Dubaï ([11]). Dans le cas grec, la remise de dette s'avérait indispensable ([40]). Elle a pourtant été refusée par la France ([39]) qui se targue si souvent de sa générosité. Sans remise de dette, des pays ont été, et d'autres seront, de facto colonisés ([32] et [46]).

Il m'est apparu que pour assurer à leurs populations une forme de résistance aux crises, les états devraient s'assurer la souveraineté sur les biens vitaux. En 2010, cherchant ce que devrait être la finance éthique, j'affirmais qu'elle devrait se concentrer sur deux objectifs oubliés. D'une part, la finance devrait permettre une certaine égalité de consommation entre les hommes, consommation compatible avec le respect de la planète. D'autre part, pour espérer atténuer l'effondrement, la finance ne devrait pas permettre à certains de s'approprier les biens vitaux, ces biens qui deviennent des raretés comme l'eau et la nourriture, et devrait participer à ce que chacun ne consomme que sa « juste part » ([14]). A l'opposé de ces préconisations, en Europe, c'est la colonisation des pays surendettés par leurs créanciers qui est en cours ([15] et [27] et [91] puis [97]) alors qu'il faudrait une politique coordonnée européenne qui vise un degré d'autonomie raisonnable des territoires. Pour l'atteindre, la création monétaire par la Banque Centrale pourrait rembourser la part excessive de la dette des états ([16] et [17] puis [43]).

La résistance des territoires à la crise mondiale est rendue d'autant plus difficile que les très grandes entreprises dominent de plus en plus les états grâce aux traités internationaux et à la justice d'arbitrage privée mise en œuvre. Et c'est avec la complicité active d'une large majorité des dirigeants européens que les petites entreprises à l'attachement plus territorial, elles, sont désavantagées ([41]).

Enfin, la monnaie, qui devrait être gérée comme un bien commun au service de tous sur un même territoire, ne fonctionne plus selon cet objectif. Dans le même temps, des monnaies privées se développent rapidement. Avec Jean-Michel Servet et Jean-François Ponsot, nous avons alerté dès 2014 des dangers du bitcoin et des monnaies contrôlées ni par les états ni par les citoyens ([29]) et nous en avons souligné leur inutilité et, voire dans certains cas, leur nuisance dans la gestion des communs.

Alors que le dogme du marché efficient conduit à l'extension du marché à tous les actes de la vie quotidienne et continue à répandre les dégâts de la loi du plus fort, la dictature de la pensée dominante en finance et économie détruit la possibilité de penser et de faire autrement. Une finance alternative reste peu audible. Je suis convaincu que s'il convient de renforcer la régulation dans les domaines précédents (spéculation, finance des paris, dettes, privatisation des biens vitaux, etc.), il convient de libérer la pensée économique.

Un exercice de haute-voltige - Denis et Véronique Dupré au First Change Finance forum, Financewatch, 5 décembre 2017, Bruxelles.

C'est dans ce sens, que j'ai participé en 2011 avec des confrères, au lancement d'un appel ([101]) qui dénonçait que, trois ans après la crise, les universitaires en économie et finance continuaient à enseigner des théories soumises à une pensée dominante au service des détenteurs de capitaux et non des intérêts de la société. C'est dans cet esprit que j'ai participé en France et en Suisse aux travaux de groupes de chercheurs, de praticiens et d'enseignants souhaitant réformer la finance.

Pourtant, je ne vois toujours pas les cours de finance amendés de sorte que la finance soit au service de la société, et au sein de mon institution, le dernier cours d'éthique en finance dont j'avais la charge, a été supprimé en 2016.

Je constate que l'idéologie moderne permet de rendre tous les biens privés et tous les biens échangeables sans entrave sur des marchés. Malgré les enjeux environnementaux et sociétaux qui sont de plus en plus largement admis, celui qui détruit et pille le plus vite, a toujours l'avantage sur celui qui préserve, car à court terme, c'est lui le gestionnaire qui « fait le plus d'argent possible ».

Je vois que nos efforts pour faire émerger une finance alternative restent vains.

III. Les protestations sur la transparence fiscale des grandes entreprises sont des leurres.

En 1996, j'ai été très impressionné par le courage de 7 juges qui se sont publiquement élevés contre la corruption par leur Appel de Genève. Quatre ans plus tard, j'ai été contraint d'admettre que, malgré leur initiative, les pratiques illégales des entreprises, des individus et des politiques continuaient à se développer dangereusement (voir ici et lire le chapitre 4 de *Capitaliste et fier de l'être : 7 principes pour sauver nos âmes*).

La traçabilité des transactions financières était pour moi une urgence. Selon mes calculs, en 2001, la maffia contrôlait déjà 20% des entreprises mondiales et le blanchiment de l'argent rapportait aux banques plus que leurs bénéfices ([2]).

En 2008, dans le livre "La Planète, ses crises et nous" avec Michel Griffon, nous avons consacré plusieurs chapitres aux pratiques mafieuses, à la corruption et aux paradis fiscaux ([5], extrait plus complet sur le web). Il m'apparaissait que nous étions tous complices de ne pas se mobiliser contre le développement exponentiel de l'économie mafieuse que permet la finance moderne ([4]).

En 2009, à un moment où le gouvernement français affirmait s'attaquer à l'évasion fiscale, en constatant que les juges d'instruction ayant le pouvoir de mettre le nez dans les magouilles financières, étaient mis au placard, je me suis interrogé ([9]) sur des connivences de moins en moins

dissimulées et de plus en plus généralisées.

En décembre 2015, un étudiant en économie a attiré mon attention sur une étrange séance nocturne à l'Assemblée Nationale. Avait été voté, en soirée, un amendement pour obtenir une transparence permettant au citoyen de surveiller les pratiques fiscales des très grandes entreprises. Or, quelques heures plus tard, à la demande du Ministre du budget, ce vote a été annulé. Dans la même nuit, suite à un ballet inexplicable d'entrées et de sorties de députés, un nouveau vote a eu lieu. L'amendement a été ainsi finalement rejeté.

L'article que j'ai alors rédigé ([53]), a été relayé sur des dizaines de milliers de comptes Facebook. Suite à cette réaction, avec un petit groupe, nous avons engagé une mobilisation qui a pris une très grande ampleur. Par trois fois, nous avons interpelé individuellement les 577 députés français. Seulement 2 d'entre eux, Pascal Cherki et Eric Alauzet, ont pris contact avec nous. Ils faisaient partie de ceux qui avaient tenté de défendre l'amendement! Pour un grand nombre d'autres, il a été très désagréable de devoir se justifier auprès de leurs électeurs qui les ont questionnés suite à cet article de presse.

Cette pratique d'annulation d'un vote est légale mais elle nous est apparue illégitime et anti-démocratique. Cet amendement était fondamental pour le contrôle des citoyens sur l'impôt. Nous avons lancé une pétition "Faire passer une loi pour contrer l'évasion fiscale" qui a rapidement dépassé 100 000 signatures ([102]). Nous avons alors mis en place un site internet Stopevasionfiscale pour communiquer sur nos actions.

En janvier 2016, est soumis au vote un nouveau projet de loi présenté comme une avancée pour la transparence économique. De fait, des manœuvres dirigées par le gouvernement et un absentéisme qui parle de lui-même, feront passer à la trappe le volet « transparence » ([54]) sous le prétexte que la France ne pouvait devancer l'Europe à ce sujet.

Une équipe du collectif Stopevasionfiscale est reçue en mars 2016 à l'Assemblée Nationale par le député Alauzet (vidéo ici).

Nous rencontrons aussi à Bercy, un conseiller du Ministre des finances ; nous lui remettons les signatures de la pétition et une lettre demandant au Ministre s'il était favorable à la transparence en France et s'il la demanderait au niveau Européen. La lettre n'a pas eu de réponse à ce jour mais cet entretien nous confirme alors que le Ministre Sapin n'intégrerait pas le *reporting public* à la Loi en réexpliquant que la France ne ferait pas plus que ce qu'exigerait l'Europe et qu'il ne tenait pas à ce que le Conseil Constitutionnel retoque sa Loi.

Je rédige alors un article pour rappeler aux garants de la Constitution, les membres de notre Conseil Constitutionnel ([63]) pourquoi ils doivent soutenir cette transparence fiscale. Je fais les calculs : l'argent de l'évasion fiscale pourrait financer 2

millions d'infirmières alors qu'on nous annonce la suppression d'ici fin 2017 de 22000 postes ([56] et [57]).

Après ces démarches, il nous est apparu nécessaire de porter la question au niveau européen. Nous avons mobilisé des citoyens allemands, espagnols, italiens et grecs par un article publié dans le journal Huffington Post de ces différents pays ([61] traduit en allemand [62], en grec [60], en espagnol [59] et en italien [58]). Des dizaines de milliers de mails sont parvenus au Commissaire Européen, Pierre Moscovici, pour que l'Europe ne cède pas aux lobbies économiques des grandes entreprises qui sont opposés à cette transparence.

Finalement, le 8 avril 2016, alors qu'une équipe du collectif Stopevasionfiscale était reçue à l'Élysée pour la forme (peut être en raison de notre protestation humoristique ici), nous avons pu échanger avec le Commissaire européen Pierre Moscovici. Il nous a alors affirmé vouloir mettre un pied dans la porte pour éradiquer l'évasion fiscale.

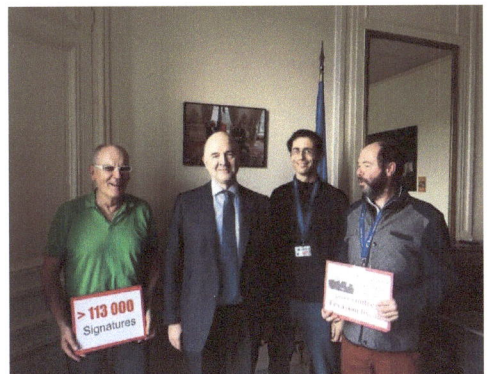

Rencontre du collectif STOPEVASIONFISCAL (Bernard Augier, Emmanuel Prados et moi) avec le commissaire européen Pierre Moscovici, 8 avril 2016, Paris.

Malheureusement, la porte a dû se refermer lourdement sur son pied car la transparence pour les citoyens ne passera ni en Europe ni en France ([65]). Rien ne change : Juncker, ex premier Ministre du Luxembourg responsable de la politique fiscale si particulière de son pays est toujours président de la Commission Européenne alors qu'Antoine Deltour, le lanceur d'alerte ayant dénoncé les pratiques du Luxembourg, ([64]) fait face aux juges.

En mai 2016, dans le processus de discussion de la Loi Sapin, un amendement pour imposer un *reporting public* des grandes entreprises est à nouveau proposé. Moins d'une vingtaine de députés le défendront tout en faisant face à des pratiques de déstabilisation de la part du gouvernement [67]).
La décision pour cet amendement s'est jouée, le 9 mai 2016, à 15 votes pour et 24 votes contre. Où se tenaient les autres députés? ([68]). Le Ministre Sapin, venu en personne surveiller ce vote, s'est, une fois encore, retranché derrière le risque d'inconstitutionnalité d'un vrai *reporting public*. J'y vois plutôt l'efficacité des lobbies des grandes entreprises ([69]). La lâcheté des députés et le mépris des citoyens ont conduit à maintenir les injustices et à préparer la destruction des services publics notamment de santé et d'éducation ([77]). Mais plus grave, le dernier espoir démocratique de représentation du peuple vient d'être écrasé [71]).

En septembre 2016, déstabilisé par une blogueuse qui l'interroge, le président de la Commission Européenne, Juncker, va dévoiler que, comme le Luxembourg, la France pratique des arrangements entre les entreprises et l'administration fiscale ([70]).

En décembre 2016, je ne peux que déplorer comment notre Conseil Constitutionnel a repoussé ce qu'il restait d'efficace dans la loi Sapin II en faisant primer la liberté des entreprises devant celles des citoyens ([88]). Je décris les conséquences de cette posture sur les économies décidées sur l'hôpital public ([92]).

En 2017, les scandales en matière de fraude fiscale sont devenus des habitudes. Alors que suite aux révélations des *Paradise Papers*, Moscovici, notre Commissaire européen promettait encore d'agir, j'ai dénoncé l'hypocrisie française qui ménage des paradis fiscaux qui lui rendent finalement de si grands services ([95]).

Fin 2017, je m'interroge sur l'évolution des lois françaises et je m'inquiète pour la liberté d'expression, en particulier celles des journalistes lanceurs d'alertes sur l'évasion fiscale ([99]).

La cupidité est manifestement un moteur de la réussite et **je constate que** la concentration de richesses est de plus en plus rapide. Or elle conduit à ce qu'un tout petit nombre puisse surexploiter et la planète et les hommes alors traités comme des ressources. L'évasion fiscale est au cœur de ce système pour rendre la richesse de certains individus hors de portée de la justice collective de la répartition. Je ne vois pas comment un système économique que je qualifie d'extrême libéral, peut coexister avec des pratiques de transparence et de justice fiscale. Les discours parlant d'avancées m'apparaissent comme des leurres.

IV. Les protestations pour une gestion par tous de nos affaires communes, demeurent illusoires.

En 2005, c'est l'effervescence populaire et nous étions nombreux à discuter du référendum sur la constitution européenne. Magnifique expérience démocratique. J'ai pris position contre la constitution telle qu'elle était proposée ([3]). D'autres étaient pour, c'est le jeu démocratique. Le NON va l'emporter. Pourtant il sera déclaré que la France est pour le OUI car le Président de la République du moment fera revoter plus tard, non le peuple mais ... les députés ! Ce camouflet restera un crime de l'Europe contre la démocratie.

Mais ce ne sera pas le seul. Autre violation du droit des peuples à décider par eux-mêmes, est celle du malheureux peuple grec qui a exprimé en 2015 son souhait de retrouver sa souveraineté ([36]). Hélas, les responsables grecs ont trahi cette volonté et ont continué à imposer au peuple grec le remboursement de la dette sous le contrôle des créanciers.

En 2013, en cosignant un appel dans le Financial Times, j'ai rejoint des économistes qui s'opposaient aux plans d'austérité imposés par l'Europe à la Grèce et au remboursement intégral de sa dette. Cette tribune faisait l'analogie entre cette dette et la dette imposée aux allemands après la première guerre mondiale. En 1919 pour réparation des dégâts de la première guerre mondiale, le traité de Versailles a décidé pour l'Allemagne une dette insupportable. En basculant dans le chômage et la misère avec la crise de 1929, en deux ans, ce sont les classes moyennes qui ont conduit Hitler au pouvoir ([28]) légalement.

Les évènements de 2015 ont éclairé la mauvaise foi de nombreux dirigeants politiques et économiques. Dans leurs paroles publiques, ils s'offusquent de violences sur lesquelles ils ont peu de prise alors qu'ils ont des responsabilités dans des nombreuses violences plus grandes encore ([34] , [47] et [48]). J'ai dénoncé les liens malsains qu'entretiennent nos responsables politiques avec un certain monde financier ([45]). La plupart des experts scientifiques et des hommes politiques se révèlent plus à la botte des puissants et des entreprises que soucieux des citoyens, comme je l'ai décrit avec Caspar Visser 't Hooft ([55]) ainsi qu'avec Bernard Paranque et Jean-Michel Servet ([66]).

La liberté d'exercice de la démocratie régresse comme peau de chagrin. En 2017, les candidats aux législatives qui souhaitent se mettre sous la bannière du parti du Président Macron, sont contraints de signer un contrat qui les oblige pour la durée de leur mandature à voter les lois proposées par le gouvernement : ça me parait un peu gênant ([75]).

Comme il faut "faire passer" à la fois des décisions contraires à nos intérêts aujourd'hui, et d'autres, préjudiciables à notre survie demain, comment ne pas voir l'expansion de la propagande comme de la censure?

Déjà, les économistes non orthodoxes sont censurés ([35], [51] et [72]). Je croyais, un peu naïf, que la liberté universitaire n'était touchée que dans les dictatures. Mais comment justifier que le professeur d'université en France a aujourd'hui perdu son indépendance et doit répondre à des indicateurs de performance qui le lient aux contrats d'entreprises et le contraint à suivre les discours dominants en sciences sociales et politiques ([44]).

Déjà, une police de la pensée est organisée par les réseaux sociaux comme Facebook mais aussi par les moteurs de recherches comme Google. J'ai appris que Wikipédia aussi, derrière une apparence de gestion conviviale et collective, a été créé par un américain radicalement opposé à toute forme d'état et de solidarité envers les plus faibles. De fait, Wikipédia, dans sa procédure de sélection, mise tout sur la notoriété, une notoriété qui est si facilement contrôlée par les puissants ([74]).

La propagande me semble en pleine croissance parallèlement avec le retour de la censure et le développement de l'autocensure. Les *fake news*, dont la définition est malléable à souhait, sont pourchassées par les mêmes pouvoirs qui n'hésitent pas cependant à utiliser la propagande à leur service ([79]).

Je constate que l'on se fait assez bien à la confiscation de notre droit de participation. Si le système suisse constitue une exception avec les votations qui permettent de traiter les problèmes locaux et fédéraux, le plus

souvent, 99,9% des citoyens ne décident jamais. Or je crains qu'aujourd'hui, l'intérêt des 0,1% qui orientent les lois et les politiques, ne coïncide plus avec la survie de tous.

J'ai compris à la lecture de Jacques Ellul de quelle façon la propagande a envahi la vie "démocratique" et pourquoi. Notre type de régime a besoin du consentement des citoyens. Or, il est facile d'orienter nos pseudo-choix. Pour exemple : Edward Bernays, neveu de Freud, a théorisé la propagande et a su influencer la politique américaine au profit d'entreprises. Travaillant, entre autres, au service comme celle qui allait devenir une des premières multinationales : *United Fruit Company*, il a convaincu les américains, par la publicité, de manger des bananes. Pour assurer les approvisionnements, il importait de contrôler les lieux de plantations… et, par des films de propagande, il a convaincu les citoyens américains qu'il était légitime de participer au Guatemala en 1954 au renversement d'un président pourtant démocratiquement élu.

Ainsi, la "démocrature" remplace la démocratie.

Nous ne participons plus vraiment au choix des règles qui nous gouvernent et j'observe que la structure politique mène presque totalement nos corps, nos esprits et nos âmes. La bureaucratisation des procédures d'organisation, le diktat du politiquement correct et la pénalisation des discours alternatifs pour de "bons" motifs en sont quelques symptômes.

Pendant la courte période où la démocratie a fonctionné dans l'antique Athènes, les citoyens faisaient les lois et prenaient ainsi en charge leurs intérêts collectifs. Les magistrats étaient tirés au sort parmi les citoyens. Les experts (les spécialistes) étaient élus et au service des citoyens. Décider ensemble des règles restait un horizon souhaitable. Cela voulait dire qu'un groupe d'hommes tentait de fabriquer ses règles de vie avec une forme d'égalité pour limiter les rapports de force.

Mais que nous reste-t-il aujourd'hui de ce projet de participation de tous à la gestion de nos affaires communes?

V. Des protestations à une révolution

Trois angles de vue m'ont conduit à évoluer des protestations réformistes vers une nécessaire révolution.

D'une part, j'ai constaté notre perte de souveraineté.

Je me suis opposé à la proposition de la Constitution Européenne en 2005 pour deux raisons : elle contraignait les états à un budget militaire en progression et elle empêchait toute régulation des marchés ([3]). Le mépris du résultat du référendum a mis en lumière le peu de considération par nos "représentants élus" des votations populaires. Imbus de leur mandat dont ils font profession, ils considèrent les fonds publics qu'ils ont à gérer et les habitants qu'ils sont censés représenter, comme leur propriété et ne rendent aucun compte des uns aux autres.

En 2009, alors que le Président Sarkozy pose des jalons pour prendre le contrôle des pouvoirs, des contrepouvoirs et des urnes, j'exprime mon inquiétude face aux dérives manifestes de notre système démocratique français ([8]).
La souveraineté comme moyen de résilience face aux crises qui se succèdent et se préparent, me semble évidente. Pourtant, il m'apparait clairement en 2015, que la grosse machine Europe ne laissera jamais les états nations reprendre leur part de souveraineté ([46]).

D'autre part, j'ai analysé que la possibilité d'autonomie locale disparaissait parce que les biens vitaux qui deviennent rares n'allaient pas être préservés ou allaient être privatisés.

En 2007, je me suis présenté aux élections législatives ([100]) mû par un désir : que les hauts alpins puissent se donner les moyens d'assurer les solidarités et gèrent ensemble, avec plus d'attention, les biens vitaux (eau, nourriture, énergie) dont la raréfaction devenait visible. Bien que l'Etat ait alors assuré au candidat indépendant que j'étais, un minimum légal de lieux et de moyens d'expression, les résultats m'ont montré que mes préoccupations n'étaient pas encore celles des électeurs.

Enfin, j'ai compris que nous fonctionnons comme dans un camp.
L'année 2016 est une période personnelle d'angoisse face aux réalités que je vois se généraliser dans le monde. Je l'analyse peu à peu comme un type de fonctionnement de camp. Comme dans tout camp de travail, je peux dénombrer ceux qui pillent, repérer les zélés qui servent les puissants et observer les dociles qui laissent faire.

En France, le principe du camp est en voie de banalisation...nous nous y habituons sans résister ([78]). Nous pourrions adopter une gestion démocratique intégrée du capital, du travail et des ressources naturelles ([84]). On en est loin. Sur la planète Titanic, il nous faut prendre, maintenant ou jamais, les commandes ([86]).

Mais l'oligarchie qui nous mène n'a pas intérêt à perdre le pouvoir et se développent des moyens plus ou moins insidieux pour contenir, voire réprimer, toute tentative populaire de reprise du pouvoir.

Cette confrontation est de longue date. Prévoyante, la déclaration de 1789 avait inscrit comme un droit, celui de résistance à l'oppression. En 1793, l'insurrection est affirmée, pour le peuple, le plus sacré des droits et le plus indispensable des devoirs. Mais en 1810, sera mis en vigueur le Code Napoléon qui prévoit de punir les insurgés. En 1992, la loi française est même devenue encore plus répressive ([93]).

Pourtant je suis certain que les contestations, sans volonté de reprendre le pouvoir sur nos vies, sont inutiles. Alors??? Laisser faire???

Si je ne crois plus à la force de nos protestations, je crois à la nécessité de notre révolution.

Une révolution?

Cette révolution doit commencer par nommer la perversion d'une société déshumanisée et dénoncer la compétition et l'égoïsme comme ses causes principales.

Ceci est fait dans les livres-références des religions comme je l'ai découvert avec le groupe "Bible et économie" ([89]).

Cette révolution doit affirmer la bienveillance et la coopération comme valeurs positives.

Cette révolution a besoin de préparatifs… et nous avons tout à apprendre des expérimentations en petites communautés, des modes de décisions démocratiques, pour parvenir à ceux que nous voulons voir réaliser.

Mais doit aussi venir la mise en accusation en actes des responsables de la mauvaise gestion actuelle face à la crise climatique ([96] et [98]).

Je constate que quelques dizaines de millions d'humains (0,01% de la population mondiale) décident de l'organisation de ma vie et de la vôtre. Le plus souvent, ils détruisent les ressources naturelles et accentuent le contrôle sur nos comportements. L'effondrement écologique et humain de notre monde m'apparait inévitable. Certains sont conduits à nier le *collapse* ou à l'accélérer et l'amplifier pour maintenir leurs ilots d'opulence. Ils peuvent imaginer réussir parce que leur monde est devenu un monde à part du nôtre ([86]).

Le philosophe Anders m'a aidé à comprendre :

« En général, on fera en sorte de bannir le sérieux de l'existence, de tourner en dérision tout ce qui a une valeur élevée, d'entretenir une constante apologie de la légèreté ; de sorte que l'euphorie de la publicité devienne le standard du bonheur humain et le modèle de la liberté. Le conditionnement produira ainsi de lui-même une telle intégration, que la seule peur – qu'il faudra entretenir – sera celle d'être exclus du système et donc de ne plus pouvoir accéder aux conditions nécessaires au bonheur. L'homme de masse, ainsi produit, doit être traité comme ce qu'il est : un veau, et il doit être surveillé comme doit l'être un troupeau. Tout ce qui permet d'endormir sa lucidité est bon socialement, ce qui menacerait de l'éveiller doit être ridiculisé, étouffé, combattu. Toute doctrine mettant en cause le système doit d'abord être désignée comme subversive et terroriste et ceux qui la soutiennent devront ensuite être traités comme tels. »

Anders G., L'Obsolescence de l'homme, Ivrea, 2002.

L'effondrement est certain et la seule issue pour en réduire l'impact et la violence est de reprendre le pouvoir sur nos vies. C'est ce que je nomme la Révolution de la dernière chance.

Micah White un des créateurs du mouvement « Occupy Wall Street » après la crise de 2008 a analysé les raisons de l'échec de la mobilisation « Occupy Wall-Street ». Selon lui, dans les protestations, il y a ceux, en grand nombre, qui protestent dans la rue sans penser prendre le pouvoir et ceux, encore minoritaires, qui envisagent de prendre le pouvoir. Ce ne sont que ces derniers qui peuvent changer le monde. Il faut du temps pour que les consciences s'éveillent pour reprendre le pouvoir:

"We are waiting for you.

A great mission rest on your shoulders. I know you did not choose to be born under this shadow of a collapsed earth, at a time of unrest. Remenber that without our present faith in your future coming, civilization will slide into the madness of consumerism. I do not know how long we must wait for you. We shall prepare for you to emerge like lightening." [1]

Micah White, "The end of protest - a new playbook for revolution", 2016, Knopf.

Mais il ne suffira pas de prendre le pouvoir. Les mutineries qui conduisent à mettre à la cale le capitaine du navire, doivent au préalable mettre d'accord les insurgés sur la destination qui sera le nouveau cap. Impréparées, les mutineries conduisent inéluctablement à des querelles et un avenir souvent pire que celui offert par le tyran-capitaine. Il ne faut pas sous-estimer que le cap du néolibéralisme est aimanté vers une force puissante qui donne le nord : les désirs de chaque individu. Face à cette idéologie, il nous faut développer une analyse de nos buts, définir notre idéologie qui incitera à suivre un autre cap. Mettre cap au Sud au lieu de cap au Nord. Remplacer la boussole des désirs de chacun par celle des besoins du collectif, sans pour autant nier les valeurs des individualités. J'ai développé quelques pistes dans mon livre "Camp planétaire : un danger bien réel - Organisons la révolte" (éditions Yves Michel ici).

[1] « C'est vous que nous attendons. Une grande mission reste à votre charge. Je sais que vous n'avez pas choisi de naitre à l'ombre d'un monde qui s'effondre, en une époque agitée. Souvenez-vous que sans notre certitude en votre arrivée prochaine, la civilisation s'engloutira dans la folie du consumérisme. Je ne sais pas combien de temps nous devrons vous attendre. Nous aurons tout préparé pour que vous émergiez comme un éclair.»

VI. Face à l'effondrement : reprendre du pouvoir sur nos vies.

Ainsi, depuis 20 ans, j'ai participé à diverses protestations : contre l'évasion fiscale, pour la transition énergétique, pour mettre la finance et l'économie au service de tous, pour une agriculture protectrice de la vie et des paysans, pour remplacer l'oligarchie par un système démocratique ...

Selon moi, aujourd'hui, ces protestations sont des défaites qu'il s'agit de reconnaitre pour repenser l'action :

1. La protestation pour éviter un dérèglement climatique incontrôlable conduisant à des manques des biens vitaux (eau, nourriture) est un combat perdu. Il a désormais pour leaders, non des partisans de la décroissance, mais des chantres de l'hyper technologie proposant une fuite en avant dans laquelle les solutions portent en germe les futurs problèmes. Très largement le "*green-washing*" des entreprises et les petits gestes de bonne conscience des citoyens ont pris le pas sur une écologie globale et politique.

2. La finance au service d'une économie qui serait elle-même au service de tous est un vœu pieux face à la cupidité et aux destructions de la nature qui sont les moteurs de l'économie des gagnants.

3. L'évasion fiscale a pris un essor incontrôlable où les pratiques à peine voilées des décideurs et la complaisance des politiques contredisent ouvertement les grands discours volontaristes.

4. Les sociétés s'attribuent aujourd'hui le titre de démocraties, lorsqu'elles accordent des libertés de mœurs aux populations. Nos « démocraties »

laissent petit à petit place à des régimes où certaines libertés sont troquées contre des sécurités aussi rassurantes qu'illusoires et provisoires. Les techniques d'espionnage globalisées permettent de totalement contrôler et les individus et les insurrections possibles.

Chaque protestation se révèle vaine ... et la lutte continue mène à l'épuisement.
Ceux qui veulent réformer le système, ne peuvent aboutir à modeler un monde qu'ils jugeraient plus souhaitable parce qu'ils ne désirent aucunement prendre le pouvoir. Ils doivent donc se contenter des miettes quand les seigneurs avec lesquels ils négocient sont de bonne humeur ou ont peur d'une révolte. La perversion est même bien subtile quand les acteurs de ces protestations, vivent d'elles.

Les combats reprendront du sens quand il ne faudra plus "lutter et s'épuiser contre" mais "construire ensemble" afin de reprendre du pouvoir sur nos vies.

Accepter les réalités de l'effondrement me semble un préalable majeur et il importe de comprendre quels sont les écueils sur laquelle une révolution peut s'échouer.

Comment a-t-il été possible que nous soyons arrivés aux limites de la croissance ?

D'abord parce que nous ne voyons plus rien de sacré dans la nature. Elle n'est aujourd'hui, pour la plupart d'entre nous, qu'un objet soumis à nos innovations techniques. Or, ce mythe moderne, cette innovation technologique sacralisée, exige toujours plus de destruction des conditions qui permettent la vie.

Ensuite parce que nous défaisons les institutions qui nous soudaient. L'individualisme vénère en particulier deux dieux, le marché et la propriété privée. Tout doit pouvoir être vendu. Tout doit pouvoir devenir propriété privée. Nous cessons de nous préoccuper de la survie des plus faibles et de l'intérêt à long terme du collectif.

Un néolibéralisme ravageur conduit rapidement à deux humanités dont les avenirs seront séparés sur une planète en grande partie ravagée.

Seule une révolution permettra, à la condition du partage et la gestion commune et astucieuse des ressources limitées, d'éviter la guerre de tous contre tous qui commence.

Pourtant, avouons-le, le mot révolution n'est pas connoté positivement... Pour beaucoup, son sens premier est remplacé par l'idée d'une prise de pouvoir dans la violence. Et l'adjectif révolutionnaire quand, il ne sert pas de qualificatif publicitaire galvaudé, est dans nos imaginaires, synonyme de sanguinaire, au mieux d'utopiste marginal. Si la réforme semble une voie douce, la révolution parait être celle des violents.

J'affirme pourtant que se contenter des réformes conduira à bien plus de violences ... que permettre une révolution.
Depuis trente ans, des réformes sont en œuvre et on en voit aujourd'hui les fruits positifs.

Sont devenues audibles et même « à la mode » des réformes de nos modes de pensées. La sobriété et l'empathie sont des concepts mis en valeur et parfois en action (Mathieu Ricard, Pierre Rabhi, Pablo Servigne).

Nos institutions ont, elles aussi, engagé des réformes. Aux entreprises, certains fixent comme vocation d'être plus responsables, plus vertes, plus sociales, etc. Au sein des gouvernements, certains parviennent à orienter des plans à long terme pour piloter l'économie (plan B de Lester Brown, Nicolas Hulot).

Mais les évolutions concrètes des institutions et des pensées seront lentes et les changements nécessaires sont ultra urgents. L'effondrement qui vient est la pire des violences : durable.

Le journal *The Economist* qui fait partie de ceux qui soutiennent les thèses libérales actuelles du monde des affaires, affirmait en janvier 2018 que, suite au changement climatique et à la prolifération des bidonvilles et de camps, les guerres civiles comme aujourd'hui en Syrie seront dans vingt ans admises comme des banalités ordinaires, même au sein de nos démocraties riches. Selon lui, seule une fraction riche et armée de la population pourra espérer s'en protéger. Pour *The Economist,* l'effondrement est certain et inévitable. Pour s'y préparer, il préconise d'accumuler les armes quitte à accroître les risques pour les autres.

The Economist décrit un monde futur en effondrement. Un monde, cela va sans dire, toujours organisé par les très grandes entreprises au service de quelques actionnaires. La violence de ce monde futur est-elle moins effrayante que celles induites par une révolution qui remettrait en cause cette organisation ?

Effectivement, il s'agit d'opérer un retournement, un renversement. Aujourd'hui nous subissons la violence de l'inégalité dans les décisions de production, dans la participation à la production et dans la participation à la consommation.

La révolution n'empêche pas l'effondrement, elle en limite les effets destructeurs sur les sociétés et les individus. Certains sont déjà acteurs de cette révolution.

La voie indienne de Vandana Shiva propose une lutte radicale contre les multinationales, en gardant un cap politique pour la possibilité d'autonomie du paysan par la maitrise des semences et le rejet de la chimie.

La voie de la décroissance suppose aussi un projet politique de reprise du pouvoir sur les décisions collectives et la mise en cause des institutions nuisibles (Ellul, Illich, Catoriadis, Charbonneau). L'endettement généralisé comme la propriété privée démesurée verrouillent juridiquement toute libération de la domination actuelle et future.

Si la révolution qu'il nous faut engager, est violente, c'est pour nos façons de vivre : il nous faut accepter une grande égalité dans le travail et dans les revenus ainsi qu'une décroissance forte.

Ce qui nous empêche aussi d'envisager cette révolution est la propagande du système qui nous gère. Le total remplacement de la réalité des faits par le mensonge a déjà conduit à la destruction de l'établissement de nos repères dans le monde réel, comme l'écrivait Hannah Arendt dans « L'origine du Totalitarisme ».

Aujourd'hui, dans un monde qui fonctionne comme un camp d'où nul ne peut s'échapper, un camp dont le but est de remonter les richesses pour le profit de quelques-uns, le mensonge permanent est l'outil d'une pacification fictive. Ce totalitarisme est dirigé, non par l'état mais par les très grandes entreprises. L'organisation néolibérale exclut toute possibilité de retournement vers plus d'égalités, toute possibilité de révolution, même en rêve.

Quand il me parait que le temps nous est compté pour reprendre le pouvoir sur nos vies, j'ouvre le livre de Micah White et je relis la dédicace qu'il y a tracée.

"To Denis, Never give up!"

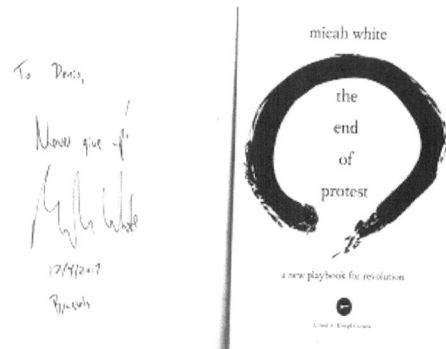

Je la partage avec vous. *Never give up !*

Qui sommes-nous?

C'est moi, Denis, qui mène, aux yeux de tous, de multiples protestations. Contre l'évasion fiscale, la finance, les ravages écologiques. Un peu … Don Quichotte contre les moulins. J'aurais voulu être un clown insouciant. Raté ! Impossible de ne pas devenir un ennuyeux activiste quand il me semblait voir clairement le monde s'effondrer devant mes yeux, alors que bien d'autres paraissaient ne rien percevoir. Epuisant.

Je n'aurais pas continué sans une petite voix. Elle m'a soutenu, a souligné mes contradictions quitte à m'énerver, m'a poussé à être toujours plus honnête en allant à la racine des problèmes.

La petite voix des échanges. Elle a désiré que naisse Büechange, un système d'échange local pour notre petite vallée des Hautes-Alpes. La petite voix de la terre. Elle est un des piliers de la petite association de maintien de l'agriculture paysanne de notre secteur qui persiste cahin-caha. Elle est son jardin, ses légumes, ses arbres, ses expérimentations d'agro écologie. La petite voix de l'attention aux autres. Elle soigne avec les plantes, la réflexologie. Elle est nos enfants dans ce qui leur permet de pousser dans la tempête.

Elle est la vie, simple, juste heureuse.

Dans mon dernier livre « Camp planétaire : un danger bien réel – Organisons la révolte », j'ai analysé le comportement des hommes dans les camps. L'analogie est frappante avec l'organisation de nos sociétés. J'y vois ceux qui finissent de piller notre maison commune, leurs nombreux complices zélés et les victimes.

La petite voix n'a pas eu peur. Nous avons écrit ce livre comme les autres. Ensemble, par nos dialogues et nos oppositions.

La petite voix me montre chaque jour que la vie est belle. Elle est la petite musique dans ce livre noir du réel. Elle le colore de pages bleues comme nos vies ou oranges d'espoir pour demain.

Aujourd'hui, nous sommes comme deux vieux arbres qui ont poussé trop près, ensemble. Ce qui était une gêne est devenu une force. Elle me suit quand je monte plus haut, pour voir, si le ciel est plus bleu. Je compte moi sur ses racines et je m'appuie sur elle depuis des décennies. Vouloir monter, c'est moi ; vouloir s'enraciner, c'est la petite voix.

Nous jugeons maintenant les protestations vaines. Nous voulons maintenant participer à une révolution pour prendre le pouvoir sur ceux qui le détiennent aujourd'hui, à leur seul profit, parce qu'ils nous conduisent à l'effondrement.

Ce livret reprend la genèse de nos protestations puis notre chemin vers la révolte. Le vol imprévisible et joyeux de deux papillons qui ne vivront qu'un jour.

Avec un espoir. Au coucher du soleil, un rassemblement de papillons. Une reprise collective du pouvoir sur nos vies. Rien de plus dans cette révolution… pour que demain d'autres papillons vivent, eux aussi, leur vie d'un seul jour.

J'ai voulu nommer comme co-auteur de ce livre- rétrospective, Véronique, la petite voix, car comme toujours, elle fait doucement entendre sa musique au fil des chapitres.

Denis Dupré

Articles et actions politiques

Articles dans des journaux grand public

[1] L'Economie Titanic a-t-elle assez de canots de sauvetage?, *Libération*, 13 octobre 1998

[2] Paradis fiscaux : l'argent sale du terrorisme, *Réforme*, 18 octobre 2001

[3] Pour imposer le bordel en France : votez oui !, *Bellaciao*, 16 mai 2005

[4] Tous complices de l'économie mafieuse, *Réforme,* 30 octobre 2008

[5] "*La Planète, ses crises et nous*", avec Michel Griffon, Atlantica, corruption et paradis fiscaux, 2008

[6] La crise écologique menace la Chine, *Le Temps de Genève*, 15 octobre 2008

[7] Bretton Woods II : pourquoi réfléchir avant d'agir?, *Le Temps de Genève*, 26 novembre 2008)

[8] Comment naît une dictature?, *Réforme*, 5 mars 2009

[9] La France, fief de la délinquance financière et donneuse de leçons, *Réforme*, 16 avril 2009

[10] Mathématiciens de la finance : aveugles, sourds et muets, *Le Temps de Genève*, 20 mars 2009

[11] Dubai : les péchés de la finance, *Le Temps de Genève*, 20 avril 2009)

[12] Comment ne plus faire sauter la banque, *Le Temps de Genève*, 9 juin 2010

[13] Ecologie, attention aux imitations, *Réforme*, 11 juin 2009

[14] La finance anti-sismique, *Finance & Bien commun,* n° 38, 2010

[15] Un cheval de Troie made in China, *Le Temps de Genève*, 10 décembre

[16] Un plan A pour l'Europe, *Le Temps de Genève*, 21 octobre 2011

[17] Un plan d'urgence est plus que nécessaire, *Réforme*, 17 novembre 2011

[18] La création monétaire ne doit pas être un crime contre les peuples, *Le Temps de Genève*, 17 février 2012

[19] Quando la creazione di moneta diventa un crimine contro i popoli, *Wall Street Italia*, 16 juillet 2012

[20] Du sauvetage des banques au naufrage des états : silence des financiers et hypocrisie de l'Europe, *Le Monde*, 16 juillet 2012

[21] La finance Casino risque de détruire nos sociétés, avec Marc Chesney, Paul Jorion, *Le Temps de Genève*, 26 septembre 2012

[22] Sauver l'Europe avec la BCE dans le cadre des traités existant, *Le Temps de Genève*, 3 octobre 2012

[23] Pour que 100% des efforts des fourmis n'aillent pas aux cigales, *La Croix*, 26 novembre 2012

[24] Arrêtons la cotation en temps continu sur les marchés financiers, *Le Monde*, avec Marc Chesney et Ollivier Taramasco , 27 novembre 2012)

[25] L'Europe se laissera-t-elle dicter sa conduite par des mafieux?, *Le Temps de Genève*, 12 avril 2013

[26] Le sauvetage des banques chypriotes a épargné les mafias, mais pas les contribuables, *Le Monde*, 15 avril 2013

[27] La BCE au service des peuples ou EDF sous influence chinoise?, *Le Temps de Genève*, 17 mai 2013

[28] European governments repeat mistakes of the Treaty of Versailles, cosignataire *The Economist Warning*, *Financial Times*, 23 septembre 2013

[29] Les monnaies locales, des anti-bitcoin, *Le Temps de Genève*, avec Jean-Michel Servet, 26 février 2014

[30] Le jour où Mario Draghi a fait baisser l'euro, la facture énergétique et la tension avec la Russie, *Le Monde*, 22 mai 2014

[31] Et si la BCE jetait l'argent par les bonnes fenêtres?, *Le Temps de Genève*, 4 juin 2014

[32] Aéroport de Toulouse: on liquide la boutique France puis on ferme?, *Huffington Post*, 9 décembre 2014

[33] Charlie, tes nouveaux adeptes sont-ils tous de bonne foi?, *Blog Greek Crisis*, 9 janvier 2015

[34] Charlie, tes nouveaux adeptes sont-ils tous de bonne foi?, *Le Grand Soir*, 17 janvier 2015

[35] De la censure des économistes alternatifs à la guerre, *Blog de Paul Jorion*, 26 janvier 2015

[36] La liberté ou la dette : les grecs sonnent l'heure des mutineries, *Réforme*, 29 janvier 2015

[37] "Nuage brun" sur l'Europe ou le grand ménage façon Juncker, *Le Temps de Genève*, 2 février 2015

[38] Appliquons le code d'Hammurabi: libérons les esclaves grecs en 2018, *Le Temps de Genève*, 4 juin 2015

[39] La France va-t-elle abolir l'esclavage pour les Grecs?, *Huffington Post*, 10 juin 2015

[40] Grèce: dette sauce Maastricht et drachme alternative, *Le Temps de Genève*, avec Jean-Michel Servet et Panagiotis Grigoriou , 16 juin 2015

[41] Le Président Juncker exige un TAFTA qui détruise les PME européennes, *Mediapart*, 17 juin 2015

[42] Université : le diable serait-il dans la "gouvernance?, *Mediapart*, 20 juin 2015

[43] Cigales et fourmis d'Europe: renégocier, traquer, monétiser, produire juste et exclure, *Huffington Post*, 8 juillet 2015

[44] Université : le diable serait-il dans la « gouvernance?,, *Blog de Paul Jorion*, 13 septembre 2015

[45] Banque de France : « François Villeroy de Galhau est exposé à un grave conflit d'intérêts », cosignataire, *Le Monde*, 15 septembre 2015

[46] La France sera-t-elle colonie allemande en mai 2017?, *Huffington Post*, 29 septembre 2015

[47] Racisme : 7 millions de syriens …et moi et moi et moi !, *Mediapart*, 7 octobre 2015

[48] Non à la guerre !, *Huffington Post*, 18 novembre 2015

[49] 7 pistes pour une Université qui s'engage sérieusement dans le développement durable, *Huffington Post*, 26 novembre 2015

[50] Sanctuariser 80% des réserves d'énergie fossile, *Huffington Post*, 7 décembre 2015

[51] Suis-je un universitaire économiste négationniste?, *Le Grand Soir*, 1 décembre 2016

[52] Les banques centrales doivent créer une banque mondiale du climat, *Le Temps de Genève*, 8 décembre 2015

[53] Comment 97% des députés ont fait capoter la loi pour lutter contre l'évasion fiscale,, *Huffington Post*, , 5 janvier 2016

[54] Pourquoi la loi de finance 2016 tranquillise les entreprises qui pratiquent l'évasion fiscale?, *Huffington Post*, 18 janvier 2016

[55] Incohérences et mensonge chez notre prix Nobel d'économie, Jean Tirole, *Huffington Post*, 18 février 2016

[56] Bientôt 100 000 signataires pour faire passer le 23 mars 2016 une vraie loi pour contrer l'évasion fiscale, *Mediapart*, 3 mars 2016

[57] Nous ne voulons pas d'une potion qui prélève aux petits et gave les gros, *Huffington Post*, 3 mars 2016

[58] Inviate una e-mail al commissario europeo Pierre Moscovici affinchè la trasparenza fiscale delle aziende sia imposta in Europa il 12 Aprile 2016, *Huffington Post*, 17 mars 2016

[59] Enviad un mail a Moscovici por la transparencia fiscal de las empresas, *Huffington Post*, 15 mars 2016

[60] Στείλτε ένα e-mail στον Ευρωπαίο Επίτροπο Pierre Moscovici για τη φορολογική διαφάνεια των εταιρειών στην Ευρώπη, *Huffington Post*, 15 mars 2016

[61] Envoyez un mail à Pierre Moscovici pour la transparence fiscale des entreprises en Europe, *Huffington Post*, 15 mars 2016)

[62] Senden Sie eine E-Mail an den EU-Kommissar Pierre Moscovici, damit die Steuertransparenz für Unternehmen in Europa am 12. April 2016 eingeführt wird, *Huffington Post*, 15 mars 2016

[63] Le Conseil Constitutionnel couvre-t-il l'évasion fiscale?, *Huffington Post*, 23 mars 2016

[64] Qui doit diriger l'Europe? Qui doit aller en prison?, *Mediapart*, 24 mars 2016

[65] Evasion fiscale, l'Europe patine, la France recule!,, *Huffington Post*, 12 avril 2016

[66] Economie collaborative ou économie capitaliste? Nos choix économiques sont des choix de société, avec Bernard Paranque et Jean-Michel Servet *Huffington Post*, 14 mai 2016

[67] Vendre des missiles ou lutter contre l'évasion fiscale, dilemme à l'Assemblée Nationale!, *Huffington Post*, 27 mai 2016

[68] Les députés ont peur de venir voter la transparence fiscale, *Huffington Post*, 13 juin 2016

[69] Pourquoi notre gouvernement ne veut pas de la transparence fiscale?, *Huffington Post*, 21 juin 201

[70] Quand Jean-Claude Juncker accuse la France de favoriser l'évasion fiscale, il a raison!, *Huffington Post*, 20 septembre 2016)

[71] L'évasion fiscale signe l'agonie d'une démocratie représentative, *Huffington Post*, 3 octobre 2016

[72] Suis-je un universitaire économiste négationniste?, *Blog de Paul Jorion*, 22 novembre 2016

[73] Suis-je un universitaire économiste négationniste?, *Mediapart*, 22 novembre 2016

[74] Wikipedia a-t-elle une police de la pensée?, *Mediapart*, 9 juin 2017

[75] Nos députés en marche vers… la Corée du nord ou la Suisse?, *Mediapart*, 14 juin 2017

[76] Simone Veil : ses combats d'hier sont nos échecs aujourd'hui, *Mediapart*, 5 juillet 2017

[77] 5500 chercheurs virés de l'université pour financer l'évasion fiscale de Google?, *Mediapart*, 19 juillet 2017

[78] L'état-Macron nous mène-t-il à un camp de travail forcé?, *Mediapart*, 8 aout 2017

[79] L'inquisition Decodex qui vient – Ruffin à l'index!, *Mediapart*, 24 aout 2017

[80] Apocalypse 2040 : Serez-vous dans la moitié des humains qui vont disparaitre?, *Mediapart*, 28 aout 2017

[81] La voiture autonome devra-t-elle sacrifier un passager pour sauver un piéton?, *Le Temps de Genève*, 11 septembre 2017

[82] La voiture sans chauffeur va-t-elle sacrifier un passager pour sauver un piéton?, *Mediapart*, 16 septembre 2017

[83] La tragédie de l'exponentielle ou un siècle de conscience écologique, *Mediapart*, 6 octobre 2017

[84] Le « capitalisme des biens communs » : enfin une idéologie qui nous rassemble !, *Mediapart*, 7 octobre 2017

[85] Crise écologique : notre cerveau n'est pas programmé pour se la représenter !, *Blog de Alain Grandjean*, 13 octobre 2017

[86] La planète Titanic va couler et les riches sont en train de se ruer sur les canots de sauvetage, *Huffington Post*, 12 novembre 2017

[87] Ecologie-Titanic : quand les riches se ruent sur les canots de sauvetage, *Le Grand Soir*, 27 octobre 2017

[88] Evasion fiscale des grandes entreprises : le combat est-il perdu?, *Mediapart*, 28 octobre 2017

[89] 7 thèses contre une économie injuste - Pour une économie sous le signe de la joie, *Mediapart*, 1 novembre 2017

[90] Religion chrétienne : qui sera sauvé?, *Mediapart*, 2 novembre 2017

[91] Les "China Papers", ce scandale d'évasion fiscale dont on ne parle pas et qui nous menace, *Huffington Post*, 12 novembre 2017

[92] Évasion fiscale des grandes entreprises : pour ne pas débrancher les malades, *Blog de Paul Jorion*, 6 novembre 2017

[93] L'insurrection, droit de l'homme en 1793 est aujourd'hui, en France, punie de prison, *Mediapart*, 14 novembre 2017

[94] World Scientists' Warning to Humanity, *BioScience, Volume 67, Issue 12, Pages 1026–1028*, 13 novembre 2017

[95] La France et son Conseil constitutionnel favorisent l'évasion fiscale, *Le Temps de Genève*, 27 novembre 2017

[96] Juncker, Trump, Xi Jinping… inculpés pour crime contre l'humanité, *Mediapart*, 8 décembre 2017

[97] Les Paradise papers annoncent l'enfer grec comme avenir de la France, *Huffington Post*, 27 novembre 2017

[98] Climat : qui sera inculpé pour crime contre l'humanité?, *Le Grand Soir*, 19 décembre 2017

[99] Pourquoi l'évasion fiscale reste une vérité qui dérange, *Huffington Post*, 9 février 2018

Actions politiques

[100] Candidature aux élections législatives 2007

[101] Appel « Renouveler la recherche et l'enseignement en finance, économie et gestion pour mieux servir le bien commun», 2011

[102] Pétition « Faire passer une loi contre l'évaqion fiscale », 2016.

Interview grand public

Mettre la finance au service du bien commun, Atterrissage, 22 mai 2018 (https://www.youtube.com/watch?v=NbEEEbPSaGo)

Finance et climat, France info, 11 décembre 2017 (https://team.inria.fr/steep/denis-dupre-dec-11-2017/)

L'aide chinoise à l'Europe est-elle un cheval de Troie?, Radio Suisse Romande, Forum, 22 décembre 2010 (https://docs.google.com/file/d/0B-nph-n_lIAaWlRpUl9fWnV5LUE/edit?usp=sharing)

La simulation climatique, un outil de dialogue citoyen, Interstices, 1 décembre 2015 (https://interstices.info/jcms/p_86523/la-simulation-climatique-un-outil-de-dialogue-citoyen)

Nourrir les hommes ... sans détruire la planète, interview sur RCF, Gap, mars 2008. (https://www.youtube.com/watch?v=ApRV3g1tKaE)

Conférences grand public

How finance can help to manage "vital goods" in the coming collapse?, "Change Finance Forum", Financewatch, 5th december 2017 (https://www.youtube.com/watch?v=3RyJTn0a-ZA&t=11s)

Can ethical finance prevent from our civilization collapse ?, conférence Université de Zurich (depatment of banking and finance) - 29 septembre 2017 – Zurich (https://www.youtube.com/watch?v=JhFiks0RbMU)

Innover pour financer la transition énergétique, conférence Etika - "Innover pour financer la transition énergétique" - 22 mars 2017 - Luxembourg (https://www.youtube.com/watch?v=O_kRle3WHn8)

Reprendre du pouvoir sur nos vies, conférence Attac - "Reprendre du pouvoir sur nos vie" - 2 mars 2017 - Gap (https://www.youtube.com/watch?v=81yiTWtXBX0)

Agir vite et mieux : que faut-il changer ?, Cycle de conférence "Comprendre et agir", équipe STEEP, INRIA, Grenoble, 11 février 2016, Grenoble (https://www.youtube.com/watch?v=aX9vJVolcq8)

Nourrir sainement 9 milliards d'êtres humains : possible ou impossible ?, Cycle de conférence "Comprendre et agir", équipe STEEP, INRIA, Grenoble, 14 janvier 2016, Grenoble (https://www.youtube.com/watch?v=e5OHdcxU2zc)

Limiter le changement climatique … Pourquoi n'y arrive t-on pas ?, Cycle de conférence "Comprendre et agir", équipe STEEP, INRIA, Grenoble, 17 décembre 2015, Grenoble (https://www.youtube.com/watch?v=e2La37NF69Y)

Innovations monétaires et société, Conférence de Jean-François Ponsot et Denis Dupré - Cycle de conférence "Les lundi de l'innovation", PROMISING, 11 janvier 2016, Grenoble (https://www.youtube.com/watch?v=_amR3JejFGw)

Finance innovante au service de la transition énergétique. La magie du financier et ses limites, COP21, Grand Palais, Paris, 1 décembre 2015. (https://www.youtube.com/watch?v=gWx8VLVdlRw)

Bien faire son métier : le métier comme vocation - "Beruf", Journée de réflexion sur le développement durable dans les organisations, Coach & Team, 25 juin 2015, Yenne, Savoie (https://www.youtube.com/watch?v=vqA71Sj01t4&feature=youtu.be)

Les hommes maitres du chaos climatique ? Citoyens et institutions face à la simulation scientifique, Communication aux journées scientifiques de l'INRIA, session « Enjeux climatiques », avec Laurent Debreu, Denis Dupré, Hervé Le Treut, Nancy, 18 juin 2015. (https://videos.univ-lorraine.fr/index.php?act=view&id=2438) texte (https://hal.archives-ouvertes.fr/hal-01158237/document.)

Changer les responsables de la Commission Européenne et le Président de la BCE : Pourquoi, Comment et pourquoi faire après ?, avec Jean François Ponsot, membre des Économistes Atterrés, Georges Kamarinos (professeur émérite Université & excellent connaisseur de la Grèce), Fabienne Mahrez et Nicolas Gouvernel (Collectif Roosevelt Isère), Conférence des Amis du monde Diplomatique, Grenoble, 18 février 2014. (http://cyan1.grenet.fr/podcastmedia/Rencontres-Diplo/20140218-AMD38-BCE.m4v)

Prospective pour le conseil d'administration de la NEF - novembre 2014 : Une banque au service d'une société qui mute et vit une transition sociétale, économique, énergétique (https://www.youtube.com/watch?v=tSFD9BNZ0rY&list=PLlJF_OPhQmKV4pG3z5cSWkx5BBrSs4IP-)

Conférence Finance Day, « Ou va la finance : entre alternatives et stagnation »,Grenoble Ecole de Management, Marseille, 13 mars 2014. (https://drive.google.com/file/d/0B-nph-n_lIAaQkR0dEVybHVmYVU/edit?usp=sharing)

Economie conviviale : est-ce possible ?, Cycle de conférences « Le Bonheur Aujourd'hui », Espace Magnan, Marseille, 17 janvier 2014. (https://drive.google.com/file/d/0B-nph-n_lIAaTEVweXJMSENNdE0/edit?usp=sharing)

Ce qu'une démocratie ferait de la finance, Conférence à Grenoble des Amis du Monde Diplomatique, 13 mars 2012 (https://www.youtube.com/watch?v=RYTNjZgW_W0)

OPINION

L'économie Titanic a-t-elle assez de canots de sauvetage?

Une confiance arrogante, une visibilité réduite... La mondialisation c'est un peu le Titanic. Et le tiers monde, la troisième classe. L'économie Titanic a-t-elle assez de canots de sauvetage?

La mondialisation, telle le Titanic, évoque pour beaucoup l'idée d'une planète sur un même bateau où l'exubérance du luxe de certains ne côtoie guère la réalité des ponts inférieurs. La mondialisation aujourd'hui, le Titanic hier: une catastrophe possible.

Embarquement. L'économie mondiale est le plus beau et plus puissant paquebot du monde. Elle constitue le meilleur moyen de sillonner les océans de services et produits proposés dans le monde entier. Le commerce des épices, richesses des Espagne et Portugal du XVIe siècle, est décliné aujourd'hui en cartes à puce de Gemplus en Windows de Bill Gates.

Les économistes de Davos répètent avec raison que l'économie libérale et mondiale demeure capable d'élever le niveau de vie du maximum de gens sur la planète. En termes financiers, la mondialisation reste le phénomène le plus efficace pour obtenir le meilleur rendement au moindre risque.

Vigilance anesthésiée. La brume est importante et cependant, le capitaine du bateau pousse les feux au maximum pour arriver un jour plus tôt que prévu à New York. Depuis quelques temps, les autorités mondiales ont perdu de la visibilité avec l'apparition de nouveaux produits risqués et la disparition de leur pouvoir de pilotage: le volume de crédit n'est plus piloté par les Etats, les taux d'intérêt à long terme dépendent du marché. Or, l'objectif pour certains, d'accroître encore leur pouvoir d'achat doit-il conduire à pousser les machines économiques à fond? Ainsi, le gouverneur de la Banque de France se demande si, dans certains cas, on n'a pas été trop vite dans la déréglementation.

Icebergs vus trop tard. Pour ne pas risquer l'accident, il suffit de limiter la vitesse du bateau pour que, grâce au radar, l'iceberg apparaisse suffisamment tôt pour stopper le bateau. Le grand danger de l'iceberg est que 90% de son volume reste invisible sous la surface des eaux. De même, les risques en Asie et en Russie sont longtemps restés invisibles. Le risque n'étant pas en vue, les rendements ont gonflé, créant, de fait, des bulles spéculatives. Il reste que le risque est assez difficile à quantifier, à l'heure où les sources de risque sont multiples. Avec la jumelle, le Titanic n'a pas détecté l'iceberg. Trente ans plus tard, le radar aurait permis cette vitesse rapide en toute sécurité. Il reste donc aux concepteurs de modèles en finance de faire évoluer les outils financiers de mesure de risque, de la jumelle au radar.

L'étanchéité des cloisons. Le risque de naufrage n'a été assez pris en compte. Trois caissons peuvent prendre l'eau sans risque, mais, au quatrième, le navire coule. Malheureusement, les caissons communiquent par le haut et ne sont pas indépendants les uns des autres, ce qui aurait évité le naufrage. Crise asiatique, crise russe, crise en Amérique du Sud menaceraient d'entraîner les Etats-Unis, puis le reste du monde, dans une crise mondiale. Sans pour autant cloisonner les économies, certains économistes proposent une taxe infime sur les transactions pour éviter des flux financiers trop précipités d'une économie vers une autre. L'arrivée massive de capitaux de l'Asie vers l'Europe, appelée pudiquement «flight to quality», ne fait que créer une bulle spéculative supplémentaire. L'argent, ne sachant plus où s'investir, cherche les derniers actifs «sûrs» et cela provoque une surévaluation forte de ceux-ci. En cas de naufrage de l'économie, ces mouvements apparaîtront aussi dérisoires que le rush naturel mais fatal vers la proue du navire qui surmonte encore les flots.

Sauve-qui-peut. Le nombre de canots est insuffisant: dans la conception du navire, on n'a pas voulu prendre en compte le risque extrême. Cynisme ou imprévoyance, il manque de nombreux canots, notamment pour les troisièmes classes. Il suffit d'observer les réactions dans certains pays. Pourtant, voilà quelques-unes des nombreuses pistes qui pourraient permettre à chacun d'avoir une place en cas de naufrage de l'économie: Le principe de la banque des pauvres qui permet de financer dans le tiers monde des milliers de microprojets est repris par de nombreux pays et intéresse la Banque mondiale. Assurant travail et fierté, ce système sort de nombreuses personnes de la misère, du chômage et de la perte de confiance.

Le système d'échange local baptisé SEL stimule les échanges de services et permet de s'enrichir à ceux qui seraient exclus des systèmes d'échange monétaire par manque d'argent. La TVA n'existe pas et les échanges ne sont pas freinés. L'Etat doit veiller à ce que ce système soit utilisé par ceux qui en ont besoin. Une contrainte de montant maximal d'échange par niveau de ressource pourrait être instaurée pour éviter que cela serve à éviter l'impôt.

Au niveau mondial, on doit songer à permettre à tous d'accéder de façon autonome à un niveau de vie ou de survie minimal. Dans cet esprit, le taylorisme doit parfois être limité. Spécialiser tel pays d'Afrique dans la production de café pour laquelle il est le plus efficace est une bonne chose. Si le café devient l'unique production et les cultures vivrières sont complètement abandonnées, les canots de sauvetage du pays sont coulés.

Le paquebot mondialisation est luxueux: la part de gâteau moyenne augmente largement tous les ans. Mais la sirène du Titanic rappelle aux argentiers de la planète qu'ils doivent veiller à la conception des canots de sauvetage adaptés à chaque pays. Si cette crise mondiale ne fait couler le paquebot, n'oublions pas que le prochain plus gros iceberg reposera la lancinante question du nombre des canots de sauvetage.

Réforme
www.reforme.net
HEBDOMADAIRE PROTESTANT D'ACTUALITÉ

Rémy Hebding

OPINION

18 octobre 2001

Paradis fiscaux : l'argent sale du terrorisme

Selon Denis Dupré, professeur de finance à l'École Supérieure des Affaires de Grenoble, il est urgent d'organiser « *la traçabilité de l'argent et des conditions de production* ».

Rien de moins que rompre la sacro-sainte loi du secret et de la discrétion prudente (trop !) concernant les transactions financières.

Selon lui, deux pistes sont à explorer. La première concerne les banques : « *Toute banque doit refuser tout virement reçu ou envoyé vers des banques n'ouvrant pas leurs comptes immédiatement aux autorités judiciaires. Ainsi doit exister une liste des banques "propres" ayant interdiction de traiter avec les "sales". Les banques "propres" doivent être aidées car elles seront momentanément sinistrées : en effet, si elles récoltent de façon indirecte 10% des activités criminelles en participant au blanchiment de l'argent, leur manque à gagner dépassera leurs bénéfices.* »

La seconde piste concerne les consommateurs : « *Que diriez-vous de pouvoir trouver sur vos achats un logo garantissant que le produit satisfait aux trois critères suivants : aucun financement mafieux, conditions décentes de vie des producteurs, respect du développement durable?* » Ceci afin d'obtenir plus de visibilité en ce qui concerne ces deux questions : d'où vient l'argent? Qui fabrique quoi?

Réviser les dogmes

Comme le souligne notre interlocuteur, l'affaire Ben Laden concernant le financement occulte du terrorisme international est le « *bouton de fièvre qui émerge* » et qui montre qu'il n'est plus possible de laisser le système dans son état actuel, au risque d'exploser avec lui. Selon lui, la mafia contrôlerait 20% des entreprises mondiales cotées en bourse. On ne peut donc pas continuer ainsi.

Pour imposer le bordel en France : votez oui !

Aussi étrange que cela paraisse, il y a un lien entre les bordels et la constitution européenne. Nous ne parlerons pourtant ni des milliards d'euros engendrés par la prostitution forcée, ni de l'expansion des réseaux maffieux en Europe qui bénéficient de cet argent « facile », ni du blanchiment offert pour recycler l'argent de la prostitution offert par les nouveaux paradis fiscaux européens.

Parmi les 25 pays membres de l'Europe, la diversité de la réglementation concernant la prostitution est évidente. Quelques pays acceptent que les prostitués soient salariés et que les bordels soient propriété d'entrepreneurs. En France, le proxénète est passible de peines de prison et d'amendes lourdes. Aujourd'hui, un entrepreneur gérant un bordel serait considéré comme un proxénète. C'est le choix de notre démocratie française, choix social dont on peut peut-être discuter la pertinence et qui pourrait évoluer en fonction de nos lois nationales. Mais si la constitution est adoptée suite au référendum, nous allons nous trouver dans l'obligation de faire fi de nos choix de société. Suivons l'exemple de Monsieur Oui-Oui :

Monsieur Oui-Oui est un actionnaire heureux. Citoyen d'un des pays de l'Union où cette pratique est acceptée, il a investi dans un bordel et a envie aujourd'hui de se diversifier en France. Monsieur Oui-Oui prudent se demande, à la veille du referendum sur la constitution, si la France est un pays sûr pour son investissement. Il s'aperçoit avec soulagement [1] qu'il est prévu que l'argent public français assurera l'amélioration des moyens militaires et donc a priori la paix pour protéger son investissement :

Article I-41-3 : « …Les Etats membres s'engagent à améliorer leurs capacités militaires. Il est institué une agence…pour assister le Conseil dans l'évaluation de l'amélioration des capacités militaires ».

Cependant Monsieur Oui-Oui s'inquiète un peu, se disant que ces armements croissants pourraient augmenter la probabilité d'utilisation des moyens belliqueux. Mais en lisant les termes de la constitution, il se rend compte que son petit commerce sera le premier protégé en cas de crise:

Article III-131 : « Les Etats membres se consultent en vue de prendre en commun les dispositions nécessaires pour éviter que le fonctionnement du marché intérieur ne soit affecté par les mesures qu'un Etat membre peut être appelé à prendre en cas de troubles intérieurs graves affectant l'ordre public, en cas de guerre ou de tension internationale grave constituant une menace de guerre, ou pour faire face aux engagements contractés par lui en vue du maintien de la paix et de la sécurité internationale. »

De toute façon les bordels sont toujours des affaires qui marchent en temps de conflits. Aussi, monsieur Oui-Oui, va donc acheter une maison en cœur de ville française pour proposer les services de travailleuses du sexe.

La France, appliquant sa réglementation, voudra faire fermer l'établissement. Comme tout citoyen en aura le droit, Monsieur Oui-Oui saisira la Cour Européenne de justice. Or même si une partie seulement de la Directive Bolkestein est adoptée [2] ce qui est fort probable puisqu'elle reste en discussion, la France devra laisser à toute entreprise européenne installée sur son territoire la possibilité d'offrir les mêmes services que ceux autorisés dans son pays d'origine.

Conformément à l'article de la Proposition de Directive du Parlement Européen et du Conseil relative aux services dans le marché intérieur [SEC (2004) 21] : « *Afin de supprimer les obstacles à la libre circulation des services la proposition prévoit:*

*Le **principe du pays d'origine** selon lequel le prestataire est soumis uniquement à la loi du* *pays dans lequel il est établi et les Etats membres ne doivent pas restreindre les services fournis par un prestataire établi dans un autre Etat membre...*

La directive ne s'applique pas aux services faisant l'objet, dans l'Etat membre dans lequel le prestataire se déplace pour fournir son service, d'un régime d'interdiction totale justifiée par des raisons d'ordre public, de sécurité publique ou de santé publique. »

Mais la Cour Européenne de justice considèrera-t-elle l'interdiction de la France légitime? Pour la santé publique, un bordel appliquant les règles d'hygiène est préférable à la prostitution non organisée.

La France devra soit plier et d'urgence autoriser les bordels soit verser des pénalités de plus en plus importantes si elle ne respecte pas la convention qu'elle a signée. Monsieur Oui-Oui sera largement dédommagé ! Il votera oui trois fois oui à la constitution.

A titre personnel, je ne suis pas forcément contre les bordels. Mais je suis contre une constitution qui m'impose un bordel dont ma société ne veut pas.

Nos élus européens n'ont déjà pas aujourd'hui le pouvoir de protéger nos choix de société et, la constitution qu'on nous propose d'adopter, n'accorde pas aux états européens le droit à disposer d'eux-mêmes. Ne nous laissons pas berner par les ultralibéraux qui sont prêts à nous enfermer dans un joli bordel tout plein d'étoiles dont nous ne pourrons plus sortir.

Voter non c'est refuser la dictature du bordel obligatoire.

Je dois la connaissance de ces deux exemples savoureux à la conférence de Bernard Cassen à Gap du 20 avril 2005.

[2] La partie la plus controversée n'est pas celle-la mais celle qui permettrait à des travailleurs étrangers d'être soumis aux conditions du pays d'origine.

Tous complices de l'économie mafieuse

Toxique. Un mot à la mode. Crise sanitaire : le lait chinois mélangé à de la mélamine cause 4 morts et 50000 hospitalisations. Crise économique : les actifs toxiques auraient fait déraper le système financier. Mais la question n'est-elle pas plus profonde?

Le président Sarkozy dit vouloir chercher les vrais coupables de ce monde devenu toxique. Aidons-le à les trouver.

Les pratiques douteuses ordinaires des banques, entreprises, élus.

Carton rouge pour nous tous : En 2000, Eva Joly, alors juge du pôle financier, nous a avertis en vain : « Je vois nos petits pas incertains sur le terrain du monde sans loi, cette sphère financière où l'absence de règle donne le vertige… Les plus forts agissent avec un sentiment d'impunité. Je vois tant de ressemblance en France et à l'étranger, entre les corruptions d'état et les mafias en tout genre. Mêmes réseaux, mêmes banques, mêmes villas de marbre.»

Carton rouge aux élus : en France, plus de 900 élus ont été concernés avec 1500 mises en examen en 10 ans et sur 128 personnes qui ont été une ou plusieurs fois ministre ou secrétaire d'Etat de 1992 à 2002, 34 ont été mises en examen dans la décennie.

Carton rouge aux entreprises : lorsqu'une société exporte, elle vend fictivement sa marchandise ou ses services à un coût réduit à sa filiale qui, à son tour, la revend au client final à un coût majoré. Ce mécanisme des prix de transfert permet à toutes les multinationales d'échapper pratiquement à l'impôt en localisant les plus-values dans les paradis fiscaux. Ainsi Enron a eu 881 filiales offshores, 692 aux Iles Caïman. Suite au scandale d'Enron, la branche-conseil du géant de l'audit Arthur Andersen mis en cause s'est transformée en Accenture et les associés ont fait le choix d'un montage où le holding de tête, Accenture Ltd. est une société basée aux Bermudes où Accenture a négocié un accord sur le montant d'impôt avec le ministre des finances. Ce holding contrôle un holding de second niveau, Accenture SCA, société luxembourgeoise.

On peut croiser chez le même avocat, banquier ou fiscaliste, à Paris, New-York ou Genève un trafiquant de drogue, un directeur financier d'une grande entreprise, un homme politique corrompu et un grand médecin pratiquant des dessous-de-table. Ils viennent tous, dans les mêmes paradis fiscaux, faire gérer les comptes ou sociétés qu'ils ouvrent de plus en plus aisément, particulièrement par Internet. Comme pour la monnaie pour laquelle on dit que la mauvaise chasse la bonne, l'entreprise malhonnête chasse aussi l'entreprise vertueuse. Un PDG honnête ne pourra pas continuer à être évincé des contrats parce qu'il ne verse pas de commissions occultes, ou bien s'entêter à payer 33% d'impôt alors que son concurrent n'en paye que 3%. Le PDG honnête n'a pas d'autres choix que de disparaître ou de suivre les pratiques douteuses.

Nous avons trahi nos juges

Carton rouge aux élus politiques. En 2003, Berlusconi exprime, dans un article publié par la *Voce di Rimini*, sa haine de la justice et des juges car, selon lui, « pour faire ce travail, il faut être mentalement dérangé et s'ils le font, c'est parce qu'ils sont anthropologiquement différents du reste de la race humaine ». Pour durer malgré tous les procès, « il a fallu rendre les lois plus accommodantes, les modifier, en inventer de nouvelles. Silvio Berlusconi s'y est employé, en se défendant de ne songer qu'à ses propres intérêts. Le Parlement a suivi. Loi autorisant le retour au pays des capitaux exportés illégalement, loi dépénalisant les faux bilans, loi compliquant les commissions rogatoires entre la Suisse et l'Italie, loi introduisant la notion de «soupçon légitime» envers les juges... ». Où en est-on en France aujourd'hui?

Carton rouge aux citoyens qui n'ont soutenu aucun juge et qui ont laissé les politiques et les médias les discréditer. En France, par exemple, des journaux comme Libération et même un cinéaste comme Claude Chabrol dans son film « L'ivresse du pouvoir », se sont sentencieusement moqués de la juge Eva Joly qui est partie, fermant une dernière fois la lumière de son bureau sans un pot d'adieu ni un message de remerciement. Le résultat est efficace : soutenus ni par les politiques ni par les médias, les juges des affaires concernant les mafias et la corruption rendent un à un leur tablier.

Qui a soutenu Denis Robert? Après avoir organisé la coopération des juges, il est aujourd'hui brisé par une infinité de procédures judiciaires à propos de Clearstream. Il témoigne : « Quand je servais de porte-voix et de porte-plume aux juges, il était plus difficile de m'attaquer frontalement. Garzón enseigne aux Etats-Unis. Dejemeppe est dans un placard à la Cour de cassation, Bertossa va diriger une juridiction d'appel, Van Ruymbeke aussi, Jiménez est à la retraite. Les juges de Genève ont vieilli et ont tous changé de fonction. L'appel de Genève a été un joli prêche dans le désert politique d'une Europe où les prédateurs financiers semblent avoir gagné la partie. Le paradoxe est que, si cette Europe judiciaire, pour laquelle je me suis battu, est parfaitement inefficace en matière de crime financier, elle fonctionne très bien quand il s'agit de me faire des procès ou de m'inculper pour diffamation.

Dix ans se sont écoulés. Bon anniversaire Messieurs.»

Qui a soutenu le juge Renaud Van Ruymbeke? Il est attaqué par des hommes politiques alors qu'il cherche à éclaircir des questions de corruption internationale « Mon problème, c'est de résoudre l'affaire des frégates de Taïwan, dans laquelle je cherche la trace de 500 millions de dollars de commissions, et où je me suis systématiquement heurté à des entraves, notamment au secret-défense […] La corruption internationale se porte bien. Dans ces dossiers à dimension internationale, on a l'omerta. Les juges n'ont pas le droit d'aller voir : secret-défense. A un certain niveau, vous ne pouvez pas travailler. C'est la fin des affaires financières. Le système international est déjà beaucoup trop verrouillé. Si, en plus, on s'en prend au juge qui tente de remonter ces affaires, ce n'est plus la peine. »

Qui a soutenu Laurence Vichnievsky? Elle a fini par quitter les dossiers politico-financiers et demander à être nommée, en 2002, à la présidence du Tribunal de Grande Instance de Chartres tout en soulignant «Comme le juge, l'élu sert l'intérêt commun. Il me semble qu'ils doivent, tous les deux, pouvoir vivre en bonne intelligence pourvu que chacun exerce son métier et simplement le sien, l'élu en votant la loi, le juge en l'appliquant, tous deux la respectant. »

Nous payons le prix de notre « laisser-tricher ».

Un capitalisme devenu une jungle toxique.

Si l'on compare le blanchiment annuel à la capitalisation des bourses mondiales, une trentaine d'années de blanchiment devraient suffire pour acheter la totalité des bourses mondiales. Ceci nous donne une idée de la puissance financière de l'argent du crime. Le boom mafieux de la dernière décennie permet de penser que l'économie parallèle représente 10% du PIB mondial. Mais il n'y a pas que l'argent du crime, il y a l'argent de la corruption des décideurs. La Banque Mondiale souligne que, outre la criminalité, la corruption est un marché brassant des sommes de même ampleur.

Un regard lucide montre que les *Hedge funds*, dont les avoirs sont enregistrés dans les paradis fiscaux sont facilement alimentés par l'argent sale. 2000 milliards réinvestis tous les ans, depuis longtemps maintenant, c'est à peu près un quart de la richesse mondiale, un quart des entreprises mondiales détenu par des gens dont la richesse aurait le goût du crime et des trafics avilissants.

Monsieur le Président, une économie mafieuse destructrice est en place.

Si votre désir, si celui des citoyens, est de lutter de façon efficace pour l'assainissement de notre système économique, il faut rétablir les conditions qui permettent aux hommes honnêtes d'avoir des chances réelles d'accéder aux postes de direction. Des mesures s'imposent :

• Suspension de marchés publics pour l'entreprise

condamnée pour avoir versé des pots-de-vin.

• Inéligibilité définitive des élus condamnés pour délits financiers.

• Reconnaissance du droit d'alerte pour protéger du licenciement les salariés révélant des malversations dans leurs entreprises. Il faut se caler sur la Grande-Bretagne dont la loi "Public Interest Disclosure Act" (PIDA) de 1999 protège le dénonciateur des représailles de son employeur. Une loi similaire existe aux Etats-Unis, aux Pays-Bas, en Nouvelle-Zélande et en Afrique du Sud.

• Réservation des marchés publics, des subventions et des aides aux entreprises n'ayant pas de filiales dans les paradis fiscaux. Cette sélection peut être faite à partir d'une liste d'entreprises dont seraient exclues certaines entreprises nationales ou étrangères lorsque les structures de leurs filiales ne sont pas transparentes.

• Interdiction aux banques de toute transaction avec les paradis fiscaux à horizon 2012. L'interdiction serait faite aux banques d'ouvrir des filiales ou d'accepter (ou de virer) des fonds provenant d'établissements installés dans des territoires qui refusent ou appliquent de manière purement virtuelle la coopération judiciaire internationale. La liste sera une liste stricte des pays qui doivent rentrer dans une norme à fournir pour 2012. La date butoir permettra aux banques de s'adapter.

Aujourd'hui, face aux crises, les lancinantes questions du citoyen ordinaire le hantent : quelle confiance? En qui? Pourquoi?

Pour ne pas tomber dans le « tous pourris » dévastateur, chacun doit faire de son droit de vote, un devoir d'exigence envers ses élus. Plutôt que de faire semblant de châtier des coupables, puisqu'il s'agit plutôt d'un cancer généralisé, prenez, je vous en prie, Monsieur le Président, dès à présent, des mesures simples pour donner la préférence aux hommes de bonne volonté. Il en reste, même si certains ne font pas partie de vos amis.

Réguler la violence : un préalable?

« La mondialisation financière a fait entrer le cheval de Troie de la grande criminalité au cœur même des démocraties. Méprisant Cassandre et ses sombres augures, les responsables politiques, les médias, les citoyens, ont préféré croire, jusqu'à présent, que le monde ne saurait travailler à sa propre perte. Il est temps de se dire qu'on n'entre pas dans l'avenir les yeux bandés. »

Jean de Maillard, vice-président du tribunal de grande instance d'Orléans.

Section 2 – L'expansion des mafias

En 2050, voici le résumé du livre d'histoire des étudiants concernant les 100 dernières années :

« 1950-1980 : période de reconstruction de l'après-guerre et d'euphorie collective : il semble alors que la pauvreté et la misère puissent un jour disparaître dans un monde où les démocraties deviendront le régime politique standard.

1980-2010 : Dès 1985, l'humanité sait qu'elle a une empreinte écologique dépassant les capacités de la planète. Dès 2007, de nombreux rapports prouvent définitivement que le pétrole va disparaître, que l'eau et la nourriture risquent de manquer dans de nombreux endroits. De multiples actions sont mises en œuvre mais s'avéreront inefficaces pour les raisons décrites ci-dessous.

2010-2030 : La part des mafias dans les entreprises passe de 20% à 40% et la part de la richesse mondiale stockée dans des états minuscules, dénommés paradis fiscaux, qui ont moins de 0,1% de la population, passe de 50% à 70%. Le pillage des biens communs (eau, nourriture, forêts, énergie) s'accélère à mesure que leur valeur monte et que leur usurpation est de plus en plus fructueuse. La corruption des politiques est généralisée. Les exodes se multiplient, la misère est partout et les dictatures remplacent les quelques démocraties.

2030 – Des soulèvements populaires renversent le pouvoir dans certains pays émergents, et les révolutionnaires créent les premiers tickets de restriction permettant de limiter les droits d'accès par habitant aux biens communs contrôlés par un nouveau corps de fonctionnaires. Comme en 1789, cette révolution en déclenche d'autres dans de nombreux pays du monde. Ces pays organisent les échanges entre eux, se nomment pays propres, et limitent leurs échanges avec les autres pays corrompus du monde. Tous les organismes que nous connaissons sont créés : l'Ordre Mondial (OM) avec une gestion politique commune où chaque nation propre est représentée. La Banque Unique (BU) permet la traçabilité des richesses de chaque habitant de la planète. La Bourse des Biens Communs (BBC) permet d'échanger les tickets de bien commun octroyés chaque année à chaque habitant de la planète. Le Corps d'Estampillage (CE) valide sur tous les produits les cinq indicateurs : le taux de CO2, le volume d'eau, la quantité d'énergie, le nombre d'hectares mobilisé, le taux de respect planète ; seul le prix en monnaie mondiale reste libre. A l'achat, il faut payer avec la carte « arc-en-ciel » qui débite nos 6 comptes : monnaie mondiale, monnaie CO2, monnaie eau, monnaie énergie, monnaie hectare, monnaie respect. Toute personne peut vendre ou acheter librement ces monnaies auprès d'une unique banque : la BBC »

Science-fiction?

Après avoir souligné l'expansion forte des pratiques mafieuses, nous allons montrer comment elles contrôlent les entreprises et minent les démocraties. Enfin, nous verrons que, si la lutte contre les mafias n'est pas soutenue rapidement par les populations, la réalité de demain sera à l'aune de cette science-fiction car nous pensons que l'expansion des mafias empêche toute réalisation efficace de nos objectifs écologiques.

Extrait plus complet sur le web

LE TEMPS

Denis Dupré

L'INVITE

15 octobre 2008

La crise écologique menace la Chine

J'avais écrit le 13 octobre 1998 dans la page Rebonds de Libération: *L'économie Titanic a-t-elle assez de canots de sauvetage?* L'analogie du Titanic annonçait la crise financière d'aujourd'hui et le déclin de l'empire américain demain. Aujourd'hui, nombreux pensent que la Chine va prendre son relais. Cela ne sera pas le cas: la multiplication des icebergs liée à la fonte des pôles annonce la crise écologique et le déclin de la Chine. Un exemple: la transformation climatique va inéluctablement faire disparaître les glaciers de l'Himalaya. Après quelques années de crues massives, les centaines de millions d'habitants des bords des grands fleuves d'Asie manqueront d'eau.

Nous allons faire face à quatre crises. La première est celle de la finance mondiale. La crise des «subprime» met des millions d'Américains à la rue et crée la récession. La puissance américaine amorce son déclin.

Les crises liées au climat, à la nourriture et à l'énergie auront raison des puissances émergentes. L'énergie fossile a mis des millions d'années à se former et nous mettrons deux siècles, tout au plus, à l'utiliser. La famine se profile avec l'augmentation du prix des céréales. La productivité agricole stagnante, les catastrophes climatiques et l'augmentation du nombre des «mangeurs de viande» (qui utilisent trois fois plus d'espace agricole pour subvenir à leur nourriture qu'un végétarien) vont créer un tsunami silencieux parmi les milliards d'habitants aux revenus inférieurs à deux dollars par jour qui consacraient, avant la hausse des prix des céréales, 80% de leur revenu à l'achat de nourriture. Les effets de nos comportements influent massivement sur le climat, avec un décalage de plusieurs dizaines d'années si bien que nous ne voyons pas bien les dégâts que nous induisons aujourd'hui. Le pire scénario, que l'on ne peut malheureusement exclure, est une situation irréversible de dégradation continue de l'hospitalité de notre planète. Nous avons donc à combattre une hydre à quatre têtes. Avec quelle épée?

La montée des bourses mondiales de 2002 à 2007 a pu laissé croire que le marché sans règle est la main invisible qui tient l'épée. A tort. La hausse de la bourse est une bonne nouvelle lorsqu'elle témoigne de la vitalité de l'intelligence humaine. C'est une mauvaise nouvelle lorsqu'elle reflète la raréfaction de certaines ressources: les terres deviennent rares (le prix des terrains monte), la nourriture devient rare (le cours du blé flambe), les ressources énergétiques deviennent rares (le pétrole, le gaz) ou les ressources minières s'épuisent.

Le combat peut sembler perdu. En voulant couper une tête de l'hydre, celle énergétique, en favorisant la transformation de maïs en éthanol, la seconde tête, celle de la famine, a été revigorée. En voulant couper une autre tête, celle financière, en injectant plusieurs milliers de milliards de dollars dans l'économie, la seconde tête, celle de la famine a été relancée par une spéculation massive des financiers sur les produits agricoles et énergétiques. En voulant abattre la tête énergétique, en favorisant l'utilisation du charbon, la troisième tête, celle du changement climatique risque de prendre une vigueur face à laquelle nous serons à jamais impuissants. Ces erreurs montrent que la main qui doit tenir l'épée est une politique mondiale ferme avec une tactique de combat qui doit intégrer toutes les crises.

Nous pouvons, avec les connaissances actuelles, évaluer notre avenir commun en 2050 en fonction de nos comportements collectifs. Deux situations extrêmes sont possibles. Soit nous sommes altruistes en réduisant dès aujourd'hui fortement notre consommation, notre planète sera vivable pour 9 milliards d'habitants. Soit nous sommes égoïstes en consommant sans limite, notre planète sera vivable pour 5 milliards d'habitants. A nous de choisir notre planète 2050.

Faisons partie des égoïstes. Les plus riches d'entre nous cherchent à se créer des îlots de luxe où ils accumulent les biens nécessaires, quitte à détruire notre planète commune. Ils ont des comptes partout sur la planète, en achetant des îles peut-être épargnées en cas de réchauffement climatique. Leur sécurité est peut-être illusoire, mais elle est tentante. Des raisons de jouer personnel? Le désespoir. Le citoyen et ses élus adoptent principalement, depuis des années, la politique de l'autruche et, lorsqu'ils sont sommés de se réveiller par les scientifiques, ils optent pour quelques arbres à replanter ou autre action symbolique et peu dérangeante pour se laisser croire qu'ils agissent.

Mais nous pouvons aussi nous dire que collectivement le pari de l'hypothèse altruiste vaut la mise. Cependant, modifier profondément nos comportements, accepter de limiter nos libertés, ne semble réalisable que si nos démocraties nous imposent, par des lois et des sanctions rigoureusement appliquées, de respecter ce pacte d'efforts collectifs. Avec des actions fortes, c'est la décroissance sereine. La solution: ne pas être égoïste et, en même temps, empêcher les autres de l'être. Y a-t-il une seule raison de jouer collectif avant qu'on nous l'impose? Pierre Rabhi raconte cette légende amérindienne: «Un jour, il y eut un immense incendie de forêt. Tous les animaux terrifiés et atterrés observaient, impuissants, le désastre. Seul un petit colibri s'active, allant chercher quelques gouttes d'eau dans son bec pour les jeter sur le feu. Au bout d'un moment, l'éléphant et le zèbre, agacés par ses agissements dérisoires, lui disent: "Colibri! Tu n'es pas un peu fou? Tu crois que c'est avec ces quelques gouttes d'eau que tu vas éteindre le feu?" "Je le sais", répond le colibri, mais je fais ma part. » Sa mise est-elle rationnelle? Ce colibri n'est-il pas vraiment fou? Le colibri ne fait pas sa part parce qu'il croit à sa force, il croit à la force des autres avec lui. Et s'il n'éteint pas le feu, il peut mettre ses voisins en action. René Girard dit qu'au fond des humains de toutes les sociétés, le désir mimétique pousse à désirer ce que les autres valorisent. L'instinct d'humanité qui nous pousse à faire notre juste part peut devenir un moteur pour d'autres.

Le 23 septembre était l'*Overshoot Day* : nous avons déjà consommé toutes les ressources naturelles que la Terre aura produites entre le 1er janvier et le 31 décembre 2008. Si le "capital-planète" est grignoté à cette vitesse, la récession planétaire ne sera pas d'une année, mais d'un siècle. La décroissance violente sera la conséquence de nos insouciances: le Titanic aura coulé et les icebergs n'existeront plus!

Denis Dupré

L'INVITE

26 novembre 2008

Bretton Woods II : pourquoi réfléchir avant d'agir?

Le G20 se réunit pour refonder le capitalisme: ni plus ni moins. Certains veulent refondre les règles comptables pour éviter les fluctuations de la valeur de marché. Mais souvenons-nous que les banques japonaises n'ont pas vu venir les faillites dans les années 1990 avec des valeurs comptables qui cachaient la réalité des prix de vente des actifs. D'autres début de la crise. Aujourd'hui les actionnaires ont perdu 25.000 milliards de capitalisation boursière mondiale!

Suite à la crise de 1929, on a opté pour de nouvelles règles simples destinées à protéger les petits déposants: les banques de dépôts ont été soumises à des règles plus strictes que les banques d'affaires. Cette précaution n'est plus en vigueur. De plus, le risque de crédit était conservé dans les banques. Aujourd'hui, le risque de crédit est diffusé hors des banques par la titrisation. Puis ce risque a été intégré dans des hedge funds qui ont disséminé, à leur tour, le risque dans des produits achetés par des entreprises, des fonds de pension, des particuliers et les banques elles-mêmes! De plus, des paris s'ajoutent aux risques réels: des intervenants quelconques peuvent parier sur la faillite de telle ou telle entreprise (ou banque). Le montant de ces paris (crédit

veulent réformer les agences de notation: mais une agence de notation indique une probabilité de faillite à un an. D'autres encore, veulent des banques universelles qui regroupent banques d'affaires et de dépôts.

Enfin, le plan Paulson, après avoir voulu acheter les crédits pourris aux banques, semble

dérivatives) est de 60.000 milliards de dollars. Il n'y a aucune transparence pour savoir quelle entité a pris quel pari.

Pour éviter la cacophonie des docteurs Diafoirus sur les mesures à prendre, nous leur conseillons... de jouer. Pour refonder le capitalisme, il s'agit de déterminer «le but du jeu» afin de définir des règles qui conviennent aux sociétés d'aujourd'hui et de demain. De cela vont découler les possibilités offertes à chaque type de joueur. Les joueurs sont notamment les actionnaires, les déposants, les emprunteurs immobiliers, les contribuables, les retraités, les actifs, les citoyens, les entreprises et l'Etat.

Notre règle du jeu devrait avoir trois objectifs. Atténuer les cycles récessifs quitte à limiter les périodes d'expansion forte. Protéger les plus pauvres (actifs ou retraités) principalement dans les périodes difficiles. Cette

vouloir entrer au capital de ces mêmes banques. Mais demain, sous la pression, il optera peut-être pour aider les emprunteurs en difficulté. Il aurait peut-être fallu commencer par cela. L'état n'a pas aidé les détenteurs des crédits *subprime*. Cela aurait coûté de l'ordre de 1000 milliards en pertes estimés au

posture peut être pragmatique pour éviter l'aggravation de la récession par une baisse de consommation ou la déstabilisation politique en cas de révoltes. Elle peut être éthique, dans un but de justice rawlsienne, visant à améliorer le sort des plus faibles. Laisser la liberté de prise de risque lorsque les investisseurs en assument seuls la conséquence.

Selon les joueurs concernés, ces objectifs se déclinent différemment.

Le jeu du retraité: 2 joueurs (retraité - Etat). Il faut limiter l'impact des crises pour qu'il ne prive pas trop fortement le retraité de sa consommation (ce qui aggrave la récession). Dans ce cadre, il convient de soumettre les fonds de pension à une régulation plus forte qui viserait à assurer une pension minimale acceptable, adaptée à la richesse et aux besoins de chacun, même en cas de crise grave.

Le jeu de l'entreprise spéculatrice: 2 joueurs (entreprise - Etat): l'Etat doit qu'elles ne sont pas soumises à la réglementation bancaire. Ainsi la réglementation devrait contrôler le risque des investissements financiers car il faut calculer les risques de perte potentielle en période de crise et les comparer au capital de l'entreprise. Protéger les entreprises c'est éviter des licenciements massifs.

Le jeu de la relance économique: 3 joueurs (banque - entreprise - Etat): il faut éviter que les banques freinent les crédits aux entreprises en période de récession. Donc le ratio de solvabilité Bâle II pour limiter la faillite doit exiger, en période d'expansion pour un crédit donné, une proportion plus forte d'argent des actionnaires, ce qui freine alors le crédit et limite les bulles d'euphorie. Symétriquement, en période de récession, une proportion de capital exigée moins forte limite le resserrement du crédit puisque du capital est libre pour de nouveaux crédits. En termes techniques, cela consiste à modifier la probabilité de faillite imposée par Bâle II en fonction du cycle économique, et donc autoriser une

éviter que des entreprises qui achèteraient des risques de

probabilité de faillite plus forte en période de récession.

Le jeu de la panique bancaire: 5 joueurs (banque - actionnaires - obligataire - déposant - Etat): il faut éviter que les petits déposants ne soient perdants. Dans ce cadre, il convient que les banques de dépôts aient une contrainte supplémentaire par rapport aux banques d'affaires. Celle-ci peut s'ajouter sans casser la structure des règles de Bâle II. Dans le pilier 2, il est possible d'exiger des tests sur la résistance de la banque de dépôt aux faillites des autres banques et aux baisses brutales de valeur des actifs suivant leur liquidité (hedge funds...).

Les banques d'affaires peuvent courir librement après des affaires plus risquées sans être soumises à ce test de résistance supplémentaire. Ces affaires risquées sont indispensables dans un monde où il nous faut préparer l'avenir grâce à de nouvelles technologies (énergie, réchauffement climatique, agroalimentaire). Elles ne peuvent pas prendre de dépôts. En cas de récession, les créanciers de ces banques d'affaires sauront qu'ils ont peu de chances d'être remboursés.

crédit ne se transforment en banques alors

Rien n'empêche cependant que des holdings détiennent à la fois une banque de dépôt et une banque d'affaires.

Ces petits jeux aboutissent à des préconisations fort différentes de ce qui est proposé actuellement. Pourquoi? De fait, le manque de compétence ou la force des lobbies détruisent la réflexion. Les économistes ont souvent découvert la titrisation avec la crise et les financiers restent dans leur logique de défendre les intérêts des seuls actionnaires. Du «Tout va très bien, Madame la Marquise» à «Ne vous inquiétez pas, on prend en main les problèmes», ceux qui n'ont rien vu venir sont toujours aux commandes et gardent la parole dans les médias. Ce ne serait pas grave s'ils prenaient le temps de poser calmement les objectifs. Ce n'est pas le cas. Sans objectifs clairement affichés, les mesures sont souvent lourdes et incohérentes car soumises aux pressions des lobbies des différents joueurs. Il serait plus sérieux d'envisager tous les jeux possibles avant de fixer les nouvelles règles du 2e Bretton Woods!

Comment naît une dictature?

Denis Dupré, professeur de finance et d'éthique, propose une réflexion sur le pouvoir en France sous la forme d'une fable. Reste à reconnaître la part de réalité dans cette histoire…

Si je voulais être dictateur, je commencerais par 6 mesures simples pour contrôler les pouvoirs, les contre-pouvoirs et les urnes.

Je prendrais le contrôle des médias : Berlusconi les possède, Hugo Chavez fait fermer la télévision d'opposition, moi, je les engluerais dans une toile. Je serais l'ami proche des actionnaires des télévisions et journaux privés. Je leur faciliterais certains contrats dans d'autres activités où l'état à son mot à dire. Je donnerais de l'argent pour « aider la presse » et je les imagine déjà à la conférence de presse d'annonce de subvention, ils seraient tous là en rang serrés, courtisans se bousculant pour m'approcher. Je contrôlerais la télévision publique en nommant son directeur. Je ferais virer un directeur de journal pour une photo de ma femme avec son nouvel amant. L'autocensure deviendrait assez vite un réflexe de Pavlov. Je moucherais en conférence de presse un éditorialiste pour donner le ton. Je prendrais un journal qui ne m'a pas plu, à cause d'une révélation sur ma vie sentimentale, et ironiserais sur sa "crédibilité" devant les autres journalistes pour tester leur servilité à ne pas répondre.

Les voyous que j'apprécie.

Le pouvoir c'est quand tous courbent la tête quand j'affirme que le noir est blanc. Je ferais passer des lois sous prétexte d'éviter la diffamation et protéger les innocents, en fait pour empêcher la presse et les rebelles de dénoncer les voyous dont j'apprécie tant le dynamisme.

Je prendrais le contrôle de la justice. Là il me suffirait encore de suivre l'exemple Berlusconi. Le travail est d'ailleurs bien avancé grâce à mes prédécesseurs qui se sont débarrassés d'Eva Joly, virée « de son plein gré ». Avec moi, il n'y aura plus de juges d'instruction et la poursuite des affaires financières dépendra du ministre de la justice. Elle sera bien plus lente pour certains et refermera les dossiers qui m'embarrassent. Pour le dernier Zorro, Eric de Montgolfier, qui a tenté de mettre au pas les pratiques mafieuses des francs-maçons dans le Sud, je le laisserais se faire condamner pour des broutilles. Quel art du supplice : parvenir à le faire condamner par cette justice injuste qu'il a tant combattue.

Je prendrais le contrôle des rouages administratifs : les préfets. En deux ans je les ferais tous changer pour montrer que je peux défaire les carrières en 5 minutes. Un prétexte futile de sifflets lors d'une de mes visites et hop ! J'exigerais de la ministre de muter le préfet. C'est elle la méchante mais tout le monde sait que c'est moi qui tire les ficelles. Il faut de l'indirect et de l'expéditif pour distiller la peur.

Je parviendrais même à prendre le contrôle de l'opposition. Quelques trahisons. Par la grâce du prince, je ferais notable tel ou tel calife de gauche m'ayant rejoint. De plus, en poussant mon concurrent le plus brillant au FMI, je montre que la gauche est plus ultralibérale que moi. Reste l'ultra gauche qu'on peut embastiller sans preuve réelle mais pour protéger la France. Quelle bonne idée de l'ami Bush d'obnubiler le monde avec le terrorisme alors que la Planète et la finance s'autodétruisaient avec sa bénédiction et les systèmes de corruption et de paradis fiscaux qu'il cautionnait.

Je prendrais facilement le contrôle des intellectuels. Les plus lèches-bottes viennent vers moi si vite. Les porte-paroles et conseillers de l'ancien président de gauche Mitterrand me mangent même dans la main et m'honorent en échange de quelques petits coups de pouce. Pour les rebelles de l'université, je coupe leurs libertés en les soumettant au bon vouloir des présidents d'Université pour «

moduler » leurs heures de cours. Je prive indirectement les universitaires de la liberté de pouvoir critiquer que la France leur avait reconnue dans un pacte international.

Élections truquées.

Je prendrais enfin le contrôle des urnes : au cas où ! Il faut de fait que la dictature soit plus avancée pour contrôler les votes manuels et les scrutateurs : j'aurais donc besoin du vote électronique. Je testerais des élections informatiques truquées tout d'abord dans mon parti et je dirais que le vote informatique c'est plus moderne à tous ces crétins que je dirige. Puis je favoriserais l'usage de cette façon de voter. Je serais bien sûr l'ami du propriétaire de l'entreprise informatique qui gère le logiciel et qui me doit tout. Qui osera se lever pour douter des failles de cette informatisation du pouvoir démocratique de base?

Si je voulais être dictateur, je pourrais aussi penser à préparer mon fils pour achever la tâche. Ma dictature serait aigre-douce : sucrée pour certains, salée pour d'autres. Au début elle apparaitrait sans saveur aux pseudo-citoyens, peureux et lobotomisés qui se contentent de mes explications télévisées. Si je voulais être dictateur….

Dis-moi, lecteur, quelle différence fais-tu entre la réalité et le cauchemar?

Denis Dupré

16 avril 2009

La France, fief de la délinquance financière et donneuse de leçons

Professeur de finance, Denis Dupré dénonce la contradiction qui veut que les juges financiers soient mis au placard au moment où l'on s'attaque à l'évasion fiscale.

Le 8 janvier 2009, le président français annonce la suppression du juge d'instruction puis ouvre un colloque sur la moralisation du capitalisme financier. La raison cartésienne s'y perd.

Il y a urgence, effectivement. Chacun s'accorde à dénoncer aujourd'hui le poison que représentent les paradis fiscaux. Ce poison contamine toutes les structures. Un exemple américain « Microsoft n'a payé aucun impôt en 1999 alors qu'il a réalisé $12.3 milliards de bénéfices aux Etats-Unis. ». Les cabinets de conseil en font un business lucratif.

Suite au scandale d'Enron, la branche-conseil du géant de l'audit Arthur Andersen s'est transformée en Accenture dont : « sa holding de tête, Accenture Ltd. est une société basée aux Bermudes. Accenture a négocié un accord avec le ministre des finances des Bermudes : en cas de changement législatif, la situation d'Accenture restera identique au moins jusqu'au 28 mars 2016 ! En contrepartie Accenture doit verser une taxe maximale annuelle de 27.825$ »

Mais Accenture n'est pas un cas isolé. En effet : « Les quatre grands du conseil international, exerçant à la fois des activités de conseillers et de vérificateurs des comptes des entreprises sont contrôlés par des trusts situés aux Bermudes et en Suisse. Les paradis fiscaux représentent l'outil de base de ces grands cabinets.»

Les paradis fiscaux sont donc dans le collimateur de ceux qui disent vouloir réformer la politique financière mondiale comme le président français.

Pourtant il y a fort longtemps, un an au moins, l'air du temps faisait dire au président français, dont le métier est avocat fiscaliste, que son ami Johnny Halliday avait raison de s'exiler car les riches en France étaient matraqués d'impôt. Un avocat fiscaliste conseille nos fleurons de l'industrie française pour se délocaliser. Les très grandes entreprises ne payent plus beaucoup d'impôt grâce au simple jeu des prix de transfert qui permet de surfacturer aux filiales dans les pays fortement taxés pour localiser les bénéfices…dans les filiales des paradis ! Ainsi : « La république de Genève propose aux sièges sociaux des entreprises un taux d'imposition de 6,4 %».

Tous les grands groupes français ont des filiales dans des paradis fiscaux, et cela est considéré, avec parfois certaines raisons, comme une question de survie dans un monde concurrentiel. Mais aujourd'hui, le Don Quichotte des paradis fiscaux affirme "On ne peut pas se battre à l'extérieur de notre continent contre certaines pratiques et les tolérer sur notre continent, c'est tout".

"Une banque française qui bénéficie du soutien de l'État devra être totalement claire sur ses relations avec les paradis fiscaux", renchérissait aussitôt le Ministre du budget. Notons que Monsieur le Ministre du budget, a été jusqu'en 2002 l'un des dirigeants du cabinet Arthur Andersen et s'occupait à ce titre de l'audit des entreprises publiques. Le blanc d'hier devient noir aujourd'hui.

Ceux qui gouvernent la France ne sont donc ni naïfs, ni méconnaissant le système.

Or, la France, depuis quelques temps déjà, a mis au placard ses juges financiers, a, par la loi, permis de prolonger l'anonymat des SCI permettant, à ceux qui cherchent la discrétion, d'acheter massivement des biens immobiliers. Elle refuse un statut pour les lanceurs d'alerte. Ceux qui dénoncent sont licenciés ou ruinés par des procès.

Et aujourd'hui, cerise sur le gâteau d'anniversaire des délinquants financiers, avec la suppression des juges d'instruction, les enquêtes portant sur des faits de corruption politique, la délinquance de l'élite, resteront entre les mains du pouvoir exécutif.

La raison cartésienne s'y perd.

Les discours moralisateurs adressés aux pays-paradis fiscaux sont-ils sincères? Dans ce cas, d'ici peu, nous devrions voir des cabinets d'avocats français inspecter leurs commissions et restituer toutes leurs primes au fisc français reçues jadis pour leurs « bons »conseils d'origine douteuse.

Dans le cas contraire, ces discours ne sont-ils que des rideaux de fumée qui cachent des mesures favorisant au mieux le laisser faire et au pire le développement des systèmes de corruption?

Actuellement il suffit de signer 12 accords avec les pays de son choix de l'OCDE pour être sorti des paradis fiscaux. Pour que le G20 soit efficace, il est impératif qu'un accord standard soit signé avec tous les pays. On doit imposer une date butoir pour la remise des informations et que cela ne soit pas aux frais du pays demandeur. Il faut absolument

des règles simples mondiales de transparence de tous les comptes et des bénéficiaires de tous les trusts.

Le G20 a laissé des maillons faibles. Par exemple : « un juge d'instruction français qui s'adresserait à la justice israélienne pour enquêter sur des mouvements de fonds ayant transités par une banque locale, n'a aucune chance d'obtenir la moindre réponse, si les comptes visés appartiennent à un citoyen israélien. Or il suffit d'être juif pour obtenir la citoyenneté israélienne et bénéficier ainsi de la protection de l'Etat hébreu. Cela fait des années que la mafia russe a compris l'intérêt de cette disposition ».

La France peut faire son ménage : toutes les entreprises du CAC 40 et toutes les banques françaises sont présentes dans ces paradis et devraient donc être sanctionnées par la loi. Plus de délinquant plus de recéleur !

Pouvons-nous nous contenter de rire de l'incohérence des discours avec nos chansonniers? Ces signaux doivent nous réveiller car un rideau de fumée peut cacher la dictature.

La crise est face à nous, devrons-nous en plus la vivre sous le joug?

Voter des lois contre les pratiques mafieuses

I.   Suspension de marchés publics pour l'entreprise condamnée pour avoir versé des pots-de-vin.

II.   Inéligibilité définitive des élus condamnés pour délits financiers.

III.   Reconnaissance du droit d'alerte pour protéger du licenciement les salariés révélant des malversations dans leurs entreprises.

Il faut se caler sur la Grande-Bretagne dont la loi "Public Interest Disclosure Act" (PIDA) de 1999 protège le dénonciateur des représailles de son employeur. Une loi similaire existe aux Etats-Unis, aux Pays-Bas, en Nouvelle-Zélande et en Afrique du Sud.

Voter des lois contre les paradis fiscaux

I.   Réserver les marchés publics, les subventions et les aides aux entreprises n'ayant pas de filiales dans les paradis fiscaux.

II.   Interdire aux banques toute transaction avec les paradis fiscaux à horizon 2012.

III.   Pousser les agences de notations sociales à pénaliser fortement la présence dans les paradis fiscaux.

Denis Dupré

L'INVITE

20 mars 2009

Mathématiciens de la finance : aveugles, sourds et muets

J'ai fréquenté jusqu'en 1998 des mathématiciens de la finance dans une filiale assurant la recherche de la Caisse des Dépôts et Consignations. Un concentré de chercheurs brillants comme…Nicole el Karoui, « papesse » du calcul stochastique, professeure à Polytechnique, Pierre-Louis Lions, médaille Fields de mathématiques, Ivar Ekland, ancien président de Dauphine et spécialiste du calcul numérique. Numériciens et statisticiens faisaient alors assaut de compétences avec brio dans des joutes pour savoir qui allait résoudre le mieux et le plus vite le même problème mathématique. Ces pionniers défrichaient de nouveaux domaines avec des modèles interprétables et pourtant souvent simples. Le mathématicien de la finance était incontestablement malin comme un singe. Mais, à mesure que l'industrie financière devint démesurée, certains se sont transformés parfois à leur insu en cautions. Les modèles plus sophistiqués que seuls les mathématiciens comprenaient fleurirent. Ils furent de moins en moins testés sur le réel, d'autant plus qu'ils étaient devenus la norme, l'unité de compte. Le marbre des colonnes bancaires qui rassurait l'épargnant au 19ième siècle a été finalement remplacé par la beauté des mathématiques comme garant de la stabilité bancaire. Certains ne sont pas dupes et savent bien que le mouvement des prix n'est pas réglé comme celui des planètes. D'autres singes malins deviennent peu à peu sourds, aveugles et muets comme les trois singes du mythe fondateur. On les appelle Mirazu ("je ne vois ce qu'il ne faut pas voir"), Kikazaru ("je n'entends ce qu'il ne faut pas entendre") et Iwazaru ("je ne dis pas ce qu'il ne faut pas dire").

Kikazaru ("je n'entends ce qu'il ne faut pas entendre")

Le mathématicien de la finance est devenu sourd. La modélisation des taux d'intérêt en est un exemple. Le taux réel dépend des conditions structurelles d'offre et de demande d'argent sur les marchés. La démographie entre retraités et actifs est un facteur clef. Dès 1998, Siegel puis Artus, montrent que l'effet démographique pourrait induire une élévation forte du taux d'intérêt réel et une chute de la bourse. Mais, les mathématiciens de la finance continuent à représenter l'évolution des taux d'intérêt par une tendance et des aléas sans intégrer dans cette tendance les variables comme la démographie. Autre exemple : pour simuler les prix futurs des céréales on ne tient pas compte de la démographie, des changements alimentaires, des changements climatiques et des progrès de la productivité. Pourquoi ne pas intégrer que la corrélation entre le prix du pétrole et du mais connaît un changement historique avec les bio-carburants? En crise, lorsque tout vacille, la protection des corrélations des modèles classiques qui marche dans les petites tempêtes n'est plus adaptée : c'est le moment où construire des scénarios, dits *stress-test,* devient la seule vision prophétique possible. Le reconnaître, c'est faire une place aux financiers et aux économistes.

Mais le mathématicien n'a souvent pas voulu réfléchir à intégrer les réalités du monde qui annonçaient un futur par trop différent du passé.

Mizaru ("je ne vois ce qu'il ne faut pas voir")

Le mathématicien de la finance est devenu aveugle. En 1986, alors que je participais à la première titrisation en France, l'agence Moody's affichait une règle simple pour savoir si les parts pouvaient obtenir la note AAA. Il convenait de faire un passer un *stress-test* aux prêts titrisés en considérant la crise de 1929 aux Etats-Unis. De mémoire, un chômage de 30%, des maisons ayant perdu 40% de leur valeur et des délais de vente de 2 ans des maisons saisies. Le 19 janvier 2009, le

Président de la banque centrale Européenne constate que dans le calcul de la probabilité de défaut, la possibilité de pertes de valeurs des prix de l'immobilier a été mal prise en compte, voire pas prise en compte du tout. Des centaines de modélisateurs ont donné un prix aux titrisations-subprimes sans se préoccuper des emprunteurs sous-jacents ! Pourquoi en 20 ans s'être fermé les yeux? D'une part, le scénario *stress-test* de la crise de 1929 a été oublié au profit d'une étude statistique des prix d'un passé proche et euphorique. Encore ici, les calculs des mathématiciens ont remplacé l'histoire des crises. D'autre part, les commerçants-financiers qui, via la titrisation, faisaient financer l'accès à l'immobilier des américains pauvres notamment par les excédents de richesse de la Chine, avaient tout intérêt à cacher ce qui se passerait dans une crise de type de celle de 1929. Ainsi, les chercheurs financiers qui anticipaient des écueils futurs, ont été écartés au profit des mathématiciens. L'Amérique a pu recycler auprès de la Chine les titres des subprimes avec la caution scientifique de disciples de Mizaru.

Iwazaru ("je ne dis pas ce qu'il ne faut pas dire")

Le mathématicien de la finance est devenu muet. Il ne doit pas dire les limites de ses modèles. L'incertitude liée à la robustesse des modèles est une question qui dévalorise le travail du chercheur dans un monde qui demande des certitudes. Avec Nicole el Karoui, nous avions testé un modèle de valorisation des dépôts à vue des banques. Un nombre réduit de paramètres interprétables financièrement a permis des conclusions fortes. Un de ces paramètres, le coté financier du client qui arbitre plus ou moins facilement pour d'autres produits financiers mieux rémunérés, a un impact fort sur la valeur de marché de ce produit financier. Or ce paramètre évolue à mesure que la culture financière progresse. Un tel aveu de difficulté de modélisation a abouti à ce que cette recherche soit abandonnée. Le monde de la finance préférait de fausses certitudes avec des modèles aux paramètres non interprétables et aux incertitudes non testées. Ce n'est qu'aujourd'hui, qu'un grand modélisateur des taux d'intérêt comme Derman peut enfin affirmer qu'il faut connaître leurs limites et les rappeler «Règle 1: Je me rappelle que je n'ai pas créé le monde et qu'il ne satisfait pas mes équations.» Certains mathématiciens malins de la finance ont connu leurs heures de gloire, obtenu les meilleurs salaires et continuent à être écoutés et publiés dans les meilleures revues parce qu'ils ont choisi de se couper de la réalité. D'autres acceptent d'être mal vus quand ils annoncent des crises potentielles. S'ils font éthiquement leur travail, ils ont la conviction que l'effet de l'annonce de la crise peut permettre de l'éviter. Ce sont des prophètes de malheur. Comme Cassandre, personne ne veut les croire.

Le sens du mythe originel n'est pas de faire abstraction de la réalité pour être épargné par le « mal ». Le chercheur doit se nourrir de cette réalité. Les mathématiques doivent être un outil au service de la réalité. Pour être épargnés par le « mal » et faire face à ce qui ne va pas, nous devons voir, écouter et dire le monde.

LE TEMPS

Denis Dupré

L'INVITE

20 avril 2009

Dubaï : les péchés de la finance

A Dubaï, la finance n'a pas été assez islamique ! L'émirat est un concentré de ce qu'il ne faut pas faire, un cas d'école.

L'incapacité de l'entité immobilière Nakheel, du conglomérat Dubaï World, à honorer à temps une partie de sa dette de 59 milliards de dollars, a provoqué un séisme sur les marchés.

Moody's a notamment abaissé la notation de DP World, relevant de Dubaï World, de A3 à Baa2.

Le prix de la couverture contre un défaut de paiement de la dette souveraine de Dubaï (CDS) a bondi de 111 points de base, à 429 points.

Premier péché : l'endettement excessif d'un pays qui, bien que peu doté en pétrole, emprunte massivement à ses voisins.

Nous vivons le temps du mensonge de la dette. Le nez de Pinocchio de Dubaï a grandi à chaque endettement supplémentaire. Quand la dette devient-elle un mensonge?

Si je viens manger une fois chez vous, je vous signe un papier indiquant que je vous dois un repas. C'est une dette. Si je reviens dix fois et que je signe 10 papiers, vous sentez petit à petit que c'est un mensonge, que je ne vous rembourserai probablement pas.

Le cas Dubaï n'est pas unique : le ratio de la dette américaine sur le PIB a atteint, avant la crise, des niveaux plus élevés qu'avant 1929.

Dans l'histoire, ceux qui produisent ou possèdent les matières premières sont ceux qui consomment. Ce n'est plus vrai aujourd'hui : l'Asie produit, l'Amérique du Nord, l'Europe (et Dubaï) consomment. Ils en sont au onzième repas !

Deuxième péché : l'intérêt. A Dubaï, la finance n'a pas été, autre paradoxe, assez islamique !

La finance islamique repose sur cinq piliers : trois interdictions, de l'intérêt, de la spéculation et de certains investissements comme le jeu, et deux devoirs, celui du partenariat dans le partage des profits et pertes et celui de s'adosser à des actifs.

Pourquoi les religions du Livre se méfient de la dette? La propriété de la terre est à Dieu et les familles traditionnelles ne sont que dépositaires de la terre. Une tribu ou famille peut aider l'autre en cas de besoin ou d'aléa. Mais elle ne pourra pas la chasser de sa terre en l'endettant. L'endettement est limité par le fait qu'il y a, selon la Bible, remise des dettes tous les sept ans.

Ainsi, le prêt est une aide et son deuxième visage, lucratif, [est] interdit. Le principe islamique est que, dans une

activité, l'un apporte son capital et l'autre, son travail. Le profit est partagé en cas de succès, le risque est pour l'un de perdre son capital et [pour] l'autre, son travail. Choisir le capital plutôt que la dette, c'est obliger le prêteur à assumer le risque de tout perdre et l'empêcher d'étrangler l'emprunteur, en cas de mauvaise conjoncture.

La dette à taux fixe n'est pas strictement interdite mais le temps appartient à Dieu, l'intérêt, lui, l'est. Au Moyen-Age, des financiers malins inventent le «prêt à intérêt déguisé». Un marchand de drap dépose ses draps chez un banquier contre 10 pièces d'or et s'engage à lui racheter les draps contre 11 pièces un an plus tard. Les religieux tranchent : interdiction de cette pratique.

Maurice Allais, Prix Nobel d'économie, montre les dégâts de la dette à taux fixe. Lors de la baisse des prix des actifs, les dettes dépassent la valeur des biens et engendrent les faillites.

Troisième péché : le jeu. Où sont les joueurs? Ils parient sur la solvabilité de Dubaï qui émet des «sukuk», obligations islamiques. Sur ce paiement sont construits des produits dérivés à double visage, des swaps de défaut de crédit (CDS). Ils sont des assurances contre des pertes en cas de faillite d'une société ou d'un Etat. Ils sont aussi des paris sur une telle faillite. Or, les montants des paris sont onze fois plus élevés que ceux des assurances, à 60 000 milliards de dollars.

De même, les marchés de matières premières à terme, ont une part importante de spéculation. De même que sur le marché des droits à polluer : au cours des trois premiers mois de 2009, le volume des échanges sur le marché européen a été égal à 120 fois le volume de la réduction des émissions exigée par les quotas attribués pour 2009.

Quatrième péché : l'adossement à des mauvais actifs. Les îles artificielles ne sont-elles pas bâties sur du sable et des investissements du passé? A l'avenir, l'énergie et la nourriture vont se raréfier, la population augmentera et le climat changera.

Même Shell annonce un scénario pessimiste : «Pour contrer tout risque de pénurie et maintenir les prix de l'énergie à un bas niveau, la Chine et l'Inde augmentent fortement leur production de charbon, les compagnies pétrolières se lancent tête baissée dans l'exploitation des pétroles non conventionnels. Dès 2020, la dure réalité de cette fuite en avant se transformera en cauchemar : la pollution des sols, des eaux et de l'air seront extrêmes. Les prix de l'énergie flamberont sous les contraintes imposées. Le monde entrera en récession. N'ayant pas pris les mesures qui s'imposaient, les Etats comprendront alors que le prix à payer est élevé et se fera sentir bien au-delà de 2050.»

L'immobilier de luxe dans le désert, les îles artificielles, sont-ils de bonnes préparations pour l'avenir? La crise du modèle Dubaï, contraire à l'utilité sociale et écologique, est une évidence et une nécessité. Les péchés illustrés par ce cas sont l'affaire de tous.

Les réformes actuelles concernent des problématiques insignifiantes. S'opposer aux intérêts individuels tout-puissants, appliquer des réformes techniques qui contraindront la finance à sélectionner les investissements les plus utiles à notre avenir est possible. Dans le cas contraire, le marché fera lui-même le tri, mais probablement trop tard.

Denis Dupré

9 juin 2010

Comment ne plus faire sauter la banque

Nous proposons une triple régulation pour que les banques équilibrent les intérêts de l'actionnaire, du déposant et du contribuable. La solution réside dans la création de trois entités bancaires : une entité pour les paris, une entité pour l'activité d'investissement et une entité pour les dépôts.

Nous affirmons avec Martin Wolf, dans son éditorial du Financial Times d'avril 2010 que la réforme prudente de la finance est bien l'option risquée.

Il y a urgence comme après 1929… où il a cependant fallu attendre 1933 pour qu'une régulation bancaire adaptée, séparant les banques de dépôt des banques d'investissement, voie le jour sous la forme du *Glass Steagall Act* qui a assuré un demi-siècle de stabilité avant d'être abrogé en 1999. Il a fallu attendre 1936 pour que la *Commodity Futures Trading Commission* établisse des limites sur les spéculations excessives sur les matières premières.

Aujourd'hui, Timothy Geithner considère encore que la vente à découvert est «essential for the pricediscovery process» alors qu'Angela Merkel vient de les interdire. Dans la réforme américaine, les purs paris spéculatifs ne seront pas interdits. Pourtant Paul Jorion affirme «c'est une excellente chose d'utiliser un instrument financier pour permettre de le distribuer de manière à ce qu'il soit plus facile à gérer globalement. C'en est une autre de laisser quelqu'un qui n'est pas exposé à un risque en créer de toutes pièces en s'assurant contre un risque auquel il n'est pas exposé». Comment trouver un cadre de réflexion pour une proposition globale de réforme?

Tout d'abord, pourquoi réformer? Le plan Geithner en 2008 puis le plan européen en 2010 ont sauvé le système bancaire. Les Etats, avec l'argent des contribuables, ont protégé les déposants. Mais aussi, souvent, ils ont transféré de la richesse aux actionnaires et aux porteurs d'obligations des banques qui auraient dû perdre leur mise. Ils n'ont donc pas transféré de la richesse vers les débiteurs mais vers les créanciers. Les «vieilles puissances» se sont surendettées et ne pourront plus secourir «le tissu économique» de façon aussi aveugle et indifférenciée. De plus la valeur réelle de toutes les banques du monde est probablement nulle voire négative, mais ceci est caché par des pratiques comptables de «temps de crise». La banque est d'autant plus incitée à prendre plus de risques qu'elle est proche de la faillite! Les *fat cats* bancaires sont à la manœuvre pratiquant le «face je gagne, pile tu perds». Sans un sursaut des régulateurs, la catastrophe est programmée.

Les produits dérivés (CDS, sur les taux, les changes, les matières premières) ont un double usage de couverture ou de spéculation. En 2000, ils représentaient 100 000 milliards de dollars pour une richesse mondiale estimée à 125 000 milliards de dollars. Six fois plus en 2010. Or, 80% des CDS sont des purs paris sur la faillite des entreprises ou des Etats. Evidemment, ces sommes ne prennent réalité pleine et brutale que lorsque les crises arrivent! Evidemment le jeu est à somme nulle: ce que l'un perd, l'autre le gagne. Où est alors le problème? Le problème du pari est qu'il constitue une dette future potentielle. Le jour des faillites en cascade des entreprises et des Etats, on soldera les paris qui créeront des dettes qui achèveront l'explosion du système.

Le régulateur doit donc agir tout d'abord pour protéger les déposants et le crédit aux entreprises. Il doit aussi protéger les joueurs de leur addiction, la collectivité de l'effet domino des faillites. Or la réglementation unique actuelle est un costume mal taillé pour chacun: insuffisamment protecteur pour le déposant, trop contraignant pour l'investisseur qui prépare notre avenir commun et qui veut financer la banque d'innovation, trop lâche pour le joueur qui fait payer ses pertes par la collectivité et enfin trop coûteux pour le contribuable.

Nous proposons une triple régulation pour que les banques équilibrent les intérêts de l'actionnaire, du déposant et du contribuable. La solution réside dans la création de trois entités bancaires: une entité pour les paris, une entité pour l'activité d'investissement et une entité pour les dépôts.

L'entité dédiée aux paris devra être une structure où il n'y a que des actionnaires, l'endettement y étant interdit. Cette entité contiendra toutes les structures d'investissement qui contiennent indirectement des paris, les ventes à découvert et tous les produits où l'on peut perdre le montant investi voire plus. Le superviseur de cette entité devra faire progressivement le ménage. Délicat d'autoriser les purs paris sur la faillite des Etats. Délicat d'autoriser des purs paris sur la faillite des entreprises. Comment ne pas imaginer que des «banquiers créatifs» envisagent des stratégies pour pousser les entreprises au bord de la faillite par une petite pichenette qui leur assurerait le jackpot? La «banque des paris», financée par ses seuls actionnaires, sera soumise à un contrôle sur la nature des paris autorisés au moyen d'une réglementation semblable à celle qui régit les bookmakers.

L'entité d'investissement qui va accompagner les entreprises en finançant l'innovation devra prendre des risques: hier pour percer le canal de Suez, aujourd'hui pour financer les énergies renouvelables.

Cette entité devra limiter son endettement pour éviter que les cycles économiques n'engendrent trop vite des désengagements sur les projets long terme. La proposition actuelle que les obligations soient converties en actions lorsque la faillite approche est donc intéressante. La banque d'innovation restera soumise à un ratio de solvabilité «light» puisqu'il n'y aura plus à protéger les déposants.

Enfin, troisième entité, la banque de dépôt devra financer des activités moins risquées, mais moins prometteuses. L'Etat devra définir les actifs qui lui semblent à la fois raisonnables en termes de risque et utiles à la société en échange de la garantie assurée par les contribuables. La banque de dépôt sera soumise à une réglementation forte sur les investissements possibles, un ratio simple de protection du déposant, mais une fiscalité avantageuse.

Il convient donc d'obliger les banques à se scinder en trois entités pour offrir sécurité (dépôts), richesse (innovation) et liberté (paris). Les joueurs pourraient perdre leur mise, les investisseurs pourraient prendre les rendements et les risques associés aux projets innovants qu'ils financent, sans causer de dommage à la banque de dépôt.

Qui peut encore préférer faire sauter la banque.

Ecologie, attention aux imitations

Pour Denis Dupré, enseignant en finance, il y a urgence à célébrer le mariage des écolos de droite et de gauche car il est dangereux de laisser l'écologie à ceux qui ont d'autres priorités.

Ces élections sont peut-être l'occasion de voir nos interminables concertations et autres grenelles prendre un peu effet dans nos actes quotidiens. Mais elles doivent nous permettre de saisir une opportunité encore plus importante pour notre avenir commun.

Bilan terrible: la planète va mal et rétrécit ! Des catastrophes irréversibles peuvent survenir rapidement. Un exemple, si le permafrost des terres glacés de Sibérie fond, il libérera 70 ans d'émissions humaines et rendra incontrôlable l'évolution climatique. Les biens communs devenant rares, sont bradés aux prédateurs : la terre, la forêt, l'eau. Les responsabilités de l'état sont trop souvent mal assurées, parfois même soumises à des entreprises privées mafieuses à la façon des poubelles napolitaines.

Bilan terrible : Il y a un facteur 4 entre le riche et le pauvre. Le riche utilise 4 fois plus de terres que le pauvre pour produire sa nourriture. Nous pouvons, avec le régime alimentaire d'un indien moyen nourrir 10 milliards d'habitants. Avec celui d'un américain, seulement 2,5 milliards. Il en va de même pour l'énergie. Il en va de même pour le réchauffement climatique : un français émet 4 fois plus qu'un chinois.

Écolos de droite et de gauche

Les écolos de gauche, veulent sauver la planète et permettre à 9 milliards d'habitants d'y vivre. Ils font le constat que la technologie ne s'est pas concentrée sur la résolution de nos problèmes. Lester Brown nous a montré qu'avec 15% du budget de l'armement, un plan B peut gérer les problèmes sociaux (accès à l'eau, à la nourriture, aux soins, à l'éducation) et environnementaux (éviter la déforestation, limiter les GES…). Il conviendrait de planifier, au niveau mondial, grâce aux lois et à la force de l'argent public. Pour cela, il faut des Etats capable de prélever l'impôt et donc il faut engager le combat contre les paradis fiscaux et les pratiques mafieuses qui détruisent les biens publics. Eva Joly a sa place au côté de Bové et Cohn Bendit.

Les écolos de droite prêchent de sauver la planète et font la preuve qu'on peut faire de l'écologie et s'enrichir : Al Gore, Hulot, Arthus-Bertrand. Ce sont les entreprises qu'ils veulent réorienter. Yann Arthus Bertrand convertit le milliardaire Pinault qui finance son dernier film. On y voit le ravage des forêts et de nombreuses destructions. Le film ne montre pas les causes qui sont le plus souvent liées aux pratiques illégales sans crainte d'une justice inefficace à cause des paradis fiscaux. Je veux bien croire aux prises de conscience de Monsieur Pinault. Celui-ci a utilisé les paradis fiscaux notamment pour tenter d'échapper aux frais de succession et son entreprise PPR possède, selon Alternatives Economiques, 97 filiales dans des paradis fiscaux. Pinault Bois et Matériaux a été pendant longtemps un grand importateur du bois de conflit du Libéria. Quels gages avons-nous que la conversion est sincère et que la prise de conscience ne se limitera pas comme pour certains qui se dédouanent de leurs extravagances par la compensation carbone. Les écolos de droite ont le pouvoir mais ne sont pas suffisamment efficaces : les émissions de gaz à effet de serre ont augmenté plus fortement que jamais en 2008, ce qui est pire que le pire scénario envisagé par le GIEC !

Un mariage entre écolos de droite et de gauche?

Il y a urgence de célébrer le mariage des écolos de droite et de gauche car il est dangereux de laisser l'écologie à ceux qui, détenteurs des pouvoirs, repoussent les décisions et les vraies actions pour d'autres priorités.

Il y a l'écolo-escroc qui trompe son monde pour s'enrichir ou continuer le « business as usual ». Pour exemple, la Chine signe des accords climatiques tout en laissant extraire massivement son charbon par des mines illégales enrichissant les notables du parti. Tant pis si les gaz à effet de serre continuent leur expansion.

Nous connaissons aussi les écolos-esbrouffes, ceux des grands discours, aux préconisations floues, aux « faites ce que je dis mais pas ce que je fais », ceux pour qui la taxation est la panacée. Ceux qui se contenteraient des discours du Grenelle sans passer aux actes.

L'écolo-nationaliste peut également vite devenir la solution populaire. L'écologie va-t-elle se limiter à protéger son pays quelque soit les conséquences pour les autres? Assurer la propreté chez soi. Assurer l'autonomie alimentaire : l'Arabie Saoudite, achète 1,6 millions d'hectares en Indonésie. Tant pis si les paysans indonésiens sont chassés de leurs terres par leurs dirigeants corrompus pour récupérer les terres. Les Etats-Unis, l'Europe roulent plus propre utilisant, qui son maïs, qui ses betteraves. Tant pis si, pour compenser cette alimentation, les "barons du soja" payent leur police locale pour évacuer par la force les habitants de la forêt et si 1 million d'hectares de forêt ont été rasés entre 2000 et 2004. Tant pis si ceux victimes du pillage des ressources de leurs pays corrompus vont se presser par millions à nos frontières.

Contrat de mariage

Corinne Lepage et Cohn Bendit se font du pied pour une alliance européenne entre écolos de droite et de gauche. Ce n'est pas une trahison : il est urgent de publier les bans ! Mais avec un contrat de mariage précis. Le marché pour aller vite dans les changements et produire plus et mieux. Des règles pour produire ce qui a de l'utilité sociale par rapport aux enjeux planétaires. Une justice pour que les plus riches assument leur juste part des efforts. C'est ce mariage qui peut éviter de se faire piéger par les écolo-escrocs, les écolo-esbrouffes ou les écolo-nationalistes.

La finance anti-sismique

Une crise de Civilisation

Pour les uns, nous serions dans une crise financière qui engendrerait une crise économique et sociale. Paradoxalement, cette vision nous laisse entrevoir des lendemains d'après crise qui chanteraient. Un éternel retour des cycles, successions de crises et d'expansions euphoriques. La référence du pire est pour certains celle de 1929 qui s'est prolongée dans la deuxième guerre mondiale avant de rebondir dans la phase d'expansion des trente glorieuses. Les crises du capitalisme ne seraient que des cycles dont il faudrait supporter le rythme et la violence des bas de cycle.

Pour les autres, la critique faite à la finance aujourd'hui est d'être la source de tous les dérèglements, y compris ceux économiques puis sociaux. Ainsi, la destruction de la finance reste un horizon possible de cette critique du capitalisme actuel.

Notre analyse est autre, les soubresauts de la finance sont le symptôme d'un changement de monde et non d'une crise. Sa disparition ne réglerait en rien aucune des causes de nos soucis actuels. Les troubles des périodes de disparition de civilisation incluent des effondrements des systèmes économiques. La dite crise financière n'est qu'une conséquence de basculement de civilisations. De plus, la première vague économique puis sociale sera recouverte par une vague plus puissante : celle environnementale. Pour cette raison, nous ne sommes pas dans une crise financière d'ajustement mais à la croisée des chemins vers un nouveau monde. On ne reviendra pas après sur le même monde que celui passé (Brown, 2006).

Notre thèse n'en est pas moins brutale dans l'énoncé de nos responsabilités. La finance peut aggraver les choses. Comme médicament contre les tensions économiques, elle est soit le poison soit le remède. Ainsi la finance est aussi responsable de notre avenir. La finance doit donc être au service du bien commun.

Il y a bien crise dans le sens étymologique de décision, jugement. C'est de fait le moment d'exercer notre jugement pour décider collectivement des facteurs éthiques qui nous feront basculer dans le meilleur des mondes possibles. C'est précisément la définition que nous donnerons aux facteurs éthiques : les principes à adopter pour orienter le monde suite à une analyse préalable des conséquences de nos choix possibles.

Les facteurs éthiques sont à trouver par l'analyse sans concession des origines des déséquilibres. Si la finance n'est qu'un symptôme, comme nous le soutenons, c'est alors dans l'encadrement de la finance qu'il faut chercher des remèdes. Les facteurs éthiques seront donc, pour nous financiers, les principes supervisant la création, l'utilisation des produits financiers qui organisent les relations entre les acteurs.

Les forces géopolitiques sont bien supérieures à celle de la finance. Nous ne tenterons donc pas une posture morale mais plutôt une analyse cynique de l'évolution du monde. La finance organise les flux de matières et de services vers certains consommateurs. La question préalable est : Qui va consommer demain? Combien va-t-on consommer demain (et quoi)? La question subsidiaire sera de définir les facteurs éthiques permettant d'orienter mieux les trajectoires actuelles. Peut-on envisager une finance antisismique qui, ne niant pas les évolutions du monde, construirait un monde plus robuste aux inévitables frictions?

Qui va consommer demain?

La finance organise les rapports de force qui désignent les consommateurs. Certains de ces rapports de force se retrouvent tout au long de l'histoire des civilisations. Nous baserons notre analyse sur cinq des principaux facteurs de force qui permettent d'exiger une part de consommation :

1. Production : Etre le producteur.

2. Technologie : Détenir la technologie pour produire.

3. Commerce : Etre le vendeur.

4. Matières premières : Etre celui qui détient les matières premières et les raretés.

5. Armée : Etre celui qui détient la force armée.

Ces facteurs ont des importances variables suivant les époques et les civilisations. Par exemple, l'accès aux matières premières nécessaire aux producteurs peut être assuré de différentes façons. Cela peut être la force armée et la présence militaire, cela peut être par le fait d'être producteur et donc de pouvoir échanger ses produits contre les matières premières. La stratégie de la Chine relève à cet égard davantage de la deuxième façon alors que les stratégies américaines et européennes ont historiquement été un mélange des deux.

Détenir la force armée a, dans toutes les conquêtes, été le point clef de la répartition des richesses. Mais pour maintenir son pouvoir, en concurrence avec d'autres empires naissant, les quatre autres facteurs restent indispensables. Certains historiens pensent que l'empire romain doit en partie son effondrement à la fermeture de l'approvisionnement des greniers à blé du Maghreb.

Que se passe-t-il aujourd'hui sur les plaques financières géopolitiques? Pour la première fois depuis la guerre, des pays considérés comme solides sont déstabilisés. En deux ans, la Grèce, l'Islande, pays riches deviennent de probables pays du tiers-monde du 21ieme siècle. A qui le tour? Les frottements tectoniques sont des fractures qui laissent soupçonner des forces de pression bien plus colossales. Faire court impose ici la caricature à grands traits. Regardons les facteurs de forces de quelques plaques en mouvements : Les Etats-Unis, la Chine, l'Europe, le Brésil et la Russie.

Les Etats-Unis, historiquement leader en Production/Technologie/Commerce/Armée ont progressivement lâché la production, le commerce, puis peut-être bientôt la technologie. Pourront-ils maintenir les 400 milliards de $ de dépenses annuelles militaires? Est-ce encore une dépense « rentable »?

La Chine ne maitrisait rien il y a 20 ans. Elle domine la production. Elle s'attaque au commerce en lançant ses propres marques pour dominer les chaines de valeur. L'éviction de Google favorise le moteur de recherche chinois. Elle mise sur la technologie. Elle fait revenir les meilleurs chercheurs chinois des Etats-Unis en leur proposant des conditions attractives. Elle passe directement aux technologies du futur misant sur le développement durable.

L'Europe, sauf les pays nordiques et l'Allemagne, a déposé les armes et misé sur l'entreprise sans usine comme le PDG d'Alcatel l'annonçait triomphalement en 2001. Ce mythe se heurte à deux réalités. Les chinois ont, dans les usines délocalisées, copié les technologies pour créer des usines chinoises en parallèle. La recherche et développement ne peut se faire qu'autour de la production pour l'améliorer. Ainsi l'Europe perdra doucement sa force en Technologie/Production. Or malgré le mythe de l'aide internationale, sans facteur de force, un pays est condamné à ne consommer que les miettes de la production.

Le Brésil et la Chine profitent de la transformation des matières premières en raretés pour négocier leurs accès à la consommation.

Ainsi, ce ne sont pas les mêmes qui vont se partager en priorité les richesses de la planète. Des centaines de millions de personnes changent de statut sur des temps courts. Certains favorisés deviennent pauvres, d'autres pauvres s'enrichissent. La finance qui gère les revenus, les fortunes, l'accès au crédit, transcrit en prix les désirs de ceux qui détiennent les facteurs de pouvoir.

Combien va-t-on consommer demain?

On pourra ici remarquer que l'apogée successive des puissances au XVIème siècle du Portugal puis de l'Espagne au XVIIème puis de l'Angleterre au XIXème siècle puis des Etats-Unis présage d'un phénomène cyclique. Depuis plusieurs siècles, ces passages de relais, malgré leur dureté, se sont fait dans un contexte particulièrement favorable. Au niveau mondial, il n'a jamais été question que de produire plus et de consommer plus. Aujourd'hui, certains affirment que ce contexte va perdurer, pariant sur les promesses technologiques. D'autres pensent que le monde rétrécit, que les « plaques tectoniques » diminuent en taille alors même que les pressions humaines et démographiques s'accentuent (Moran, 2008). Diamond (2005) nous a alertés sur les causes des disparitions des civilisations. Cela nous questionne alors qu'apparaissent brutalement de nouvelles raretés. Ainsi plafonne la bio capacité de la planète alors que l'empreinte des hommes dépasse cette bio capacité depuis 20 ans (Rapport Planète vivante, 2006, WWF).

Les raretés les plus visibles sont : la nourriture, l'eau, l'énergie, le travail lui-même avec le succès de la productivité.

Elles seront exacerbées par la montée de la population mondiale et les changements climatiques.

Elles seront exacerbées par les interactions négatives entre de nombreux facteurs. La nourriture est maintenant transformable en énergie, le captage du CO_2 peut se faire en remplaçant les cultures vivrières par des plantations captant le CO_2. Un humain consommant de la viande a besoin de 4 fois plus de surface pour fournir son alimentation que pour une alimentation à base de céréales. En ce qui concerne le seul régime alimentaire, la planète aujourd'hui peut nourrir 4

milliards « d'européens » ou 10 milliards « d'indiens ».

Elles seront exacerbées par les inconséquences des Etats dans cette crise. La consommation est orientée dans les mauvaises productions du passé. La Chine a multiplié les constructions vides de bureaux et de logements, emportée par la frénésie spéculative des milliardaires enrichis sur les premières vagues d'expansion des mégapoles. De nombreux pays ont prolongé les industries du passé (automobile, tourisme) sans comprendre qu'une reconversion de guerre s'impose pour régler nos problèmes de rareté.

On va vers une décroissance qui sera d'autant plus violente qu'elle ne sera pas planifiée et gérée.

Une finance antisismique

Les premières fissures liées à ces bouleversements apparaissent sur les points de frottement des plaques financières mettant ainsi en lumière les failles éthiques de notre système financier. La pression est de plus en plus forte et les failles sont dans les zones de moindres résistances touchant d'abord les plus faibles.

L'économie qui se mettrait au service des plus faibles serait une révolution éthique.

D'autres vont consommer : limiter l'endettement

Clément Juglar écrivait déjà en 1860 : « *Les crises commerciales sont le résultat d'altérations profondes dans le mouvement du crédit [...] La*

pratique seule du crédit amène ainsi, par l'abus qu'on est porté à en faire, aux crises commerciales. »

L'analyse des conséquences de la modification brutale des forces que nous venons de voir n'a pas été faite. La consommation n'a pas été adaptée en fonction de l'évolution du rapport des forces. Pour continuer à consommer, les « anciens consommateurs » ont emprunté aux « nouveaux producteurs » une partie de leur consommation. Les nouveaux faibles n'ont pas adapté suffisamment vite leur stratégie : l'endettement a comblé un temps cette inadéquation. En conséquence, certains pays, certaines entreprises, certains particuliers, certaines banques sont surendettés. La question du remboursement ou de la spoliation du créancier reste ouverte.

Le prêteur limite l'endettement de son emprunteur en regardant les comptes de celui à qui il prête car il sait bien que l'excès est fatal aux deux partis. Le microcrédit en Inde est catalyseur. Le microcrédit en Europe peut tourner au « pousse à l'endettement ». La triche légale, la triche comptable, la triche mathématique vont cacher les réalités.

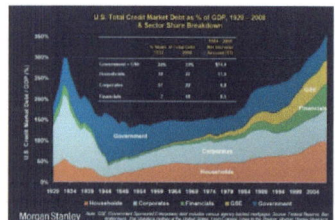

Pour les pays surendettés, il y a pléthore d'exemples en cours et à venir. La dette des états volant au secours des entreprises a en effet presque doublé en deux ans. Aux Etats-Unis, l'endettement des entreprises, des particuliers et de l'état rapporté au PIB est aujourd'hui supérieur au ratio de 1929. La Chine a commencé à remplacer sa dette à long terme vis-à-vis des Etats-Unis par de la dette à court terme il y a 2 ans. « La Chine continue de vendre la dette US en janvier, » rapporte le Wall Street Journal en 2010. La Grèce a caché son surendettement transformant une dette en un swap *ad hoc*, non comptabilisé comme une dette. Les partisans de la *market-value* en comptabilité auraient raison de souligner qu'en valeur de marché, la Grèce n'aurait pu cacher la valeur de sa dette. La comptabilité a, encore ici, participer à cacher la dette.

Pour les banques surendettées, les organismes de régulation ont des réformes à faire. Le levier d'endettement excessif via les *hedges funds*, qui sont des mini-banques sans limites d'endettement, doit être plafonné. Le ratio de limite d'endettement devrait enfin compléter les exigences de fonds propres (qui font face au risque de dépréciations des actifs). Par ailleurs, étrangement et au grand bénéfice des banques, les dépôts à vue sont considérés comme un endettement des banques sans grande particularité si bien que les détenteurs d'obligations ont reçu dans la crise la même garantie des états que les déposants. Seule, la séparation des banques de dépôts des banques d'affaires permettrait une gestion différenciée du soutien des états.

Pour les entreprises surendettées, Enron en 2001, qui utilisait plus de 3000 filiales dans les paradis fiscaux pour cacher une partie de son bilan, est un exemple emblématique où la dette cachée est au cœur d'une des faillites les plus retentissantes. Une décennie plus tard, des manipulations comptables pour « habiller le bilan » sont utilisées par Lehman Brothers avec les «Repo 105» (*repurchase agreement*). Un endettement caché pour une valeur de 39 milliards de dollars à la fin du dernier trimestre 2007, de 49 milliards à la fin du premier trimestre 2008 et de 50 milliards au second trimestre 2008. Des actifs sortis du bilan malgré un engagement de rachat. Le cash de la vente pour racheter provisoirement de la dette. But de la manœuvre: diminuer le bilan pour diminuer le ratio d'endettement. Ce tour de passe-passe, Lehman l'a pratiqué dès 2001. Cette pratique de vendre, sans intention de s'en séparer, une marchandise avec obligation de la racheter à terme avait déjà suscité un débat théologique au moyen-âge aboutissant à l'interdiction de cette pratique considérée comme un prêt à intérêt déguisé.

Pour les particuliers surendettés : la crise des subprimes illustre la violence du couple prêteur-emprunteur. On a permis aux ménages américains dont les salaires déclinaient en dollars réels au fil des ans, de substituer du crédit facile à l'argent qui faisait défaut. C'est la Chine qui alimenta la pompe en achetant massivement les titres de dette. La source s'est tarie quand la Chine a compris le mensonge des agences de notations, juges et partis dans la vente, ainsi que l'intérêt supérieur d'investir dans des actifs réels ou des entreprises. Elle a exigée des Etats-Unis de recapitaliser les agences de garantie Fanny Mae et Freddy Mac de façon illimitée, menaçant de ne plus financer la dette de l'Etat américain. Dont acte par le trésor américain le 24 décembre 2009.

Quatre axes peuvent limiter les effets pervers de l'endettement :

La transparence en limitant les dettes cachées par la mise en prison des dirigeants et des auditeurs en cas de « comptabilité faussée » et en interdisant les entités *offshore* non réintégrées dans les comptes consolidés. La transparence en interdisant des dettes futures potentielles comme les réassurances sur les titres de dettes lorsque l'on ne détient pas la dette sous-jacente. Pourquoi et pour qui a-t-il été créé 60 000 milliards de $ de paris sur la mort des entreprises ou des états (CDS)?

L'incitation fiscale à la participation au capital des entreprises plutôt qu'à la dette. Ceci diminue fortement la faillite puisque l'actionnaire ne remet pas en cause sa participation au projet industriel alors que le prêteur se retire dès que les actifs ne lui permettent plus de récupérer l'intégralité de sa mise. On ne doit pas oublier que le prêteur a, ceci est juridiquement validé par la notion de faillite, comme consigne d'arrêter l'entreprise dès que ses intérêts peuvent être touchés. Cette sécurité de l'emprunteur est au prix d'un risque accru de cessation d'activité et d'une plus grande volatilité du système économique global. La pérennité de l'activité dans un monde volatil ne peut coexister qu'avec la pérennité du financement.

L'indexation de la dette sur les actifs dont devient propriétaire l'emprunteur grâce à son emprunt. Maurice Allais (1999), prix Nobel d'économie, montre les dégâts de la dette à taux fixe. Lors de la baisse des prix des actifs, les dettes dépassent la valeur des biens et engendrent les faillites. Il propose, dans l'indifférence quasi générale, que les prêts soient indexés : « *En fait, seule une indexation en valeur réelle de tous les engagements sur l'avenir, et en particulier de tous les prêts et emprunts pourrait assurer un fonctionnement à la fois efficace et équitable de l'économie.* » Pour l'immobilier, on pourrait concevoir des obligations pour financer les banques et des prêts qui soient indexés sur la valeur des biens. En cas de baisse du prix de l'immobilier, la dette du particulier va diminuer en proportion de la baisse de valeur de son bien. Réciproquement, en cas de hausse du prix de l'immobilier, l'emprunteur peut accepter de payer plus longtemps.

Le renforcement de la régulation des banques, des fonds de pension, des assurances, des produits financiers pour limiter l'effet de levier. L'endettement est toujours souhaité maximal par les gestionnaires car il permet de produire de hauts rendements en contrepartie de hauts risques. Il convient à la régulation de le maîtriser.

On va avoir moins : défendre les biens communs

Dans la théorie de la justice de Rawls (1974) les structures choisissent les réformes des organisations dans la mesure où elles profitent au moins aux plus pauvres. Combiner cette notion avec la notion de finitude des ressources et de développement des raretés conduit, selon nous, à deux principes éthiques : tendre vers la juste part et ne pas profiter de la rareté.

Tendre vers sa juste part

Prenons un exemple pour le premier concept : tendre vers la juste part. Pour limiter le changement climatique, Pacala et Socolow (2004) proposent un chemin mondial d'émission de Gaz à effet de serre où les 20 prochaines années seraient un plateau d'émission de 7 GteC (soit environ 1 Tonne d'équivalent Carbone par habitant de la planète). Le Français moyen émet en moyenne deux fois plus que ce seuil. La taxe carbone peut permettre de diminuer ce seuil. Le détail de mise en œuvre de la taxe doit viser la justice pour que chaque individu tende vers la juste part. La compensation carbone, elle, consiste à payer pour compenser ses propres émissions par des économies, faites par d'autres, qui les réalisent à un moindre coût. Si le système est efficace au sens où il permet de réaliser le maximum d'économie d'émission de gaz à effet de serre par unité monétaire récoltée, il est inefficace au sens de tendre vers la juste part. En effet, l'effet pervers est de ne pas faire d'effort personnel et de payer facilement quelques dizaines d'euros pour compenser un voyage en avion. Land Rover propose à ses clients de payer entre 150 et 300 euros de plus sur ses derniers modèles de 4x4 pour « compenser carbone » les premiers kilomètres d'utilisation. Le consommateur va avoir tendance à augmenter sa part d'émission ainsi que sa compensation. Que se passera-t-il lorsque les sources d'économies de ceux qui peuvent compenser à faible prix vont se tarir et que le consommateur ne se sera pas préparé à tendre par lui-même vers sa juste part? Une action qui n'est pas généralisable à l'ensemble des humains bloque toujours à un moment ou un autre sur des effets pervers.

Ne pas profiter de la rareté

La rareté n'est pas nouvelle pour l'alimentation. Le prix des céréales est aujourd'hui crucial alors que 1 milliard d'humains ne mangent pas à leur faim. Il a fallu moins d'une semaine entre l'augmentation des cours mondiaux et les émeutes de la faim en 2008. Combien d'humains dépensent en un jour pour leur nourriture l'argent qu'ils gagnent le jour même?

Comment les marchés financiers doivent-ils concevoir la valeur d'échange du blé? C'était déjà au 13ième siècle la préoccupation de Saint Thomas d'Aquin : "*Le prix d'une chose, ce n'est pas l'argent, ce n'est pas la marchandise donnée par celui qui en fait l'acquisition. Le prix, c'est l'estimation d'une chose, sa valeur présumée. Il n'y a rien dans le prix que de spirituel et d'idéal...Le prix étant l'estimation de la valeur d'une chose, si vous me la vendez probablement plus qu'elle ne vaut, l'égalité de la justice entre vous et moi est détruite. Je vous donne plus que je ne reçois, vous êtes détenteur de mon bien. Donc la justice nous défend de vendre une chose plus cher, de l'acheter moins cher qu'elle ne vaut ... Je suppose qu'ayant de l'argent vous manquez de blé et n'en pouvez trouver que chez moi ; ne puis-je profiter de la circonstance et vous vendre mon blé plus qu'il ne vaut réellement? Il ne sera jamais trop cher pour vous qui allez mourir de faim ne pouvant mordre dans vos écus. Si la vente de votre blé vous causait un dommage particulier vous ne seriez pas obligé de me le céder à son prix ordinaire : votre dommage vous donnerait le droit d'exiger, outre le prix, une compensation, ou, pour mieux dire, des dommages-intérêts. Mais si la vente ne vous cause aucun préjudice, vous ne pouvez profiter de ma détresse, elle est à moi, non à vous. Ce serait vendre ce qui ne vous appartient pas, mon bien et non le vôtre*".

Il convient de limiter les produits financiers concernant les matières premières à la seule couverture de risques existants. Il convient d'interdire la spéculation sur le prix des matières premières agricoles. Pour ce faire, les produits financiers de couverture contre les variations de prix doivent être associés à des productions futures réelles. Les marchés de matières premières à terme ont une part importante de spéculation. Martin (2009) montre que, sur le marché des droits à polluer, existe également un fort niveau de spéculation : « au cours des trois premiers mois de 2009, le volume des échanges, sur le marché européen, a été égal à 120 fois le volume de la réduction des émissions exigée par les quotas attribués pour 2009. »

Pour desserrer l'étau de la rareté, il convient dans ce domaine de favoriser la production des 800 millions de paysans pauvres eux-mêmes sous-alimentés (Dupré et Griffon, 2008). Pour assurer leur équilibre financier et leur développement, il faut soit revenir à des caisses de compensation permettant la stabilité des prix de production soit utiliser les produits financiers dans le cadre de fonds éthiques pour reconvertir et stabiliser financièrement les revenus des paysans au niveau des coopératives locales.

Conclusion : utilité sociale de la production

Le monde des raretés est *hic et nunc*. Son expansion est rapide, incontournable.

Mais vers quel monde veut-on aller?

Une planète concentrationnaire où ceux qui produisent consomment sans retenue engendrant violence et course au stockage, rassurant et illusoire.

Une planète de la juste-part pour chacun, d'un accès au minimum dans un monde de rareté. Elle nécessite une lutte constante contre la violence et une éducation populaire à l'analyse des outils et pratiques de la finance.

Nous avons vu qu'il convenait d'encadrer les pratiques d'endettement et certains marchés de matières premières indispensables à la vie humaine. La réflexion doit aller plus loin. La révolution éthique concerne la production : la finance éthique doit produire ce qui a du sens à l'aune de nos enjeux collectifs de gestion des raretés.

La finance a, jusqu'à aujourd'hui, largement échappé à une analyse des facteurs éthiques. La plupart des fonds éthiques eux-mêmes et des agences de notations sociétales et environnementales, en choisissant la méthode de *best in class*, ont refusé de prendre parti sur l'utilité sociale de la production. Le fait de produire des vélos ou des avions-jet n'aurait aucune incidence. Cette position n'est plus tenable.

La finance éthique doit analyser l'utilité sociale de la production. Elle doit être réglementée pour favoriser, limiter ou interdire certains produits financiers ou certaines utilisations. Elle ne doit plus créer d'actifs risqués qui mettent en risque les hommes ou participent au pillage tranquille de la planète.

Allais M., La Crise mondiale d'aujourd'hui. Pour de profondes réformes des institutions financières et monétaires, Clément-JUGLAR, 1999.

Brown L., Plan B: Rescuing a Planet under Stress and a Civilization in Trouble, Earth Policy Institute, 2006.

Diamond J., Collapse: How Societies Choose to Fail or Succeed, Penguin books, 2005.

Dupré D. et M. Griffon, La planète, ses crises et nous, Atlantica, 2008.

Martin Y., Négociation internationale sur le climat, working paper, 2009.

Moran D., Wackernagel M., Kitzes J., Goldfinger S. and Boutaud A., Measuring sustainable development — Nation by nation, Ecological Economics, Volume 64, Issue 3, 15 January 2008.

Pacala S. and R. Socolow, Stabilization Wedges: Solving the Climate Problem for the Next 50 Years with Current Technologies", Science, 305 (5686), pp. 968-972, 2004.

Rawls J., A Theory of Justice, Cambridge, Mass., Harvard University Press, 1971.

Théologie de saint Thomas ou Exposition de la somme théologique en français, question 77.

LE TEMPS

Denis Dupré   10 décembre 2010

Un cheval de Troie made in China

La tragédie grecque est un symptôme du coma éthique de l'Europe.

Acte 1. Début 2009, la Grèce est dénoncée comme potentiellement en faillite par les mêmes banques américaines qui l'avaient aidée à cacher son endettement à l'Europe par des montages financiers. Les prophéties sur la capacité de la Grèce à rembourser ses dettes ont pu être en partie auto-réalisatrices puisque, à partir du moment où nombre d'intervenants ont pensé que la faillite était possible, les taux d'intérêt sont montés, rendant de fait la faillite plus probable!

Acte 2. En mars 2009, la Bild Zeitung relayait l'exaspération des Allemands: *«Ici on ne paie pas des milliers d'euros de pots-de-vin pour décrocher un lit d'hôpital; chez nous les chauffeurs de taxi délivrent des factures.»* Barack Obama faisait alors office de président de l'Europe, son premier partenaire commercial, en poussant Angela Merkel à un plan de soutien européen. En avril 2010, la France se réjouissait de prêter à 5% à la Grèce ce qu'elle n'empruntait qu'à 3%. De quoi attiser les rancœurs et rendre plus difficile le désendettement. Piètre solidarité européenne.

Acte 3. En octobre 2010, la Chine a proposé de souscrire à la dette grecque. *«La Chine fera de grands efforts pour soutenir des pays de la zone euro pour surmonter la crise»*

et, en contrepartie, *«la Grèce va continuer à jouer un rôle positif dans les discussions au sein de l'UE sur la reconnaissance du statut d'économie de marché de la Chine».* La Chine, pragmatique, en profite pour conforter sa position de gestionnaire du port d'Athènes. Le président du FMI s'est déclaré satisfait que la Chine fasse confiance aux bons du Trésor grecs et se prépare à y investir massivement. Le président de l'Eurogroupe a jugé alors «prématuré» de discuter d'un délai de remboursement pour la Grèce concernant les 110 milliards d'euros de prêts jusqu'en 2013. Aujourd'hui l'Europe s'y résigne contre de nouvelles mesures d'austérité.

La Chine avance ses pions. Les Grecs acceptent ce cadeau empoisonné sans se souvenir de l'épisode du cheval de Troie et des conseils de Laocoon: *«Timeo Danaos, et dona ferentes»* («Je crains les Grecs, même lorsqu'ils apportent des présents»).

Que faut-il faire?

Il faut aider les Etats

Il faut que l'Europe prête directement à la Grèce à 1%, en contournant l'article 125 du Traité de Lisbonne qui interdit le renflouement d'un Etat. D'autant que le financement se fait en partie par les banques européennes qui empruntent à 1% auprès de la Banque centrale européenne et qui ont pu souscrire des emprunts

d'Etat grecs avec un rendement de 12%. Le jeu «profits privés-charges publiques» déstabilise l'Irlande: le risque des banques, non assumé par les créanciers, est transféré aux Etats. Si les banques font de nouveau faillite à cause des obligations renégociées par les Etats, qui recapitalisera les banques?

Il faut prendre en compte des critères autres que comptables pour écarter les pays membres mettant en péril la construction commune.

Avec ses colossales réserves en devises, à la valeur incertaine, la Chine achète le plus rapidement possible des actifs physiques. Avec un discours de façade, proposant une «coopération gagnant-gagnant», la Chine offre des infrastructures contre des mines, des ressources naturelles et des terres cultivables. L'Afrique où la plupart des pays ont des dirigeants corrompus qui bradent les biens communs sera bientôt chinoise. Il risque d'en aller de même pour l'Europe du Sud. Si l'Europe veut maintenir son intégrité, elle doit, en échange de sa solidarité, combattre la corruption généralisée qui s'étend en Italie, en Espagne et même en France. Cela quitte à exclure temporairement ou même définitivement certains pays.

Il faut protéger nos entreprises.

Le credo libéral ne doit pas s'appliquer qu'en Europe par les Européens et contre les Européens! Il faut limiter les achats des entreprises et des terres. Les Chinois le font chez eux: aucun étranger ne peut détenir la majorité dans une entreprise chinoise. Les Américains font de même quand le Congrès utilise la raison de sécurité nationale pour bloquer des investissements étrangers.

Il faut protéger nos Etats

Aujourd'hui la dette grecque atteint 150% de son PIB, elle ne pourra jamais être honorée. Des solutions sont envisageables.

Déjà choisie par les Etats-Unis, la monétarisation de la dette permet de la payer en faisant tourner la planche à billets. Le traumatisme allemand d'avant-guerre repousse cette voie. La solution soutenue maintenant par l'Allemagne est la renégociation de la dette, c'est-à-dire pratiquer une autre forme de spoliation partielle, directe cette fois, des créanciers des Etats surendettés.

La rigueur nécessaire pour sauver les «PIGS» impose un rééquilibrage de la balance commerciale.

Rigueur implique une politique volontaire de relocalisation de production en Europe, de diminution de la consommation mais aussi d'un relèvement européen des barrières tarifaires pour contrer une concurrence sociale et écologique déloyale. Une telle mesure ne pourra être votée contre la Chine si elle devient le premier créancier de la Grèce, du Portugal, de l'Espagne, de l'Italie, de l'Irlande puis de la France et prend la direction du FMI.

Le président de l'Eurogroupe vante déjà le Luxembourg auprès des Chinois comme la *«porte idéale d'entrée pour accéder au marché européen»*.

Laisser entrer le cheval de Troie made in China c'est signer le faire-part de décès de l'Europe.

Face à ce risque la riposte doit être rapide: chasse impitoyable à la corruption; rigueur de gestion; création monétaire maîtrisée; renégociation partielle de la dette, protection contre les investissements étrangers «stratégiques».

Nous devons sortir de notre «sommeil profond» sinon le cheval de Troie détruira ce qui a fait les fondements de l'Europe.

LE TEMPS

Denis Dupré

Un plan A pour l'Europe

L'Europe a besoin de dirigeants intelligents et honnêtes.

Malheureusement quand ils répondent à un critère, ils ne remplissent pas souvent l'autre. C'est ce qui explique qu'ils n'aient appliqué que des plans inefficaces ou nuisibles

■ **Cacher l'insolvabilité des banques**. Comme le révèle un télégramme daté de mars 2008 de l'ambassade américaine et divulgué par WikiLeaks, le président de la banque d'Angleterre avait alors compris que la crise bancaire n'était pas une question de liquidité mais de risque systémique de solvabilité. Mais la fin du télégramme indique qu'il faut trouver pour que les banques vendent leurs actifs douteux un autre moyen que les ventes aux enchères car cela obligerait les banques à passer des pertes sur les crédits conservés. En clair: il faut fausser les bilans bancaires… et faire croire à un problème de liquidité. Ainsi, pour exemple, les actionnaires de la BNP ont régulièrement touché des dividendes depuis 2007 et pour des montants supérieurs à ceux de 2002. Ces distributions se sont évidemment faites au détriment de l'augmentation des fonds propres. Aujourd'hui, les décotes des titres grecs dans les bilans bancaires ne sont pas les mêmes suivant l'option de comptabilisation.

Ces mensonges profitent aujourd'hui à quelques grandes banques américaines qui connaissant les comptes de leurs concurrents européens, jouent maintenant leurs faillites. Elles peuvent prendre des positions via les CDS qu'elles créent sur la faillite des banques européennes. Il se peut même que ce soit les banques européennes qui soient contrepartie du CDS. En toute logique. Au mieux elles encaisseront la prime. Au pire, les gouvernements seront invités, par la dernière patronne européenne du FMI, à nationaliser les banques et honorer ces paris stupides.

■ **Cacher l'insolvabilité des Etats**. La BCE s'arc-boute sur la doctrine qu'aucun pays européen ne fera jamais faillite. Son soutien au marché secondaire de la dette se paye de dizaines de milliards de pertes latentes. La BCE est aujourd'hui sûrement insolvable. L'issue sera probablement la création monétaire interdite par nos traités européens.

■ **Payer les dettes sans création monétaire**. Nous pouvons sûrement compter sur le futur dirigeant de la BCE, l'ancien Président de Goldman Sach's Europe en charge de la gestion des dettes souveraines, pour défendre l'intérêt des citoyens et ne pas pousser à brader, à la va vite, les actifs de la Grèce et de l'Italie.

■ **Annoncer les faillites de pays, l'une après l'autre**. Après avoir pris leurs gains sur les CDS du pays le plus faible, les investisseurs créent de nouveaux CDS sur le prochain plus faible pays. Ce pays est aspiré dans la spirale des charges croissantes de la dette.

Mutualiser les dettes. Le projet de création d'Eurobonds ne permettra que provisoirement un financement à faible taux. C'est l'Europe globalement qui consomme plus qu'elle ne produit et qui est en faillite.

Nous devons édicter un plan d'urgence, comme en temps de guerre, pour solder les comptes et préparer l'avenir, un plan dont le texte commencerait comme les lois athéniennes: *«Nous nous sommes réunis et avons décidé qu'il était bon pour nous que…»*:

Que les paris sur les faillites soient interdits,

Que les banques soient séparées en 3 types: dépôts-investissement-casino.

Que l'Europe annonce le même jour la décote que chaque pays appliquera sur ses dettes. Cette décote doit être calculée pour que le pays puisse assumer sa dette et rétablir une gestion saine et durable ce qui doit logiquement ramener des primes de risque faible.

Que chaque pays annonce son plan de redressement. Écoutons Platon qui indique qu'une des causes des révolutions dans les oligarchies est «*l'oppression des classes inférieures, qui acceptent alors le premier défenseur, quel qu'il soit, qui se présente à leur aide*». Aussi, si tel président européen veut faire porter toute la charge des réformes en exemptant les oligarques, il convient que l'Europe n'accepte pas ce plan quitte à exclure ce pays temporairement. La commission européenne fixera des règles minimales de contribution des plus riches dans les pays en difficulté.

Que chaque pays européen reprenne le contrôle de ses banques en faillite. Ces organismes auront alors pour vocation d'orienter le crédit vers les entreprises qui permettront de consommer moins d'énergie et de relocaliser la production.

Que les actionnaires et créanciers des banques ne soient dédommagés qu'à la hauteur stricte de la valeur des actifs et non de la valeur prétendue par les banques.

Que l'Europe reprenne le contrôle de la BCE et réalise une création monétaire uniquement pour financer cette reconversion industrielle en créant et devenant actionnaire majoritaire de ces entreprises d'avenir. Elle cédera ses parts au fur et à mesure de la sortie de crise.

Nous sommes au début d'un effondrement possible de civilisation. Pour l'éviter, l'Europe doit pousser les nations à chasser les oligarques voleurs et redonner du travail aux populations pour retrouver une autonomie écologiquement adaptée aux capacités de chaque territoire.

Un plan d'urgence est plus que nécessaire

Sur quels mensonges la crise actuelle s'est-elle construite? Quel est le rôle des banques? Le point de vue d'un éthicien sur les mesures à prendre.

Nous, européens, nous sommes réunis et avons décidé qu'il était bon pour nous que... : L'Europe a besoin de dirigeants intelligents et honnêtes. Malheureusement, quand ils répondent à un critère, ils ne remplissent pas souvent l'autre. C'est ce qui explique qu'ils n'aient appliqué que des plans inefficaces ou nuisibles. Ils ont en effet :

● **Caché l'insolvabilité des banques**. Comme le révèle un télégramme daté de mars 2008 de l'ambassade américaine et divulgué par WikiLeaks, le président de la Banque d'Angleterre avait alors compris que la crise bancaire n'était pas une question de liquidité mais de risque systémique de solvabilité. Mais la fin du télégramme indique qu'il faut trouver, pour que les banques vendent leurs actifs douteux, un autre moyen que les ventes aux enchères car cela obligerait les banques à passer des pertes sur les crédits conservés. En clair : il faut fausser les bilans bancaires... et faire croire à un problème de liquidité. Ainsi, pour exemple, les actionnaires de la BNP ont régulièrement touché des dividendes depuis 2007 et pour des montants supérieurs à ceux de 2002. Ces distributions se sont évidemment faites au détriment de l'augmentation des fonds propres.

Mensonges sur l'insolvabilité

Aujourd'hui, les décotes des titres grecs dans les bilans bancaires ne sont pas les mêmes suivant l'option de comptabilisation. Ces mensonges profitent aujourd'hui à quelques grandes banques américaines qui, connaissant les comptes de leurs concurrents européens, jouent maintenant leurs faillites. Elles peuvent prendre des positions via les CDS (*credit default swap*), les réassurances qu'elles créent sur la faillite des banques européennes. Il se peut même que ce soit les banques européennes qui soient contrepartie du CDS. En toute logique. Au mieux, elles encaisseront la prime. Au pire, les gouvernements seront invités, par la patronne européenne du FMI, à nationaliser les banques et honorer ces paris stupides.

● **Caché l'insolvabilité des États**. La BCE (Banque centrale européenne) s'arc-boute sur la doctrine qu'aucun pays européen ne fera jamais faillite. Son soutien au marché secondaire de la dette se paye de dizaines de milliards de pertes latentes. La BCE est aujourd'hui surement insolvable. L'issue sera alors probablement la création monétaire interdite par nos traités européens.

● **Payé les dettes sans création monétaire**. Nous pouvons sûrement compter sur le futur dirigeant de la BCE, l'ancien président de Goldman Sachs Europe en charge de la gestion des dettes souveraines, pour défendre l'intérêt des citoyens et ne pas pousser à brader, à la va-vite, les actifs de la Grèce et de l'Italie.

● **Annoncé les faillites de pays, l'une après l'autre**. Après avoir pris leurs gains sur les CDS du pays le plus faible, les investisseurs créent de nouveaux CDS sur le prochain plus faible pays.

● **Mutualisé les dettes**. Le projet de création d'Eurobonds ne permettra que provisoirement un financement à faible taux. C'est l'Europe globalement qui consomme plus qu'elle ne produit et qui est en faillite.

Nous devons édicter un plan d'urgence, comme en temps de guerre, pour solder les comptes et préparer l'avenir, un plan dont le texte commencerait comme les lois athéniennes : « Nous nous sommes réunis et avons décidé qu'il était bon pour nous ... » :

● Que les paris sur les faillites soient interdits.

● Que les banques soient séparées en trois types : dépôts-investissement-casino.

● Que l'Europe annonce le même jour la décote que chaque pays appliquera sur ses dettes. Cette décote doit être calculée pour que le pays puisse assumer sa dette.

• Que chaque pays annonce son plan de redressement. Écoutons Platon qui indique qu'une des causes des révolutions dans les oligarchies est «l'oppression des classes inférieures, qui acceptent alors le premier défenseur, quel qu'il soit, qui se présente à leur aide ». Aussi, si tel président européen veut faire porter toute la charge des réformes en exemptant les oligarques, il convient que l'Europe n'accepte pas ce plan, quitte à exclure ce pays temporairement. La Commission européenne fixera des règles minimales de contribution des plus riches dans les pays en difficulté.

• Que chaque pays européen reprenne le contrôle de ses banques en faillite. Ces organismes auront alors pour vocation d'orienter le crédit vers les entreprises qui permettront de consommer moins d'énergie et de relocaliser la production.

• Que les actionnaires et créanciers des banques ne soient dédommagés qu'à la hauteur stricte de la valeur des actifs et non de la valeur prétendue par les banques.

• Que l'Europe reprenne le contrôle de la BCE et réalise une création monétaire uniquement pour financer cette reconversion industrielle en créant et devenant actionnaire majoritaire de ces entreprises d'avenir. Elle cédera ses parts au fur et à mesure de la sortie de crise.

Nous sommes au début d'un effondrement possible de civilisation. Pour l'éviter, l'Europe doit pousser les nations à chasser les oligarques voleurs et redonner du travail aux populations pour retrouver une autonomie écologiquement adaptée aux capacités de chaque territoire.

LE TEMPS

Denis Dupré

L'INVITE

17 février 2012

La création monétaire ne doit pas être un crime contre les peuples

Le droit de battre monnaie est un « cadeau royal ».

La création monétaire est massive par la FED, la BCE et la banque d'Angleterre. Aucune richesse n'est contrepartie de l'émission de nouvelle monnaie, les détenteurs actuels de monnaie sont spoliés par l'utilisateur de nouvelle monnaie avec qui ils se trouvent en concurrence pour acheter des biens et services.

Les banques centrales des USA et de l'Angleterre mettent l'argent à disposition de leur état autant que nécessaire et à faible taux. Voici le cadeau.

Les citoyens doivent se battre pour que ces 270 milliards ne soient pas versés dans le tonneau des Danaïdes des banques.

L'Europe a mal compris la différence entre libéralisme et abandon de souveraineté. Pour éviter que le politique démagogue ne spolie le « citoyen fourmi » au nom des « citoyens cigales » souvent majoritaires, l'Europe avec l'article 123 du traité européen a confisqué ce droit régalien. Le prêt à un état dépend alors de la bonne volonté du préteur et le taux du prêt devient fonction du risque de faillite de l'état. Le signal d'un argent plus cher pour les états dispendieux devait être le garant d'une gestion de père de

famille. Acceptons l'argument mais reconnaissons que cela n'a pas marché à cause de l'Euro puisque les investisseurs ont cru les emprunts Grecs garantis implicitement par l'Allemagne.

Le cadeau de mise à disposition de monnaie à un coût ne représentant pas le risque de crédit peut être fait aux banques, aux entreprises ou aux états. La question éthique réside dans le choix conjoncturel du bénéficiaire du cadeau.

L'Europe a fait ce cadeau aux banques.

En décembre 2011, la BCE a prêté aux banques 489 milliards d'euros à 3 ans qui seront suivis bientôt, selon le Financial Time, d'une rallonge de 1000 milliards d'euros. Chiffrons ces cadeaux. Les banques, si elles n'étaient soutenues à bout de bras par la BCE et les acrobaties comptables rendues légales, seraient dans le même état de risque de faillite que l'Italie, voire pire. 1500 milliards à 1% au lieu de 7% correspond à un cadeau de 90 milliards par an pendant 3 ans.

Est-ce productif? Les banques ne prêtent plus aux entreprises anticipant la crise. Elles remettent l'argent en pension auprès de la BCE en attendant de surfer sur les prochaines bulles. Cyniquement, elles peuvent même penser à acheter

leurs propres actions pour en faire monter le cours et ainsi attirer de nouveaux actionnaires dont elles ont besoin, suite à la mise en place des règles prudentielles Bâle III.

On peut affecter ces 90 milliards par an pendant 3 ans aux entreprises et aux états.

L'Europe ne fait pas ce cadeau ni aux états ni aux entreprises au risque de la démocratie.

L'obsession de la BCE pour réserver le cadeau aux banques domine même les questions de libertés démocratiques. Alors que notre Europe avait réagi mollement aux violations sur la liberté de la presse en 2010 en Hongrie, l'Union économique et monétaire, avec la BCE, vient de condamner ce gouvernement et veut le contraindre à rétablir le statut d'indépendance de sa banque nationale.

Le milliardaire Soros demande que la BCE prête dans l'urgence à 1% à l'Italie et à l'Espagne. Malheureusement, ce n'est pas à l'ordre du jour.

Sans cette aide, les états en difficulté sont condamnés de fait au remboursement maximal, calibré par la Troïka (UE, FMI et BCE). Pour Soros, il est maintenant question de la survie des démocraties en Europe. En août 2011, une lettre envoyée par le Président de la BCE au président italien

Berlusconi a exigé des mesures indispensables: privatisations de grande ampleur, révision en profondeur des règles régissant le recrutement et le licenciement des salariés, budget équilibré en 2013, principalement via une réduction des dépenses, réduction de façon significative du coût des emplois publics, si nécessaire, en baissant les salaires. En Grèce, après une baisse de 40% des salaires publics, 25% des petits commerces en faillite, de nouvelles restrictions sont exigées. En janvier 2012, l'Allemagne a même proposé de mettre la Grèce sous tutelle avec un commissaire européen disposant d'un droit de veto sur les décisions budgétaires du gouvernement.

Pour les entreprises, celles qui préparent notre avenir, énergétique notamment, doivent être financées en court-circuitant les banques qui n'assument plus leur rôle d'allocation optimale de financement. Cela peut se faire via des Eurobonds qui financeraient notamment la Banque Européenne d'Investissement.

Les citoyens et les chefs d'entreprises doivent se battre pour que ces 270 milliards ne soient pas versés dans le tonneau des danaïdes des banques. Attendrons-nous le retour des colonels en Grèce pour modifier l'article 123 du traité européen qui interdit la création monétaire pour les états? En 2007, début de la crise, cela pouvait se lire comme de la servitude volontaire pour ne pas froisser des intérêts privés ou ne pas renégocier un traité complexe. C'est aujourd'hui, 5 ans plus tard, un crime contre les peuples.

Quando la creazione di moneta diventa un crimine contro i popoli

New York – Il diritto di battere moneta e' un "regalo reale". Le banche centrali di Stati Uniti e Inghilterra mettono denaro a disposizione dei loro stati a tassi convenienti e quando ne hanno bisogno. L'Europa invece non ha ancora ben chiara la differenza tra liberalismo e perdita di sovranita'.

Per evitare che la politica demagogica defraudasse il cittadino formica in nome del cittadino cicala, l'Europa con l'articolo 123 del trattato europeo ha confiscato questo diritto (di battere moneta per aiutare lo stato), come denuncia un docente di Finanza ed Etica sul quotidiano Les Temps.

Il prestito a uno stato dipende dalla buona volonta' del prestatore e il tasso di interesse cambia in funzione del rischio di default dello stato. Il regalo messo a disposizione ha un costo che non rappresenta il rischio di credito e puo' essere fatto alle banche, alle imprese o agli Stati. La questione etica risiede nella scelta congiunturale del beneficiario del regalo.

A dicembre 2011, per esempio, la Bce ha prestato 489 miliardi di euro alle banche a tre anni, che secondo il Financial Times saliranno presto a 1.000 miliardi. Sono le cifre del regalo. In termini numerici, su un totale debitorio di oltre 270 miliardi di euro, gli aiuti alla Grecia ammontano a 145 miliardi di euro e prevedono l'intervento del braccio operativo della Bce, il fondo salva stati.

Se non fossero sostenute dalle acrobazie della Bce e accompagnate sotto braccio da Francoforte, le banche versebbero in questo momento nello stesso stato dell'Italia, o forse peggio, della Grecia, scrive il professore dell'Universita' di Grenoble Denis Dupre'. Mille e 500 miliardi al tasso dell'1% invece del 7%, corrisponde a un **regalo da 90 miliardi su tre anni**.

Il vero problema e' che questo meccanismo non e' nemmeno produttivo. Le banche non prestano piu' alle societa', acuendo la crisi. Cinicamente possono persino pensare a riacquistare azioni proprie per far salire i livelli di capitale e attirare nuovi azionisti, quando vogliono e quando ne hanno bisogno. E dopo l'entrata in vigore delle norme di Basilea III succede sempre piu' spesso.

L'ossessione della Bce per la salute delle banche, a cui va riservato il regalo, domina anche la questione della liberta' democratica dei cittadini. L'Europa reagi' mollemente alle violazioni della liberta' di stampa in Ungheria nel 2010, ma ora che il governo vuole ristabilire una certa indipendenza dall'Unione economica e monetaria, aumentando i poteri della banca nazionale, Bruxelles ha condannato senza appello l'esecutivo di Budapest.

Il miliardario Soros ha chiesto che la Bce presti denaro all'1% a Italia e Spagna, non alle banche. Ma non e' all'ordine del giorno. Senza questi aiuti, gli Stati in difficolta' sono condannati di fatto al rimborso massimo cosi' come calibrato e deciso dalla troika composta da Ue, Fmi e Bce.

Dopo la lettera della Bce inviata nell'agosto dell'anno scorso al governo Berlusconi per chiedere misure di austerita', in Grecia i salari pubblici sono stati fatti scendere del 40%, il 25% delle piccole imprese e' fallito e vengono chiesti ulteriori sforzi.

A gennaio 2012 la Germania ha persino proposto di mettere la Grecia sotto tutela, inviando un commissario europeo che disponga del diritto di veto sulle decisioni riguardanti il budget.

Le banche greche hanno 48 miliardi di dollari di bond ellenici in pancia e in caso di ristrutturazione andrebbero in crisi nera, visto che un'ipotetica perdita del 30% del capitale vorrebbe dire perdite per 15 miliardi rispetto a riserve di appena 28,8 miliardi di dollari. Altri 22 miliardi di bond sono in mano a Fondi pensione greci che andrebbero in rosso. Dei restanti 270 miliardi di debito del Partenone, 130 sono in mano a investitori pubblici (official creditors come Bce, Fmi, Ue e Banca Mondiale) mentre i restanti 140 miliardi sono in mano a privati, dove spiccano le banche francesi con 63 miliardi, le tedesche con 40 miliardi, le britanniche con 15,1, le portoghesi con 10,8 mentre le italiane hanno solo 4,7 miliardi di dollari, secondo i dati di fine 2010.

I cittadini e i manager d'impresa devono battersi perche' questi 270 miliardi non siano versati nelle casse delle banche. O e' forse meglio aspettare un ritorno dei colonnelli in Grecia per chiedere la modifica dell'articolo 123 del trattato europeo che vieta la creazione monetaria per gli stati?

Nel 2007, all'inizio della crisi, poteva essere letta come una sorta di sottomissione a una condizione di servitu' volontaria, con l'obiettivo di non schiacciare gli interessi privati o non dover rinegoziare un trattato che di per se' e' molto complesso. Cinque anni piu' tardi, si puo' considerare a tutti gli effetti **un crimine contro i popoli**.

Denis Dupré e' professore di finanza e etica, titolare della poltrona di manager responsabile dell'Universita' di Grenoble

Du sauvetage des banques au naufrage des états : silence des financiers et hypocrisie de l'Europe

L'Europe spolie les peuples et prend le risque de casser les fragiles démocraties.

Le sommet européen du 29 juin a permis de financer les Etats qui se réforment et recapitaliser les banques à un taux mutualisé via le Mécanisme Européen de Solidarité. Ce dernier est financé par les Etats et les marchés financiers. L'Europe serait solidaire pour "les bons élèves".

L'Europe solidaire bancaire travaille au bénéfice de qui? La progression des valeurs bancaires ce 29 juin est une piste. Martin Wolf dans Le Monde du 26 juin, pose un diagnostic amer sur les bénéficiaires d'une union précipitée : "L'Espagne engage une enveloppe de 100 milliards d'euros pour sauver ses banques mais hélas, ce plan profite aux créanciers desdites banques au dépens de la solvabilité du gouvernement". Avec l'union bancaire proposée, Il faut simplement remplacer "solvabilité du gouvernement" par "solvabilité de l'Europe".

Les banques continueront-elles à être sauvées avec de l'argent public sans rien exiger des actionnaires et créanciers des banques?

Gavin Davies dans le Financial Times du 29 juin montre que cette question va conduire à des guerres d'intérêt. En effet, l'Allemagne aura intérêt à rincer les actionnaires et créanciers des banques espagnols pour obtenir une plus forte propriété par euro investi. L'intérêt de l'Espagne sera l'exact opposé.

En France, les spécialistes financiers et professeurs de finance interviennent peu, laissant la parole aux économistes. Pourtant ils sont au cœur des mécaniques complexes de la finance moderne. Souvent par peur d'ennuis professionnels, ils se font discrets, mentent par omission.

Chaque plan de "sauvetage" des banques a permis un cadeau aux actionnaires concrétisé immédiatement dans un bond du cours des actions bancaires le jour de l'annonce.

Ce qui était tabou il y a deux ans, est devenu la version officielle de la Commission Européenne en juin 2012. Ne plus utiliser l'argent du contribuable mais faire payer les actionnaires et créanciers de banques est énoncé dans un jargon plus technique en proposant de passer du renflouement externe ou *bail-out* au renflouement interne ou *bail-in*. Tous les outils sont décrits : "*l'instrument de renflouement interne permettra de recapitaliser la banque en annulant ou en diluant ses actions, et en réduisant les créances détenues sur elle ou en les convertissant en actions.*"

Le commissaire européen chargé du marché intérieur reconnait enfin que "*Nous devons doter nos pouvoirs publics d'instruments qui leur permettent de réagir de manière appropriée aux futures crises bancaires. Sinon, les citoyens paieront à nouveau la facture, tandis que les banques continueront à agir comme avant, en sachant qu'elles seront à nouveau renflouées si nécessaire.*"

La proposition de Directive Européenne du 6 juin 2012 est claire : "*L'intervention des pouvoirs publics a coûté très cher au contribuable et a même compromis la viabilité des finances publiques dans certains États membres... Si la situation financière d'une banque devait se détériorer de manière irrémédiable, la proposition prévoit qu'il reviendra aux propriétaires et aux créanciers de la banque d'assumer les coûts de sa restructuration et de sa résolution, et non au contribuable.*"

Tout semble parfait dans le discours, mais l'hypocrisie est de tenir un discours qu'on ne veut pas mettre en acte. L'Europe joue la montre: "*We're not dealing with the present* crisis", a dit Barnier. "*This is for the future.*" Insidieusement, la Directive Européenne annonce que l'argent des oligarques n'a pas le même poids que celui du mouton contribuable : "*En même temps, les mesures de résolution pourraient empiéter sur les droits fondamentaux des actionnaires et des créanciers. Elles ne seraient donc appliquées que dans des cas exceptionnels, et dans l'intérêt général*". Il n'est pas même envisagé un droit fondamental du contribuable, encore moins du citoyen !

Qu'enseignent les professeurs de finance à leurs étudiants? Que le modèle de Merton calcule le taux d'intérêt du créancier de la banque. Ce taux est d'autant plus élevé que le risque des actifs détenus par la banque est fort. Il est d'autant plus élevé que la proportion de fonds apportée par les actionnaires est faible. Dans le modèle, le taux d'intérêt exigé par le créancier rémunère donc le risque de faillite.

Quels spécialistes financiers et quels professeurs de finance peuvent justifier que le créancier soit payé pour un risque qu'il transfère au citoyen quand il se matérialise? Or, ce mécanisme jamais remis en cause même par ce sommet Européen, nous laisse une Banque Centrale ruinée pour aider les banques privées.

L'Europe est hypocrite. Son hypocrisie conduit à spolier les peuples et leurs fragiles démocraties. Les financiers ont la connaissance des mécanismes. S'ils continuent à se taire, ils partagent la responsabilité des désastres à venir. Ils ont le pouvoir de dénoncer les lenteurs délibérées de l'Europe et de défendre strictement le principe : faire payer les actionnaires et créanciers des banques avant les citoyens. Qu'en font-ils? C'est une question que je pose à chacun d'eux.

LE TEMPS

Denis Dupré, Marc Chesney et Paul Jorion

26 septembre 2012

L'INVITE

La finance Casino risque de détruire nos sociétés

Certains outils financiers sont à interdire. Exemple: les CDS nus, qui consistent à parier sur la faillite des Etats, devraient être prohibés dans la zone euro à partir de novembre 2012.

* Enseigne la finance et l'éthique à l'IAE de Grenoble et à l'Ensimag, titulaire de la chaire «Manager responsable» à l'Université de Grenoble

** Professeur de finance à l'Université de Zurich. Blog: responsablefinance.ch

*** Chroniqueur au «Monde», rubrique Economie, et à «Le Viff l'Express», tient le blog de Paul Jorion

Certains outils financiers sont à interdire. Exemple: les CDS nus, qui consistent à parier sur la faillite des Etats, devraient être prohibés dans la zone euro à partir de novembre 2012.

Déjà la marine anglaise en 1745 punissait les joueurs lors de l'assurance de navires si l'assuré ne pouvait prouver son intérêt pour la cargaison. Combien de cargaisons de navires marchands anglais ne seraient pas arrivées à destination si les gouvernements avaient laissé les parieurs ramasser la mise, ayant payé des hommes de main pour couler les bateaux?

D'autres pratiques devraient aussi être proscrites.

Lorsqu'une plus grande vitesse permet aux plus rapides de spolier les moins informés, quand le manque de transparence permet de manipuler les prix ou quand les parieurs dominent les transactions.

Un constat: le développement d'une zone grise a gangrené la finance. Les *dark pools* autorisés depuis 2007 en Europe permettent aux acteurs de rester anonymes. De même,

le *high frequency trading*, par la vitesse de ses opérations, opacifie les marchés. Le mécanisme de formation des prix efficients, érigé jusqu'alors en dogme qui peut laisser croire à une «justice» du marché, vole en éclats puisqu'il suppose un accès public aux informations sur les transactions. Comment traquer les manipulations de marché et les délits d'initiés qui deviennent pratique courante?

En octobre 2011, le président de l'Autorité des marchés financiers française fait un terrible constat d'impuissance: «*Alors qu'il nous faut plusieurs mois d'analyse pour démontrer une manipulation de cours faisant appel à des techniques de trading traditionnelles sur quelques minutes, est-il raisonnable d'imaginer démontrer d'éventuelles manipulations de cours liées à des pratiques de trading à haute fréquence?*»

Le phénomène des transactions déclenchées par des automates conduit à ce que les titres ne

soient parfois plus détenus que pour des fractions de seconde. Inexistant en 2006, il représente aujourd'hui environ 60% des transactions aux USA et 33% en Europe.

Il déstabilise les marchés, comme on l'a vu lors du krach éclair du 6 mai 2010 aux Etats-Unis, où l'action d'Accenture est tombée à 1 cent, accompagnée de sept autres actions qui chutèrent de presque 100%. D'autres, telles qu'Apple, s'envolèrent pour dépasser les 100 000 dollars. Toutes les transactions ont été annulées, et ce, sans dédommagement. C'est un cas extrêmement rare dans l'histoire du capitalisme. Comment se fait-il que des transferts de propriété puissent être annulés par les autorités de marché?

Le rapport d'analyse de la SEC a montré l'incapacité de tracer la plupart des transactions sur les *dark pools*. Aux USA, il a été décidé la création d'une «*consolidated tape*» qui devrait assurer la transparence sur les données de marché post-négociation. En Europe, aucun volontarisme de ce genre n'a été observé.

En guise de leçon du krach éclair, des financiers cessent de se référer à la théorie et expliquent doctement qu'il suffit d'introduire des coupe-circuits harmonisés entre plateformes en cas d'emballement des marchés. La recherche de prix efficients n'est plus invoquée car elle conduirait à interdire le HFT empêchant les gigantesques profits des acteurs les mieux informés.

Le *shadow banking* et les *dark pools*, comme les CDS nus, voire le HFT, contribuent à cette finance casino et devraient être interdits, comme les autres transactions ayant la capacité de gravement perturber les équilibres de nos sociétés.

Lorsque les pratiques financières n'ont pas d'effets perturbateurs sur les équilibres socio-économiques, deux cas de figure se présentent. Soit la société les juge légitimes ou utiles à l'économie et, dans ce cas, l'état les encadre, assure la fiabilité des transactions et prélève un impôt. Soit la société les considère comme illégitimes ou comme de simples paris entre spéculateurs sans effet bénéfique pour l'économie réelle, et décide de ne pas encombrer ses tribunaux avec d'éventuels conflits entre parieurs.

En justice, ne devraient être considérées que les transactions financières enregistrées sur une *consolidated tape* accessible à l'autorité de régulation et traitées par une chambre de compensation, où l'une des deux parties a pour objectif de couvrir un risque.

Le possesseur du titre veut pouvoir ester en justice s'il a été lésé par son intermédiaire, par le vendeur ou en tant que détenteur du titre. Sans le surplomb du tribunal, le volume de transactions illégitimes se dégonflerait.

Les tribunaux sont financés par les contribuables. Pourquoi ces derniers devraient-ils être mis à contribution pour veiller au bon déroulement de transactions illégitimes qui fragilisent l'économie réelle?

Qu'on ne nous dise pas que les paris apportent la liquidité. Les marchés dérivés servent dans la grande majorité des cas à réaliser des paris et non à la couverture des risques des acteurs économiques et financiers. Ils augmentent le nombre d'acheteurs et de vendeurs. Malheureusement, en cas de crise, au seul moment où la liquidité serait absolument utile, ces paris assèchent au contraire les marchés. Lorsque des acheteurs sont désespérément recherchés, les parieurs, le plus souvent étranglés par leur endettement, vendent massivement.

Qu'on ne nous dise pas que les conflits entre parieurs n'ont jamais été boutés hors des tribunaux. Le Code civil français de 1804 spécifie l'exception de jeu qui fait que «*la loi n'accorde aucune action pour une dette de jeu ou pour le paiement d'un pari*». En Grande-Bretagne, le *Gaming Act* de 1845, en vigueur jusqu'en 2005, a rendu le contrat de pari sans valeur de contrat légal et, par conséquent, sans recours devant les tribunaux.

Nous, experts en finance, ne souscrivons pas au soutien implicite offert par nos dirigeants à une finance destructrice du bien commun. Nous demandons à nos représentants d'interdire les pratiques de la finance casino qui perturbent les équilibres de nos sociétés et de veiller à ce que nos tribunaux ne traitent plus les litiges sur les paris illégitimes.

Le mécanisme de formation des prix efficients, érigé jusqu'alors en dogme qui peut laisser croire à une «justice» du marché, vole en éclats.

22

LE TEMPS

Sauver l'Europe avec la BCE dans le cadre des traités existant

La Grèce, l'Italie, l'Espagne et demain la France vont couper les budgets sociaux de santé-éducation et accepter de plonger leur classe moyenne dans la pauvreté

La Grèce, l'Italie, l'Espagne et demain la France vont couper les budgets sociaux de santé-éducation et accepter de plonger leur classe moyenne dans la pauvreté.

Le sang des réformes: un matin, en Italie, Mario Monti, ancien banquier de chez Goldman Sachs, a affiché la volonté de «*bien gérer*» le pays et assuré au peuple qu'il n'avait à offrir que du sang, de la sueur et des larmes avec des réformes drastiques.

Il obéissait ainsi à la lettre secrète du 4 août 2011, envoyée par le président de la BCE et son successeur Mario Draghi, ancien de Goldman Sachs, à Silvio Berlusconi, exigeant la libéralisation totale des services publics via des privatisations de grande ampleur, la réduction significative du coût des emplois publics, si nécessaire en baissant les salaires, la révision en profondeur des règles régissant le recrutement et le licenciement des salariés. Il était précisé que toutes les mesures énumérées devaient être adoptées aussi vite que possible par décret-loi afin sûrement de contourner le peuple fantasque.

Le peuple italien doit assumer le choix de ses gouvernants et la corruption envers laquelle par le passé il a trop souvent fermé les yeux. Il doit honorer le remboursement du capital. Mais qu'en est-il du taux d'intérêt pour les échéances futures?

Des créanciers qui profitent des réformes structurelles des Etats: comment ont réfléchi les investisseurs comme la veuve de Carpentras, le dentiste belge ou le fonds de pension des enseignants californiens qui ont placé ces dernières années leur argent dans des emprunts italiens à 7% plutôt qu'allemands à 3%? Ils ont simplement considéré que la prime de risque de 4% était la juste rémunération additionnelle pour investir dans un pays mal géré à forte probabilité de faillite.

Ces créanciers, au moment de la souscription, avaient peu de chance de voir honorer l'intégralité du paiement du capital et des intérêts. Mais les milliards de coupes sur les budgets sociaux ou la hausse des impôts vont directement tomber dans leur escarcelle… au-delà de leur espérance initiale. Les efforts des peuples ne vont que diminuer le risque de faillite pour le créancier sauf si le taux est renégocié.

Des réformes contre une renégociation du taux: or, si un Etat, par un nouveau comportement, diminue drastiquement le risque de non-paiement de son créancier, il devrait légitimement en bénéficier. Ce nouveau comportement mériterait un avenant au contrat avec le créancier. Puisque le risque de faillite s'évanouira avec les efforts structurels, les créanciers ne devraient plus toucher la prime de risque.

D'autant plus que cette garantie d'être payé sera amplifiée par le fait que les créanciers accepteront de ne recevoir que le juste taux qui serait proche du taux sans risque de 3%.

Et si le créancier ne voulait rien entendre, il serait possible de lui rembourser d'autorité le capital et les intérêts courus. Cela serait assimilé à un défaut de paiement et le créancier risque de ne plus prêter. Qu'importe si la fourmi n'est plus prêteuse! C'est ici que la banque centrale doit se substituer à 3% aux créanciers.

La BCE fera des prêts indirects et ciblés aux Etats actuellement défaillants. Ces derniers seront exclus de l'Europe si les réformes ne sont pas faites. Mais des réformes, non pour engraisser les fourmis, mais pour rendre durables les équilibres de balance commerciale sur le moyen terme car aucun pays ne peut durablement consommer plus qu'il ne produit.

Comment la BCE peut-elle, dans le cadre des traités existants, sauver l'Europe?

La BCE lance un appel d'offres en indiquant le pays, le montant et le taux auquel elle veut prêter. Par exemple 20 milliards à 20 ans à 3% à l'Italie. Evidemment aucune banque ne souhaite prêter dans ces conditions. Mais la BCE, offrant la garantie de racheter à la banque dans la minute suivante les obligations émises, va trouver l'intermédiaire demandant la plus petite commission. Il est même probable que des banques, pour afficher leur utilité sociale et redorer leur popularité, proposent de ne pas prendre de commission.

C'est possible dans le cadre des traités et notamment par l'article 123 du traité de Lisbonne. Bizarrement cela n'est jamais envisagé. La BCE défend-elle le peuple ou les créanciers?

Si le contribuable continue à être l'otage d'une politique pilotée par et pour les créanciers, nos démocraties seront emportées.

Nous faisons une proposition applicable immédiatement pour qu'il n'en soit pas ainsi.

Si le contribuable continue à être l'otage d'une politique pilotée par et pour les créanciers, nos démocraties seront emportées!

LA CROIX

Denis Dupré   26 novembre 2012

TRIBUNE

Pour que 100% des efforts des fourmis n'aillent pas aux cigales

La Banque centrale européenne (BCE) a choisi de s'engager à racheter sans limite toutes les créances passées dont l'échéance est inférieure à trois ans pour faire baisser à 3 % le taux des nouvelles obligations émises par l'Italie. Cette procédure est coûteuse pour la BCE. Ainsi, pour exemple, si une banque vient de prêter 100 € à trois ans à l'Italie il y a quelques mois à 7 %, la BCE doit aujourd'hui lui racheter 112 € car le calcul financier consiste à actualiser tous les flux de la créance au nouveau taux de 3 %.

Cette procédure traite avec largesse et sans discussion ceux qui détiennent ces créances et ne règle pas le fait que l'Italie continuera à verser des intérêts élevés sur son stock de créances. En effet, l'Italie devra continuer à verser 7 % sur cette obligation au nouveau créancier, la BCE.

Mario Monti, ancien de chez Goldman Sachs, impose au peuple qui ne l'a pas élu des réformes drastiques. Il obéit à la lettre du 4 août 2011, envoyée par le président de la BCE, Mario Draghi, ancien de Goldman Sachs, à Silvio Berlusconi, exigeant la libéralisation totale des services publics, la réduction significative du coût des emplois publics, la révision en profondeur du code du travail.

La Grèce, l'Italie, l'Espagne et demain la France vont couper les budgets sociaux de santé-éducation et accepter de plonger leur classe moyenne dans la pauvreté.

Peut-on opérer plus justement?

Le peuple italien doit assumer le choix de ses gouvernants et la corruption envers laquelle par le passé il a trop souvent fermé les yeux. Il doit honorer le remboursement du capital. Mais qu'en est-il du taux d'intérêt?

Les investisseurs qui ont placé leur argent dans des emprunts italiens à 7 % plutôt qu'allemands à 3 % ont considéré que la prime de risque de 4 % était la juste rémunération additionnelle pour investir dans un pays mal géré à forte probabilité de faillite.

Les réformes ne doivent pas engraisser les fourmis. Ces créanciers, au moment de la souscription, avaient peu de chance de voir honorer l'intégralité du paiement du capital et des intérêts. Mais les milliards de coupes sur les budgets sociaux ou la hausse des impôts vont directement tomber dans leur escarcelle… au-delà de leur espérance initiale. Les efforts des peuples profitent indûment aux créanciers.

Or si un État, par un nouveau comportement, diminue drastiquement le risque de non-paiement de son créancier, il devrait légitimement en bénéficier. Puisque le risque de faillite s'évanouira avec les efforts structurels ou la garantie de rachat de la BCE, les créanciers ne devraient plus toucher 7 % mais 3 % sur les créances en cours. Et si les créanciers ne voulaient rien entendre, il serait possible de leur rembourser par anticipation le capital de la créance. Cela serait assimilé à un défaut de paiement. Les créanciers risqueraient de ne plus prêter. Qu'importe si la fourmi n'est plus prêteuse !

En effet, pour ce qui est des nouveaux emprunts des États en cours de réforme, la BCE les rachèterait de façon indirecte. La procédure serait, par exemple, la suivante: la BCE donnerait son accord à l'Italie pour que tel emprunt soit à 3 %. Elle offrirait la garantie de racheter dans la minute suivante ces obligations aux banques prêteuses. Ainsi il n'y a pas besoin de racheter toutes les créances passées pour faire baisser les taux.

Il est donc possible de faire baisser les taux pour les États sans faire de cadeau aux créanciers. Bizarrement, cela n'est jamais envisagé. La BCE et nos dirigeants défendent-ils le peuple ou les créanciers? Si le contribuable continue à être l'otage d'une politique pilotée par et pour les créanciers, nos démocraties seront emportées. Nous faisons une proposition applicable immédiatement pour qu'il n'en soit pas ainsi.

Denis Dupré, enseigne la finance et l'éthique à l'Institut d'administration des entreprises (IAE) de Grenoble et à l'école nationale supérieure d'information et de mathématiques appliquées (Ensimag), titulaire de la chaire « Manager responsable » à l'université de Grenoble.

Denis Dupré, Marc Chesney et Ollivier Taramasco

27 novembre 2012

Arrêtons la cotation en temps continu sur les marchés financiers

Ce moyen mettrait un terme à la plupart des dérives de la finance des marchés, et pousserait les banques à retourner à leur métier de base : financer l'industrie, les services et les consommateurs.

Depuis le début de la crise financière, la prise de conscience qu'il devenait urgent de reconnecter la finance aux besoins de l'économie, s'est généralisée. Il existe un moyen simple d'y parvenir. Ce moyen, rapide à mettre en œuvre, ne coûterait rien aux épargnants, aux entreprises, aux contribuables et aux Etats. Ce moyen mettrait un terme à la plupart des dérives de la finance des marchés, et pousserait les banques à retourner à leur métier de base : financer l'industrie, les services et les consommateurs. Ce moyen consiste à interdire la cotation en continu de tous instruments de marché et à ne permettre qu'une seule cotation par semaine.

Sommes-nous des nostalgiques de l'époque de la corbeille et de la criée? Oublions-nous que sur un marché financier efficient, les investisseurs doivent pouvoir acheter ou vendre des titres quand ils le veulent et au "juste prix"? Pas du tout. Nous pensons que cette simple mesure n'aurait que des impacts positifs pour les acteurs de l'économie réelle, limiterait fortement le pouvoir des marchés sur les industriels et les décideurs politiques, et empêcherait les ingénieurs financiers de fabriquer des instruments de plus en plus complexes qui se transforment en produits toxiques lorsque la conjoncture se retourne.

Qu'est ce qui nous conduit à une telle conclusion?

Le premier argument est le suivant. Il est nécessaire de réconcilier le temps économique et le temps boursier. Aucun épargnant, aucune entreprise n'est à la seconde près pour investir ou se financer. Chez ces acteurs, l'horizon est long, il se compte en mois, le plus souvent en années. Peu leur importe d'attendre quelques jours pour acheter ou vendre leur portefeuille, s'ils peuvent le faire au "juste prix". Or, une semaine entre chaque cotation laisse du temps à l'analyse des fondamentaux économiques et financiers, modère la sur-réactivité aux bonnes ou mauvaises nouvelles, met en relation de grandes masses d'acheteurs et vendeurs potentiels et conduit donc à des prix de marché plus cohérents.

Le deuxième argument n'est autre que de constater que les banques, les spéculateurs et les sociétés privées que sont devenues les Bourses depuis une dizaine d'années, sont les seuls gagnants du système de cotation en continu, et ce au détriment des acteurs de l'économie réelle. Pour les Bourses, une cotation unique, journalière ou hebdomadaire, ne génère que des gains bien limités par rapport au système de cotation en continu. Dans ce dernier cas, les transactions, et donc les commissions, explosent. Les banques et les professionnels de la finance peuvent, eux, tirer profit de la cotation en continu, parce qu'ils sont continuellement présents sur les marchés et peuvent alors réagir instantanément. Malheureusement, Il faut aussi que l'amplitude des cours dans la journée soit suffisamment grande pour que les bénéfices d'un aller-retour ne soient pas effacés par les frais de transaction.

Les banques, les fonds spéculatifs ont donc besoin que la volatilité soit importante sur les marchés pour pouvoir effectuer le plus grand nombre possible de ces allers-retours gagnants. Les automates de *trading* sont un des outils qu'utilisent les banques pour augmenter la volatilité et capter les flux de richesses générés par les acteurs de l'économie réelle. Cette augmentation de la volatilité couplée avec l'accroissement exponentiel des transactions et la libéralisation des marchés génère une vaste pagaille sur les marchés financiers. Selon Thomas Peterffy, fondateur de la société Interactive Brokers, "*La Bourse est devenue un casino géant. Sauf que le fonctionnement d'un casino est plus transparent et plus facile à comprendre*". Cet accroissement de la volatilité a deux effets préjudiciables pour la production de biens et de services. Il entraîne d'une part, une hausse du coût de financement réclamé par les banques. Nombre de projets d'entreprises sont alors abandonnés, parce que trop chers à financer, ce qui aggrave ainsi la récession. Elle pousse, d'autre part, les entreprises à se protéger contre des risques qui ont été créés artificiellement en achetant aux banques des produits de couverture.

Le troisième argument, est de rendre enfin possible le contrôle des flux et des risques. La fraude fiscale et le blanchiment d'argent sont aujourd'hui difficilement détectables. Rien de plus facile que de dissimuler des sommes importantes en effectuant des mini transactions sur différentes places boursières et à différents moments de la journée. Rien de plus difficile que de contrôler les risques d'un portefeuille ou d'un bilan d'une banque dont les compositions peuvent évoluer toutes les secondes !

Le quatrième argument consiste à remarquer que la Bourse ne fournit qu'un pourcentage toujours plus limité du financement des entreprises. Selon les données

Dealogic, ce pourcentage est passé dans le cas de la France, d'environ 27 % en 2001 à seulement 5,4 % en 2011. C'est dire si les Bourses sont déconnectées de l'économie réelle. L'accroissement exponentiel des transactions, permis par le passage du *fixing* au *trading* à haute fréquence, s'est ainsi accompagné d'un désengagement croissant de la Bourse en tant qu'acteur de l'économie réelle.

Le dernier argument, peut-être le plus important pour limiter l'ampleur de la crise actuelle, est qu'une cotation hebdomadaire restreindrait l'élaboration d'instruments financiers toxiques. Techniquement parlant, pour pouvoir évaluer et contrôler les risques de ces produits complexes, il faut pouvoir ajuster en permanence un portefeuille de couverture, ce qui serait infaisable avec une cotation hebdomadaire.

Une banque qui, malgré tout, fabriquerait ce type de produit, risquerait fort de le voir exploser entre ses mains. Les dirigeants et les actionnaires des banques cherchent évidemment la rentabilité mais pourraient hésiter avant de prendre des risques susceptibles de leur faire perdre leur poste ou leur capital.

Cette démesure dans la fréquence des transactions,

cette fièvre des marchés financiers, est essentielle pour les intérêts de la sphère financière, elle mine cependant l'économie réelle. Ce seul constat suffit à s'interroger sur la pertinence de garder un système de cotation en continu. Mais, ce qui est encore plus grave, est que le maintien de la cotation en continu accentue la crise. En effet, l'augmentation de la puissance des ordinateurs et la sophistication des mathématiques financières permettent aux banques de fabriquer des produits de plus en plus risqués. Ces produits leur permettent de générer les marges les plus importantes lorsque tout se passe bien et sont "assurés" par les contribuables lorsque surviennent des événements imprévus. Des centaines de milliards d'euros d'argent public ont déjà sauvé les banques. Les états sont aujourd'hui exsangues : il est urgent d'enrayer cette mécanique infernale.

Marc Chesney, professeur de finance à l'Université de Zurich ; Denis Dupré, enseignant en finance et éthique à l'université de Grenoble et à Grenoble INP Ensimag ; Ollivier Taramasco, professeur de finance à Grenoble INP Ensimag.

Denis Dupré

L'INVITE

12 avril 2013

L'Europe se laissera-t-elle dicter sa conduite par des mafieux?

Dans le système libéral «idéal» des banques, en cas de «mauvaise fortune», les actionnaires puis les créanciers et enfin les déposants doivent payer. Mais alors, que se passe-t-il à Chypre?

Dans le système libéral «idéal» des banques, en cas de «mauvaise fortune», les actionnaires puis les créanciers et enfin les déposants doivent payer. Mais alors, que se passe-t-il à Chypre?

Les contribuables européens sont sollicités. Une première estimation, probablement vouée à être largement dépassée, chiffre leur apport à 10 milliards d'euros, alors que 6 milliards d'euros sont demandés en interne aux banques. Qui va bénéficier des milliards des contribuables européens?

Dès novembre 2012, Der Spiegel divulguait un rapport des services secrets allemands, qui concluait qu'un sauvetage à l'irlandaise des banques chypriotes serait un cadeau aux oligarques et aux mafieux russes. Les Russes détiennent dans les banques chypriotes, selon Moody's, quelque 30 milliards d'euros de dépôts et sont débiteurs, selon Morgan Stanley, pour environ 50 milliards d'euros. Parmi eux, par exemple, l'oligarque Dmitry Rybolovlev, blanchi d'une accusation de meurtre après onze mois de prison et

rétractation d'un témoin, est actionnaire de la Banque de Chypre à hauteur de 10% du capital. Les banques chypriotes sont, à l'évidence, sous influence russe.

Par ailleurs, les dirigeants de ces banques ont eux-mêmes largement «tiré profit» de leurs institutions: le rapport semestriel officiel 2012 de la Banque de Chypre chiffrait à 235 millions d'euros les prêts aux proches des dirigeants de la banque et à leurs entreprises. Selon la presse grecque, la Banque de Chypre et la banque Laïki ont effacé des millions d'euros de dettes ces cinq dernières années, au bénéfice de députés, de proches ou de sociétés liées à des personnalités politiques. Le ministre des Finances chypriote, ancien directeur, jusqu'en 2012, de la deuxième banque du pays, la banque Laïki qui vient d'être liquidée, vient de démissionner le 2 avril 2013. Il avait déclaré que les *«banques, de temps en temps, font le choix de récupérer ou non l'argent qu'elles ont prêté».* «Ces pratiques ne sont pas rares», a-t-il ajouté. Dans le premier plan de sauvetage, *The Economist* explique que le gouvernement chypriote lui-même a voulu faire main basse sur les économies de la grand-mère chypriote.

La BCE a exigé, elle, de protéger les obligataires pour les rassurer et éviter la hausse des taux pour les prochains

pays en crise, comme l'Italie. Pourtant, le plan réalisé dans l'urgence en un week-end par la troïka (FMI, CE et BCE) semble avoir été conçu pour laisser l'argent sale échapper aux mailles du filet.

Pour être efficace, la troïka aurait dû exiger la destitution des directeurs de chacune des banques déficientes, nommer des directeurs provisoires pour prendre un contrôle immédiat et évincer les actionnaires.

La réalité a été bien différente. Des banquiers et des conseillers fiscaux ont passé le week-end du 24 mars à Chypre pour recevoir les clients et organiser la fuite des capitaux pendant que la troïka restait à Bruxelles.

Malgré la fermeture officielle des banques, selon La Tribune, *«certains clients VIP des banques locales auraient bénéficié d'un traitement de faveur».* La Banque de Chypre à Londres et sa filiale, la banque russe Uniastrum Bank, n'ont pas gelé les transferts de capitaux, d'où une évasion massive vers la Lettonie.

Le président de la Banque de Chypre n'a démissionné qu'après ces transferts massifs.

Incompétence? Corruption? Dans les banques, au gouvernement de Chypre, à la BCE, au FMI et à la Commission européenne? Les décisions sont collégiales, les plans d'action sont le plus souvent élaborés à huis clos. Il n'y a pas de responsable!

Le président chypriote, aujourd'hui soupçonné, a créé une commission d'enquête. Est-ce à la mesure des événements?

Les déposants vont pâtir de la gestion complaisante de la crise envers les mafieux. Le taux de prélèvement, initialement de 9,75%, va bondir à 60%, voire plus, et il faudra bien prélever sur les comptes de ceux qui n'ont pu faire évader leurs économies.

Le jeu trouble des Européens dans ce plan de sauvetage peut s'expliquer.

A la suite du programme de sortie de l'Allemagne du nucléaire, l'Europe est devenue dangereusement dépendante du gaz russe. Des contrats de gaz importants lient l'Allemagne à la Russie depuis 2005, signés sous l'ancien chancelier Schröder, un proche de Poutine, engagé en 2009 par la société russe Gazprom pour présider le conseil de surveillance de North-EuropeanGas Pipeline.

Chypre, malgré ses difficultés actuelles, possède un atout majeur: Aphrodite, le plus gros des gisements de gaz découverts au large de Chypre au cours de ces dix dernières années, estimé à plusieurs centaines de milliards d'euros. La banque russe Gazprombanka avait proposé, heureusement sans succès, une aide financière à Chypre en échange de licences de production.

D'un point de vue stratégique, l'Europe a préservé ses intérêts puisque le parlement chypriote vient de créer un fonds souverain pour que les premières recettes gazières soient utilisées prioritairement au désendettement. D'un point de vue éthique, une part des biens communs des Chypriotes se substituera aux taxes non perçues sur les dépôts russes mafieux évaporés.

Selon Les Echos, la filiale de la banque semi-publique russe VTB, qui gère les fonds des nombreuses sociétés proches du Kremlin, a été préservée par le plan européen, ce qui explique la mansuétude de la Russie vis-à-vis de ce plan.

La Russie est le pays où 500 milliards d'euros de flux illégaux de capitaux ont nourri le crime et la corruption au cours des 20 dernières années. Vladimir Poutine a été l'invité d'honneur d'Angela Merkel à la grande Foire industrielle de Hanovre. Nos relations sont étroites. Entre intérêts et menaces, l'Europe se laissera-t-elle dicter sa conduite par des mafieux?

Nous, Européens, sommes des idiots, des idiots qui laissons les mafias gouverner l'Europe. Nous sommes ces idiots au sens étymologique du terme *idiôtês* qui, en grec ancien, qualifie un homme vulgaire qui ne participe pas à la vie politique de sa cité.

La nécessaire réduction de l'activité des mafias passe par une meilleure information des citoyens, leur participation à l'élection de dirigeants intègres, qui rendront publiques les décisions et les noms des personnes responsables de leur bonne exécution.

Idiots? Jusqu'à quand?

Denis Dupré   15 avril 2013
LE MONDE ECONOMIE

Le sauvetage des banques chypriotes a épargné les mafias, mais pas les contribuables

A la place de qui vont payer les déposants chypriotes et les contribuables européens?

L'Europe semblait décidée, depuis 2012, à appliquer le principe "idéal" d'un véritable système libéral : en cas de faillite des banques, les actionnaires puis les créanciers et enfin les déposants doivent payer, avant de faire appel aux contribuables, si les citoyens le jugent nécessaire, par l'intermédiaire de leur gouvernement démocratiquement élu.

Cela a été le cas en Islande dès 2009, quand le président du pays a refusé de mobiliser l'argent public pour rembourser les déposants anglais et hollandais et que son gouvernement a mis en prison des banquiers auteurs de malversations.

Or, que s'est-il passé à Chypre?

Dans le premier plan de sauvetage, le gouvernement chypriote lui-même avait voulu faire main basse sur les économies de la grand-mère chypriote.

Et dans le second, les contribuables européens restent sollicités, pour le moment à hauteur de 10 milliards d'euros, alors que 6 milliards d'euros sont demandés en interne aux banques litigieuses.

30 MILLIARDS D'EUROS DE DÉPÔTS

A la place de qui vont payer les déposants chypriotes et les contribuables européens?

Fin 2012, l'hebdomadaire allemand Der Spiegel divulguait un rapport des services secrets allemands qui concluait qu'un sauvetage des banques chypriotes serait un cadeau aux oligarques et aux mafieux Russes.

Les Russes détiennent dans ces banques, selon Moody's, de l'ordre de 30 milliards d'euros de dépôts et sont débiteurs, selon Morgan Stanley, pour environ 50 milliards d'euros. Parmi eux, l'oligarque Dmitri Rybolovlev, blanchi d'un meurtre après onze mois de prison et rétractation d'un témoin, est actionnaire de la Bank of Cyprus - l'une des deux banques mises en faillite - à hauteur de 10 % du capital.

Par ailleurs, le rapport 2012 de la Bank of Cyprus chiffrait à 235 millions d'euros les prêts aux proches des dirigeants de cette banque et à leurs entreprises.

Le ministre des finances chypriote, qui a démissionné le 2 avril et qui a été jusqu'en 2012 directeur de la deuxième banque du pays, qui vient d'être liquidée, la Laiki Bank, avait déclaré que "les banques, de temps en temps, font le choix de récupérer ou non l'argent qu'elles ont prêté... Ces pratiques ne sont pas rares".

EXIGER LA DESTITUTION DES DIRECTEURS

Des millions d'euros de dettes ont effectivement été effacés ces dernières années au bénéfice de députés, de proches ou de sociétés liées à des personnalités politiques.

La Banque centrale européenne (BCE), le Fonds monétaire international (FMI) et la Commission européenne auraient dû immédiatement exiger la destitution des directeurs des banques déficientes, nommer des directeurs provisoires pour en prendre le contrôle et évincer les actionnaires.

Au lieu de cela, le plan réalisé dans l'urgence par la "troïka" semble avoir été conçu pour laisser l'argent sale s'échapper des mailles du filet. Des banquiers et des conseillers fiscaux ont organisé sur place la fuite des capitaux pendant que la "troïka" débattait à Bruxelles, le week-end du 24 mars.

Malgré la fermeture officielle des banques, certains clients VIP des banques locales auraient bénéficié d'un traitement de faveur. La Bank of Cyprus à Londres et sa filiale en Russie, Uniastrum Bank, n'ont pas gelé les transferts de capitaux, d'où une évasion massive vers la Lettonie. Le président de la Bank of Cyprus n'a démissionné qu'après ces transferts massifs.

Incompétence ou corruption? A la tête des banques, au gouvernement de Chypre, à la BCE, au FMI et à la Commission européenne, les décisions sont collégiales et sont le plus souvent élaborées à huis clos. Il n'y a pas de responsable ! Le président chypriote, aujourd'hui soupçonné, a lancé une commission d'enquête. Mais est-ce à la mesure des événements?

JEU TROUBLE DES EUROPÉENS

Car les déposants vont pâtir de la complaisance des gestionnaires de cette crise envers les mafieux. Le taux de prélèvement, initialement de 9,75 %, va bondir à 60 %, car il faudra bien prélever sur les comptes de ceux qui n'ont pu faire évader leurs économies.

Le jeu trouble des Européens dans ce plan de sauvetage peut s'expliquer par la dangereuse dépendance de l'Europe au gaz russe. Depuis 2005, des contrats de gaz importants lient l'Allemagne à la Russie.

Ils ont été signés sous l'ancien chancelier Gerhard Schröder,

engagé en 2009 par la société russe Gazprom pour présider le conseil de surveillance de North-EuropeanGas Pipeline, qui doit relier les gisements russes à leurs clients d'Europe de l'Ouest.

Or Chypre possède un des plus gros gisements de gaz découverts au cours de ces dix dernières années, Aphrodite, estimé à plusieurs centaines de milliards d'euros. La banque russe Gazprombank a proposé, heureusement sans succès, une aide financière à Chypre en échange de licences de production.

D'un point de vue stratégique, l'Europe a donc préservé ses intérêts, puisque le Parlement chypriote vient de créer un fonds souverain pour que les premières recettes gazières soient utilisées prioritairement au désendettement. Mais, d'un point de vue éthique, c'est une part importante des biens communs des Chypriotes qui va se substituer aux taxes non perçues sur les dépôts russes mafieux évaporés.

MILLIARDS D'EUROS DE FLUX ILLÉGAUX

Selon le quotidien Les Echos, la filiale chypriote de la banque semi-publique russe VTB, qui

gère les fonds de nombreuses sociétés proches du Kremlin, a été préservée par le plan européen, ce qui expliquerait la mansuétude de la Russie vis-à-vis de ce plan.

En Russie, selon le centre de recherche Global Finance Integrity, 500 milliards d'euros de flux illégaux de capitaux ont nourri au cours des vingt dernières années le crime et la corruption. Le président russe, Vladimir Poutine, a été l'invité d'honneur d'Angela Merkel le 8 avril 2013 à la Foire industrielle de Hanovre. Entre intérêts et menaces, par qui l'Europe se laisse-t-elle dicter sa conduite?

Nous, Européens, sommes des idiots, au sens étymologique du mot idiotês qui, en grec ancien, qualifie un homme vulgaire qui ne participe pas à la vie politique de sa cité.

La nécessaire réduction de l'activité des mafias passe par une meilleure information des citoyens, par leur participation à l'élection de dirigeants intègres qui rendront publiques les décisions et les noms des personnes qui les prennent et les exécutent.

LE TEMPS

Denis Dupré

L'INVITE

17 mai 2013

La BCE au service des peuples ou EDF sous influence?

L'Etat se prépare à affaiblir sa maîtrise de ce secteur stratégique, de fait à un prix bradé, pour gagner 4 milliards.

Ici en France… Arnaud Montebourg a affirmé le 14 avril 2013 que le gouvernement réfléchissait à des cessions de participations d'entreprises dont l'Etat est actionnaire. Le président Hollande, ce 25 avril, vient de signer en Chine un contrat de 6 milliards d'euros pour Airbus et proposer l'ouverture de marchés comme celui de l'agroalimentaire. En échange, il a annoncé que «*tous les obstacles, tous les freins*» aux investissements chinois en France «*seront levés*».

A l'heure où la Grèce et le Portugal ont été obligés par la Commission européenne, la BCE et le FMI, en échange d'une «aide», de vendre, en pleine crise, nombre de biens stratégiques, la question va se poser en France d'une grande braderie comme une évidence au parfum thatchérien du «*There Is No Alternative*».

La France est endettée fin 2012 à hauteur de 1800 milliards d'euros, soit 90% du PIB. Or, un surendettement «raisonnable» aux yeux des économistes «officiels» est celui autrefois fixé par l'Europe de Maastricht en 1992, à 60% du PIB. La France devrait donc trouver pour 600 milliards d'euros d'actifs. Que faut-il vendre pour cette somme?

L'Etat peut faire, pendant 30 ans, 40% de coupe budgétaire, comme en Grèce, sur la dépense hospitalière, pour économiser 20 milliards d'euros par an. Avec quelles conséquences?

L'Etat peut saisir 6% du patrimoine net des ménages français, patrimoine qui s'élève à 10 000 milliards d'euros. Mais la crise va faire fondre rapidement ce pactole: les 7 500 milliards d'immobilier sont surévalués de 35% selon The Economist de janvier 2013, le Livret A est massivement investi dans des HLM en piètre état et l'assurance-vie contient des dettes d'Etats européens et des actions.

Or l'Etat va faire plaisir à la Commission européenne en laissant les investisseurs étrangers et les banquiers choisir leurs actifs et organiser «à la grecque» la vente d'une zone économique bientôt sinistrée.

L'Etat veut donc vendre son portefeuille de participations cotées, estimé au 5 avril 2013 à 58 milliards, comme celles d'EDF. Mais la loi de 2004 oblige l'Etat à ne pas se désengager à moins de 70% du capital d'EDF. Si bien que l'Etat se prépare à affaiblir sa maîtrise de ce secteur stratégique, de fait à un prix bradé, pour gagner 4 milliards!

De plus, il n'est pas impossible que la loi évolue. Alors, il y aura 99% de chance qu'EDF soit privatisée.

Enfin, nous risquons d'hypothéquer notre avenir en laissant vendre nos terres cultivables (estimées à environ 200 milliards), nos PME et nos entreprises de taille intermédiaire (estimées selon Les Echos, à 560 milliards).

Qui s'y oppose? Là-bas, en Chine…, le nouveau président chinois, Xi Jinping, affiche comme priorité la lutte contre la pollution de l'air et de l'eau pour retrouver une alimentation moins toxique et tenter d'éviter des millions de morts par cancer. Or la Chine dispose de l'ordre de 3000 milliards de devises qu'elle peut échanger contre des actifs physiques comme des terres, des matières premières et des entreprises, et ceci d'autant plus que la création monétaire de ses débiteurs en menace le pouvoir d'achat.

Moi, si j'étais le président chinois:

• J'achèterais les terres «propres» pour accéder à une nourriture saine pour mon peuple. J'exporterais la nourriture produite en Chine, dégradée en raison du niveau de pollution générale, pour importer celle de bonne qualité.

• J'achèterais les entreprises de transformation alimentaire en Europe.

• J'achèterais les entreprises d'énergie plus propres que le charbon et vendrais le charbon produit en Chine, principal responsable de la pollution.

•Je paierais pour expédier mes pollutions et déchets dans les pays pauvres.

Et tout cela sans état d'âme. Les pays développés se sont-ils souciés des dégâts induits par la production en Chine à bas coût pour assurer leur consommation de masse? Les députés chinois se sont réunis longuement en février 2013. Ils ont discuté en commission et sous-commission et décidé de plans d'action qui leur semblaient bon.

Maintenant en Europe... Nous pouvons décider parce que cela serait bon pour nous: Que dans toute l'Europe est interdite la vente des terres sur l'exemple de la Suisse... ou de la Chine.

Que les ressources énergétiques sont propriétés inaliénables des nations comme en Islande ou en Norvège. Seule la vente des ressources extraites est autorisée, mais tout engagement de vente sur la production future est interdit. Que nous réformons immédiatement la BCE pour la mettre au service des peuples et aux ordres des politiques qui les représentent. Que nous acceptons de spolier les détenteurs de monnaie par la création monétaire. La création monétaire n'est pas une traîtrise vis-à-vis du créancier. Depuis que la monnaie existe, des centaines de fois les Etats ont fait tourner la planche à billets pour éviter la faillite ou la guerre.

Que nous décidions donc de doubler la monnaie en circulation comme le Japon ou les Etats-Unis l'ont décidé. La BCE créera de la monnaie prêtant aux Etats à 0% à perpétuité, avec un remboursement en fonction des excédents de leur balance commerciale. Car l'équilibre de la balance commerciale sera le seul objectif à viser: aucun pays ne doit durablement consommer plus qu'il ne produit. S'ouvrent ainsi, sans s'exclure, deux voies politiques: produire mieux et consommer moins.

Alors en France... jusqu'à 700 milliards d'euros seront prêtés par la BCE. 600 milliards seront affectés pour remplacer notre endettement auprès des marchés financiers en le stabilisant à 1200 milliards.100 milliards seront affectés au capital d'une banque qui, grâce au levier d'endettement, pourra prêter 600 milliards pour la conversion énergétique et la réindustrialisation du pays. Alors, à cette condition, l'endettement pourra revenir vers 60% du PIB. La chance sur 100 qu'il reste une Electricité de France!

FINANCIAL TIMES

Denis Dupré
23 septembre 2013
CO-SIGNATAIRE DE LA TRIBUNE

European governments repeat mistakes of the Treaty of Versailles

L'avertissement des économistes: The economists' warning

The European crisis continues to destroy jobs. By the end of 2013 there will be 19 million unemployed in the eurozone alone, over 7 million more than in 2008, an increase unprecedented since the end of World War II and one that will stretch on into 2014. The employment crisis strikes above all the peripheral member countries of the European Monetary Union, where an exceptional rise in bankruptcy is also under way, whereas Germany and the other central countries of the Eurozone have instead witnessed growth on the job front. This asymmetry is one of the causes of Europe's present-day political paralysis and the embarrassing succession of summit meetings that result in measures glaringly incapable of halting the processes of divergence under way. While this sluggishness of political response may appear justified in the less severe phases of the cycle and moments of respite on the financial market, it could have the most serious consequences in the long run.

As foreseen by part of the academic community, the crisis is revealing a number of contradictions in the institutions and policies of the European Monetary Union. The European authorities have taken a series of decisions that have in actual fact, contrary to announcements, helped to worsen the recession and widen the gaps between the member countries. In June 2010, when the first signs of the Eurozone crisis became apparent, a letter signed by three hundred economists pointed out the inherent dangers of austerity policies, which would further depress the demand for goods and services as well as employment and incomes, thus making the payment of debts, both public and private, still more difficult. This alarm was, however, unheeded. The European authorities preferred to adopt the fanciful doctrine of "expansive austerity", according to which budget cuts would restore the markets' confidence in the solvency of the EU countries and thus lead to a drop in interest rates and economic recovery. As the International Monetary Fund itself recognizes, we know today that the policies of austerity have actually deepened the crisis, causing a collapse of incomes in excess of the most widely-held expectations. Even the champions of "expansive austerity" now acknowledge their errors, but the damage is now largely done.

The European authorities are, however, now making a new mistake. They appear to be convinced that the peripheral member countries can solve their problems by implementing "structural reforms", which will supposedly reduce costs and prices, boost competitiveness, and hence foster export-driven recovery and a reduction of foreign debt. While this view does highlight some real problems, the belief that the solution put forward can safeguard European unity is an illusion. The deflationary policies applied in Germany and elsewhere to build up trade surpluses have worked for years, together with other factors, to create huge imbalances in debt and credit between the Eurozone countries. The correction of these imbalances would require concerted action on the part of all the member countries. Expecting the peripheral countries of Union to solve the problem unaided means requiring them to undergo a drop in wages and prices on such a scale as to cause a still more accentuated collapse of incomes and violent debt deflation with the concrete risk of causing new banking crises and crippling production in entire regions of Europe.

John Maynard Keynes opposed the Treaty of Versailles in 1919 with these far-sighted words: "If we take the view that Germany must be kept impoverished and her children starved and crippled […] If we aim deliberately at the impoverishment of Central Europe, vengeance, I dare predict, will not limp." Even though the positions are now reversed, with the peripheral countries in dire straits and Germany in a comparatively advantageous position, the current crisis presents more than one similarity with that terrible historical phase, which created the conditions for the rise of Nazism and World War II. All memory of those dreadful years appears to have been lost, however, as the German authorities and the other European governments are repeating the same mistakes as were made then. This short-sightedness is ultimately the primary reason for the waves of irrationalism currently sweeping over Europe, from the naive championing of flexible exchange rates as a cure for all ills to the more disturbing instances of ultra-nationalistic and xenophobic propaganda.

It is essential to realise that if the European authorities continue with policies of austerity and rely on structural reforms alone to restore balance, the fate of the euro will be sealed. The experience of the single currency will come to an end with repercussions on the continued existence of the European single market. In the absence of conditions for a reform of the financial system and a monetary and fiscal policy making it possible to develop a plan to revitalise public and private investment, counter the inequalities of income and between areas, and increase employment in the peripheral countries of the Union, the political decision makers will be left with nothing other than a crucial choice of alternative ways out of the euro.

Denis Dupré et Jean-Michel Servet

26 février 2014

L'INVITE

Les monnaies locales, des anti-bitcoin

Les créateurs de bitcoin s'approprient le seigneuriage. Historiquement droit de l'Etat, avec la création monétaire par le crédit, les établissements financiers privés s'en sont emparés. Au-delà du cas du bitcoin se pose donc plus généralement la question de la privatisation de la création monétaire, dont il constitue un cas extrême.

Introduit par un groupe prenant le nom de Satoshi Nakamoto, le bitcoin est la plus médiatisée des monnaies électroniques et semble séduire au-delà des partisans du *free banking*. Il a valu de plus en plus cher: sa première cotation en avril 2010 était de 0,3 dollar; en février 2011, le bitcoin atteint la parité avec le dollar; le 16 mars 2013, il devient une valeur refuge à Chypre et est côté à 47 dollars; le 9 avril, il atteint 230 dollars pour retomber immédiatement à 76 dollars puis remonter en quelques heures à 160 dollars et reprendre son ascension jusqu'à 1000 dollars fin novembre 2013. Avec son effondrement récent, il ne valait plus, à la mi-février, que 220 dollars sur le site MtGox – avant que ce dernier (qui réalisait presque le sixième des transactions en *bitcoins* dans le monde), ne ferme hier –, mais 600 dollars en moyenne sur les autres sites…

Pratique et discret pour le blanchiment de fonds, à l'heure où les circuits bancaires deviennent de plus en plus «risqués», le bitcoin a brutalement vu sa demande augmenter, et donc son cours. Puisque le prix monte, les marchés financiers vont suivre avec l'arrivée de traders et de spéculateurs. Le système de forge informatique par algorithmes mérite cependant d'être souligné. Cette production par les ordinateurs qui moulinent permet, d'une part, de limiter leur émission et donc de créer une pénurie alors que la demande augmente par effet de notoriété et que le processus de création se ralentit; d'autre part, d'accorder un avantage considérable aux premiers initiateurs ayant stocké des bitcoins en vue de leur cession ultérieure et à ceux qui possèdent les ordinateurs les plus puissants pour produire ces unités. S'il est possible d'émettre des bitcoins avec son ordinateur en se branchant sur les sites adéquats, la façon la plus commune de les obtenir est aujourd'hui de les acheter en espérant les revendre plus cher.

Les processus d'émission et d'échange des bitcoins les distinguent donc fortement des monnaies complémentaires locales solidaires; leur seul point commun étant de ne pas avoir cours légal obligatoire. Pour ce qui est de monnaies des systèmes d'échange local et des banques de temps, il n'y a aucun lien avec les monnaies nationales ou devises; quant aux nouvelles monnaies locales comme le Sol-Violette à Toulouse, la Brixton Pound au Royaume-Uni ou la Palmas de Fortaleza au Brésil, elles sont gagées par un dépôt bancaire et leur conversion, seulement autorisée pour les commerçants et artisans qui les reçoivent des consommateurs, entraîne leur retrait du circuit. Ces monnaies ne peuvent donc en aucun cas devenir un instrument apatride de spéculation et de manipulation des cours, à la différence du bitcoin.

Ben Bernanke et Alan Greenspan, deux anciens directeurs de la Réserve fédérale, respectivement de 2006 à 2014 et de 1987 à 2006, lui sont, de façon a priori surprenante, l'un opposé et l'autre favorable. Pourquoi?

Selon le Financial Times du 18 novembre 2013, l'intervention de Ben Bernanke a constitué un discours plein d'onction à l'intention du bitcoin, provoquant un bond de son cours de 500 dollars à 785 dollars en deux jours. Dans une lettre du 6 septembre 2013 dans le cadre de son audition devant le Congrès américain, celui-ci avait rappelé les propos d'un ancien vice-président de la Fed en 1995, qui valorisait «les innovations monétaires quand elles permettent de promouvoir un système de paiement, plus rapide, plus sûr et plus efficace». Efficace, le bitcoin peut occuper une partie du business des paradis fiscaux en rendant le même service à moindre coût. Il complète ainsi d'autres stratégies de blanchiment.

Bernanke ne veut pas voir qu'un tel instrument entraîne des mouvements erratiques de son cours pouvant être mortifères. En effet, s'il est trop volatil, les acteurs économiques sont handicapés dans leurs échanges de biens et services. Dominent des usages spéculatifs sous prétexte d'une couverture contre les risques de change… S'en prémunir serait prôner un autre système monétaire international caractérisé par un taux de change stable, donc adaptable pour rééquilibrer les balances commerciales, comme le Bancor de Keynes.

Dans une déclaration, le 4 décembre 2013 sur Bloomberg TV, Alan Greenspan a pointé que le bitcoin, sans «valeur intrinsèque», ne pouvait être qu'une bulle. On ne peut pas comprendre autrement l'avertissement de Gavin Andresen, le principal développeur de programme pour le bitcoin, dans le Wall Street Journal du 3 mai 2013: «Je dis aux gens que ce n'est qu'une expérimentation et de n'investir en temps et argent que ce qu'ils acceptent de perdre.»

Greenspan affirme qu'une «monnaie, pour être convertible, doit être adossée à quelque chose… [Pour le bitcoin] il n'y a pas de possibilités de repayer en quoi que ce soit d'universellement acceptable, qui ait soit une valeur intrinsèque soit le crédit ou la confiance dans ceux qui émettent la monnaie, que ce soit des individus ou des gouvernements».

Les défenseurs du bitcoin ont beau jeu de répondre que, depuis la suppression de la convertibilité en or du dollar, les monnaies nationales n'ont pour garanties que l'obligation de les accepter dans un territoire donné, imposée par les Etats, et la confiance des utilisateurs; que celle-ci pourrait s'effondrer et que les cybermonnaies pourraient alors les remplacer en transgressant les frontières.

Bernanke a affirmé devant la commission du Sénat que la banque centrale n'avait pas de plan pour réguler le bitcoin. L'Allemagne l'accepte comme unité de compte privée, alors que la Chine et la Russie l'ont interdit. La Banque de France a émis de fortes mises en garde. En fait, produire du bitcoin interroge le privilège d'émettre une monnaie.

L'exemple du bitcoin montre la possibilité de créer un instrument pouvant être accepté comme un cyber-moyen de règlement de biens et services et surtout de jeux sur ses cours. Les créateurs de bitcoin s'approprient le seigneuriage. Historiquement droit de l'Etat, avec la création monétaire par le crédit, les établissements financiers privés s'en sont emparés et la crise de 2008 n'a en rien entamé ce privilège, vu les sauvetages engagés par les gouvernements en s'endettant fortement. Au-delà du cas du bitcoin se pose donc plus généralement la question de la privatisation de la création monétaire, dont il constitue un cas extrême. Les nouvelles monnaies locales solidaires, en étant gagées par un dépôt équivalent à leur masse en circulation et en s'appuyant sur une gestion démocratique des associations qui les émettent, constituent bien une sorte d'anti-bitcoin. Ainsi se trouvent interrogés le lien essentiel entre monnaie et politique et l'idée de la monnaie comme bien commun.

«Je dis aux gens que ce n'est qu'une expérimentation et de n'investir en temps et argent que ce qu'ils acceptent de perdre».

Denis Dupré

IDEES

22 mai 2014

Le jour où Mario Draghi a fait baisser l'euro, la facture énergétique et la tension avec la Russie

Claire Jones dans le « Financial Times» du 14 mai, selon des sources bien informées, affirme que la Banque centrale européenne (BCE) réfléchit à deux options à mettre rapidement en œuvre : soit fournir des liquidités aux banques, soit refinancer des crédits accordés par les banques.

Claire Jones dans le Financial Times du 14 mai, selon des sources bien informées, affirme que la Banque centrale européenne (BCE) réfléchit à deux options à mettre rapidement en œuvre : soit fournir des liquidités aux banques, soit refinancer des crédits accordés par les banques.

La première option a déjà été utilisée par le passé et a apporté jusqu'ici deux effets pervers : Les Bourses mondiales ont capté les liquidités et atteignent des records créant des risques de bulle et d'instabilité tout en participant à l'enrichissement des plus riches jusqu'au risque d'éclatement de nos sociétés démocratiques comme l'a souligné récemment Thomas Piketty.

Les Bourses actions ont ainsi gagné depuis 1 an, pour Madrid, l'Ibex 25%, pour New-York, le Nasdaq 20% et pour Paris, le CAC40 14%. Dans Les Echos du 14 mai, Cyrille

Collet de chez CPR AM, explique ainsi la montée de la Bourse suite à la réunion du 8 mai de la BCE : « Le marché attend beaucoup des banques centrales ».

Les dettes, publiques et privées, rapportées au produit intérieur brut (PIB), ont dans le monde entier et en Europe, continué d'augmenter fortement de 2008 à aujourd'hui. Les dettes des états restent des actifs sûrs parce que les banques peuvent compter sur la BCE en dernier ressort pour acheter les titres des états. L'évocation de la possibilité de rachat de créances d'état par la BCE a conduit à voir les taux espagnols et italiens à 10 ans atteindre le 15 mai des plus bas historiques.

RELANCER LA TITRISATION

La seconde option est de cibler les PME par l'intermédiaire des banques, afin d'augmenter le volume de crédit. Pour la BCE, cela passerait par le rachat de titrisation de créances aux PME (ABS).

Oui, il faut relancer la titrisation pour relancer le crédit quitte à faire de la création monétaire. Mais il faut choisir la bonne face de la titrisation.

Pour ce faire, il faut laisser de côté la main invisible et les marchés efficients dont il n'est

plus à démontrer depuis 2008 que ce ne sont que des paravents idéologiques. Mario Draghi, les marchés ne sont efficients que pour retransmettre la volonté de ceux qui possèdent les biens et qui n'ont aucune raison de défendre ni l'intérêt de tous ni celui du long terme.

Le marché continue par exemple de choisir de financer des start-up pour algorithmes du *High-Frequency Trading*. L'innovation de la recherche dans ce secteur est favorisée, y compris avec des millions d'euros d'argent public, comme on le fait discrètement dans certains laboratoires de finance.

FINANCER LA TRANSITION ÉNERGÉTIQUE

Non, il ne faut plus faire confiance au seul marché, mais financer massivement la transition énergétique.

La créativité n'a pas de limite en finance, aussi doit-elle défendre aujourd'hui le bien commun des européens qu'est l'accès à l'énergie.

Depuis le début de la crise, des économistes ont proposé d'utiliser la création monétaire pour financer la transition énergétique. Ces économistes de plus en plus nombreux, comme Jean-Marc Jancovici, Alain Grandjean et Gaël Giraud, prédisent que détenir l'énergie sera posséder le pouvoir et la richesse.

UN RÊVE

J'ai fait un rêve : j'ai rêvé de ce jour de juin 2014 où Mario Draghi a fait baisser l'euro, la facture énergétique et la tension avec la Russie.

En juin, Mario Draghi décide un plan massif sur 3 ans, de rachats de créances bancaires qui serviront à financer l'efficacité énergétique comme l'isolation des bâtiments et le développement des énergies renouvelables et à refinancer des prêts pour développer les entreprises de ce secteur.

Poker d'as pour Mario Draghi ! Limitation du changement climatique, création d'emplois, rééquilibrage de la balance commerciale des pays européens et retour vers l'indépendance énergétique de l'Europe.

- Effectivement, la diminution de l'émission des gaz à effet de serre grâce à la transition énergétique assure une lutte sérieuse contre le réchauffement climatique.

- De plus, la création massive d'entreprises dans les entreprises du secteur énergétique développe l'emploi et les filières de techniciens et d'ingénieurs.

- Par ailleurs, la diminution de la facture de pétrole et de gaz permet l'amélioration des balances des paiements.

- Enfin, le relâchement progressif de la dépendance au gaz et pétrole russes diminue la tension avec la Russie. Nos élites reviennent servir la transition énergétique de l'Europe suivant l'exemple de l'ancien chancelier allemand qui quitte Gazprom où il servait les oligarques de la rente pétrolière russe pour prendre la présidence du fonds énergétique européen nouvellement créé.

RÊVE OU CAUCHEMAR

Bien sûr, puisqu'il n'a plus d'a priori, la création monétaire peut même financer ce fonds européen qui achèterait probablement la filière énergétique d'Alstom.

Ce plan permet, cerise sur le gâteau, la baisse de l'euro pour relancer les exportations par la compétitivité-prix comme l'admettent implicitement aujourd'hui les dirigeants de la BCE. La BCE doit prendre la voie du rachat massif de créances bancaires par la titrisation.

Mais cela peut être un rêve ou un cauchemar. Le cauchemar si elle refinance à l'aveugle tous les types de prêts octroyés par les banques en croyant que le marché et les banques financeront les entreprises les plus utiles à notre avenir. Le rêve si elle prépare la puissance de l'Europe de demain en lui permettant l'indépendance énergétique.

LE TEMPS

Denis Dupré   4 juin 2014

L'INVITE

Et si la BCE jetait l'argent par les bonnes fenêtres?

L'Europe est au bord de l'implosion. Cependant, pour la préserver, la BCE dispose encore d'une clé qui peut stopper le gâchis.

Il faut se rendre à l'évidence: l'Europe est au bord de l'implosion. Cependant, pour la préserver, la BCE dispose encore d'une clé qui peut stopper le gâchis. En fait, elle hésite entre deux clés. Le jargon financier parle d'un LTRO et de titrisation. Si vous cherchez LTRO sur Google, la première proposition fait apparaître un article de La Tribune du 2 octobre 2013 intitulé «Le LTRO, arme anti-crise de la BCE», alors que la titrisation rappelle à tous le diable des *subprime*, le catalyseur de la perte de confiance dans notre système financier. La BCE doit annoncer sa décision le 5 juin.

Plan A ou plan B?

Un *Long Term Refinancing Operations* est un prêt à long terme accordé par la Banque centrale aux banques. En 2011 et 2012, 1100 milliards d'euros ont ainsi été distribués aux établissements financiers de la zone euro pour trois ans.

Cela a permis aux banques de prêter aux Etats, avec une marge d'autant plus confortable que le risque a été annulé *ex-post* quand la BCE, elle-même, a proposé des plans de rachat des titres concernés.

Aujourd'hui, l'argument le plus pertinent pour justifier ces marges bancaires est qu'elles ont permis à de nombreuses banques de sortir des faillites dans lesquelles elles étaient réellement car, en cachant techniquement cette réalité, on a échappé à un effondrement du système financier. De fait, à chaque plan de la BCE, la valeur boursière des banques monte puisque les flux futurs de dividendes sont anticipés à la hausse.

L'argument est valable. Cependant, deux erreurs ont été faites. D'une part, les risques bancaires n'ont toujours pas été limités sérieusement et la réforme européenne envisagée doit être mise en place dans un futur bien trop lointain. N'ayant qu'atténué le symptôme sans en supprimer la cause, le risque de faillite demeure aussi grand. D'autre part, les actionnaires ont exigé et obtenu des dividendes immédiats pour se prémunir en partie contre une perte totale en cas de faillite, fragilisant encore plus le système global.

En 2014 et 2015, un nouveau LTRO est le plan A de Mario Draghi. Après avoir sauvé les banques au prix de coupes dans les dépenses sociales des Etats exsangues, le futur plan A aurait-il pour contrepartie la proposition du FMI: une «*flat tax*» de 10% sur les patrimoines des Européens qui finira de laminer la classe moyenne européenne?

Son plan B est la titrisation et l'achat par la BCE des créances bancaires faites à l'économie.

Jusqu'à présent, il est question de refinancer les prêts aux PME, c'est parfait. Sauf si cela finance par exemple des *start-up* éphémères qui vont nous vendre des produits gadgets de consommation ou qui vont faire des logiciels pour les traders. Le plan B doit être amendé car, à l'heure où l'Europe risque de sombrer, il s'agit de donner du travail et de diminuer les importations d'énergie pour retrouver une indépendance énergétique européenne. Le plan «titrisation» doit cibler uniquement ce qui permet au mieux l'indispensable transition énergétique.

S'il faut redonner un rôle pivot aux établissements bancaires, ce doit être à prix coûtant et pour financer notre avenir. En proportion de sa population, la France, au travers de ce plan, pourrait financer 200 milliards de crédits. Bien sûr, ces crédits seraient non pas sur trois ans mais sur vingt ans, le temps d'amortissement naturel des machines industrielles pour les entreprises et des bénéfices des isolations des bâtiments.

50 milliards pour assurer le financement massif des entreprises du secteur dont l'apport en capital serait fait par une réorientation partielle de l'assurance vie des Français. On pense d'abord au secteur de

l'isolation puis à de nombreuses filières comme la filière bois-énergie, le solaire…

150 milliards pour la rénovation énergétique des bâtiments et les nouvelles énergies avec des prêts intelligents dont les remboursements seraient calés sur les économies financières annuelles issues de la nouvelle isolation ou de l'usage des énergies renouvelables.

Les impacts d'une telle orientation sur l'emploi, le réchauffement climatique et la facture énergétique peuvent être estimés dans une fourchette qui dépend du volontarisme des politiques et du degré de relocalisation des productions:

– Une création monétaire provisoire qui assurera une baisse de l'euro avantageuse pour nos exportations;

– Un choc d'emploi sur dix ans générant entre 200 000 à 500 000 emplois dans l'isolation des bâtiments et dans les autres filières. Des emplois de main-d'œuvre non délocalisables et des emplois d'ingénieurs pour assurer l'innovation;

– Des économies de rejet de gaz à effet de serre correspondant aux émissions actuelles de plusieurs millions de Français;

– 20 milliards d'euros en moins à débourser pour notre pétrole et notre gaz, autant de tension en moins vis-à-vis de la Russie. De toute façon, cette dernière, pour le long terme, se tourne déjà vers la Chine pour lui fournir les ressources énergétiques dont celle-ci a besoin pour remplacer le charbon et éviter l'asphyxie de ses populations.

Ainsi, l'argent pourrait être le nerf de la paix. Sur une face du tetradrachme des démocrates athéniens d'il y a 2400 ans, était représentée Athéna, protectrice de la cité. Sur l'autre face, figurait la chouette, symbole de la sagesse. Aujourd'hui, sur le billet de 20 euros, figure la signature de Mario Draghi.

1100 milliards d'euros pourraient être de nouveau distribués. Plan A ou plan B? Puisque les élections européennes ne permettent pas aux 300 millions d'Européens de débattre, comme dans une grande agora, pour décider eux-mêmes comment utiliser les billets émis par la Banque centrale, le sort de l'Europe dépend de votre décision du 5 juin, Monsieur Draghi.

L'Europe est au bord de l'implosion. Cependant, pour la préserver, la BCE dispose encore d'une clé qui peut stopper le gâchis.

Aéroport de Toulouse: on liquide la boutique France puis on ferme?

Quand une entreprise est en faillite, elle voit nommer un liquidateur qui vend les actifs, rembourse ce qu'il peut aux créanciers et licencie les salariés.

Cette vision qui protège le créancier peut-elle être celle d'un État?

C'est de fait la politique choisie par l'Europe. En Grèce, laboratoire du liquidateur Troïka, ont été vendus l'eau potable, les îles, les ports et aéroports et tout ce qui assurait un revenu ou une sécurité d'autonomie. Puis le liquidateur a fait couper les dépenses publiques et diviser les salaires.

Des dirigeants européens se proposent comme agents commerciaux pour guider et faciliter les achats de nouveaux clients chinois. En Europe, Monsieur Juncker s'est battu pour que la Chine utilise le Luxembourg comme tête de pont des investissements chinois et le ministre français des affaires étrangères tient aujourd'hui le même discours pour la France.

Dans ce cadre, notre ministre des Finances décide de vendre rapidement 16 milliards d'actifs publics: une goutte d'eau dans l'océan des 2000 milliards de dette.

2% de cette goutte d'eau: pour 308 millions d'euro, 49,9% de l'aéroport de Toulouse a été vendu à un groupe public chinois. Ceux de Lyon et de Nice devraient suivre rapidement.

La Chine veut tout racheter. Sans réciprocité puisqu'aucun étranger ne peut acheter un mètre carré de terrain en Chine. Dotée d'un fonds souverain de 4000 milliards, la Chine achète l'Afrique et grignote l'Europe. Elle est pressée d'échanger les créances qu'elle possède sur les états européens et les USA contre des biens, d'autant plus que la création monétaire ou les faillites des états risquent d'en affecter la valeur.

N'y-a-t-il pas d'alternative?

C'est ce qui nous est répété avec constance.

Pourtant, si c'était vrai, les Etats-Unis, qui prétendent croire au libre marché qu'ils prônent chez les autres, auraient été pillés comme l'Europe. Il n'en est rien. Quand la Chine a voulu y acheter des infrastructures portuaires et des entreprises stratégiques, la commission de sécurité militaire a toujours trouvé un prétexte de refus. Conjointement, pour rembourser les créanciers, la planche à billet a fonctionné au bénéfice de l'état américain; elle a même financée les *hedge fund* américains pour leur permettre de racheter des entreprises européennes.

L'aéroport de Toulouse a été vendu. Pourtant, cet actif est infiniment stratégique, en particulier comme voie de communication : qui fait payer l'octroi et contrôle les routes du commerce est le vrai seigneur.

La protection des biens stratégiques, au cœur de l'indépendance alimentaire et énergétique définie par De Gaulle, n'est pas défendue par nos dirigeants. Pire, elle est sanctionnée par l'Europe comme quand l'Islande a voulu renégocier sa dette et redéfinir dans une nouvelle Constitution les biens communs inaliénables comme l'eau et l'énergie de ses geysers.

Ainsi, l'eau, l'alimentation, les terres et l'énergie deviennent des raretés que la finance privatise. La France risque demain de voir ses récoltes prendre prioritairement le chemin des pays créanciers. Qui va définir ce qui ne doit jamais être vendu et ce qui doit rester propriété des seuls citoyens?

La décision de la vente de l'aéroport de Toulouse par notre Ministre des finances est pour certains une faute dont la multiplication à l'échelle de l'Europe conduit à un crime contre ses peuples.

Avez-vous eu raison monsieur le Ministre des finances? Ont-ils raison?

Nous avons la chance d'avoir avec vous Monsieur le Ministre, un membre du comité de rédaction de la revue Esprit, qui, avant d'avoir fait fortune chez la banque Rothschild, a été le dernier assistant de Paul Ricœur. Vous avez affirmé en 2012 ne pas avoir choisi de devenir professeur de philosophie parce que vous ne vous voyiez pas attendre quarante ans avant de réaliser des choses et que vous aviez envie de vivre!

Envie de vivre, mais probablement vivre avec éthique, avec, selon Ricœur, la visée d'une vie accomplie sous le signe des actions estimées bonnes.

Alors, comment estimer ce qui est bon, aujourd'hui sur cette question clef? Que faut-il ne pas vendre?

Jacques Testard propose, sur les sujets qui engagent notre avenir, d'organiser une conférence citoyenne qui permet une décision éclairée des dirigeants politiques. Des experts représentants tous les courants de pensée sont auditionnés par un groupe de citoyens tirés au sort et éloignés de l'influence des lobbies.

Pour ne pas nous tromper au cas où vous vous tromperiez, proposez à Jacques Testard d'organiser cette conférence citoyenne.

Prenez le risque que la conclusion ne soit pas la vôtre. Prenez même le risque de suivre cet avis. Assumer le destin démocratique, c'est pour un peuple préférer se tromper de chemin en suivant son intelligence collective que prendre une mauvaise piste en suivant aveuglément une seule expertise.

Chiche!

33

GREECE
TERRA
INCOGNITA
L'AUTRE PAYS

BLOG GREEK CRISIS

Denis Dupré

INVITE

9 janvier 2015

Charlie, tes nouveaux adeptes sont-ils tous de bonne foi?

Le texte qui suit, s'apparente à une caricature. Non sous forme de dessin mais de pamphlet dont les pressions du "politiquement correct" menacent tout autant l'existence que celle du dessin de caricature. Sa publication est signe de liberté d'expression. Aucun media français, ni en page opinion ni même en courrier des lecteurs, n'a publié ce texte. Une journaliste m'a donné les raisons officieuses. D'abord un ton trop violent. Ensuite, le risque de poursuite judiciaire à partir du moment où des personnes puissantes sont citées. Enfin, le plus important, la mise en question de l'indépendance de la presse française.

Ce 9 janvier, dans l'Humanité, 33 directeurs de presse au nom de tous les médias français cosignent un article dont le titre est "Je suis Charlie". Pourtant, la presse à large diffusion établit depuis quelque temps un barrage à l'encontre des économistes alternatifs: de fait, les économistes atterrés sont discrètement interdits de publication dans les colonnes des journaux à large audience comme Le Monde. Les journalistes "nouveaux chiens de garde" décrits par Serge Halimi comme "ne rencontrant que des "décideurs", se dévoyant dans une société de cour et d'argent, se transformant en machine à propagande de la pensée de marché", vont-ils pouvoir se transformer en Charlie de la liberté d'expression?

Aujourd'hui, toute la presse se dit Charlie malgré les valets qui, s'ils ne portent plus la livrée aux armes de leurs maitres, servent volontairement les grandes entreprises actionnaires des groupes de presse: Le Figaro racheté par Dassault, Libération renfloué par Édouard de Rothschild et Le Monde recapitalisé d'abord par Lagardère, puis par Bergé-Niel-Pigasse. Le journal Capital titrait admiratif il y a un an à propos d'un des actionnaires du Monde: "Pas de plan d'austérité pour le financier vedette de la gauche. Conseiller de la Grèce, il se paie grassement sur la dette". Or, le 7 mars 1945, le résistant Francisque Gay, un véritable Charlie, alors responsable de la presse expliquait: "Il est un point sur lequel, dans la clandestinité, nous étions tous d'accord. C'est qu'on ne devait pas revoir une presse soumise à la domination de l'argent."

Depuis le 7 janvier 2015, tous les "extrêmes libéraux" veulent être Charlie. Vont-ils continuer à prôner la grande richesse des uns et la misère des autres, pour sauver l'Europe en remboursant les dettes à n'importe quel prix, même celui de la destruction rapide du programme du Conseil National de la Résistance? Denis Kessler, alors numéro 2 du MEDEF, dans la revue Challenge du 4 octobre 2007 affirme: "La liste des réformes? C'est simple, prenez tout ce qui a été mis en place entre 1944 et 1952, sans exception. Elle est là. Il s'agit aujourd'hui de sortir de 1945, et de défaire méthodiquement le programme du Conseil national de la Résistance !"

Le consensus est-il Charlie? Juncker, Merkel et notre Président de la République, défilent main dans la main. Mais sont-ils Charlie, ceux qui dictent la politique de la Grèce qui licencie 3000 des 6000 médecins d'urgence au risque de la catastrophe sanitaire. Une étude publiée par "The Lancet" le 22 février 2014 a montré que l'austérité est responsable de la dégradation de la santé: rien qu'entre 2012 et 2013, l'incidence de la tuberculose a plus que doublé et la malaria ressurgit depuis qu'ont été réduits les programmes de lutte contre les moustiques. "*Sur les injonctions de la Troïka, le gouvernement grec reconduit le budget de l'armée. Dans le même temps, il a amputé des deux tiers le budget de la santé*", s'est indignée Michèle Rivasi, député EELV, dans l'hémicycle du Parlement européen le 7 avril 2014. Ne voient-ils pas de lien entre l'extrême violence et le basculement dans la pauvreté des classes moyennes et dans la misère des classes pauvres?

Nos politiques, responsables de petits arrangements entre amis, sont-ils Charlie? Notre Ministre français de l'intérieur vient de faire, selon le Canard Enchainé du 7 janvier 2015, une faveur fiscale de 449 184 euros à la belle-mère du Président du Sénat.

Les "va-t'en guerre" dont nous payons les décisions, sont-ils Charlie? Notre ancien Président de la République, selon Claude Angeli citant des sources militaires dans le Canard Enchainé du 7 janvier 2015, *"avec sa guerre anti-Kadhafi conduite avec l'approbation du PS, a transformé la Libye du Sud en centre de repos et de formation au Djihad"*. Dans le même temps, la France a payé depuis 2010, selon le New York Times du 29 juillet 2014, 70 millions de dollars de rançons à Al Qaeda pour 7 otages. Delfeil de Ton, fondateur de Charlie, précise dans le nouvel observateur du 14 janvier 2015

que l'on sauve bien souvent des potentats pas plus recommandables que ceux qui les menacent et que *"si Barack Obama n'avait pas retenu notre François Hollande, celui-ci partait en Syrie à la chasse de Bachar al-Assad, comme Sarkozy son prédécesseur est parti à la chasse en Lybie de Mouammar Kadhafi avec les résultats que l'on sait."*

L'horreur est arrivée et les jeunes n'auront plus d'oncle Bernard. Rappelons-nous le Charlie Bernard Maris: *"Ce sont des montagnes de déchets que nous accumulons et que nous offrons à nos enfants. Pourtant cette génération - la nôtre encore une fois - fait mine d'adorer et d'idolâtrer ses enfants...Comment ne pas voir l'incohérence de ces parents conduisant leurs enfants adorés en 4.4 à l'école, souillant l'air qu'ils respirent...Comment peut-on se moquer à un tel point de ses enfants?...Cette génération n'aime pas ses enfants. Elle les déteste...inconsciemment, elle est assez contente de faire crever la Terre. Elle projette sur ses enfants, sur la Terre, son angoisse de vieillir et*

d'enlaidir, et tout simplement de disparaître."

Oui décidément *"Le monde est dangereux à vivre, non pas à cause de ceux qui font le mal, mais à cause de ceux qui regardent et laissent faire"* disait Einstein. Reconnaissons que nous n'avons pas été souvent à la hauteur et que nous continuons d'être peu courageux si nous laissons faire les escrocs que nous devrions dénoncer et démettre.

Les Charlie ont toujours été bien seuls à Charlie Hebdo et au Canard Enchainé.

Ne noyons pas l'esprit de Charlie dans les célébrations de notre émotion collective. Osons contrer ceux qui veulent pratiquer le Charlie-washing, ceux qui ne veulent "plus jamais ça" mais sans rien changer à leur business, leur politique, leur dogmatisme éditorial, usons de ce qui nous reste de liberté d'expression, c'est le seul culte qu'apprécieraient les Charlie.

Saint Charlie et Saint Canard Enchainé, protégez nous de ces nouveaux convertis !

Charlie, tes nouveaux adeptes sont-ils tous de bonne foi?

Le texte qui suit s'apparente à une caricature. Non sous forme de dessin mais de pamphlet dont les pressions du « politiquement correct » menacent tout autant l'existence que celle du dessin de caricature. Sa publication est signe de liberté d'expression.

Aucun media français, ni en page opinion ni même en courrier des lecteurs, n'a publié ce texte. Une journaliste m'a donné les raisons officieuses. D'abord un ton trop violent. Ensuite, le risque de poursuite judiciaire à partir du moment où des personnes puissantes sont citées. Enfin, le plus important, la mise en question de l'indépendance de la presse française.

Ce 9 janvier, dans *l'Humanité*, 33 directeurs de presse au nom de tous les médias français cosignent un article dont le titre est « Je suis Charlie ». Pourtant, la presse à large diffusion établit depuis quelque temps un barrage à l'encontre des économistes alternatifs : de fait, les économistes atterrés sont discrètement interdits de publication dans les colonnes des journaux à large audience comme *Le Monde*. Les journalistes « nouveaux chiens de garde » décrits par Serge Halimi comme « *ne*

rencontrant que des *"décideurs", se dévoyant dans une société de cour et d'argent, se transformant en machine à propagande de la pensée de marché »*, vont-ils pouvoir se transformer en Charlie de la liberté d'expression?

Aujourd'hui, toute la presse se dit Charlie malgré les valets qui, s'ils ne portent plus la livrée aux armes de leurs maitres, servent volontairement les grandes entreprises actionnaires des groupes de presse : *Le Figaro* racheté par Dassault, *Libération* renfloué par Edouard de Rothschild et *Le Monde* recapitalisé d'abord par Lagardère, puis par Bergé-Niel-Pigasse. Le journal *Capital* titrait admiratif il y a un an à propos d'un des actionnaires du Monde : « *Pas de plan d'austérité pour le financier vedette de la gauche. Conseiller de la Grèce, il se paie grassement sur la dette »*. Or, le 7 mars 1945, le résistant Francisque Gay, un véritable Charlie, alors responsable de la presse expliquait : « *Il est un point sur lequel, dans la clandestinité, nous étions tous d'accord. C'est qu'on ne devait pas revoir une presse soumise à la domination de l'argent. »*

Depuis le 7 janvier 2015, tous les « extrêmes libéraux » veulent être Charlie. Vont-ils continuer à prôner la grande richesse des uns et la misère des autres, pour sauver l'Europe en remboursant les dettes à n'importe quel prix,

même celui de la destruction rapide du programme du Conseil National de la Résistance? Denis Kessler, alors numéro 2 du MEDEF, dans la revue Challenge du 4 octobre 2007 affirme : « *La liste des réformes? C'est simple, prenez tout ce qui a été mis en place entre 1944 et 1952, sans exception. Elle est là. Il s'agit aujourd'hui de sortir de 1945, et de défaire méthodiquement le programme du Conseil national de la Résistance ! »*

Le consensus est-il Charlie? Juncker, Merkel et notre Président de la République, défilent main dans la main. Mais sont-ils Charlie, ceux qui dictent la politique de la Grèce qui licencie 3000 des 6000 médecins d'urgence au risque de la catastrophe sanitaire. Une étude publiée par « The Lancet » le 22 février 2014 a montré que l'austérité est responsable de la dégradation de la santé : rien qu'entre 2012 et 2013, l'incidence de la tuberculose a plus que doublé et la malaria ressurgit depuis qu'ont été réduits les programmes de lutte contre les moustiques. "*Sur les injonctions de la Troïka, le gouvernement grec reconduit le budget de l'armée. Dans le même temps, il a amputé des deux tiers le budget de la santé*", s'est indignée Michèle Rivasi, député EELV, dans l'hémicycle du Parlement européen le 7 avril 2014. Ne voient-ils pas de lien entre l'extrême violence et le basculement dans la pauvreté des classes moyennes et dans la misère des classes pauvres?

Nos politiques, responsables de petits arrangements entre amis, sont-ils Charlie? Notre Ministre français de l'intérieur vient de faire, selon le *Canard Enchaîné* du 7 janvier 2015, une faveur fiscale de 449 184 euros à la belle-mère du Président du Sénat.

Les « va-t'en guerre » dont nous payons les décisions, sont-ils Charlie? Notre ancien Président de la République, selon Claude Angeli citant des sources militaires dans le *Canard Enchaîné* du 7 janvier 2015, « *avec sa guerre anti-Kadhafi conduite avec l'approbation du PS, a transformé la Libye du Sud en centre de repos et de formation au Djihad* ». Dans le même temps, la France a payé depuis 2010, selon le *New York Times* du 29 juillet 2014, 70 millions de dollars de rançons à Al Qaeda pour 7 otages. Delfeil de Ton, fondateur de Charlie, précise dans le *Nouvel Observateur* du 14 janvier 2015 que l'on sauve bien souvent des potentats pas plus recommandables que ceux qui les menacent et que « *si Barack Obama n'avait pas retenu notre François Hollande, celui-ci partait en Syrie à la chasse de Bachar al-Assad, comme Sarkozy son prédécesseur est parti à la chasse en Lybie de Mouammar Kadhafi avec les résultats que l'on sait.* »

L'horreur est arrivée et les jeunes n'auront plus d'oncle Bernard. Rappelons-nous le Charlie Bernard Maris : « *Ce sont des montagnes de déchets que nous accumulons et que nous offrons à nos enfants. Pourtant cette génération – la nôtre encore une fois – fait mine d'adorer et d'idolâtrer ses enfants ...Comment ne pas voir l'incohérence de ces parents conduisant leurs enfants adorés en 4.4 à l'école, souillant l'air qu'ils respirent...Comment peut-on se moquer à un tel point de ses enfants? ... Cette génération n'aime pas ses enfants. Elle les déteste... inconsciemment, elle est assez contente de faire crever la Terre. Elle projette sur ses enfants, sur la Terre, son angoisse de vieillir et d'enlaidir, et tout simplement de disparaître.* »

Oui décidément « *Le monde est dangereux à vivre, non pas à cause de ceux qui font le mal, mais à cause de ceux qui regardent et laissent faire* » disait Einstein. Reconnaissons que nous n'avons pas été souvent à la hauteur et que nous continuons d'être peu courageux si laissons faire les escrocs que nous devrions dénoncer et démettre.

Les Charlie ont toujours été bien seuls à *Charlie Hebdo* et au *Canard Enchaîné*.

Ne noyons pas l'esprit de Charlie dans les célébrations de notre émotion collective. Osons contrer ceux qui veulent pratiquer le *Charlie-washing*, ceux qui ne veulent « plus jamais ça » mais sans rien changer à leur business, leur politique, leur dogmatisme éditorial, usons de ce qui nous reste de liberté d'expression, c'est le seul culte qu'apprécieraient les Charlie.

Saint Charlie et Saint Canard Enchaîné, protégez nous de ces nouveaux convertis !

BLOG DE PAUL JORION

Denis Dupré   26 janvier 2015

INVITÉ DU BLOG

De la censure des économistes alternatifs à la guerre

L'attentat de Charlie Hebdo n'est pas un hasard mais un révélateur d'une logique décrite toute sa vie par l'économiste Oncle Bernard. Aujourd'hui, il convient, pour l'enterrer dignement, de nommer ce qu'il combattait et de réaffirmer ce pour quoi il combattait.

Nous sommes aujourd'hui bien loin de la pensée libérale qui vise l'épanouissement de l'homme dans l'accomplissement de toutes ses libertés. Nous sommes dans une pensée totalitaire destructrice des hommes et de la planète dont elle facilite le pillage : la pensée « extrême-libérale ». Elle vise à la destruction de toutes les valeurs fondant notre civilisation où les hommes vénèrent un Dieu Moloch baptisé « marché libre», qui dévore liberté égalité et fraternité.

Cette pensée « extrême libérale » a besoin de la guerre de tous contre tous, elle ne peut qu'organiser, pour finir, le contrôle des adeptes et la loi martiale. Les étudiants de sciences politiques de Paris ne s'y sont pas trompés en baptisant leur promotion 2015 du nom de George Orwell.

Pour survivre, cette idéologie doit interdire toute autre vision du monde qui serait proposée par d'éventuelles économistes alternatifs. Elle n'a d'autre choix que d'empêcher ces derniers de parler à nos étudiants dans les universités ou aux citoyens dans les journaux.

Renversement du balancier de l'histoire

Sartre avait dit, dans la revue *Les Temps Modernes*, il y a un demi-siècle : « *Tout anti communiste est un chien* ». Il ne faisait pas bon être libéral. Mais, à partir des années 1970, « Tout anti libéral est un chien » sous-entend l'école de Chicago qui introduit un concept cohérent et ravageur d' « extrême libéralisme » qui va dominer le monde. Traumatisée par le communisme russe, réfugiée aux États-Unis, la philosophe Ayn Rand a lancé ses chiens de garde contre tous ceux qui ne pensent pas que l'état et le collectif doivent disparaitre et que l'égoïsme et la cupidité doivent devenir la colonne vertébrale de l'espèce humaine. Alan Greenspan, adepte inconditionnel de cette philosophe, et longtemps président de la Banque Centrale Américaine a contribué à détruire les régulations et les oppositions à ce dogme chez les financiers, mais aussi chez les universitaires.

Les valeurs remplacées par le marché

En France, les valeurs ont commencé à disparaître avec les trente glorieuses. La fraternité s'est estompée au profit de l'individualisme. L'égalité ensuite a été troquée contre une possibilité d'enrichissement illimité. La richesse, qui faisait l'objet de suspicions, est devenue le seul horizon du citoyen-consommateur. Etre riche, c'est très tendance, ne pas vouloir l'être est un péché moderne. Puis comme en conséquence, mais sans que les liens n'apparaissent vraiment, les libertés petit à petit commencent à disparaître.

Ainsi le marché a pu fleurir au fur et à mesure que s'échappaient les maux d'une moderne boîte de pandore « individualisme, cupidité, contrôle ».

Depuis le 7 janvier 2015, tous les « extrêmes libéraux » qui probablement s'affichent Charlie, ne veulent « plus jamais ça » mais sans rien changer à leur business, leur politique, leur dogmatisme éditorial. Ne continuent-ils pas tranquillement à prôner la grande richesse des uns et la misère des autres, pour sauver l'Europe en remboursant les dettes à n'importe quel prix, même celui de la destruction rapide du programme du Conseil National de la Résistance? Denis Kessler, président du réassureur français

SCOR, administrateur de BNP Paribas et Dassault Aviation mais alors numéro 2 du MEDEF, dans la revue Challenges du 4 octobre 2007 affirmait en toute tranquillité : « *La liste des réformes? C'est simple, prenez tout ce qui a été mis en place entre 1944 et 1952, sans exception. Elle est là. Il s'agit aujourd'hui de sortir de 1945, et de défaire méthodiquement le programme du Conseil national de la Résistance !* »

Contrôle des medias et censure de la pensée alternative

Ce 9 janvier, dans l'*Humanité*, 33 directeurs de presse au nom de tous les medias français cosignent un article dont le titre est « Je suis Charlie ». La presse et les télévisions à large diffusion vont-ils désormais inviter à s'exprimer des économistes alternatifs? Ce serait un changement radical pour certains journalistes « nouveaux chiens de garde » décrits par Serge Halimi comme « *ne rencontrant que des 'décideurs', se dévoyant dans une société de cour et d'argent, se transformant en machine à propagande de la pensée de marché* ». Les grandes entreprises actionnaires des groupes de presse dominent le paysage médiatique français : *Le Figaro* racheté par Dassault, *Libération* renfloué par Edouard de Rothschild et *Le Monde* recapitalisé d'abord par Lagardère, puis par Bergé-Niel-Pigasse. Pourtant, le 7 mars 1945, le résistant Francisque Gay, alors responsable de la presse nous

avait mis en garde : « *Il est un point sur lequel, dans la clandestinité, nous étions tous d'accord. C'est qu'on ne devait pas revoir une presse soumise à la domination de l'argent.* »

La structure d'actionnariat des journaux français et des télévisions a évidemment du mal à préserver la liberté d'expression et ce depuis déjà longtemps. Qui se souvient par exemple de Michel Polac licencié par Bouygues, fraîchement actionnaire de TF1, au lendemain d'une émission Droit de réponse, après qu'un dessin satirique, sous la plume de Wiaz, eut détourné en direct le slogan de l'entreprise : « *Bouygues : une maison de maçon ; un pont de maçon ; une télé de m...!* ».

A une liberté d'expression médiatique à géométrie très variable vient se superposer l'extinction programmée de la liberté académique à l'Université française.

Le droit à la liberté académique est pourtant bien réaffirmé encore dans la *Charte des droits fondamentaux* de l'Union européenne du 7 décembre 2000 et jusque dans la Recommandation 1762 du Conseil de l'Europe sur la *liberté académique et autonomie des universités* du 30 juin 2006. Le professeur d'université, contrairement aux autres fonctionnaires, est censé pouvoir librement critiquer le pouvoir et même sa propre institution assurant ainsi une sorte de contre-pouvoir démocratique.

Mais la liberté académique n'est plus effective. La liberté

académique n'est pas effective chez les économistes ni chez les financiers où la question même de mettre la finance au service de la société apparait aujourd'hui comme une idée incongrue. Pour les économistes, *L'Association Française d'Economie Politique* a prouvé, chiffres à l'appui, que les économistes qui ne sont pas du courant dominant, disparaissent. Une étude qu'on trouve sur le site de l'AFEP (Association Française d'Economie Politique), montre qu'entre 2005 et 2011, sur 120 nominations de professeurs, 6 seulement appartenaient à des traditions critiques. Selon l'économiste André Orléan, si rien n'est fait, c'en est fait du pluralisme en économie à horizon de deux ou trois ans ! Le milieu académique est un « petit monde » où les recrutements sont souvent locaux et récompensent ceux qui ont rendu service localement ou ceux qui respectent le dogme. Les économistes alternatifs sont peu représentés dans les instances du pouvoir universitaire qui définit les nominations aux postes de professeurs et donc ne peuvent former de docteurs. Au sein même du Conseil National des Universités, les collègues qui se reconnaissent dans le *mainstream* sont dominants.

Hervé Nathan, le 13 janvier dans Marianne décrit comment :

« *Les économistes « orthodoxes » ou encore « néo-classiques » se sont débrouillés pour barrer la* route à une disposition que Bernard Maris et ses amis de l'AFEP tentent d'obtenir du ministère de l'Education nationale et de l'Enseignement supérieur : la création d'une section « Economie et société » aux côtés de l'actuelle section « Sciences économiques ». ... le conseil de la Ve section des sciences économiques a menacé la ministre... de faire grève. Et ils ont trouvé des porte-paroles bien en cour, comme Jean Tirole, Nobel tout neuf, ... ou bien encore, Philippe Aghion, ponte de Harvard, jongleur des équations et conseiller, même pas occulte, de l'Elysée et de Bercy. Ils ont une alliée : Geneviève Fioraso, secrétaire d'Etat chargée de l'enseignement supérieur et de la recherche. »

Laurent Fargues dans la revue Challenges du 15 janvier souligne les arguments de ceux qui refusent cette nouvelle filière universitaire « Economie et société ». Parmi eux, Bruno Sire, président de l'université de Toulouse, développe un argument bien étrange « Ce serait juste une manière pour des chercheurs qui n'ont pas le niveau de publier dans les meilleures revues scientifiques ». Est-ce un aveu que ces revues dites scientifiques ne sont que des revues idéologiques sous contrôle de l'idéologie dominante?

Comment l'« extrême-libéralisme » conduit à la guerre de tous contre tous

Régis Debré affirme dans Le Nouvel Observateur du 14 janvier 2015 que « *la modernisation techno-économique déclenche une régression politico-culturelle. Le tout-économie, dont le tout à l'ego est un effet parmi d'autre, accélère ce mouvement de balancier jusqu'à la folie. Il y a une sorte de cercle vicieux entre le désert des valeurs et la sortie des couteaux* ».

Hier, les faucons américains conciliaient la lutte contre le terrorisme islamique et le business de la guerre, tout en niant la réalité des changements climatiques, pour ne pas tarir leurs investissements dans le pétrole.

Et en France, qu'est-ce qui anime, profondément, nos « va-t'en guerre »?

La sortie des couteaux, nous y sommes, et au-delà. Une économie inhumaine nous conduit dans une violence apocalyptique. Le choix de cette économie est idéologique, fruit d'un imaginaire appauvri et stérile, ce choix n'est ni envoyé par Dieu ni un phénomène que les hommes ne pourraient inverser. Cette économie est liée à la vénération du marché destructeur de la planète. Ce que j'appelle « extrême libéralisme » est un fanatisme.

Ceux qui profitent de ce système empêchent les autres de proposer une autre voie. En France, ils musèlent la presse et empêchent l'enseignement d'une économie alternative. Ainsi se renforce le nombre des exclus, la violence, puis le besoin de contrôler la violence.

Brider la liberté d'enseigner une autre économie, c'est aujourd'hui participer à un monde de faucons où la guerre est la clef de résolution qui permet de suspendre les libertés de ceux qui voudraient une autre France : celle de la liberté, de l'égalité et de la fraternité. Une autre France pour vivre un autre monde, toujours possible.

Commentaire de Paul Jorion :

L'aspect le plus désespérant, c'est que l'extermination de toute contestation au sein de la « science » économique française ne semble intéresser personne et que – belle illustration du billet de Denis Dupré – la presse ignore elle aussi superbement le sujet.

La liberté ou la dette : les grecs sonnent l'heure des mutineries

Économie. Le résultat des élections en Grèce marque la révolte des peuples contre une politique économique qui a mené à la paupérisation. Une nouvelle page s'ouvre pour l'Europe.

A quoi vous fait penser cette description d'Oncle Bernard Maris (1), dans Dieu que la guerre est jolie? « *Les inégalités se creusent? Creusez plus profond votre tranchée. Votre vie devient polluée comme un vendredi soir sur les quais de Seine? Mettez votre masque à gaz. Vous ne savez pas si vos enfants auront une éducation, un métier? Apprenez-leur la flexibilité, la précarité, la peur de chômage.* »

On pourrait oublier que c'est le quotidien de la plupart des Grecs depuis déjà de longues années. Avec les élections de ce dimanche, la Grèce et sa dette sont revenues sous les feux de l'actualité.

La troïka a multiplié les efforts pour contrer l'ascension du parti Syriza. Le président de la Commission européenne avait pris position pour les dirigeants jusque-là en place, souhaitant revoir des visages connus. Le président de la BCE avait annoncé que le plan de 1 000 milliards ne pourrait concerner la Grèce qu'après juillet et à la condition qu'il y ait accord pour maintenir les réformes structurelles. Or, sans refinancement des 30 milliards d'euros de dettes arrivant à échéance en 2014, la Grèce sera en manque de liquidité avant juin. Cette menace répondait aux propos de Tsipras, le leader de Syriza, qui a osé promettre au nom de la démocratie en péril de ne pas rembourser la dette.

De son côté, Christine Lagarde, présidente du FMI, avait affirmé le 20 janvier à l'Irish Times : « *Une dette est une dette.* »

Le poids de la dette

Pourtant, il y a 2 500 ans, Solon a initié la démocratie en fédérant les paysans asservis par la dette. La Bible témoigne du Jubilé qui permet la remise de dette pour en éviter les abus. L'islam interdit l'intérêt. Pour Naomi Klein, une dette, c'est un outil de la stratégie du choc qui permet de piller les États après les avoir endettés au profit de dirigeants corrompus.

> « Pour qu'une autre Europe soit possible, les Grecs doivent renverser la table et ne pas passer sous la table »

Pourquoi la Grèce se retrouve-t-elle étranglée par sa dette? La Grèce a rééquilibré production et consommation, ce qui est fondamental pour éviter le surendettement futur. Mais sa balance commerciale s'est ajustée trop vite et les efforts ont généré des effets dignes de la crise de 1929 : une production annuelle de richesse amputée d'un quart, 25 % de la population sans protection sociale. Pour les jeunes : 50 % au chômage, les mieux formés partis pour l'étranger, les autres surnommés la « génération 400 € ». Pour les autres actifs, 28 % de chômage et pour les chanceux, le salaire moyen net à 817 euros par mois, soit 20 % de moins qu'en 2009.

Malgré tous ces sacrifices, la dette demeure. Par habitant, de l'ordre de 30000 € de dette, 2 300 € de dette à échéance à refinancer en 2014 et 550 € par an d'intérêt. Or la dette grecque, 175 % du PIB au taux parfois de 40 %, a été rachetée par la troïka, avec de formidables plus-values pour les banques privées, notamment allemandes.

Pourquoi la Grèce ne pourrait-elle pas renégocier sa dette? D'autres pays ont déjà utilisé cette opportunité.

Le professeur Friedman d'Harvard a montré que le plus grand bénéficiaire de remise de dette a été l'Allemagne et par plusieurs fois en 1924, 1929, 1932, 1953. La France, en 1932, a plafonné les taux et étendu certaines maturités à soixante-quinze ans.

Il est admis qu'un remboursement partiel est une juste contrepartie d'une probabilité de faillite acceptée par le prêteur contre des taux d'intérêt élevés. Ainsi toutes les dettes émises après 2005 pourraient être fortement décotées, d'autant que le traité de Maastricht a averti les créanciers des risques encourus dès que la dette dépasse 60 % du PIB.

Dans le même esprit, dans le Financial Time du 23 janvier, dix-huit économistes dont le prix Nobel Stieglitz proposent un arrêt du paiement de la dette pendant 5 ans tant que la croissance ne dépasse pas 3 %, une réduction de dette notamment par la BCE et un financement des projets favorisant les exportations.

La Tribune du 6 janvier reconnaît que « *le programme de Syriza n'est donc pas plus absurde que celui des partis qui ont gouverné la Grèce jusqu'ici et dont le bilan est désastreux sur le plan économique, social et politique* ». Mais pour imposer la volonté du peuple grec, Syriza va devoir résister.

Résister au chantage au renouvellement des prêts à échéance contre l'imposition par ses créanciers d'une économie dite « sociale de marché ». Ne pas reproduire, par exemple, ce qu'a dénoncé en avril 2014 Michèle Rivasi devant le Parlement européen : « *Sur les injonctions de la troïka, le gouvernement grec reconduit le budget de l'armée.*

Dans le même temps, il a amputé des deux tiers le budget de la santé. »

Résister aux héritiers de l'école de Chicago, influencés par la philosophe Ayn Randt traumatisée par le communisme russe et réfugiée aux États-Unis, qui a fait appliquer l'objectif de destruction de l'État, diffusant les vertus de l'égoïsme et la cupidité.

Monnaie alternative

Dans cet esprit, l'économiste libéral Milton Friedman a affirmé que « *le marché libre allait détruire la centralisation et le contrôle politique* ». Alan Greenspan, qui a dirigé la Banque centrale américaine, a détruit soigneusement les régulations. Denis Kessler, alors numéro 2 du Medef français, a déclaré en 2007 dans Challenge : « *La liste des réformes? C'est simple, prenez tout ce qui a été mis en place entre 1944 et 1952, sans exception. Elle est là. Il s'agit aujourd'hui de sortir de 1945, et de défaire méthodiquement le programme du Conseil national de la Résistance !* »

Le marché dit « libre » renforce le nombre des exclus. Régis Debray dans Le Nouvel Observateur de janvier 2015 nous le décrit : « *La modernisation techno-économique déclenche une régression politico-culturelle. Le tout économie, dont le tout à l'ego est un effet parmi d'autres, accélère ce mouvement de balancier jusqu'à la folie. Il y a une sorte*

de cercle vicieux entre le désert des valeurs et la sortie des couteaux. »

L'idéologie « extrême-libérale » a besoin de la guerre de tous contre tous, elle ne peut qu'organiser, pour finir, le contrôle et la loi martiale. Pour survivre, cette idéologie doit faire trébucher toute autre vision du monde.

Syriza saura-t-il résister au dieu « marché libre », cœur de la pensée « extrême libérale» destructrice des hommes et de la planète dont elle facilite le pillage?

Syriza peut libérer l'économie grecque pour plus de golfs, d'hôtels de luxe ou favoriser le partage des fruits moins abondants d'une planète abîmée.

Sans sortir de l'Europe, si la BCE exige d'elle un renoncement démocratique, Syriza pourrait créer une monnaie alternative pour rembourser ses dettes dans cette monnaie à parité.

Pour qu'une autre Europe soit possible, l'économiste Lordon affirme que les Grecs doivent renverser la table et ne pas passer sous la table. Bernard Maris écrivait : « *L'heure des mutineries a sonné.* » Le combat de Syriza commence.

1. L'économiste Bernard Maris, qui signait Oncle Bernard ses articles dans Charlie Hebdo, a été assassiné, avec ses collègues, le 7 janvier.

LE TEMPS

"Nuage brun" sur l'Europe ou le grand ménage façon Juncker

Si les clercs qui gèrent l'Europe continuent à être soit des incompétents, soit des traîtres, le nuage brun sera demain en Europe et Genève aussi suffoquera.

Anne Hidalgo, la maire de Paris, veut agir *«dans l'urgence»* pour bannir les véhicules polluants de la capitale. C'est en apparence un bon combat, même si, selon Airparif, les émissions du trafic routier à 96% dues au diesel, marquent une tendance baissière et représentent le quart de particules fines.

Mais d'où viendra l'électricité des voitures électriques qu'elle prône? Le Monde nous annonce le 17 décembre 2014 le grand ménage de notre président de l'Europe: mieux réguler, moins réguler. Est-ce bien un ménage puisque la directive sur la qualité de l'air est sacrifiée? Cette directive visait à «économiser», selon la Commission européenne, quelque 58 000 morts prématurés chaque année et quelques dizaines de milliards d'euros sur les dépenses de santé. Aujourd'hui, 7 millions de personnes par an dans le monde, dont plus d'un million de Chinois, meurent chaque année de la pollution de l'air par les particules fines.

Le charbon, dont l'utilisation mondiale a explosé de 50% de 2000 à 2010, est le principal émetteur des particules fines qui s'incrustent dans les poumons, causant des cancers. Un article des Echos (15 mars 2014) souligne que 68% de la pollution atmosphérique d'Ile-de-France est importée et qu'il conviendrait de presser l'Allemagne de fermer ses centrales thermiques au charbon et au lignite.

L'Europe a longtemps bénéficié du gaz russe pour se défaire du charbon et assurer un air sain aux 300 millions d'Européens. Dans le même temps, la Chine, qui avait développé rapidement l'utilisation du charbon, a contribué largement au «nuage brun» qui recouvre l'Asie plus de 6 mois par an.

La Chine, elle, a une vision stratégique et met ses entreprises au service de l'Etat. La lutte contre la pollution est aujourd'hui l'objectif numéro un du plan quadriennal, car il est le risque majeur de chute du régime pour les prochaines années. Le lancement prioritaire d'un gazoduc de 55 milliards de dollars permettra d'honorer un contrat sur 30 ans de 38 milliards de m3 de gaz par an, contrat signé avec la Russie en mai 2014. En septembre 2014, le premier ministre chinois a annoncé la fermeture de 50 000 centrales à charbon.

L'Europe, aveugle, qui consomme 4 fois moins de charbon que la Chine, s'apprête à réimporter la pollution dont veulent se débarrasser les Chinois: elle ferme ses centrales à gaz au profit des centrales à charbon. Pour rembourser ses dettes rubis sur l'ongle, elle n'a d'autre solution que d'acheter l'énergie la moins chère. Or, le prix du charbon a été divisé par 2 entre décembre 2010 et aujourd'hui. Entre 2010 à 2012, la consommation européenne de charbon a bondi de 5%, soit 50 millions de tonnes, alors que celle du gaz baissait de 10%.

Le détournement du gaz russe de l'Europe vers la Chine est planifié depuis longtemps. N'est-ce qu'un manque de vision de l'actuelle chancelière allemande, lorsqu'elle déclarait déjà en juillet 2006, lors d'une conférence de presse à l'issue du sommet du G8, que l'Allemagne n'était pas préoccupée par sa dépendance vis-à-vis des fournitures d'énergie en provenance de Russie? Le 1er décembre 2014, le couperet tombe avec l'annonce du PDG de Gazprom, toujours conseillé par l'ancien chancelier allemand Schröder, de l'abandon définitif du projet du gazoduc vers l'Europe. Pour compenser, l'énergie du contrat de gaz perdu par l'Europe au profit de la Chine, il faudrait brûler 40 millions de tonnes de charbon par an.

Athènes et Paris suffoquent parfois. Et il n'y a toujours pas de stratégie commune de l'énergie au niveau européen.

Prise dans la panique, la solution à court terme pourra être de se tourner vers l'importation du gaz de schiste alors qu'on l'interdit aujourd'hui en Europe et dans le comté de New York pour raisons sanitaires.

Le récent plan Juncker de développement des énergies renouvelables ne consacrant qu'une petite partie des 300 milliards de financement envisagé, ne sera pas à la hauteur de l'enjeu. Ne pas recommencer les erreurs du passé serait déjà un progrès: quand, en 2012, l'Europe a laissé vendre Q-Cells, une entreprise allemande stratégique, leader mondial des capteurs solaires et de la recherche, à un conglomérat coréen pour une misère de 40 millions d'euros; de même, quand la chancelière allemande a tenté d'empêcher une plainte déposée par 20 entreprises européennes contre le dumping chinois sur le prix des capteurs solaires.

Si les clercs qui gèrent l'Europe continuent à être soit des incompétents, soit des traîtres, le «nuage brun» sera demain en Europe et Genève aussi suffoquera.

En avril 2014, de retour d'un voyage d'affaires en France, un artiste pékinois révolté contre la pollution, a vendu aux enchères un bocal de verre rempli d'air pur collecté à Forcalquier, en Provence. Son prix a atteint la somme de 600 euros. Ce n'est peut-être pas cher si c'est bientôt le dernier.

Sept millions de personnes par an dans le monde meurent de la pollution de l'air par les particules fines!

LE TEMPS

Denis Dupré   4 juin 2015

L'INVITE

Appliquons le code d'Hammurabi: libérons les esclaves grecs en 2018

Les débiteurs grecs peuvent régler leur dette en vivant chichement. Mais il faut limiter cette frugalité à 3 ans pour leur permettre de réinvestir leur avenir et de libérer leurs enfants de ce fardeau.

Appliquons le code d'Hammurabi : Libérons les esclaves grecs en 2018.

La Grèce va-t-elle payer sa prochaine échéance?

Va-t-elle accepter le prêt avec le compromis portant sur la réforme de la TVA, celle des retraites et le niveau d'excédent budgétaire que le pays doit cibler?

Derrière cette question du niveau d'excédent budgétaire se cachent les privatisations.

L'offensive des créanciers pour déposséder le peuple grec de ses biens communs est des plus brutales. Pourtant, malgré ces privations, la Grèce ne pourra rembourser sa dette.

Pour les créanciers, il s'agit de faire pression pour privatiser. Ils n'envisagent surtout pas de remise de dette, même si la dette n'est pas remboursable.

Or, une fois les terres, l'eau, les infrastructures, l'énergie et les maisons devenues propriété de fonds internationaux et de banques, l'esclavage sera assuré pour la descendance des Grecs.

Les Grecs ne peuvent pas rembourser leur dette. Et, bien plus, les dettes mondiales ne peuvent être remboursées.

Trois années de production de richesses mondiales pour rembourser les dettes mondiales, est-ce raisonnable? D'autant que, comme l'a montré Piketty, les débiteurs possèdent peu de richesses, et rarement leur outil de travail. Le montant des dettes semble sans limite car rien n'empêche un créancier d'augmenter le taux d'intérêt quand aucun autre créancier ne veut prêter à l'insolvable. En Grèce, les taux ont flirté avec les 50% d'intérêt par an. Or, un taux d'intérêt élevé signifie que le créancier a peu de chances de percevoir sa créance. Il serait légitime de ne pas exiger une dette consentie à un taux d'intérêt incohérent avec les capacités de remboursement du débiteur.

Il y a des dettes impossibles à rembourser. Si on ne pratique pas la remise de dette, on impose l'esclavage au débiteur.

Historiquement, les paysans ont toujours connu des années où la soudure jusqu'à la récolte suivante nécessitait un endettement. Les plus riches en profitaient, par le taux d'intérêt ou l'exigence d'un remboursement sans délai, pour rendre esclaves les débiteurs.

Solon aurait lancé la démocratie athénienne en fédérant les nombreux esclaves grecs. D'anciens textes religieux rappellent l'intérêt d'un pays où les créanciers, par la remise de dette, favorisent la sécurité et la paix (Lévitique 25). Il y a 4000 ans, le plus vieux texte de loi du monde, le code du roi Hammurabi, énonce des limites claires pour empêcher les créanciers de s'entourer d'esclaves en grand nombre et de devenir des seigneurs concurrents de l'Etat.

Que dit ce code aujourd'hui aux dirigeants européens qui pressent la Grèce? «Le créancier ne peut prendre de l'orge dans la maison du débiteur sans son consentement (art. 113), pas plus qu'il ne peut saisir un bœuf (art. 241), ce qui implique que l'on ne peut prendre au débiteur ni ses moyens de travail, ni ceux de sa survie. Que faisons-nous en imposant les privatisations aux Grecs?

Le code mésopotamien ajoute que, si le créancier peut seulement saisir le débiteur, sa femme, ses enfants (art. 115), ces gens ne sont pas dans la condition d'esclave: non seulement parce qu'ils seront automatiquement libérés au bout de trois ans (art.117) mais aussi parce que, s'ils meurent dans la maison du créancier en raison de mauvais traitements, le créancier le paiera de la mort d'un des siens (art. 116). Cela sonne étrangement pour nous quand on sait comme les conditions d'accès aux soins se sont dégradées en Grèce pour les plus pauvres.

Qui s'est enrichi sur la dette publique grecque? Avec la complaisance des électeurs et la corruption, les dirigeants et les oligarques se sont gavés avec les contrats militaires ou de travaux publics permis par l'endettement et gardent leur fortune cachée. Les classes moyennes grecques commencent à payer la facture par leur transformation en classe pauvre, voire misérable. Si les citoyens grecs sont en partie responsables d'avoir laissé s'accumuler les déficits et les dépenses publiques et doivent payer, comment et dans quelle mesure?

Draghi, Juncker, Lagarde et leurs donneurs d'ordres, les créanciers, dans leur logique d'imposer à la Grèce le remboursement total de sa dette, choisissent de légaliser l'esclavage. Pourtant le bon sens commanderait d'au moins préserver l'accès à la nourriture et l'outil de travail du débiteur. Et la sagesse devrait conduire à la remise des dettes impossibles à rembourser.

Les débiteurs grecs peuvent régler leur dette en vivant chichement. Mais il faut limiter cette frugalité à 3 ans pour leur permettre de réinvestir leur avenir et de libérer leurs enfants de ce fardeau.

Les Grecs ne doivent plus être esclaves de leur dette en 2018. Au moins!

BLOG A LA UNE

La France va-t-elle abolir l'esclavage pour les Grecs ?

INTERNATIONAL - François Hollande a inauguré en mai 2015 le musée de l'esclavage en Guadeloupe. L'esclavage est reconnu depuis 2001, en tant que crime contre l'humanité.

Aujourd'hui des hommes sont traités en esclaves, exploités par des maffias, par des sous-traitants de sous-traitants, par des actionnaires obnubilés par le rendement de leurs placements, par les consommateurs qui veulent ignorer le pourquoi du prix si bas de leurs achats. Un esclave n'est qu'un outil de production et il ne pourra jamais disposer du fruit de son travail. Les esclaves ne le deviennent peut-être plus à cause de leur peau ou leur nationalité mais ils y sont réduits pour assurer leur survie et celle de leurs proches, pour payer leurs dettes...

Ce sont aussi des états entiers qui peuvent être asservis pour satisfaire leurs créanciers. Certains pays du tiers-monde, après avoir été endettés avec la complicité de dirigeants corrompus, ont été pillés et l'Europe a bénéficié d'une part du butin. Ironie de l'histoire, c'est maintenant le tour de certains états européens.

La dépossession par les créanciers des biens communs du peuple grec est des plus brutales. Une fois, leurs entreprises publiques, ports et aéroports, terres et immeubles devenus propriétés de fonds de gestion internationaux et de banques, l'esclavage est assuré pour les grecs et leurs descendants. Cela ne suffira même pas à payer leur dette.

Il n'est pas question ici de nier les responsabilités des grecs. Mais, la France, disposée au repentir face aux exactions, faites en son nom dans le passé, est-elle lucide sur sa responsabilité au niveau européen qui mène à l'asservissement sans avenir des grecs? D'autres postures seraient possibles, pour des raisons morales, ou ne serait-ce même que par égoïsme bien compris.

François Hollande s'est positionné pendant sa campagne contre les ravages de l'extrême-libéralisme. Mais quelles valeurs fondent véritablement l'orientation de la politique de son gouvernement? De quelle façon les plus faibles sont-ils protégés par les plus forts?

Face à la misère du peuple, Néhémie, gouverneur de Judée au 4ème siècle avant JC, en appelait aux riches propriétaires pour qu'ils remettent à leurs débiteurs leurs dettes: "*Remettons-leur donc cette dette. Rendez-leur aujourd'hui même leurs champs, leurs vignes, leurs oliviers et leur maisons, et remettez-leur la part de l'argent, du blé, du vin et de l'huile que vous avez exigée comme intérêt*" (Néhémie 5, 11 - 12). La France, fille ainée de l'église, ne semble pas vouloir imiter Néhémie.

Le Décret de 1848, toujours en vigueur, abolit définitivement l'esclavage et toute participation indirecte à l'exploitation. Son article 8 stipule: "*Même en pays étranger, il est interdit à tout Français de posséder, d'acheter ou de vendre des esclaves, et de participer, soit directement, soit indirectement, à tout trafic ou exploitation de ce genre. Toute infraction à ces dispositions, entraînera la perte de la qualité de citoyen français.*"

La France laïque, la France des droits de l'homme applique-t-elle la loi de 1848 à ses dirigeants qui, en son nom, exigent des grecs la poursuite sans fin de leurs efforts?

L'applique-t-elle vis-à-vis des inflexibles détenteurs de créances?

Le plus vieux texte de loi du monde, le code du roi Hammourabi, énonçait clairement des limites pour empêcher les créanciers, par l'appropriation d'esclaves, de devenir des petits seigneurs, concurrents du pouvoir. "*Le créancier ne peut prendre de l'orge dans la maison du débiteur sans son consentement (art. 113), pas plus qu'il ne peut saisir un bœuf (art. 241), ce qui implique que l'on ne peut prendre au débiteur ni ses moyens de travail, ni ceux de sa survie. Si le créancier peut saisir le débiteur, sa femme, ses enfants comme esclaves (art. 115), ceux-ci seront automatiquement libérés au bout de trois ans (art. 117)."*

Le créancier France, suiveur de l'Allemagne, semble vouloir priver les grecs de leurs biens communs et leurs outils de travail et cela pour une durée indéterminée. Car il faut bien l'admettre, la dette des grecs n'est pas remboursable.

Au-delà du cas grec, les dettes mondiales ne peuvent être remboursées. Elles représentent environ 200 000 milliards de dollars, répartis en quatre parts sensiblement égales entre les particuliers, les entreprises, la finance et les états. Les actifs mondiaux ne représentent que 240 000 milliards de dollars dont la moitié est détenue par 1% de la population. Le ratio de la dette par rapport au PIB est de 286%.

Trois années de production de richesses mondiales pour rembourser les dettes, est-ce raisonnable? D'autant que, comme l'a montré Piketty, les débiteurs possèdent peu de richesses, et rarement leur outil de travail.

Alors, la France a-t-elle intérêt à soutenir ceux qui s'enrichissent aujourd'hui aux dépends de l'autonomie de la Grèce?

La France, dont la production industrielle a baissé de 20% en dix ans, cache sa faiblesse par le développement des services, comme ceux aux personnes âgés, mais qui ne sont possibles que par le déficit et la dette. La France a une dette exactement comparable à celle de la Grèce: 7 fois plus de population et sept fois plus de dette que la Grèce. Angela Merkel a repoussé à 2017, le plan d'exécution de la France, pudiquement appelé mise sous tutelle. La grande braderie est en partie reportée après les élections, pour essayer d'enrayer la montée au pouvoir du Front National qui s'opposerait aux diktats des institutions européennes. Ce report sert François Hollande qui parait obnubilé par sa possible réélection.

La France, complice et responsable de l'esclavage des grecs en sera victime à son tour. Les Français ne devraient pas se laisser bercer par des illusions. Et, ne serait-ce que par intérêt, ils ne devraient laisser faire aux autres, ce qu'ils ne veulent pas avoir à subir.

Il convient d'ajouter, non sans amertume, que les marchés et ses algorithmes s'est peut-être définitivement emparé du réel, le conduisant au bord du chaos. Ce chaos, que nous observons sans réaction adaptée pour l'instant, semble précédé par la fin voulue des régimes démocratiques du monde occidental. L'abolition des souverainetés, et en dernier lieu des peuples eux-mêmes, c'est à dire la prédation des ressources, y compris humaines, semble inéluctable. A moins de faire preuve de grande créativité dans les formes de résistances et autant de réinvention du fait politique, essentielles pour l'avenir.

Il est peut-être encore temps pour notre président, qui ne peut que méditer sur les leçons de l'histoire de l'humanité, comme celle dont témoigne ce musée de l'esclavage, d'assumer son rôle historique de sauver la Grèce puis la France de la servitude programmée en renégociant les dettes publiques à hauteur de 60% du PIB. Le programme du candidat Hollande doit enfin être appliqué: s'opposer à ceux qui veulent asservir leurs frères.

LE TEMPS

Denis Dupré, Jean-Michel Servet, Panagiotis Grigoriou

16 juin 2015

L'INVITE

Grèce: dette sauce Maastricht et drachme alternative

Il est urgent de reconnaître l'impossibilité d'un remboursement de la dette grecque et que les exigences des créanciers les conduisent à une sorte de servitude. Des propositions d'action et de stratégie sont possibles.

Il est urgent de reconnaître l'impossibilité d'un remboursement de la dette grecque et que les exigences des créanciers les conduisent à une sorte de servitude. Des propositions d'action et de stratégie sont possibles.

Les dettes mondiales ne peuvent être remboursées: 200 000 milliards de dollars pour 240 000 milliards de dollars d'actifs, dont la moitié est détenue par 1% de la population mondiale.

La dette grecque malmène largement le critère de Maastricht. Le traité a imposé en 1992 que la dette publique (ensemble des emprunts contractés par l'Etat et l'ensemble des administrations publiques) soit inférieure à 60% du PIB. L'appréciation de ce critère a été assouplie en mars 2005… sous la pression de l'Allemagne, elle-même engagée dans la procédure de déficit excessif, et de la France proche de l'être.

La «gouvernance» d'un pays via sa dette instaure au mieux une méta-démocratie, au pire un nouvel absolutisme. En mai 2010, le FMI, l'UE et la BCE ont surgi dans le quotidien grec, faisant du pays une sorte de protectorat au sein de la zone euro. La «stratégie du choc» ne laissera plus aucun répit à la population. Multirisque pour presque toute la société et pour sa cohésion, multidimensionnelle par sa conception, cette stratégie s'apparente à un «choc total», introduisant un régime politique aux antipodes de celui de la démocratie de type occidental et rappelant les ajustements structurels en Amérique latine ou en Afrique. Une part significative du tissu économique du pays a été détruite par les politiques d'austérité qui ont conduit à une dégradation des conditions de vie, des liens sociaux et des imaginaires.

Après avoir sauvé (temporairement) les créanciers de la Grèce, la troïka lui propose de financer sa dette, en échange des privatisations de terres, d'infrastructures, de moyens de production énergétique et d'immeubles, et peut-être demain du patrimoine historique.

Sans réduction de sa dette à 60% du PIB et sans l'arrêt de la privatisation de ses biens communs, la Grèce est condamnée à l'asservissement sur plusieurs générations.

Aristote, dans la Constitution des Athéniens, affirmait: *«Devenu maître du pouvoir, Solon affranchit le peuple, en défendant que dans le présent et à l'avenir la personne du débiteur servît de gage. Il donna des lois et abolit toutes les dettes, tant privées que publiques.»* Solon, un des fondateurs de la démocratie grecque, pourrait-il inspirer le premier ministre grec, Alexis Tsipras?

Pour sortir d'une situation qui met le pays en servitude, des propositions alternatives, l'une concernant la dette et l'autre la monnaie, sont possibles.

La dette doit être réduite, dans son montant et dans un rééchelonnement à très long terme. Historiquement, bien souvent, les renégociations de dettes ont différencié les créanciers. Parmi les prêts consentis à la Grèce, certains ont été réalisés à des taux élevés. En mai 2015, il y a encore eu des emprunts sur deux ans à 25%. Ce niveau se justifie par le risque pris par le prêteur. Pourquoi exiger de rembourser une dette consentie à un taux d'intérêt incompatible avec les capacités de remboursement, d'autant plus que la dette a été contracté dans une période où la Grèce dépassait déjà le ratio de 60% d'endettement par rapport au PIB?

Pas besoin de sortir de l'euro, si une ou plusieurs monnaies alternatives locales complémentaires sont créées. Une partie du salaire des fonctionnaires, des retraites et des prestations sociales serait payée en une ou plusieurs monnaies complémentaires et les taxes perçues en euros ou dans celles-ci. Sans monnaies alternatives complémentaires point de souveraineté, comme l'a montré l'Argentine il y a quinze ans.

La Grèce peut avoir pour stratégie d'émettre juste les obligations pour reproduire les montants arrivant à échéance. Alors, soit comme en Islande l'équilibre retrouvé après annulation partielle de la dette fera revenir les créanciers avec un taux de marché très faible. Soit, si la BCE refuse de prêter à taux faible, la Grèce remboursera le créancier non en euros mais par un nouveau titre de dette dont elle décidera de la maturité et du taux.

Alexis Tsipras pourra alors dire comme Solon: «*Ils sont nombreux, ceux que j'ai ramenés à Athènes, dans la patrie fondée par les Dieux: beaucoup avaient été vendus, les uns justement, les autres injustement... Tous je les ai rendus libres.*»

Sinon, l'austérité instrumentalisée continuera de souffler au pied de l'Acropole, faisant de la Grèce un territoire (parmi d'autres), inscrit dans une «longue durée» méta-démocratique à la merci du marché des valeurs et d'une perte du sens de la réalité. Demain, des historiens expliqueront que la grande occasion manquée en Europe fut celle de notre temps.

La dette doit être réduite, dans son montant et dans un rééchelonnement à très long terme.

MEDIAPART

Le Président Juncker exige un TAFTA qui détruise les PME européennes

Marc Voinchet, présentateur sur France-Culture, est en émoi ce 13 juin 2015 :

« *Nous sommes avec le président de la commission européenne, excusez du peu* ».

Effectivement, cela va être du lourd !

Le président Juncker est optimiste « *nos arrière-petits enfants ne sauront même pas de quoi on parle, quand on parlera de guerre en Europe* ». L'homme qui a dit le 4 mars 2015 après l'élection de Tsipras que « *Les élections ne changent pas les traités* » explique calmement qu'il a cautionné de rendre encore plus inaccessible les soins aux grecs :

« *Certains des éléments que nous avions fait parvenir à la partie grecque ont été rejeté ce qui parfois est compréhensible parce que les trois institutions voulaient par exemple augmenter le cout de l'électricité le cout des médicaments...que les gouvernent grec ait rejeté ces propositions ne m'a guère surpris...nous leur avons dit qu'il faudrait qu'ils remplacent les mesures qu'ils ne voudraient pas par des mesures équivalentes en terme de revenu fiscal* ».

Puis, l'homme qui a proposé aux chinois que le Luxembourg soit tête de pont pour leurs investissements en Europe, annonce froidement que TAFTA doit absolument être durci pour pénaliser les PME. Il rassure d'abord « *A propos de TAFTA, il ne faut pas nourrir des craintes* ». Puis assène le coup mortel aux PME.

Non seulement le président de la commission européenne ne veut pas de *Small Business Act* version européenne, mais il veut que TAFTA l'interdise explicitement :

« *Il ne faut pas toujours avoir ce réflexe protecteur et nombriliste. L'Europe est en train de négocier avec le gouvernement américain la fin de ce système....Nous sommes en train d'expliquer aux autorités américaines que leur manière de protéger leur marché a vocation à disparaitre si les Etats-Unis et les Européens veulent se mettre d'accord sur un traité de commerce.* »

Le *Small Business Act* du gouvernement français, qui ne réserve cependant pas une part des commandes publiques aux PME nationales, annoncé ce 9 juin par le premier ministre ne compensera jamais les emplois détruit par le TAFTA de Juncker.

Le Président de la Commission Européenne, confisque la démocratie, puisque cela n'est surement pas le souhait des peuples relayé ni même des parlementaires européens, mais semble aussi parfois brader l'Europe en étant plus libéral que les américains. Ces derniers sont toujours pragmatiques et racontent cette belle histoire du libéralisme et de ses bienfaits uniquement quand elle sert leurs intérêts.

Nous aurions besoin d'un Président de la Commission Européenne intelligent et honnête. Avoir une seule des deux qualités est le plus fréquent en politique. Pour diriger l'Europe dans la tourmente, il nous faut les deux.

Université : le diable serait-il dans la "gouvernance?

Sartre avait dit, dans la revue *Les Temps Modernes*, il y a un demi-siècle : « *Tout anti communiste est un chien* ». Il ne faisait pas bon être libéral chez les économistes universitaires.

A partir des années 1970, "Tout anti libéral est un chien" sous-entend l'école de Chicago qui introduit un concept cohérent et ravageur d' « extrême libéralisme » qui va dominer le monde. Traumatisée par le communisme russe, réfugiée aux États-Unis, la philosophe Ayn Randt a lancé ses chiens de garde contre tous ceux qui ne pensent pas que l'état et le collectif doivent disparaitre et que l'égoïsme et la cupidité doivent devenir la colonne vertébrale de l'espèce humaine. Alan Greenspan, adepte inconditionnel de cette philosophe, et longtemps président de la Banque Centrale Américaine a contribué à détruire les régulations et les oppositions à ce dogme chez les financiers, mais aussi chez les universitaires.

La liberté académique n'existe-t-elle donc pas à l'Université française?

Le droit à la liberté académique est bien réaffirmé encore dans la *Charte des droits fondamentaux* de l'Union européenne du 7 décembre 2000 et jusque dans la Recommandation 1762 du Conseil de l'Europe sur la *liberté académique et autonomie des universités* du 30 juin 2006. La loi de 2003 article L141.6 du code de l'éducation dispose que "*le service public de l'enseignement supérieur est laïque et indépendant de toute emprise politique, économique, religieuse et idéologique ; il tend à l'objectivité du savoir ; il respecte la diversité des opinions. Il doit garantir à l'enseignement et à la recherche leurs possibilités de libre développement scientifique, créateur et critique*" ». Le professeur d'université, contrairement aux autres fonctionnaires, est censé pouvoir librement critiquer le pouvoir et même son institution assurant ainsi une sorte de contre-pouvoir minimal démocratique.

Mais la liberté académique est-elle effective?

La liberté académique n'est pas effective chez les économistes. *L'Association Française d'Economie Politique* a prouvé, chiffres à l'appui, que les économistes qui ne sont pas du courant dominant disparaissent [1]. Ils sont peu représentés dans les instances du pouvoir universitaire qui définit les nominations aux postes de professeurs et donc ne peuvent former de docteurs [2]. Le milieu académique est un « petit monde » où les recrutements sont souvent locaux et récompensent ceux qui ont rendu services localement ou ceux qui respectent le dogme.

La liberté académique n'est pas effective chez les financiers

En dehors de la finance mathématique basée sur l'efficience du « Dieu marché », aucune chance de publier dans des revues faisant autorité. Si bien que, sans reconnaissance académique, malgré la crise, peu de financiers tentent une critique autre que cosmétique. L'obligation de publier deux articles dans des revues cotées et sous contrôle du courant de pensée dominant tous les quatre ans sous peine d'être exclu des laboratoires et de voir son service d'enseignement augmenter rend suicidaire pour les jeunes recrues de s'intéresser à une finance alternative au service de la société.

La liberté académique n'est pas effective chez les gestionnaires

A l'Université, l'Entreprise devient « institution sacrée » d'autant plus que les entreprises financent des chaires et des projets de recherche. Les établissements universitaires de type « écoles de commerce » ont le vent en poupe puisqu'ils assurent des débouchés aux étudiants. Ils bâtissent souvent un discours dogmatique qui devient un hymne à l'entreprise. Dans ces établissements universitaires, conduits par des professeurs de gestion, on peut vite prendre pour modèle la gestion d'une entreprise et transformer les enseignants en salariés sous la houlette d'un directeur du personnel et les étudiants en clients. Comme en entreprise, la moindre critique du système constitue alors un affront hiérarchique.

La liberté académique est de moins en moins effective dans les autres disciplines

La critique de l'utilité sociale des recherches, financées massivement par des entreprises en sciences dures, est difficile comme l'a montré l'éviction de Jacques Testard de son laboratoire et d'autres nombreux cas où les partenariats publics-privés rendent dominants les intérêts financiers à court terme.

Une critique radicale s'avère, de fait, inaudible dans l'institution universitaire à l'heure où pourtant, elle apparaît de plus en plus nécessaire. Par quel mécanisme?

La nouvelle « liberté des universités » permet de détruire celle des universitaires

Avant la loi LRU de *Liberté des Université*s en 2007, ceux qui dirigeaient les institutions étaient souvent les plus experts dans leur domaine : des intellectuels parfois au service des autres, parfois usant pour eux de ce pouvoir.

Cependant, les possibilités de marginaliser des intellectuels « alternatifs » et « hors normes » restaient faibles.

Aujourd'hui, ceux qui dirigent les institutions détiennent un pouvoir arbitraire, conduisant à l'apparition d'une classe d'oligarques universitaires. Il leur est nécessaire de dépenser l'essentiel de leur temps dans les réseaux où sont distribués l'argent de la recherche et les avancements : des gestionnaires remplacent souvent les intellectuels. Ceci d'autant que le poids des personnalités extérieures du monde des affaires a été renforcé dans le Conseil d'administration.

Les présidents des Université ont maintenant le pouvoir de "moduler" les services. Cela veut dire qu'il est aisé de contraindre le professeur à réserver son temps pour la gestion administrative et l'enseignement au détriment de ses recherches. Les responsables de licence et de master, à l'occasion des changements de maquette, ont, eux, le pouvoir de retirer les cours de tel ou tel enseignant, déviant idéologiquement ou dont la pédagogie ne plait pas. Celui-ci doit alors "revendre" ses compétences ailleurs, quitte à enseigner tout autre chose hors de son expertise. La liberté pédagogique peut disparaitre selon le bon plaisir des gestionnaires de licence et de master. De plus, la notation des enseignants par les étudiants conduit à une perversion du rapport de l'enseignant devant ses étudiants devenus clients et face à son institution devenue employeur. Enfin un "bougisme" permanent si bien décrit par Taguieff conduit à la multiplication des commissions et réunions et achève de déstabiliser les projets qui ont besoin de durée pour s'affiner.

Les structures de financement décident, elles, qui aura les moyens financiers de sa recherche. La liberté de recherche n'est qu'un souvenir avec des crédits affectés aujourd'hui massivement à 10% des professeurs. Dans ce cadre-là également, les gestionnaires avisés sont bien plus performants que des intellectuels car les montants des contrats permettent d'acheter des grands noms sur le marché mondial garantissant les publications, tout comme les clubs sportifs achètent leurs joueurs.

L'université peut-elle devenir une barrique maléfique?

La loi LRU de *Liberté des Université*s permet d'appliquer les recettes libérales, courantes en entreprise, à l'Université.

De fait la recherche en technoscience peut être plus efficace sous un régime de type entreprise. C'est d'ailleurs probablement la raison fondamentale de l'évolution du mode de gouvernement des universités.

Cependant, en renforçant l'hétéronomie du contexte de découverte en science, cette contrainte de limite des libertés académiques internalise de nouvelles questions taboues et restreint l'essor scientifique de recherche de vérité lié à la divergence des points de vue.

Ainsi, ce qui existe dans l'entreprise, peut être profondément nuisible à l'Université.

Le fondement du droit à la liberté académique, c'est l'exercice possible de la citoyenneté. Or, la petite taille d'une communauté universitaire permet de vivre des pratiques d'organisation basées sur une égalité des pairs qui décident les règles de leur avenir. La loi LRU de *Liberté des Université*s supprime une expérience démocratique qui permet non seulement aux professeurs mais aussi indirectement aux étudiants de comprendre et pratiquer qu'être citoyen, c'est être capable de vivre des expériences où l'on est tantôt gouvernant tantôt gouverné.

L'application de la loi LRU de *Liberté des Université*s fragilise le corps social universitaire en l'habituant à des pratiques sociologiques et politiques qui permettent des dérives dont la rapidité et l'ampleur sont imprévisibles. L'expérience de Zimbardo [3], si elle n'est pas comparaison, peut cependant nous alerter : hommes ordinaires que pouvons-nous devenir dans une barrique qui devient maléfique?

Une récente expérience menée par Laurent Begue [4] à l'université de Grenoble a montré, dans une expérience du type de celle de Milgram, qu'être une personne agréable ou avoir l'esprit consciencieux est significativement lié à l'obéissance. De fait, c'est implicitement une sélection de personnels obéissants souvent « agréables », les zélés, qui est ainsi réalisée pour les postes de direction.

Mais l'obéissance, rappelons-le, est une caractéristique majeure pour Hannah Arendt de la déresponsabilisation. Quand elle devient le critère dominant, elle ferme la porte à la démocratie et ouvre la porte à toutes les dérives.

La loi LRU de *Liberté des Université*s et les zélés qui sont en charge de son application, sont bien à même d'affaiblir l'efficacité de la recherche scientifique.

Ce ne sont pas les Universités qui doivent être « libres » mais les universitaires qui doivent l'être. Une Université qui veut fonctionner comme une entreprise libérale pourra vite devenir une barrique maléfique. Si la hiérarchie universitaire se voit confier des pouvoirs de gardiens, le mimétisme se renforcera au détriment de la liberté académique : il conviendra de faire comme tout le monde ne pas se faire remarquer pour pouvoir faire carrière et au moins ne pas être ciblé comme un empêcheur de tourner en rond, prochain bouc émissaire. Tout le monde voudra même être gardien !

Les universitaires, l'histoire l'a montré, sont des hommes ordinaires. Ce n'est pas eux mais la structure de mode de "gouvernance" de l'Université qui permet une éducation à la citoyenneté. Arrêtons l'expérience de déresponsabilisation, remettons toutes leurs libertés aux universitaires avant qu'il ne soit trop tard.

[1] Une étude qu'on trouve sur le site de l'AFEP (Association Française d'Economie Politique), montre qu'entre 2005 et 2011, sur 120 nominations de professeurs, 6 seulement appartenaient à des traditions critiques. Selon l'économiste André Orléan, si rien n'est fait, c'en est fait du pluralisme en économie à horizon de deux ou trois ans !

[2] Au sein même du CNU, les collègues qui se reconnaissent dans le *mainstream* sont dominants.

[3] En 1971, le Professeur Zimbardo réalise à Stanford une étude de psychologie expérimentale simulant une prison avec des gardiens et des prisonniers. Les étudiants participant à cette expérience, la plupart pacifistes et de plus sélectionnés pour leur stabilité et leur maturité, étaient aléatoirement affectés. Les gardes ont rapidement franchi les limites d'un simple jeu de rôles pour, dépassant ce qui avait été prévu, conduire à des situations réellement dangereuses et psychologiquement dommageables : l'effet Lucifer. Une seule personne parmi les cinquante participants s'opposa à la poursuite de l'expérience pour des raisons morales ce qui poussa à arrêter l'expérience au bout de six jours. Les gardiens ont pu être classés en 3 catégories : les sadiques, les zélés et les dociles encore capables de certains gestes d'humanité.

[4] Bègue, L., Beauvois, J.-L., Courbet, D., Oberlé, D., Lepage, J. and Duke, A. A. (2014), Personality Predicts

Obedience in a Milgram Personality.
Paradigm. Journal of

Cigales et fourmis d'Europe: renégocier, traquer, monétiser, produire juste et exclure

ÉCONOMIE - Les projecteurs sont braqués sur la Grèce mais globalement, c'est l'Europe qui va faire faillite. Plutôt que considérer les pays comme des dominos qui vont s'effondrer les uns sur les autres et traiter trop tard la question pays par pays, opter pour une solution générale pourrait être efficace.

Tout devient gérable si les pays européens renégocient tous leurs propres dettes pour n'en garder qu'à hauteur de 80% de leur PIB et si ces états ne repartent pas dans la mauvaise direction.

Pour tous les pays d'Europe, il s'agit d'appliquer, le même jour J, 5 principes:

Principe 1: Renégocier entre 60% et 80% du PIB pour la dette nationale en fonction des taux d'endettements aujourd'hui.

Principe 2: Ouvrir tous les comptes. Il est bien dommage que, par exemple, la régulation des comptes des français en Suisse, ne conduisent qu'à des amendes ridicules sans exigence de transparence sur l'origine des fonds non déclarés. Des grecs et, parmi eux, ceux ayant bénéficié de la corruption, ont placé de l'ordre de 300 milliards d'euros dans les banques notamment suisses et allemandes. Ce que les américains ont fait en Suisse avec FATCA en obligeant à ouvrir les comptes suisses de leurs ressortissants, l'Europe

doit pouvoir le faire au moins chez elle! Les propriétaires de comptes à l'étranger non déclarés doivent être sanctionnés. Et pour ceux ne pouvant expliquer l'origine de leurs fonds, il faut saisir l'intégralité de leurs comptes ouverts à l'étranger et cela dans toutes les banques européennes et suisses.

Principe 3: Monétiser une partie des dettes au-delà des 80% du PIB. Il faut effectuer une monétisation des dettes complémentaires: à savoir que l'Europe mutualisera la dette et la BCE aura ordre de fabriquer les billets nécessaires pour rembourser ces dettes. Il importe de limiter les taux d'intérêt voire opérer une décote pour les dettes correspondant à des périodes d'endettement des états où la dette dépassait déjà 100% du PIB.

Evidemment, comme cela concerne tous les pays européens et comme les régulateurs bancaires ont laissé se multiplier les *Credit Default Swaps*, malgré l'alerte de 2008, un risque systémique trop fort pourrait conduire à honorer l'intégralité des dettes. Ceci n'est pas souhaitable et doit être examiné avec attention car, dans ce cas, la BCE n'aura d'autre choix que de faire la création monétaire sans décote sur les dettes. Dans le cas d'une décote, chaque pays devra couvrir les pertes éventuelles

engendrées dans les placements des retraités à très faibles ressources.

Principe 4: Créer des monnaies nationales parallèles à la monnaie commune. La monnaie commune restant toujours l'Euro, chaque pays utiliserait une monnaie interne dont le taux de change serait géré, comme l'avait proposé Keynes avec le BANCOR, pour équilibrer les balances commerciales. Ainsi, par structure, les pays rééquilibreraient production et consommation.

Principe 5: Interdire tout endettement supplémentaire en euro au-delà de 80% du PIB. Ainsi, à compter de ce jour J, tout endettement au-delà de 80% serait considéré comme contrat sans valeur légal par tous les pays d'Europe. Le pays qui se laisserait démesurément endetter, s'exclurait alors effectivement de la zone euro.

La Grèce est endettée de façon démesurée. Sa dette nous concerne tous. Parce que nous sommes ses créanciers. Parce que nous aussi sommes des débiteurs. Essayer de trouver des solutions à la situation grecque sans considérer la situation d'endettement tout aussi dramatique de nombre de ses cousins européens, revient à se limiter à désinfecter une plaie sur un membre alors que c'est tout le corps qui porte des plaies surinfectées ! Les 5 principes que nous proposons, sont simples mais difficiles à biaiser, justement parce qu'ils sont simples. Ils ne plairont pas à ceux qui laissent dépecer l'Europe.

Mais ceux qui tiennent à l'aventure humaine européenne, se donneront des règles simples pour que demain, les cigales demeurent raisonnables et que les fourmis n'accumulent plus les créances jusqu'à faire chanter faux les cigales.

Université : le diable serait-il dans la « gouvernance?

Sartre avait dit, dans la revue *Les Temps Modernes*, il y a un demi-siècle : « Tout anti communiste est un chien ». Il ne faisait pas bon être libéral chez les économistes universitaires.

A partir des années 1970, « Tout anti libéral est un chien » sous-entend l'école de Chicago qui introduit un concept cohérent et ravageur d' « extrême libéralisme » qui va dominer le monde. Traumatisée par le communisme russe, réfugiée aux États-Unis, la philosophe Ayn Randt a lancé ses chiens de garde contre tous ceux qui ne pensent pas que l'état et le collectif doivent disparaitre et que l'égoïsme et la cupidité doivent devenir la colonne vertébrale de l'espèce humaine. Alan Greenspan, adepte inconditionnel de cette philosophe, et longtemps président de la Banque Centrale Américaine a contribué à détruire les régulations et les oppositions à ce dogme chez les financiers, mais aussi chez les universitaires.

La liberté académique n'existe-t-elle donc pas à l'Université française?

Le droit à la liberté académique est bien réaffirmé encore dans la *Charte des droits fondamentaux* de l'Union européenne du 7 décembre 2000 et jusque dans la Recommandation 1762 du Conseil de l'Europe sur la *liberté académique et autonomie des universités* du 30 juin 2006. La loi de 2003 article L141.6 du code de l'éducation dispose que « le service public de l'enseignement supérieur est laïque et indépendant de toute emprise politique, économique, religieuse et idéologique ; il tend à l'objectivité du savoir ; il respecte la diversité des opinions. Il doit garantir à l'enseignement et à la recherche leurs possibilités de libre développement scientifique, créateur et critique » ». Le professeur d'université, contrairement aux autres fonctionnaires, est censé pouvoir librement critiquer le pouvoir et même son institution assurant ainsi une sorte de contre-pouvoir minimal démocratique.

Mais la liberté académique est-elle effective?

La liberté académique n'est pas effective chez les économistes. *L'Association Française d'Economie Politique* a prouvé, chiffres à l'appui, que les économistes qui ne sont pas du courant dominant disparaissent [1]. Ils sont peu représentés dans les instances du pouvoir universitaire qui définit les nominations aux postes de professeurs et donc ne peuvent former de docteurs [2]. Le milieu académique est un « petit monde » où les recrutements sont souvent locaux et récompensent ceux qui ont rendu services localement ou ceux qui respectent le dogme.

La liberté académique n'est pas effective chez les financiers

En dehors de la finance mathématique basée sur l'efficience du « Dieu marché », aucune chance de publier dans des revues faisant autorité. Si bien que, sans reconnaissance académique, malgré la crise, peu de financiers tentent une critique autre que cosmétique. L'obligation de publier deux articles dans des revues cotées et sous contrôle du courant de pensée dominant tous les quatre ans sous peine d'être exclu des laboratoires et de voir son service d'enseignement augmenter rend suicidaire pour les jeunes recrues de s'intéresser à une finance alternative au service de la société.

La liberté académique n'est pas effective chez les gestionnaires

A l'Université, l'Entreprise devient « institution sacrée » d'autant plus que les entreprises financent des chaires et des projets de recherche. Les établissements universitaires de type « écoles de commerce » ont le vent en poupe puisqu'ils assurent des débouchés aux étudiants. Ils bâtissent souvent un discours dogmatique qui devient un hymne à l'entreprise. Dans ces établissements universitaires, conduits par des professeurs de gestion, on peut vite prendre pour modèle la gestion d'une entreprise et transformer les enseignants en salariés sous la houlette d'un directeur du personnel et les étudiants en clients. Comme en entreprise, la moindre critique du système constitue alors un affront hiérarchique.

La liberté académique est de moins en moins effective dans les autres disciplines

La critique de l'utilité sociale des recherches, financées massivement par des entreprises en sciences dures, est difficile comme l'a montré l'éviction de Jacques Testard de son laboratoire et d'autres nombreux cas où les partenariats publics-privés rendent dominants les intérêts financiers à court terme.

Une critique radicale s'avère, de fait, inaudible dans l'institution universitaire à l'heure où pourtant, elle apparaît de plus en plus nécessaire. Par quel mécanisme?

La nouvelle « liberté des universités » permet de détruire celle des universitaires

Avant la loi LRU de *Liberté des Université*s en 2007, ceux qui dirigeaient les institutions étaient souvent les plus experts dans leur domaine : des intellectuels parfois au service des autres, parfois usant pour eux de ce pouvoir. Cependant, les possibilités de marginaliser des intellectuels « alternatifs » et « hors normes » restaient faibles.

Aujourd'hui, ceux qui dirigent les institutions détiennent un pouvoir arbitraire, conduisant à l'apparition d'une classe d'oligarques universitaires. Il leur est nécessaire de dépenser l'essentiel de leur temps dans les réseaux où sont distribués l'argent de la recherche et les avancements : des gestionnaires remplacent souvent les intellectuels. Ceci d'autant que le poids des personnalités extérieures du monde des affaires a été renforcé dans le Conseil d'administration.

Les présidents des Universités ont maintenant le pouvoir de « moduler » les services. Cela veut dire qu'il est aisé de contraindre le professeur à réserver son temps pour la gestion administrative et l'enseignement au détriment de ses recherches. Les responsables de licence et de master, à l'occasion des changements de maquette, ont, eux, le pouvoir de retirer les cours de tel ou tel enseignant, déviant idéologiquement ou dont la pédagogie ne plait pas. Celui-ci doit alors « revendre » ses compétences ailleurs, quitte à enseigner tout autre chose hors de son expertise. La liberté pédagogique peut disparaitre selon le bon plaisir des gestionnaires de licence et de master. De plus, la notation des enseignants par les étudiants conduit à une perversion du rapport de l'enseignant devant ses étudiants devenus clients et face à son institution devenue employeur. Enfin un « bougisme » permanent si bien décrit par Taguieff conduit à la multiplication des commissions et réunions et achève de déstabiliser les projets qui ont besoin de durée pour s'affiner.

Les structures de financement décident, elles, qui aura les moyens financiers de sa recherche. La liberté de recherche n'est qu'un souvenir avec des crédits affectés aujourd'hui massivement à 10% des professeurs. Dans ce cadre-là également, les gestionnaires avisés sont bien plus performants que des intellectuels car les montants des contrats permettent d'acheter des grands noms sur le marché mondial garantissant les publications, tout comme les clubs sportifs achètent leurs joueurs.

L'université peut-elle devenir une barrique maléfique?

La loi LRU de *Liberté des Université*s permet d'appliquer les recettes libérales, courantes en entreprise, à l'Université.

De fait la recherche en technoscience peut être plus efficace sous un régime de type entreprise. C'est d'ailleurs probablement la raison fondamentale de l'évolution du mode de gouvernement des universités.

Cependant, en renforçant l'hétéronomie du contexte de

découverte en science, cette contrainte de limite des libertés académiques internalise de nouvelles questions taboues et restreint l'essor scientifique de recherche de vérité lié à la divergence des points de vue.

Ainsi, ce qui existe dans l'entreprise, peut être profondément nuisible à l'Université.

Le fondement du droit à la liberté académique, c'est l'exercice possible de la citoyenneté. Or, la petite taille d'une communauté universitaire permet de vivre des pratiques d'organisation basées sur une égalité des pairs qui décident les règles de leur avenir. La loi LRU de *Liberté des Université*s supprime une expérience démocratique qui permet non seulement aux professeurs mais aussi indirectement aux étudiants de comprendre et pratiquer qu'être citoyen, c'est être capable de vivre des expériences où l'on est tantôt gouvernant tantôt gouverné.

L'application de la loi LRU de *Liberté des Université*s fragilise le corps social universitaire en l'habituant à des pratiques sociologiques et politiques qui permettent des dérives dont la rapidité et l'ampleur sont imprévisibles. L'expérience de Zimbardo [3], si elle n'est pas comparaison, peut cependant nous alerter : hommes ordinaires que pouvons-nous devenir dans une barrique qui devient maléfique?

Une récente expérience menée par Laurent Begue [4] à l'université de Grenoble a montré, dans une expérience du type de celle de Milgram,

qu'être une personne agréable ou avoir l'esprit consciencieux est significativement lié à l'obéissance. De fait, c'est implicitement une sélection de personnels obéissants souvent « agréables », les zélés, qui est ainsi réalisée pour les postes de direction.

Mais l'obéissance, rappelons-le, est une caractéristique majeure pour Hannah Arendt de la déresponsabilisation. Quand elle devient le critère dominant, elle ferme la porte à la démocratie et ouvre la porte à toutes les dérives.

La loi LRU de *Liberté des Université*s et les zélés qui sont en charge de son application, sont bien à même d'affaiblir l'efficacité de la recherche scientifique.

Ce ne sont pas les Universités qui doivent être « libres » mais les universitaires qui doivent l'être. Une Université qui veut fonctionner comme une entreprise libérale pourra vite devenir une barrique maléfique. Si la hiérarchie universitaire se voit confier des pouvoirs de gardiens, le mimétisme se renforcera au détriment de la liberté académique : il conviendra de faire comme tout le monde ne pas se faire remarquer pour pouvoir faire carrière et au moins ne pas être ciblé comme un empêcheur de tourner en rond, prochain bouc émissaire. Tout le monde voudra même être gardien !

Les universitaires, l'histoire l'a montré, sont des hommes ou des femmes ordinaires. Ce n'est pas eux ou elles mais la structure de mode de « gouvernance » de l'Université qui permet une

éducation à la citoyenneté. Arrêtons l'expérience de déresponsabilisation, remettons toutes leurs libertés aux universitaires avant qu'il ne soit trop tard.

========================

[1] Une étude qu'on trouve sur le site de l'AFEP (Association Française d'Economie Politique), montre qu'entre 2005 et 2011, sur 120 nominations de professeurs, 6 seulement appartenaient à des traditions critiques. Selon l'économiste André Orléan, si rien n'est fait, c'en est fait du pluralisme en économie à horizon de deux ou trois ans !

[2] Au sein même du CNU, les collègues qui se reconnaissent dans le *mainstream* sont dominants.

[3] En 1971, le Professeur Zimbardo réalise à Stanford une étude de psychologie expérimentale simulant une prison avec des gardiens et des prisonniers. Les étudiants participant à cette expérience, la plupart pacifistes et de plus sélectionnés pour leur stabilité et leur maturité, étaient aléatoirement affectés. Les gardes ont rapidement franchi les limites d'un simple jeu de rôles pour, dépassant ce qui avait été prévu, conduire à des situations réellement dangereuses et psychologiquement dommageables : l'effet Lucifer. Une seule personne parmi les cinquante participants s'opposa à la poursuite de l'expérience pour des raisons morales ce qui poussa à arrêter l'expérience au bout de six jours. Les gardiens ont pu être classés en 3 catégories : les sadiques, les zélés et les dociles encore

capables de certains gestes d'humanité.

[4] Bègue, L., Beauvois, J.-L., Courbet, D., Oberlé, D., Lepage, J. and Duke, A. A. (2014), Personality Predicts Obedience in a Milgram Paradigm. Journal of Personality. doi: 10.1111/jopy.12104

Denis Dupré
CO-SIGNATAIRE DE LA TRIBUNE

15 septembre 2015

Banque de France : « François Villeroy de Galhau est exposé à un grave conflit d'intérêts

»

Un collectif d'économistes, d'universitaires et de personnalités de la société civile demande aux parlementaires de ne pas approuver cette nomination.

L'Elysée a officialisé, mardi 8 septembre, la nomination de François Villeroy de Galhau à la présidence de la Banque de France, ce qui le conduira de facto à présider aussi l'Autorité de contrôle prudentiel et de résolution (ACPR) et à siéger au Haut Conseil de stabilité financière. Celui qui a été, entre 2011 et 2015, le directeur général délégué du groupe BNP Paribas deviendrait donc le relais en France de la politique monétaire de la Banque centrale européenne (BCE) et le principal représentant de la France dans les instances internationales chargées de la régulation bancaire.

L'expérience de François Villeroy de Galhau lui confère à n'en pas douter une excellente expertise du secteur bancaire, au moins autant qu'elle l'expose à un grave problème de conflit d'intérêts et met à mal son indépendance. Etant donné les enjeux de pouvoir et d'argent qu'il véhicule, le secteur bancaire est particulièrement propice aux conflits d'intérêts. Il est totalement illusoire d'affirmer qu'on peut avoir servi l'industrie bancaire puis, quelques mois plus tard, en assurer le contrôle avec impartialité et en toute indépendance.

Et ce n'est pas comme si le président de la République n'avait pas eu le choix. Il était tout à fait possible de promouvoir, au sein de la Banque de France, une candidature interne bien moins exposée au risque de conflit d'intérêts et apportant les meilleurs gages de compétence et d'expérience.

Parmi les candidats externes souvent évoqués, un économiste français, ancien de la direction générale du Trésor, actuel membre du directoire de la BCE, présentait aussi les gages d'expertise comme d'indépendance vis-à-vis des pressions politiques et de celles du lobby bancaire, avec en outre à son actif un curriculum académique qui, à peu près partout ailleurs qu'en France, aurait constitué un atout pour recruter un banquier central. L'Elysée pouvait aussi ouvrir le jeu et recruter bien au-delà du sérail de la haute administration.

Effet délétère sur la démocratie

A l'expertise indépendante ou à la promotion interne, François Hollande a préféré l'ancien banquier, énarque et inspecteur des finances. Nos gouvernants sont-ils à ce point prisonniers des intérêts financiers qu'ils laissent à la finance le pouvoir de nommer les siens aux fonctions-clés des instances censées la réguler? Sont-ils à ce point dans l'entre-soi qu'ils ne réalisent pas l'effet délétère d'une telle décision sur notre démocratie? Sont-ils à ce point déconnectés de leurs concitoyens qu'ils ne mesurent pas la défiance à l'égard des institutions qu'une telle décision vient nourrir?

Monsieur le président de l'Assemblée nationale, Monsieur le président du Sénat, Monsieur le président de la commission des finances de l'Assemblée nationale, Madame la présidente de la commission des finances du Sénat, Mesdames et Messieurs les parlementaires, qui allez bientôt vous prononcer sur cette nomination, nous vous demandons de ne pas l'approuver. Nous en appelons à votre responsabilité, à votre engagement à servir le bien public, et à votre sens démocratique.

BLOG A LA UNE

La France sera-t-elle colonie allemande en mai 2017?

INTERNATIONAL - En démocratie, le peuple doit être souverain. La France peut-elle encore se considérer comme une démocratie alors que ses citoyens ont perdu toute souveraineté? Marie-France Garaud a décrit le 20 août sur France Culture les quatre conditions que nécessite la souveraineté: battre monnaie, faire ses lois, rendre justice, être maitre de faire la guerre.

• **Battre monnaie**: aujourd'hui, nous ne décidons plus ni quand, ni à qui, nous distribuons la monnaie fabriquée par la BCE. Depuis 2011, l'équilibre de notre budget national est contrôlé par le parlement européen: « *Les États membres tiennent dûment compte des orientations qui leur sont transmises pour l'élaboration de leurs politiques économiques, de l'emploi et budgétaires avant toute prise de décision majeure concernant leurs budgets nationaux pour les années à venir.* ». La commission européenne a pouvoir d'infliger des amendes si ces recommandations ne sont pas appliquées.

• **Faire ses lois**: comme le souligne régulièrement Juncker, les traités européens sont supérieurs aux lois nationales. Les lois les plus cruciales se décident à Bruxelles.

• **Rendre justice**: avec TAFTA, nous prévoyons de laisser les entreprises faire des procès aux états européens quand elles estiment que des bénéfices escomptés leur échappent du fait de réglementations nationales.

• **Etre maître de faire la guerre**: Nicolas Sarkozy a détruit l'indépendance, arrachée par le Général de Gaulle, en nous intégrant dans l'OTAN, donc sous commandement américain.

Sans souveraineté, nous sommes à la merci des forces extérieures: états, multinationales et fonds de pension dont l'intérêt est de piller nos richesses et nous asservir. Castoriadis disait, il y a 30 ans, que nous n'étions alors déjà plus une démocratie mais une oligarchie libérale. A l'époque, cette oligarchie défendait encore en partie les intérêts nationaux. Aujourd'hui, elle est dévouée à ceux qui nous pillent.

Tous ces abandons sont de notre seule responsabilité et la France, comme d'autres états européens, est en passe de devenir une colonie. Ce qui caractérise une colonie, c'est un système de captation de flux de richesses et un contrôle de la population par la mise sous contrôle de ses élites.

C'est en employant certaines pratiques utiles à tout bon colonisateur que l'Allemagne de l'Ouest a réalisé sa fusion avec l'Allemagne de l'Est. Shauble a « réussi » la privatisation des entreprises est-allemandes au profit des industriels ouest-allemands qui se sont enrichis. Les 3 millions de chômeurs de cette restructuration sont devenus pour la plupart des esclaves internes, payés 400 euros avec la libéralisation du travail par Kohl. Massivement les allemands plébiscitent ces réformes puisque Schauble à aujourd'hui une popularité de 70%.

Il me semble que l'Allemagne envisage maintenant, par calcul comptable à court terme, de coloniser certains états de l'Europe.

La Grèce est la première petite colonie extérieure des temps modernes. La remontée des flux de richesse y est organisée: 50 milliards prévus dans le dernier mémorandum pour prélever les dernières richesses de l'état grec. Schauble, président du fonds de privatisation, va pouvoir orienter la redistribution des « bonnes affaires bradées » suivant les mêmes principes qu'en Allemagne de l'Est.

Le potentiel de travailleurs est aussi prélevé puisque 200.000 jeunes grecs diplômés participent dès à présent à dynamiser l'Allemagne vieillissante.

Même si ce sont les institutions européennes qui semblent imposer leur diktat, l'Allemagne est seule à la manœuvre. La France peut se préparer à passer, elle aussi, sous tutelle dès le 7 mai 2017.

En avril 2014, Schauble voulait mettre le budget français sous tutelle de Bruxelles et imposer des réformes à la France. Seul le ministre Michel Sapin avait timidement rappelé que "*la France déteste qu'on la force*". Merkel a alors accepté, à la demande du Président français, que les efforts français soient repoussés en 2017, au lendemain des élections françaises, pour éviter le « risque Front national ».

Une stratégie semble définie entre Merkel et Hollande. François ferait office de gouverneur de la province France. Il œuvre déjà quand une équipe dépêchée par le gouvernement français sous prétexte d' « aider » les grecs à trouver un « texte acceptable » pour les allemands, a rédigé la trahison de Tsipras dans le texte du Mémorandum 3. Comment pourra-t-il refuser que les mêmes principes s'appliquent à la France: fonds de privatisation des biens publics, coupe automatique des budgets sociaux, réforme du marché du travail, diminution des retraites, saisie d'une partie des dépôts bancaires des classes moyennes?

La mise sous contrôle de la population est engagée: les postes de directions sont convoités par les « pseudo-élites » nationales dont la compétence exigée est la capacité à obéir, les prérogatives de la police sont renforcées, les expressions anti-euros exclues des grands médias.

Pendant ce temps, rien, absolument rien, n'est engagé pour que les nantis français finissent de transférer leurs avoirs à l'étranger alors qu'il faudrait bloquer les transferts de capitaux dès aujourd'hui.

C'est bien une colonisation que l'Allemagne pilote via les exigences européennes. Angela Merkel en a-t-elle conscience, elle qui était responsable de la propagande à l'académie des sciences en Allemagne de l'Est? Elle qui a vécu la colonisation russe « efficace », pourrait souhaiter autre chose pour l'Europe.

Les colonisateurs ont de puissants moyens financiers et de nombreux serviteurs zélés. La résistance doit s'organiser...

Avant de se faire assassiner, Sankara, dans son discours sur la dette, proposait pour les états africains, l'autonomie de production et le non-paiement des dettes...

Tsipras a proposé un équivalent moderne pour la Grèce avant de trahir ses objectifs. Pour faire face au défi de l'endettement sans mettre des peuples en esclavage, il faut s'opposer au volontarisme allemand et des autres prédateurs.

Oui, un pays doit pouvoir retrouver sa souveraineté monétaire avec une monnaie nationale, éventuellement complémentaire. La drachme et l'euro pourraient sans problème fonctionner en parallèle.

Oui, un pays peut faire défaut sur une partie de sa dette.

Oui, un pays, même en difficulté, ne doit soumettre son budget qu'au contrôle de ses citoyens.

L'avenir d'une Europe démocratique passe par l'exercice de la démocratie dans chacun de ses états et exige donc que chacun de ses membres reste souverain.

Racisme : 7 millions de syriens …et moi et moi et moi !

Le 7 octobre 2015, la chancelière allemande, faisant fi des disparités de chômage en Europe, déclare *« Nous devons assumer de façon responsable l'attrait de l'Europe. Les chances sont beaucoup plus importantes que les risques. »*

Le quotidien Bild annonce 1,5 millions de réfugiés syriens en 2015, qui pourraient devenir 7 millions avec le regroupement familial. Les personnes qui se voient accorder l'asile n'auront pas pour autant automatiquement la nationalité allemande. Cependant, les réfugiés circuleront librement en Europe.

Certains se prononcent pour et d'autres contre l'appel à accueillir ce flux de migrants. Il est tentant de classer comme « raciste » celui qui souhaite limiter ce flux et « non raciste » celui qui ouvre ses frontières.

Explorons ces positionnements avec d'autres filtres : l'empathie pour autrui, l'intérêt égoïste d'accueillir l'autre, le sentiment de crainte de déstabilisation de la société hôte.

Il existe alors de multiples cas de figures suivant qu'un individu a ou non de l'empathie, qu'il voit son intérêt personnel dans l'affaire ou qu'il n'en ait pas et enfin qu'il ait, à tort ou à raison, la crainte de déstabilisation de sa société ou pas.

Si l'on s'en tient au classement de « raciste » celui qui ne veut pas accepter les réfugiés et comme « non raciste » celui qui souhaite les accueillir, seront considérées comme « non racistes » des personnes appartenant à deux catégories pourtant bien différentes :

Celui qui a de l'empathie pour les réfugiés, qui n'a pas d'intérêt personnel à l'arrivée de ces réfugiés et qui n'a pas peur que cette arrivée déstabilise sa société. Seront dans cette catégorie sûrement certains artistes, en tout cas ceux passant à la télévision, qui sont majoritaires à défendre ce point de vue. Le pape aussi. Et probablement notre gouvernement pourrait en faire partie car avec le niveau de chômage, l'intérêt financier de cet accueil n'apparait pas comme une évidence comme elle a pu apparaitre en Allemagne.

Celui qui, sans avoir d'empathie pour les réfugiés, a des intérêts personnels à leur arrivée et qui n'a pas peur que cela déstabilise sa société. Sûrement certains grands patrons en France et en Allemagne peuvent être de ce type. L'arrivée des Syriens est applaudie par le patronat allemand en raison du vieillissement de la population et du besoin de main d'œuvre bon marché. Le patron du MEDEF en France défend que : *« Nos difficultés ne peuvent pas être une excuse pour ne rien faire. Accueillons-les et sachons tirer profit de leur dynamisme, de leur courage, de leur histoire aussi. Accélérons enfin nos réformes pour être capables de les intégrer pleinement dans la durée."*

Cependant le calcul semble fragile comme le montre le revirement allemand. Après sa décision d'ouvrir sans limite ses portes, l'Allemagne ferme brusquement, trois jours après, la frontière. Intègre-t-elle pour autant le groupe « raciste »?

Parmi ceux qui redoutent l'arrivée en masse des migrants, il y a celui qui a de l'empathie pour les réfugiés, qui n'a pas d'intérêt personnel à l'arrivée de ces réfugiés mais qui a peur que cette arrivée déstabilise sa société. Probablement certains intellectuels qui défraient aujourd'hui la chronique, sont dans cette catégorie. Rocard en ferait partie lui qui pensait qu'on ne pouvait accueillir toute la misère du monde. L'argument est « objectif » pour certains mais subjectif pour d'autres. Seule l'histoire nous le dira, mais qu'il soit rationnel ou non, c'est ce sentiment de peur, de déstabilisation qui explique le sondage du 6 octobre 2015 outre Rhin qui indique que 80% des Allemands se disent favorables à un retour des contrôles aux frontières.

Ainsi il n'y a pas de concordance entre être favorable ou non à l'afflux massif de réfugiés et l'empathie pour autrui.

L'éthique « raciste » accolée à la va-vite par des « étiqueteurs professionnels » empêche de débattre de questions sérieuses qui conditionnent notre société.

Le travail démocratique doit être fait sans se cacher les yeux. Les enjeux de durabilité d'une société démocratique nécessiterait de peser et définir les rôles respectifs du citoyen, de l'étranger, du métèque et de l'esclave. Comme dans la Grèce antique, nous utilisons des esclaves délocalisés de par le monde pour produire nos biens de consommation, nous avons des étrangers avec qui nous commerçons et nous querellons et probablement des métèques que seront ces réfugiés.

Il semble que l'on ne puisse plus oublier comme en 1966, dans la période Dutronc des années insouciantes … :

700 millions de chinois, et moi, et moi, et moi,

Avec ma vie, mon petit chez moi,

Mon mal de tête, mon mal de foie,

J'y pense et puis j'oublie, c'est la vie, c'est la vie.

Nos 7 milliards de voisins nous rappellerons chaque jour à la réalité.

Non à la guerre !

Je ne veux pas balancer des bombes par avion en Syrie.

Je veux utiliser notre armée pour éliminer les Kalachnikovs dans nos villages de France.

Je veux flâner en paix sur les quais de la Seine.

Je ne veux pas la guerre décidée au petit-déjeuner par un philosophe apprenti sorcier et un Sarkozy qui avait reçu la veille en grande pompe Kadhafi dans les jardins de l'Elysée fleuris grâce aux valises de billets de son invité.

Je ne veux pas rester faire la guerre au Mali sans autre prétexte qu'un coup de menton présidentiel pour affirmer une pathétique virilité et un clin d'œil vers l'uranium.

Je veux que mon Président n'aille plus faire le porte à porte pour Dassault auprès de l'Arabie Saoudite qui finance le terrorisme.

Je ne veux pas être fier que nos ventes d'armes explosent et représentent 40 000 emplois.

Je veux agir pour freiner le changement climatique et que notre supplément de budget militaire finance un fabricant public national de panneaux solaires : des emplois en France, des capteurs solaires donnés pour le développement plutôt que des bombes jetées de si haut.

Je veux envoyer nos militaires stopper le trafic de drogue sur notre territoire : fleur de mort pour nos enfants et terreau du financement des terroristes.

Je veux que la police contrôle nos frontières. Que l'accueil soit contrôlé, attentif aux détresses, généreux à la mesure de nos possibilités : pas de frontières ouvertes et pas de jungle.

Je veux un nouveau plan Marshall pour préparer l'avenir et donner un travail à chacun : il y a par exemple nos forêts à mieux gérer pour faire du bois énergie pour remplacer le pétrole si problématique.

Je veux combattre ceux qui bradent les biens communs du pays.

Je ne veux pas que l'armée prétende apporter la démocratie en Afrique à l'heure où je ne trouve plus son mode d'emploi en France.

Je ne veux plus me réveiller avec l'annonce d'une nouvelle guerre décidée par quelques-uns, en toute obscurité.

Je veux combattre la corruption galopante en France.

Je veux plus d'ordre à l'intérieur et provoquer moins de désordre à l'extérieur.

Non à la guerre !

Denis Dupré
Enseignant chercheur en finance et éthique à l'Université de Grenoble

Emmanuel Prados ●
Chercheur à l'INRIA, spécialiste des questions de gouvernance et démocratie

7 pistes pour une Université qui s'engage sérieusement dans le développement durable

CLIMAT - Les universités sont maintenant indépendantes. Le développement durable, trop transversal, est souvent oublié ou reste cantonné à une bonne volonté militante de quelques enseignants. Les réalisations sont inégales d'une université à l'autre mais les éco campus peinent à éclore souligne le 14 octobre 2015 Delphine Dauvergne sur le site *Educpros.fr*.

La COP21 aujourd'hui interroge les engagements des États dans une approche top-down. Mais au-delà de la COP21, limiter le changement climatique nécessite une transition sociale-écologique qui a pour préalable un changement radical de l'imaginaire de tous. La grande transformation nécessite un dialogue profond entre nous pour agir ensemble sur le monde. Les universités sont alors l'agora naturelle des discussions et le front de ce combat *bottom-up* de recherche d'un développement soutenable de nos sociétés.

7 engagements de l'université permettraient que les millions d'étudiants y participent:

1. L'université s'engage à avoir une vision long terme sur cette question pour former des citoyens critiques et compétents professionnellement.

2. Pour émettre un avis annuel sur les projets et réalisations, l'université met en place un comité de pilotage local et un comité de surveillance qui sera composé pour moitié au moins de personnalités extérieures reconnues pour leurs actions dans ce domaine.

3. L'université s'engage à publier sur son site internet, un bilan des actions de l'année ainsi que le nouveau projet global révisé.

4. L'université s'engage à mettre en place une formation de haut niveau sur la question. Il s'agirait d'au moins un master intégrant des problématiques et enjeux majeurs (démocratie, gouvernance mondiale, ressources (eau, sol, biodiversité, etc.), alimentaire, énergie, nouveaux modes production/consommation (local), économie et finance (global), justice, éthique, initiation à l'esprit critique etc.). L'université imposera progressivement que tous les étudiants des autres masters choisissent au moins un module de ce master.

5. Pour assurer cette formation de haut niveau, l'université favorise les recherches et projets transdisciplinaires sur cette question. Comme il ne peut y avoir de formation de haut niveau sans marier recherche, innovation-transfert et enseignement, l'université aura à moduler les contraintes actuelles fortes des enseignants-chercheurs.

6. L'université apporte un équilibre entre les solutions socio-économiques et les solutions technologiques. Dans le cadre du développement soutenable, des méthodes de recherches alternatives de « slow science » seront développées pour faire de la recherche scientifique incluant l'information

et la participation des citoyens.

7. L'université s'engage à stimuler les projets autonomes des étudiants sur cette question. Elle considère que les étudiants doivent apprendre l'éthique de l'action par l'action. Une enveloppe budgétaire importante sera dédiée et une commission originale qui pourra être majoritairement constituée d'étudiants sera créée. Elle validera les projets à soutenir et assurera la transparence et le contrôle ex-post des réalisations.

Un "contrat" quadriennal engageant dans lequel serait indiqué la stratégie et les moyens financiers qui seront alloués, pourrait servir de base au contrôle du nouveau label DD&RS (développement durable et responsabilité sociétale) récemment officiellement créé pour les universités sous l'influence du Grenelle de l'environnement de 2009.

Dans l'esprit constructif de la COP 21, l'université, en reprenant sa place d'acteur dans la société, peut constituer une source d'information indépendante du pouvoir politique et des entreprises. Lieu d'expertise, d'analyse des chiffres et des politiques, elle peut expérimenter, avec les étudiants et tous les membres de la société, les solutions à nos problèmes urgents. Elle sera alors en dialogue avec la société qui pourra s'appuyer sur des citoyens formés et informés et des experts au service de ses citoyens.

THE HUFFINGTON POST

Denis Dupré

7 décembre 2015

Sanctuariser 80% des réserves d'énergie fossile

Sans vouloir imposer aux états des quotas pour limiter leurs émissions de gaz à effet de serre comme dans les conférences précédentes, la COP21 part des promesses volontaristes des états pour les diminuer. Succès avec la Chine et les Etats-Unis qui s'engagent et un objectif global pour 195 pays de 55 gigatonnes de CO2 émis en 2030. De plus, 100 milliards sont promis aux pays pauvres pour s'adapter. Il devrait être aussi prévu une procédure de révision pour diminuer davantage les émissions car les promesses d'aujourd'hui, même si elles étaient tenues, sont insuffisantes pour ne pas dépasser la cible de 2 degrés.

1, 2 ou 4 degrés, cela semble anodin. Il faut comprendre ces petits degrés de plus en faisant l'analogie avec notre corps humain en bonne santé à 37°C. 39°C correspond souvent à une maladie gérable alors que 41°C peut détruire très rapidement les organes vitaux.

Or, une étude [1] parue en 2015 dans la revue scientifique Nature, vient de jeter un pavé dans la mare : pour ne pas dépasser cet objectif cible de 2 degrés, il faudrait laisser inexploitées 80% de nos réserves d'énergie fossile (gaz, charbon, pétrole). On n'en est plus à l'idée de ne pas épuiser trop rapidement les réserves... à diminuer les émissions pour préserver notre survie collective. Il s'agit bien de s'autolimiter tous

drastiquement et d'accepter de payer l'énergie plus chère, beaucoup plus chère. En effet, pour arriver à ce niveau de réserves fossiles non-exploitées à jamais, il faut, par exemple pour un baril de pétrole extrait, en acheter 4 qui resteront à jamais sous terre.

La limitation n'est pas le trait caractéristique de notre époque, le principe de sanctuariser de nombreux gisements va à l'encontre de bien des principes moteurs de nos économies... Arriver à s'entendre et à défendre ces réserves sanctuarisées semble impossible.

Cette sanctuarisation, pour pouvoir être mise en œuvre, ne doit pas pénaliser les pays producteurs. Est-ce possible? Calculons grossièrement de quel ordre de grandeur seraient les sommes d'argent à trouver pour les dédommager et leur permettre de reconvertir leur économie si l'on voulait que 80% des gisements mondiaux en pétrole, gaz et charbon ne soient plus exploités pour toujours.

Lorsque le prix du baril est à 50 dollars comme aujourd'hui, il en revient aujourd'hui en moyenne 20 dollars au propriétaire du gisement. Mais, comme les coûts d'extraction sont propres à chaque gisement, certains étant très couteux à exploiter rapportent beaucoup moins. On peut envisager de centrer les achats sur de tels gisements avec un

prix moyen de 10 dollars pour un baril qui resterait à jamais sous terre.

Pour atteindre notre objectif de 2 degrés, l'extraction annuelle de 30 milliards de barils doit entrainer la sanctuarisation de 120 milliards de barils. Soit pour une année, un investissement de 1200 milliards de dollars.

Le charbon, le gaz et le pétrole représentent chacun annuellement la même quantité d'énergie produite. Pour laisser sous terre 80 % des énergies fossiles, il est nécessaire de prévoir un budget dont l'ordre de grandeur est de 3 600 milliards de dollars par an.

Booster les entreprises de la transition

A quoi vont servir ces 3600 milliards?

Cet argent ne doit pas être libre d'utilisation. Le paiement des gisements sanctuarisés sera fait en capital bloqué dans des investissements d'avenir. Les montants mobilisés nous feront gagner du temps dans la mise en œuvre concrète des transitions énergétiques. A chaque achat de gisement sanctuarisé, au moment de la négociation du prix d'achat, l'acheteur (les banques centrales ou les états) et le pays vendeur décideront de l'investissement.

Ce pourra être une entrée au capital d'entreprises nationales de développement (du solaire, de l'éolien, de l'isolation des bâtiments etc.) créées à cet effet, permettant ainsi de multiplier les investissements dans les énergies renouvelables qui ne représentent aujourd'hui que 300 milliards de dollars.

Il peut sembler critiquable que ce capital reste propriété des pays vendant le gisement, pays souvent déjà très riches. Cependant, cela reste à court terme une solution réaliste et cela permet d'entrainer ces pays vers le soutien à la transition énergétique car on peut estimer que dans 10 ans, 25% de leurs revenus proviendront alors de leur participation à la transition énergétique.

Trouver 3600 milliards de dollars chaque année

Il faut que cette question environnementale devienne la priorité mondiale pour trouver ces 3600 milliards mais ce n'est pas hors de portée. A titre comparatif, les dépenses d'armement représentent 1700 milliards de dollars par an et celles de la publicité 700 milliards.

Tout d'abord, les banques centrales qui ont pu créer de l'ordre de 1000 milliards de dollars par an pour résoudre la crise financière depuis ses débuts, doivent consacrer le même montant de création monétaire pour cette crise climatique. Elles peuvent créer une banque mondiale du climat qu'elles capitaliseraient chaque année dans l'objectif d'achat de ces gisements sanctuarisés d'énergie fossile.

D'autre part, une taxe carbone fixée à 25 dollars la tonne de CO_2 portant sur les 40 milliards de tonnes de CO_2 de nos émissions annuelles, rapporterait la somme de 1000 milliards de dollars.

Enfin, selon une récente étude du FMI [2], aujourd'hui 5300 milliards de dollars subventionnent directement et indirectement annuellement l'exploitation des énergies fossiles. Les 500 milliards de subventions directes annuelles peuvent être réorientées. Le reste correspond souvent à des coûts futurs comme le coût d'hospitalisation des 7 millions de personnes qui meurent chaque année de la pollution atmosphérique causée par les particules fines dues principalement au charbon. Ces coûts en diminuant libéreront des ressources monétaires au fil du temps et pourront être redirigées progressivement vers cet objectif de préservation de notre avenir.

La COP22: des engagements bouleversants à Marrakech

Le ralentissement des émissions promis par les états aujourd'hui réunis pour la COP 21 ne sera qu'un répit vers la catastrophe. Il faut envisager dès aujourd'hui une COP22 qui imposera un mécanisme d'achat des réserves fossiles, avec un fonds pour gérer collectivement l'achat des gisements sanctuarisés, biens communs de l'humanité. Les pays signataires de la COP22 devront s'engager fermement, sans fléchir devant les lobbies et les pays encore hostiles à protéger ces gisements sanctuarisés.

Les pays producteurs auront accepté deux contraintes, celle de vendre des gisements équivalents à quatre fois leur production annuelle d'énergies fossiles et celle d'utiliser l'argent versé pour des projets d'investissement allant dans le sens de l'objectif de 2 degrés.

Tous les pays signataires s'obligeront à boycotter les pays ne voulant pas sanctuariser les gisements en fonction de leur production et à soutenir les interventions fortes, rapides et automatiques de l'ONU envers un pays qui, ayant vendu un gisement sanctuarisé, voudrait tout de même l'exploiter.

L'équilibre entre dépenses pour transition énergétique et achats des réserves sanctuarisés sera sans doute ajusté dans le temps. Mais la COP22 devra lancer son programme d'achat des premiers gisements dès 2017. COP 21 succès certes, mais modeste... Sauf si elle prépare les engagements bouleversants d'une COP 22 majeure.

Pour aller plus loin:

Denis Dupré interviendra dans le cadre de la COP21 ce 10 décembre à 11h au Grand Palais.

SOLUTIONS COP21 PARIS 2015

[1]Source : JAKOB, Michael et HILAIRE, Jérôme. Climate science: Unburnable fossil-fuel reserves. Nature, 2015, vol. no 7533, p. 150-152.

[2] COADY, David, PARRY, Ian, SEARS, Louis, et al. How Large Are Global Energy

Subsidies? IMF working paper, 2015.

Suis-je un universitaire économiste négationniste?

Pierre Cahuc et André Zylberberg, deux économistes reconnus affirment que l'économie est une science expérimentale et proposent d'éliminer ceux qui ne partagent pas ce point de vue.

Pierre Cahuc et André Zylberberg, deux économistes reconnus du monde universitaire et politique reprochent, dans leur dernier ouvrage paru en septembre 2016, à certains économistes, de faire preuve d'obscurantisme lorsque ceux-ci affirment que l'économie n'est pas une science expérimentale. Le pluralisme des idées leur semble si insupportable qu'ils ont intitulé leur livre « *Le négationnisme économique et comment s'en débarrasser* ».

Tout d'abord, le négationnisme, c'est quoi?

D'après Wikipédia : « *Le négationnisme (auquel il est parfois fait référence en tant que révisionnisme) consiste en un déni de faits historiques, malgré la présence de preuves.* ». Mais la définition que connaît le grand public est une des définitions du Larousse : « *doctrine niant la réalité du génocide des Juifs par les nazis.* ». Pour Monsieur-Tout-le-Monde, le terme « négationnisme » est donc chargé d'opprobre. Ajouter dans la même phrase le terme « se débarrasser » rappelle encore une fois l'horreur des camps.

Pierre Cahuc et André Zylberberg sont délibérément agressifs pour imposer l'idée qu'une science expérimentale qui valide ses hypothèses par le réel est adéquate pour permettre de déterminer des lois économiques stables. Par exemple, se fondant sur une expérience allemande et sur l'exception de l'Alsace-Moselle lors de l'adoption des lois Aubry, les deux auteurs affirment doctement « Réduire le temps de travail ne crée pas d'emplois et cette vérité ne souffre aucune contestation ». Autre exemple : une expérience menée aux États-Unis « prouverait » qu'au-delà de 13 ans, payer à des élèves leur déménagement dans des quartiers riches ne produit pas d'effets probants.

Orwell (et Huxley) adorerait. Nos deux économistes seraient des alphas. Pour maintenir leur meilleur des mondes, il convient de traiter ceux qui ne partagent pas leurs analyses comme a été manipulé Winston le rebelle dans 1984, le livre d'Orwell, jusqu'à ce qu'il admette qu' « il aimait *Big Brother*. »

Malgré cela, l'Association Française d'Economie Politique n'aime toujours pas *Big Brother*. Gaël Giraud ne veut pas rentrer, lui non plus, dans la devise de *Big Brother* : « *L'ignorance c'est la force* ». Cet économiste réputé explique qu'une réalité économique n'est vraie qu'en un lieu donné et à un moment donné. Il est donc théoriquement faux de tirer, de quelques expériences localisées dans l'espace et le temps, des lois qui seraient vraies partout et toujours (écouter ici).

Je suis pour ma part certainement de ces universitaires économistes dont Cahuc et Zylberberg souhaitent l'élimination.

Ces deux chercheurs en exigeant l'élimination des penseurs alternatifs sont parfaitement adaptés à une politique extrême-libérale qu'on peut définir comme une volonté d'organisation où l'institution politique est niée sauf à se soumettre à la propriété privée généralisée et à la liberté de tout échanger. L'extrême-libéralisme est un extrémisme du libéralisme. Le libéralisme est une doctrine de philosophie politique qui affirme la liberté comme principe politique suprême ainsi que son corollaire de responsabilité individuelle et revendique la limitation du pouvoir du souverain. Quand le libéralisme ne s'accommode plus avec une politique sociale, il devient une doctrine extrême qui dégage chaque individu de toute responsabilité en particulier envers la vie des plus faibles et qui détruit tout ce qui l'empêche d'avoir une expansion sans limite.

Si Pierre Cahuc et André Zylberberg expriment leur hostilité aux universitaires critiques des dogmes économiques qui régissent de façon très générale nos entreprises et nos sociétés aujourd'hui, les manœuvres pour les réduire au silence ont commencé depuis quelques temps.

A tel point qu'en 2013, l'Association Française d'Economie Politique estime que les économistes du courant dominant sont en voie d'éliminer les penseurs alternatifs en empêchant leur recrutement à l'Université. Pour assurer un recrutement diversifié, elle propose alors la création d'une section qui enseignerait que l'économie tient à la sociologie, à la politique, à l'histoire… autant qu'aux mathématiques. La Ministre de l'éducation fait savoir à André Orléan (1) qui est président de l'AFEP qu'elle viendra annoncer la possibilité de fonder cette section lors de l'assemblée générale de l'association. Mais, le "prix Nobel" Jean Tirole écrit à la Ministre et empêche cette création arguant notamment que les économistes auto-proclamés « hétérodoxes » promeuvent le relativisme des connaissances, antichambre de l'obscurantisme.

La loi de 2003 du code de l'éducation dispose que « *le service public de l'enseignement supérieur est laïque et indépendant de toute emprise politique, économique, religieuse et idéologique ; il tend à l'objectivité du savoir ; il respecte la diversité des opinions. Il doit garantir à l'enseignement et à la recherche leurs possibilités de libre développement scientifique, créateur et critique* ». Le professeur d'université, contrairement aux autres fonctionnaires, est censé pouvoir librement critiquer le pouvoir et même son institution assurant ainsi une sorte de contre-pouvoir minimal démocratique (2).

Aujourd'hui chaque université est devenue autonome. A-t-elle les moyens d'assurer l'indépendance de ses chercheurs? L'universitaire n'est plus directement serviteur de l'Etat, seul le Président de son Université peut le protéger ou pas. Que peut-il faire face aux pressions qui lui demanderaient de faire taire tel universitaire impertinent ou tel chercheur dont les éclairages dérangent. L'universitaire indépendant est une espèce menacée. Pourtant quelle est la mission de l'universitaire?

Doit-il se taire quand notre "prix Nobel" Jean Tirole affirme "*On ne peut pas se targuer de moralité quand on est contre le commerce des organes.*"?

Qui doit s'exprimer face à Jean Peyrelevade, ancien président de Suez, de l'UAP et du Crédit lyonnais, qui formule un jugement sans appel contre l'économie collaborative et ses acteurs et partisans dans un article : "*Quand l'économie du partage aveugle les anti-capitalistes*"?

Qui doit dénoncer la complicité qu'il peut y avoir à justifier le système dangereux existant, en proposant des améliorations à la marge par des incitations toujours financières?

Pour les uns, l'économie tient des lois de la physique. Pour les autres, elle dépend de choix politiques. Pour certains, elle est un outil de domination, pour d'autres un outil d'autonomie.

L'économie c'est l'affaire de tous. Les universitaires ont leur responsabilité d'expert à assumer auprès des citoyens. Les faire taire c'est renier leur mission. Faire taire la pluralité des opinions, c'est faire preuve de négationnisme.

(1) Dès 1984, rompant avec la vision économique libérale de marchés efficients, ses travaux précurseurs fondamentaux ont expliqué que l'irrationalité et les comportements moutonniers conduisaient à des bulles financières.

(2) Le droit à la liberté académique est bien affirmé dans la Charte des droits fondamentaux de l'Union européenne du 7 décembre 2000 et jusque dans la Recommandation 1762 du Conseil de l'Europe sur la liberté académique et autonomie des universités du 30 juin 2006.

[LGS : Il n'existe pas de prix Nobel d'Économie mais un prix de la Banque de Suède, créé en 1968 en mémoire d'Alfred Nobel.]

Denis Dupré

8 décembre 2015

Les banques centrales doivent créer une banque mondiale du climat

Il faut trouver 3000 milliards de dollars par an pour ne pas dépasser 2 degrés. Ce n'est pas impossible. Les banques centrales ont créé 1000 milliards par an pour lutter contre la crise. Une taxe carbone pourrait aussi être établie

La COP21 part des promesses volontaristes des Etats. Même la Chine et les Etats-Unis s'engagent dans un objectif global pour 195 pays de 55 gigatonnes de CO_2 émis en 2030. Les promesses d'aujourd'hui, même si elles étaient tenues, sont insuffisantes pour ne pas dépasser la cible de 2 degrés. En deçà, les impacts du réchauffement climatique sont peut-être encore gérables.

Or une étude (1), parue en 2015 dans une revue scientifique réputée, vient de jeter un pavé dans la mare: pour ne pas dépasser cet objectif cible de 2 degrés, il faudrait laisser inexploitées 80% de nos réserves d'énergie fossile de charbon (50% du gaz, 30% du pétrole). Pour arriver à ce niveau de réserves fossiles non exploitées à jamais, il faut, par exemple pour une tonne de charbon extrait, en acheter quatre qui resteront à jamais sous terre, pour deux barils de pétrole extraits, un doit rester intouchable.

La limitation n'est pas le trait caractéristique de notre époque, le principe de sanctuariser de nombreux gisements va à l'encontre de bien des principes moteurs de nos économies… Arriver à s'entendre et à défendre ces réserves sanctuarisées semble impossible.

Cette sanctuarisation, pour pouvoir être mise en œuvre, ne doit pas pénaliser les pays producteurs. Est-ce possible? Le charbon, le gaz et le pétrole représentent chacun annuellement la même quantité d'énergie produite. Faisons un calcul grossier pour le pétrole.

Lorsque le prix du baril est à 40 dollars comme aujourd'hui, il en revient aujourd'hui en moyenne 20 dollars au propriétaire du gisement. On peut envisager un prix moyen de 20 dollars pour un baril qui resterait à jamais sous terre.

L'extraction annuelle de 30 milliards de barils doit entraîner la sanctuarisation de 15 milliards de barils. Soit pour une année, un investissement de 300 milliards de dollars.

Pour laisser sous terre 80% du charbon, il est nécessaire de prévoir un budget beaucoup plus important. L'ordre de grandeur de la sanctuarisation des énergies fossiles est de 3000 milliards de dollars par an.

Booster les entreprises de la transition

A quoi vont servir ces 3000 milliards? Le paiement des gisements sanctuarisés sera fait en capital bloqué dans des investissements d'avenir. Les montants mobilisés nous feront gagner du temps dans la mise en œuvre concrète des transitions énergétiques. Pour pouvoir exploiter, le producteur devra trouver un investisseur pour les gisements qui seront sanctuarisés. Au moment de la négociation, l'acheteur (les banques centrales ou les Etats) paiera le pays vendeur non en monnaie, mais en parts de capital d'entreprises nationales de développement (du solaire, de l'éolien, de l'isolation des bâtiments, etc.). Cela permettra de multiplier les investissements dans les énergies renouvelables, qui ne représentent aujourd'hui que 300 milliards de dollars. Ces parts de capital, propriété des pays producteurs, entraîneront des bénéfices et on peut estimer que, dans dix ans, 25% des revenus des pays producteurs découleront de leur participation à la transition énergétique.

Trouver 3000 milliards de dollars chaque année

Si cette question environnementale devient la priorité mondiale, trouver ces

3000 milliards n'est pas hors de portée.

Tout d'abord, les banques centrales qui ont pu créer de l'ordre de 1000 milliards de dollars par an pour tenter de résoudre la crise financière depuis ses débuts doivent créer une banque mondiale du climat qu'elles capitaliseraient chaque année dans l'objectif d'achat de ces gisements sanctuarisés d'énergie fossile.

D'autre part, une taxe carbone fixée à 25 dollars la tonne de CO_2 portant sur les 40 milliards de tonnes de CO_2 de nos émissions annuelles, rapporterait la somme de 1000 milliards de dollars.

Enfin, selon une récente étude du FMI (2), aujourd'hui 5300 milliards de dollars subventionnent directement et indirectement annuellement l'exploitation des énergies fossiles. Les 500 milliards de subventions directes annuelles peuvent être réorientées rapidement.

La COP22: des engagements bouleversants à Marrakech

Le ralentissement des émissions promis par les Etats aujourd'hui réunis pour la COP21 ne sera qu'un répit. Il faut envisager dès aujourd'hui une COP22 qui imposera un mécanisme d'achat des réserves fossiles pour gérer collectivement l'achat des gisements sanctuarisés, biens communs de l'humanité. Les pays signataires de la COP22 devront s'engager fermement, sans fléchir devant les lobbies et les pays encore hostiles.

Les pays producteurs auront accepté deux contraintes: celle de vendre des gisements sanctuarisés et celle d'utiliser l'argent versé pour des projets d'investissement pour la transition énergétique.

Tous les pays signataires s'obligeront à boycotter les pays ne voulant pas sanctuariser les gisements en fonction de leur production et à soutenir les interventions fortes, rapides et automatiques de l'ONU envers un pays qui, ayant vendu un gisement sanctuarisé, voudrait tout de même l'exploiter.

La COP22 devra lancer son programme d'achat des premiers gisements dès 2017.

THE HUFFINGTON POST | Denis Dupré | 5 janvier 2016

BLOG A LA UNE

Comment 97% des députés ont fait capoter la loi pour lutter contre l'évasion fiscale

POLITIQUE - Un rapport parlementaire d'octobre 2015 estimait entre 40 et 60 milliards d'euros les bénéfices des entreprises qui échappent à l'impôt, soit un manque à gagner de 15 milliards d'euros pour les caisses de l'État. "*La lutte contre l'évasion fiscale "agressive", c'est-à-dire l'utilisation abusive de mécanismes légaux afin d'échapper à l'impôt, est aujourd'hui une nécessité européenne et mondiale*", rapportaient les auteurs, les députés Marc Laffineur (Les Républicains) et Isabelle Bruneau (PS). Ces chiffres sont peut-être même sous-estimés puisqu'en novembre 2015, la Commission européenne a publié que l'évasion fiscale des multinationales coûtait 1000 milliards d'euros par an à l'Europe.

Dans le cadre du Projet de Loi de Finances Rectificatif 2015, les députés français ont semblé franchir un pas décisif dans cette lutte contre l'évasion fiscale avec l'amendement 340, déposé par Valérie Rabault, Yann Galut, Pascal Cherki et Dominique Potier. Cet amendement prévoyait que les entreprises multinationales rendent publiques chaque année leur chiffre d'affaires, leurs bénéfices, le nombre de leurs filiales et de leurs employés ainsi que le montant des impôts payés et ce, dans chacun des pays étrangers dans lesquels elles sont implantées. Cette transparence permettrait de pouvoir débusquer plus facilement l'évasion fiscale des entreprises pratiquant ce que l'on appelle les prix de transfert pour localiser les bénéfices dans les filiales dans des paradis fiscaux.

Cet amendement 340 a d'abord été adopté en première lecture le 4 décembre. Puis dans la soirée du 15 décembre, vers 1 heure du matin, sur un total de 577 députés, 52 étaient présents pour le vote de deuxième lecture dont le résultat a été en faveur de la transparence.

Or, 40 minutes plus tard, a eu lieu une procédure inhabituelle. L'amendement a été soumis à un second vote. Certains députés sont partis, d'autres arrivés. En tout, 46 présents. 25 députés vont voter contre la transparence fiscale et 21 pour. L'amendement est refusé.

Nous, citoyens, sommes responsables de notre démocratie et nous devons nous poser des questions.

531 députés étaient absents au moment du vote. Notre représentation nationale est-elle fatiguée? L'organisation des débats et des votes parlementaires correspond-elle toujours aux principes de notre constitution?

Nous pouvons demander les raisons de leur comportement à certains de ceux qui étaient présents au parlement cette nuit-là.

Christian Eckert, le ministre du budget, a fait voter l'amendement à 1h du matin. Suite au résultat favorable à la transparence, il a demandé une suspension de séance puis après 40 minutes, il a décidé un second vote. Pourquoi?

Marc Laffineur, un des auteurs du rapport parlementaire sur l'évasion fiscale... n'a pas voté. Pourquoi?

Valerie Rabaud qui a déposé l'amendement 340... a voté contre. Pourquoi?

Sebastien Denaja, député socialiste, a voté pour l'amendement au premier vote puis...contre au second vote. Pourquoi?

Jean-Louis Dumont, député socialiste, est arrivé après la suspension de séance pour voter... contre l'amendement. Pourquoi?

Cinq députés socialistes, Marie-Anne Chapdelaine, Jean Launay, Annie Le Houerou, Jacques Valax et Michel Vergnier, qui avaient voté pour la transparence fiscale lors du premier vote sont partis au moment de la suspension de séance et... n'ont pas voté au second vote.

C'est ballot ! Avec leurs 5 voix, le second vote aurait été favorable à la transparence !

A qui profite donc l'avortement de cet amendement? Pas à l'équilibre des finances de notre pays, ni à la transparence pour la justice fiscale...

3 jours plus tard, le 18 décembre, au sein de cette même assemblée nationale, son vice-président Denis Baupin, signait un communiqué de presse *"Réduire l'empreinte carbone des investisseurs passe par la transparence"*. La transparence redevenait essentielle pour sauver le climat alors que la présence au vote de seulement 5 parmi les 11 députés absents du groupe écologiste aurait permis de faire basculer le vote pour la transparence.

Ne pas venir soutenir l'amendement 340, laisser manœuvrer le ministre pour modifier le vote parlementaire, c'est défendre le fait qu'extrême libéralisme et intérêt collectif peuvent vivre en parfaite harmonie, que l'accord écologique mondial COP21 est parfaitement compatible avec des entreprises non transparentes, ne payant plus d'impôts et mettant en procès les états dans des procédures opaques comme va le permettre le traité économique transatlantique TAFTA.

Au second vote, 21 députés dont 13 socialistes ont voté pour la transparence fiscale: Laurence Abeille, Éric Alauzet, Danielle Auroi, Denis Baupin, Sergio Coronado, Paul Molac, Eva Sas, Philippe Noguès et Ibrahim Aboubacar, Kheira Bouziane-Laroussi, Isabelle Bruneau, Fanélie Carrey-Conte, Pascal Cherki, Catherine Coutelle, Yves Daniel, Yann Galut, Chantal Guittet, Audrey Linkenheld, Christian Paul, Dominique Potier et Suzanne Tallard.

25 députés dont 20 socialistes ont voté contre la transparence: Gilles Carrez, Marie-Christine Dalloz, Véronique Louwagie, Frédéric Reiss, Charles de Courson et Frédéric Barbier, Jean-Marie Beffara, Jean-Claude Buisine, Christophe Caresche, Pascal Deguilhem, Sébastien Denaja, Jean-Louis Dumont, Jean-Louis Gagnaire, Joëlle Huillier, Bernadette Laclais, Jean-Yves Le Bouillonnec, Viviane Le Dissez, Bruno Le Roux, Victorin Lurel, Frédérique Massat, Christine Pires Beaune, François Pupponi, Valérie Rabault, Pascal Terrasse, Jean-Jacques Urvoas.

531 avaient sans doute mieux à faire.

C'est aux citoyens qu'il revient de rappeler aux députés de remplir leur devoir d'élu.

N'hésitez pas à féliciter les élus courageux et interpeller les autres en obtenant leurs mails sur le site de l'assemblée nationale.

Il y a 2500 ans, Périclès avait prévenu les athéniens du risque d'effondrement de la cité et de la démocratie et leur avait dit: *"Il faut choisir : se reposer ou être libre"*.

Souhaitons à nos députés une bonne année 2016. Qu'ils ne se reposent pas comme en 2015 pour que nous puissions espérer préserver notre liberté.

Un nouvel amendement, reprenant les principes de l'amendement 340, va être déposé dans le cadre de la loi Sapin II. Pour qu'il passe, il faut faire pression sur les députés (voir le site Stop Évasion Fiscale) et signer massivement la pétition pour faire passer une loi pour lutter contre l'évasion fiscale

BLOG A LA UNE

Pourquoi la loi de finance 2016 tranquillise les entreprises qui pratiquent l'évasion fiscale?

- épisode 2 -

Le premier épisode s'est joué le 16 décembre à 1 heure du matin à l'assemblée nationale: Comment 97% des députés ont fait capoter la loi pour lutter contre l'évasion fiscale?

Résumé de l'épisode I:

Dans le cadre de la loi de finance rectificative 2015, l'amendement 340 est déposé par Valérie Rabault, Yann Galut, Pascal Cherki et Dominique Potier pour lutter contre l'évasion fiscale. Il passe au vote en première puis en deuxième lecture. Une procédure rarissime est demandée par le Ministre du Budget pour faire revoter. Mouvements et tractations... abracadabra, l'amendement est refusé.

Mais, tout est bien orchestré puisque le lendemain 17 décembre, l'épisode 2 se déroule lors de la première séance du projet de loi de finance 2016 avec l'adoption de l'article 121 qui doit permettre de lutter... contre l'évasion fiscale.

Lors de la discussion générale, seule parmi tous les intervenants, Jacqueline Fraysse revient sur ce qui s'est passé pour l'amendement 340 et affiche son indignation : *« Nous ne pouvons que déplorer le rejet, dans des*

conditions non seulement rocambolesques mais surtout très préoccupantes pour le fonctionnement de notre démocratie, de l'amendement adopté en première lecture par notre assemblée .... Les Français jugeront !»

A nous citoyens, des députés disent que l'article 121 est une réelle avancée pour la transparence fiscale. Le 27 décembre, Valerie Rabault, rapporteuse de la commission des finances, qui a déposé l'amendement 340, puis voté contre, pour finalement défendre l'article 121, explique sur son blog que l'amendement 340 aurait été néfaste pour les entreprises et l'article 121 constitue une belle avancée.

Est-ce vrai? Lisons en parallèle l'amendement 340 et l'article 121 sensé le remplacer. 4 points sont fondamentalement différents.

Point 1 : l'article 121 repousse l'obligation de déclaration à décembre 2017.

Point 2 : les citoyens sont exclus de l'accès à l'information. L'amendement 340 destinait cette transparence des entreprises au citoyen : *« En cas de manquement à ces obligations d'information, toute personne peut demander au président du tribunal compétent à la société concernée de se conformer à*

ces obligations. Ces informations sont publiées en ligne, en format de données ouvertes, centralisées et accessibles au public. »

Dans l'article 121, comme le souligne Max Alain Obadia, expert-comptable et commissaire aux comptes, longtemps membre du cercle des experts fiscaux du MEDEF *« il n'est pas question de "publication" mais d'une communication réservée à l'administration, donc confidentielle, alors que c'est l'ensemble des citoyens qui est concerné par le problème de l'évasion fiscale. »*

La France avec un nombre stable de 5000 contrôleurs n'a pas les moyens d'enquêter dans le monde entier. Si les informations étaient publiques, accessibles sur internet, des concurrents, des ONG et des journalistes d'investigation pourraient se révéler efficaces pour traquer les erreurs.

Point 3 : les informations à déclarer ne sont plus dans la loi. L'amendement 340 voulait tout savoir sur les effectifs, bénéfices avant impôt, montant des impôts sur les bénéfices et subventions publiques reçues des *« sociétés cotées et celles au chiffre d'affaires supérieur à 40 millions d'euros... ».* L'article 121 demandera une déclaration aux entreprises au

« *chiffre d'affaires annuel, hors taxes, consolidé supérieur ou égal à 750 millions d'euros* ». Seuls, les très grands groupes seront tenus à cette déclaration dont le contenu précis doit faire l'objet d'un décret... dont la date de parution n'est pas encore fixée.

Point 4 : la pénalité financière en cas d'absence de déclaration est dès à présent fixée par la loi. Ici par contre, l'article 121 est redoutablement précis. Il inscrit dans la loi le montant maximal de l'amende dont les entreprises qui oublieraient de faire leur déclaration auraient à s'acquitter : 100 000 €. Max Alain Obadia, sur son blog, souligne que « *la modicité de l'amende, vu la taille des groupes concernés, a de quoi faire sourire. Ou pleurer.* »

A nous citoyens, des députés disent qu'avec l'amendement 340, on risquait de faire fuir les entreprises

L'article 121 ne fait qu'engager ce que le G20 a déjà imposé et en matière de lutte contre l'évasion fiscale, il faut se contenter, d'après certains, d'aller au pas européen. Sinon on prendrait le risque, comme l'expliquent les députés Bernadette Laclais et Pascal Terrasse de faire fuir les entreprises. Valérie Rabault omet de rappeler sur son blog qu'elle fait partie des députés

ayant déposé l'amendement 340. Dès lors, difficile de croire que cet argument lui est apparu à minuit, alors qu'elle explique elle-même que le problème s'est déjà posé par le passé sur la loi bancaire.

Il faudrait donc se résigner aux 60 à 80 milliards d'euros par an de manque à gagner dans les caisses de l'état français. Il faudrait que l'état français n'attaque en justice aucune entreprise qui pratique l'évasion fiscale. Il faudrait s'abstenir de réaliser en France des transactions comparables à celle qui vient d'aboutir pour 318 millions d'euros entre l'état italien et Apple Italie qui délocalisait ses bénéfices vers l'Irlande où un taux d'impôt à 2,5% avait été négocié.

Oui, l'amendement 340 était vraiment audacieux ! Tel qu'il est ficelé, l'article 121 est d'un impact dérisoire et il tranquillise parfaitement les entreprises déloyales, pratiquant l'évasion fiscale au détriment des citoyens et au profit des actionnaires, ces entreprises que nos représentants ont tant peur de voir fuir le pays.

Et si les citoyens avaient plutôt envie de protéger de cette concurrence illégale, les petites et moyennes entreprises françaises qui n'ont pas encore

basculé dans des pratiques où la fraude fiscale est positivée?

Le député Éric Alauzet, qui a soutenu l'amendement 340, a promis de revenir sur le sujet dès la présentation du projet de loi de Michel Sapin sur la transparence économique, prévue au printemps prochain.

C'est bien les députés convaincus qui ont encore les moyens de réintroduire dans le projet de loi 2016 les principes de l'amendement 340.

L'article de presse qui s'interrogeait sur les raisons de la manœuvre dont l'amendement 340 a fait les frais, a rencontré un écho considérable, témoin de l'intérêt largement partagé pour l'urgence de la transparence fiscale et la préservation d'un fonctionnement réellement démocratique de notre société.

Nous comptons sur vous, Mesdames et Messieurs les députés, qui êtes capables de résister aux lobbies, pour proposer à nouveau un texte fort au printemps dans le cadre de la loi Sapin sur la transparence économique. Vous pourrez nous compter via cette pétition : Faire passer dès 2016 une loi pour contrer l'évasion fiscale.

A vous de jouer l'épisode 3.

Denis Dupré
Enseignant chercheur en finance et éthique à l'Université de Grenoble

Caspar Visser 't Hooft
Pasteur de l'Eglise réformée de France

Incohérences et mensonge chez notre prix Nobel d'économie, Jean Tirole

Monsieur Tirole, prix Nobel d'économie, vous avez tenu un discours le 11 janvier 2016 devant l'académie des sciences morales et politiques. Nous observons que dans votre discours, vous défendez le dogme que seul le marché doit régir les échanges dans notre monde commun. Votre dogme révèle deux incohérences: les bonheurs futurs des hommes sont prévisibles et des individus égoïstes peuvent fabriquer des sociétés aux règles altruistes. Il est basé sur un mensonge: le marché est seul capable d'assurer la justice.

Le marché dévoile pour vous le monde humain: "*Une personne qui serait scandalisée par l'idée même de la prostitution ou de relations tarifées, peut néanmoins rester avec son conjoint, sans amour, par désir de sécurité financière ou par simple peur de la solitude. Parfois, le marché est donc notre bouc-émissaire: il endosse les critiques que nous pourrions adresser à l'humanité-même car il révèle ou met en évidence ce qui peut déplaire dans la nature même de l'humain.*".

Sandel, philosophe enseignant à Harvard affirme dans un livre récent "*What Money Can't*

Buy" que le marché peut détruire nos valeurs quand il fait irruption dans de nouvelles sphères jusqu'ici préservées. Vous critiquez Sandel parce qu'il affirme que le marché dysfonctionne et qu'il souhaite lui fixer des limites morales: "*Pour Sandel, il existe certains produits et services qui ne sauraient être marchands, comme l'adoption d'enfants, la GPA, l'admission dans une université prestigieuse, les organes humains, une véritable amitié, un prix Nobel...*" Vous instruisez son procès de façon lapidaire, en citant Gary Becker: "*On ne peut pas se targuer de moralité quand on est contre le commerce des organes.*" Pourtant, une lecture rationnelle de votre posture amorale révèle deux incohérences et un mensonge.

Incohérence 1: les bonheurs futurs des hommes sont prévisibles

Le dilemme célèbre du tramway justifie à vos yeux le besoin de calculs utilitaristes. Vous acceptez de faire dérailler un tramway, ce qui va tuer une personne, pour sauver cinq autres vies. Et cela est pour vous une évidence qui doit conduire les affaires du monde. Vous ne comprenez pas que certains s'y refusent quand vous

dites "*Pourquoi refuser de penser ce type de calcul? Pourquoi ce tabou?*"

Mais monsieur Tirole, ne vous semble-t-il pas que la réalité n'est jamais si simple sauf à voir le futur avec une grande précision. Que connait-on du futur dans ce cadre du tramway? Et si les cinq sont stériles alors que l'homme sacrifié aurait eu la descendance d'Abraham? Et si les cinq sont des insouciants qui se feront tuer autrement le lendemain? Et si les cinq sont en train de programmer des crimes? Et si l'homme sacrifié est Bill Gates qui va créer le lendemain sa fondation? Et si et si et si! Est-ce bien scientifique même pour l'utilitariste de croire un monde prédictible alors qu'il reste imprévisible?

Incohérence 2: des individus égoïstes peuvent fabriquer des sociétés aux règles altruistes

D'après vous, l'égoïsme nous aurait libéré de l'esclavage: "*qui déplorerait la distension de certains liens, autrefois si forts: ceux qui unissaient l'esclave à son maître? Le marché, qui introduit du choix dans les liens, les distend donc. [...] Montesquieu parlait ainsi du doux commerce*" ... Et vous allez jusqu'à affirmer que cette diminution des liens a des vertus : *"L'économie du don et du contredon implique une relation de dépendance, voire de domination du donateur sur le donataire dans le cadre d'une relation de générosité sans calcul, qui peut se traduire par une violence entre les acteurs. "*

Vous nous parlez en fait d'un sain égoïsme bien régulé: *"Comme l'a montré Adam Smith, l'égoïsme est moteur du lien social: l'intérêt personnel motive à l'échange et à l'enrichissement des relations [...] En soi, la cupidité n'est donc ni bonne ni mauvaise: canalisée au service d'un comportement novateur, concurrentiel, dans le cadre d'un système de lois et de régulation bien conçu, elle peut servir de moteur de l'innovation et aboutir à un développement harmonieux, bénéficiant à chacun."*

Mais pourquoi diable si tout le monde est égoïste resterait-il un système régulateur à vocation altruiste? Ce système régulateur, qui va le concevoir? Qui va calculer la bonne dose d'altruisme?

Monsieur Tirole vous pensez échapper à la morale *"La théorie des incitations permet d'éviter ces écueils moralement condamnables, tout en bénéficiant des vertus du marché dont les philosophes proposent de se passer: il faut aligner les objectifs individuels avec les objectifs collectifs, par des incitations."*

Mais monsieur Tirole, encore une fois, qui fixera la forme et le prix de ces incitations? Pas vous puisque vous dites que

"L'économiste n'a pas de jugement éthique à apporter".

Alors qui? Et sous quelle forme: démocratique ou despotique? Dans le monde parfait d'égoïstes dont vous rêvez, il n'y a malheureusement plus personne pour assurer ce rôle.

Mensonge: le marché est seul capable d'assurer la justice.

Votre questionnement est sélectif et reprend les arguments des extrêmes libéraux: *"Le professeur Gary Becker remarquait à propos du don d'organes que l'interdiction de vendre son rein limitait les donations, condamnant ainsi chaque année des milliers de personnes aux États-Unis à mourir faute de donneurs."*

Et, dans votre logique, même si l'achat d'un organe va tuer le donneur mais lui permettre de nourrir ses enfants et de les envoyer à l'école, le dilemme du tramway vous donne la réponse simple: ceci est bon.

Pourtant, le dilemme est tronqué car il y a une troisième voie qui ne met en jeu ni la survie du donneur ni celle de ses enfants: un monde plus juste. De fait, certains marchés créent bien un système de liberté à deux vitesses: pour le plus riche tout désir doit être permis alors que les marchés fixent aux autres des limites même à leurs besoins et offrent des nouvelles possibilités de vendre le nécessaire des plus pauvres. Il y a 4000 ans, le code d'Hammurabi interdisait sagement de priver le débiteur insolvable du nécessaire à sa survie: sa nourriture, son bœuf, sa maison.

Cet homme qui serait mon esclave sur le marché des organes, je dois le considérer comme mon frère me dit l'apôtre Paul. Pouvez-vous vous mettre dans le voile d'ignorance de Rawls pour penser s'il est juste de vendre ce qui est nécessaire à assurer ses besoins vitaux? Si le donneur était votre frère, ne trouveriez-vous pas une autre solution pour nourrir vos neveux? Êtes-vous toujours favorable à un marché libre pour les organes?

Pour conclure, nous entendons votre discours comme une sorte de *credo*:

- Je crois au dieu marché universel.

- Je crois au saint égoïsme et à l'individu qui vit heureux grâce à la concurrence.

- Je crois que le bonheur se calcule et que l'on doit chercher à maximiser la somme des bonheurs de 7 milliards d'habitants quitte à en sacrifier.

- Je crois que ceux qui ne veulent pas adorer le dieu marché ont une vision morale dangereuse.

Méfions-nous donc de la générosité, du don gratuit ! Il n'y a que la concurrence qui peut nous sortir de la violence et nous faire entrer dans le ciel de la non-violence. Merci, monsieur Tirole, vous balayez d'un coup de main cette notion si centrale dans les religions du Livre, source de valeurs morales et "d'indignations" dépassées: "Tu ne pourras adorer ton Dieu et le dieu marché".

Que vous soyez excellent en mathématique est incontestable. Que le meilleur des mondes soit régi par vos subtils calculs et impose le marché, est un dogme qui nous conduit à la destruction des sociétés humaines.

Avez-vous vraiment lu Sandel qui dans la conclusion de son livre affirme que la question fondamentale, jamais traitée par les économistes comme vous, est *"dans quel monde voulons-nous vivre?"*

MEDIAPART

Bientôt 100 000 signataires pour faire passer le 23 mars 2016 une vraie loi pour contrer l'évasion fiscale

Première victoire : Bercy est prêt à reculer. Le 23 mars, avant les débats parlementaires de ce printemps, un projet de loi relatif à « la lutte contre la corruption et la transparence de la vie économique » doit être présenté en Conseil des ministres. Nous serons devant l'Elysée pour remettre la pétition aux membres du gouvernement et au président de la République.

93 000 signataires de la pétition « Faire passer dès 2016 une loi pour contrer l'évasion fiscale ». Première victoire : Bercy est prêt à reculer et envisage de rendre public les données des entreprises qui permettrait une surveillance citoyenne pour éviter l'évasion fiscale.

Le 23 mars, avant les débats parlementaires de ce printemps, un projet de loi relatif à « la lutte contre la corruption et la transparence de la vie économique » doit être présenté en Conseil des ministres. **Nous serons devant l'Elysée pour remettre la pétition** aux membres du gouvernement et au président de la République.

60 milliards par an sont détournés par les entreprises pour cause d'optimisation fiscale. C'est plus élégant qu'évasion fiscale mais ce détournement permet aux grandes entreprises de payer en moyenne 8% d'impôt… alors que nos PME en payent 25%.

60 milliards, c'est le salaire de 2 millions d'infirmières. Le plan hôpital prévoit plutôt 22.000 postes supprimés dans les hôpitaux d'ici fin 2017.

Dès décembre 2015, un amendement aurait permis à l'Etat français de lutter efficacement contre l'évasion fiscale, en exigeant que les données fiscales détaillées des entreprises soient bien accessibles pour tous sur internet, mais nos parlementaires se sont fait tout-petits devant les lobbies des actionnaires.

Diffusons largement la pétition pour atteindre rapidement les 100 000 signataires

Participez et suivez nos actions sur le site stopevasionfiscale et le compte twitter @denisdupre5.

THE HUFFINGTON POST Denis Dupré 3 mars 2016

Nous ne voulons pas d'une potion qui prélève aux petits et gave les gros

Une super potion: 100 milliards en moins sur les salaires et 60 milliards d'évasion fiscale - Merci Patron!

Les actionnaires peuvent dire merci à nos gouvernants qui, en ce moment, préparent une potion tout à fait de leur goût. Mais cette potion, c'est la classe moyenne qui doit l'ingurgiter. Comme un enfant qui refuse son sirop, elle regimbe la classe moyenne et les réseaux sociaux se font l'écho de ce qui se dit partout dans les bistrots, dans les associations, à la sortie des écoles: "On nous prend pour des cons!"

Un des ingrédients de cette potion est la loi El Khomri. Malgré tout ce qu'on leur serine, les Français "ordinaires", les ploucs, les banlieusards, ceux de la cité comme ceux de la cambrousse, ont bien compris qu'il s'agissait de donner carte blanche aux entreprises pour que les dividendes des actionnaires soient bien stables. C'est sûr, pour ne pas perdre notre job, nous sommes prêts à baisser de 10% nos salaires.

C'est sûr, les entreprises qui pratiquent l'évasion fiscale en logeant les bénéfices dans les paradis fiscaux et affichant des pertes dans la filiale française, peuvent facilement faire coup double: des profits supplémentaires sur le dos des contribuables et du chantage à l'emploi sur le dos des travailleurs. 10% de nos salaires, c'est 100 milliards par an sur les 1000 milliards d'euros de masse salariale! Et hop! 100 milliards de plus pour les actionnaires!

Pour avoir un job, demain, nous serons prêts à accepter comme les Allemands, des salaires de 400 euros par mois. C'est déjà les conditions de survie qu'on propose à certains de nos jeunes quand ils ont la chance de décrocher un emploi aidé.

Pourtant aujourd'hui, en Chine, avec la crise mondiale, même les ouvriers à 200 euros et les ingénieurs à 600 euros par mois perdent leur job. L'appauvrissement de la classe moyenne n'est pas le prix à payer pour avoir du travail. C'est le prix à payer pour préserver les revenus des actionnaires. Et ce sont eux qui sont à la manœuvre dans cette loi travail.

Voilà ce que pense Monsieur Tout-le-monde. Pas étonnant que la pétition Loi travail: non, merci! recueille 1 million de signatures.

Et puis, pendant ce temps où les acquis sociaux sont explosés pour raison officielle de compétitivité, 60 milliards par an sont détournés par les entreprises pour cause d'optimisation fiscale. C'est

plus élégant qu'évasion fiscale mais ce détournement permet aux grandes entreprises de payer en moyenne 8% d'impôt... alors que nos PME en payent 25%.

60 milliards, calcule le Français moyen, c'est le salaire de 2 millions d'infirmières. Mais le plan hôpital prévoit plutôt 22.000 postes supprimés dans les hôpitaux d'ici fin 2017. Monsieur Tout-le-monde se demande quel hôpital, il pourra se payer demain.

Dès décembre 2015, un amendement aurait permis à l'Etat français de lutter efficacement contre l'évasion fiscale, en exigeant que les données fiscales détaillées des entreprises soient bien accessibles pour tous sur internet mais nos parlementaires se sont fait tout-petits devant les lobbies des actionnaires.

Pourtant, si Bercy, vient récemment de reconnaître qu'il n'excluait plus de rendre publiques les données, les presque 100.000 Français "ordinaires" qui ont signé la pétition "Faire passer dès 2016 une loi pour contrer l'évasion fiscale" y sont pour quelque chose. Il ne faut pas laisser faire.

Ceux qui veulent mieux comprendre les rouages de l'évasion fiscale, savoir si leur député est favorable à la transparence fiscale et s'associer aux initiatives qui vont dans le bon sens, peuvent consulter le site StopEvasionFiscale et le compte twitter @denisdupre5.

Avant les débats parlementaires de ce printemps, le projet de loi relatif à "la lutte contre la corruption et la transparence de la vie économique", doit être présenté le 23 mars en Conseil des ministres.

Ce 23 mars, nous viendrons remettre les 100.000 signatures à l'Assemblée Nationale, pour soutenir les députés courageux qui veulent la transparence des informations fiscales et à l'Elysée, pour dire au gouvernement que nous ne voulons pas d'une potion qui persiste à prélever aux petits tout en continuant à gaver les gros.

Mettez de la justice dans votre potion, s'il vous plaît!

Inviate una e-mail al commissario europeo Pierre Moscovici affinchè la trasparenza fiscale delle aziende sia imposta in Europa il 12 Aprile 2016

Secondo la Commissione Europea, ingenti quantità di denaro sono perdute a causa dell'evasione e dell'elusione fiscale. Le perdite sono stimate essere 1000 miliardi di euro per anno.

La quarta direttiva relativa alla cooperazione amministrativa, adottata dai ministri delle Finanze europei l'8 Marzo 2016, costringe d'ora in avanti le aziende multinazionali a dichiarare i loro incassi, i loro profitti, le loro imposte e il numero di impiegati alle autorità fiscali dei paesi europei.

Nonostante ciò, la Commissione ritiene opportuno non pubblicare integralmente tali dati, poiché, essa dice, "proveremo a fare in maniera equilibrata per evitare di creare problemi di competitività alle imprese2.

In realtà, non rendere pubblici tutti i dati, conduce a una legge fiscale arbitraria. In questo modo, l'azienda X che può minacciare la delocalizzazione potrà far leva sul governo che infine le permetterà di continuare le proprie pratiche di elusione fiscale. L'azienda Y, senza possibilità di ricatto occupazionale, dovrà pagare le imposte regolari. Se tutti i dati fossero pubblici, l'azienda Y potrebbe comprendere tale disuguaglianza di trattamento, ed esigere giustizia. Quindi, rendere accessibili a tutti i cittadini tutti i dati delle grandi aziende, è il pegno da pagare per l'efficienza fiscale e parità di trattamento tra le imprese, che siano esse europee o no.

La Commissione Europea ha sempre difeso una forma di regolamentazione basata sulla paura da parte delle aziende di perdere la propria reputazione: "Name and Shame". Per quale motivo essa non applica questo principio sulla questione di trasparenza fiscale?

Il 12 Aprile 2016, il commissario europeo Pierre Moscovici in carica per la negoziazione, annuncerà quali dati saranno resi pubblici in tutti i paesi europei.

L'opinione pubblica ha già preso posizione. In Francia, i 100 000 signatari di "Far passare dal 2016 una legge per combattere l'evasione fiscale" esigono la trasparenza dal 2016 di tutti i dati.

Tutte le aziende devono essere tassate nella stessa maniera e i paesi europei non devono essere in competizione per poter attirare le aziende proponendo vantaggi fiscali.

Restano 15 giorni per poter inviare al capo del gabinetto del commissario europeo Pierre Moscovici, olivier.bailly@ec.europa.eu , la seguente mail :

"From today on, Europe must disclose to each and every citizen the full country by country report: Name and shame. Fiscal evasion is a plague for both European citizens and European economy. We support fully transparent reports to fight this form of malpractice that is highly detrimental to Europe's democratic ideal. We want Europe to release to all citizens a complete and thorough country-by-country 'Name and Shame report'".

BLOG A LA UNE

Enviad un mail a Moscovici por la transparencia fiscal de las empresas

Según la Comisión Europea, se pierden sumas enormes de dinero a causa de la evasión fiscal y de la elusión fiscal. Sus estimaciones apuntan a pérdidas de un billón de euros al año.

A partir de ahora, la cuarta directiva relativa a la cooperación administrativa, adoptada por les ministros de Finanzas europeos el 8 de marzo de 2016, obliga a las empresas multinacionales a declarar a las autoridades fiscales de los países europeos sus ingresos, sus beneficios, sus impuestos y el número de sus trabajadores.

Sin embargo, la Comisión prevé no hacer pública la totalidad de esos datos, ya que intentará "hacerlo de una forma equilibrada para no poner dificultades a la competitividad de las empresas", dice.

No hacer públicos todos los datos conduce a una ley fiscal arbitraria. Así, una empresa X que pueda hacer chantaje con la deslocalización, podrá conseguir que el gobierno le permita continuar con sus prácticas de elusión fiscal. En cambio, otra empresa Y, sin posibilidad de hacer chantaje, tendrá que pagar el impuesto reglamentario. Ahora bien, si los todos los datos fueran públicos, la empresa Y podría deducir esta desigualdad de tratamiento y denunciarla a la justicia. Por lo tanto, hacer accesibles a todos los ciudadanos los datos de las grandes empresas es la garantía de efectividad fiscal y de igualdad de tratamiento entre las empresas, ya sean X e Y europeas o no.

La Comisión Europea siempre ha defendido una forma de regulación basada en el miedo de las empresas a perder su reputación: "Name and Shame". ¿Por qué no aplicar más este principio a la cuestión de la transparencia fiscal?

El 12 de abril de 2016, el comisario europeo Pierre Moscovici, encargado de las negociaciones, anunciará qué datos se harán públicos en todos los países europeos.

La opinión pública ya ha tomado posición. En Francia, los 100.000 signatarios de la petición *Aprobar en 2016 una ley contra la evasión fiscal* exigen la transparencia de todos los datos desde 2016.

Todas las empresas deben estar en igualdad de condiciones ante los impuestos y los países europeos no deben competir para captar a las empresas con el menor postor fiscal.

Nos quedan 15 días para enviar al jefe de gabinete del comisario europeo Pierre Moscovici (olivier.bailly@ec.europa.eu) el siguiente correo electrónico:

From today on, Europe must disclose to each and every citizen the full country by country report: "Name and shame".

Fiscal evasion is a plague for both European citizens and European economy. We support fully transparent reports to fight this form of malpractice that is highly detrimental to Europe's democratic ideal. We want Europe to release to all citizens a complete and thorough country-by-country "Name and Shame" report.

Στείλτε ένα e-mail στον Ευρωπαίο Επίτροπο Pierre Moscovici για τη φορολογική διαφάνεια των εταιρειών στην Ευρώπη

Σύμφωνα με την Ευρωπαϊκή Επιτροπή, τεράστια ποσά χάνονται μέσω της φοροδιαφυγής και της φοροαποφυγής. Έχει δε εκτιμήσει τις απώλειες αυτές σε 1,000 δισ. € ετησίως.

Η τέταρτη οδηγία για τη διοικητική συνεργασία που εγκρίθηκε από τους ευρωπαίους υπουργούς Οικονομικών 8 Μαρτίου του 2016, αναγκάζει πλέον τις πολυεθνικές εταιρείες να δηλώνουν το εισόδημα, τα κέρδη, τους φόρους τους καθώς και τον αριθμό των εργαζομένων στις φορολογικές αρχές των ευρωπαϊκών χωρών.

Ωστόσο, η Επιτροπή προτίθεται να μη δημοσιοποιεί όλα αυτά τα δεδομένα, διότι, όπως είπε, «εμείς θα προσπαθήσουμε να το κάνουμε αυτό με ισορροπημένο τρόπο ώστε να μην τεθούν περαιτέρω προκλήσεις ως προς την ανταγωνιστικότητα των επιχειρήσεων.»

Πλην όμως, το να μην δημοσιοποιούνται όλα τα σχετικά δεδομένα οδηγεί **σε καθεστώς αυθαίρετης φορολογικής νομοθεσίας**. Έτσι, κάποια εταιρεία μπορεί να εκβιάσει την εκάστοτε κυβέρνηση απειλώντας πως θα προβεί σε μετεγκατάσταση των δραστηριοτήτων της, έτσι ώστε η κυβέρνηση να υποκύψει και

να της επιτρέψει να συνεχίσει τις πρακτικές φοροαποφυγής. Κάποια άλλη εταιρεία πάλι, δίχως να έχει τη δυνατότητα εκβιασμού ως προς την απασχόληση, θα υποχρεωθεί να συμμορφωθεί στις φορολογικές ρυθμίσεις πληρώνοντας. Εάν τα προαναφερθέντα δεδομένα και στοιχεία ως προς τις επιχειρήσεις είχαν δημοσιοποιηθεί, η δεύτερη εταιρεία του παραδείγματός μας θα αντιλαμβανόταν την άνιση μεταχείριση και θα επιδίωκε την απονομή δικαιοσύνης. Έτσι, το να καταστήσει κανείς αναγνώσιμο σε όλους τους πολίτες το σύνολο των δεδομένων των μεγάλων επιχειρήσεων, αποτελεί **εγγύηση ως προς την φορολογική αποδοτικότητα, ίσης μεταχείρισης μεταξύ των εταιρειών**, είτε οι δύο επιχειρήσεις του παραδείγματός μας είναι ευρωπαϊκές εταιρείες ή όχι.

Η Ευρωπαϊκή Επιτροπή ανέκαθεν υπερασπίστηκε μια μορφή ρύθμισης που βασίζεται στον φόβο μήπως και χάσουν οι επιχειρήσεις την εταιρική τους φήμη: "Name and Shame". Γιατί λοιπόν η εφαρμογή αυτής της αρχής δεν θα αφορά επίσης το ζήτημα της φορολογικής διαφάνειας;

Στις 12 του Απριλίου 2016, ο Ευρωπαίος Επίτροπος **Pierre Moscovici** επικεφαλής των διαπραγματεύσεων, θα ανακοινώσει ποια δεδομένα θα πρέπει να δημοσιοποιούνται τελικά σε όλες τις ευρωπαϊκές χώρες.

Η κοινή γνώμη έχει ήδη λάβει θέση. Στη Γαλλία, 100.000 υπογράφοντες το 2016 δηλώνουν πως επιθυμούν να ψηφιστεί νόμος για την αντιμετώπιση της φοροδιαφυγής με γνώμονα φυσικά την διαφάνεια όλων των σχετικών δεδομένων και στοιχείων.

Όλες οι εταιρείες πρέπει να αντιμετωπίζονται με φορολογική ισότητα, και οι ευρωπαϊκές χώρες δεν πρέπει να ανταγωνίζονται η μια την άλλη για να προσελκύσουν τις επιχειρήσεις με γνώμονα τα φορολογικά χαμηλότερη βάρη.

Έχουμε 15 ημέρες για να στείλουμε στον επικεφαλής γραμματέα του Ευρωπαίου Επιτρόπου Pierre Moscovici, olivier.bailly@ec.europa.eu το ακόλουθο μήνυμα:

"From today on, Europe must disclose to each and every citizen the full country by country report: Name and shame"

Fiscal evasion is a plague for both European citizens and European economy. We support fully transparent reports to fight this form of malpractice that is highly detrimental to Europe's democratic ideal. We want Europe to release to all citizens a complete and thorough country-by-country "Name and Shame" report."

Envoyez un mail à Pierre Moscovici pour la transparence fiscale des entreprises en Europe

Selon la Commission Européenne, des montants énormes sont perdus en raison de l'évasion fiscale et de l'évitement fiscal. Elle estime les pertes à 1000 milliards d'euros par an.

La quatrième directive relative à la coopération administrative, adoptée par les ministres des Finances européens le 8 mars 2016, contraint désormais les entreprises multinationales à déclarer leurs revenus, leurs profits, leurs impôts et le nombre d'employés aux autorités fiscales des pays européens.

Cependant, la Commission envisage de ne pas rendre publique l'intégralité de ces données, car, dit-elle, "*nous essayerons de faire ceci de façon équilibrée pour ne pas poser de défis de compétitivité aux entreprises*".

Or, ne pas rendre toutes les données publiques, conduit à une loi fiscale arbitraire. Ainsi l'entreprise X qui peut faire du chantage à la délocalisation verra le gouvernement plier et lui permettre de continuer ses pratiques d'évitement fiscal. L'entreprise Y, sans possibilité de chantage à l'emploi, devra payer l'impôt réglementaire. Si les données sont toutes publiques, l'entreprise Y pourra comprendre cette inégalité de traitement et exiger la justice.

Ainsi, rendre accessible à tous les citoyens toutes les données des grandes entreprises, est le gage d'efficacité fiscale et d'égalité de traitement entre les entreprises, que les entreprises X et Y soient européennes ou non.

La Commission Européenne a toujours défendu une forme de régulation basée sur la peur des entreprises de perdre leur réputation: "Name and Shame". Pourquoi n'appliquerait-elle plus ce principe sur la question de la transparence fiscale?

Le 12 avril 2016, Le commissaire européen Moscovici en charge des négociations, va annoncer quelles données seront rendues publiques dans tous les pays européens.

Les opinions publiques ont déjà pris position. En France, les 100.000 signataires de Faire passer dès 2016 une loi pour contrer l'évasion fiscale exigent la transparence dès 2016 pour toutes les données.

Toutes les entreprises doivent être à égalité devant l'impôt et les pays européens ne doivent pas être en compétition pour capter les entreprises avec le moins-disant fiscal.

Il nous reste 15 jours pour envoyer au chef de cabinet du commissaire européen Moscovici: olivier.bailly@ec.europa.eu le mail suivant:

From today on, Europe must disclose to each and every citizen the full country by country report: "Name and shame"

Fiscal evasion is a plague for both European citizens and European economy. We support fully transparent reports to fight this form of malpractice that is highly detrimental to Europe's democratic ideal. We want Europe to release to all citizens a complete and thorough country-by-country "Name and Shame" report.

Senden Sie eine E-Mail an den EU-Kommissar Pierre Moscovici, damit die Steuertransparenz für Unternehmen in Europa am 12. April 2016 eingeführt wird

Nach Angaben der Europäischen Kommission werden enorme Geldmengen durch Steuerflucht und Steuervermeidung verloren. Sie schätzt die jährlichen Verluste auf 1000 Milliarden €.

Die Vierte Richtlinie über die Verwaltungszusammenarbeit, die am 8. März 2016 von den europäischen Finanzministern angenommen wurde, zwingt von jetzt an die multinationalen Unternehmen, ihre Einkommen, Gewinne und Steuern, sowohl als die Anzahl ihrer Mitarbeiter, den Steuerbehörden der europäischen Länder zu erklären.

Allerdings sieht die Kommission vor, nicht alle diese Daten öffentlich zu machen, denn: "Wir werden versuchen, dies in ausgewogener Weise zu tun, um die Wettbewerbsfähigkeit der Unternehmen nicht vor Problemen zu stellen."

Die Nichtveröffentlichung dieser Daten führt jedoch zu einem willkürlichen Steuerrecht. So könnte ein Unternehmen X, das eine Regierung mit möglichen Standortverlagerungen erpressen kann, seine Steuervermeidungspraktiken fortsetzen. Ein Unternehmen Y, das solche Möglichkeiten nicht besitzt, wird dagegen die regulatorische Steuer begleichen müssen. Würden die Daten öffentlich gemacht werden, könnte das Unternehmen Y diese Ungleichbehandlung erkennen und Gerechtigkeit einfordern. In diesem Sinne, alle Daten von Großunternehmen allen Bürgern zugänglich zu machen würde eine effiziente Steuerpolitik und die Gleichbehandlung von Unternehmen gewährleisten, ob die Unternehmen X und Y europäisch sind oder nicht.

Die Europäische Kommission hat stets eine Form der Regulierung vertreten, die auf Angst der Unternehmen basiert, ihre Reputation zu verlieren: "Name and Shame". Warum sollte sie dieses Prinzip nicht mehr auf die Frage der Steuertransparenz anwenden?

Am 12. April 2016 wird der für die Verhandlungen zuständige EU-Kommissar Pierre Moscovici bekannt geben, welche Daten in allen europäischen Ländern veröffentlicht werden.

Die öffentliche Meinung hat bereits Stellung genommen. In Frankreich fordern die ueber 100 000 Unterzeichner der Petition Faire passer dès 2016 une loi pour contrer l'évasion fiscale (schon 2016 ein Gesetz gegen die Steuerflucht verabschieden) die Transparenz für alle Daten ab 2016.

Alle Unternehmen müssen gleich behandelt werden gegenüber der Besteuerung, und die europäischen Länder dürfen nicht wettstreiten, um Unternehmen anzuziehen, die Steuerdumping betreiben.

Es bleiben uns 15 Tage, um dem Kabinettschef des EU-Kommissars Pierre Moscovici (olivier.bailly@ec.europa.eu) folgende E-Mail zu senden:

"From today on, Europe must disclose to each and every citizen the full country by country report : Name and shame"

Fiscal evasion is a plague for both European citizens and European economy. We support fully transparent reports to fight this form of malpractice that is highly detrimental to Europe's democratic ideal. We want Europe to release to all citizens a complete and thorough country-by-country "Name and Shame" report."

Ihr habt auch ein spannendes Thema?

Die Huffington Post ist eine Debattenplattform für alle Perspektiven. Wenn ihr die Diskussion zu politischen oder gesellschaftlichen Themen vorantreiben wollt, schickt eure Idee an unser Blogteam unter blog@huffingtonpost.de.

BLOG A LA UNE

Le Conseil Constitutionnel couvre-t-il l'évasion fiscale?

Le gouvernement va-t-il ne rien exiger des grandes entreprises concernant l'accès public aux données dans son projet de loi, déposé en Conseil des Ministres, le 30 mars 2016 portant sur la transparence financière?

Pourquoi ne demanderait-il pas que les grandes entreprises rendent publiques 5 malheureuses données (chiffre d'affaire, impôts, bénéfices, subventions reçues et effectifs) pour leurs filiales partout dans le monde?

L'article 121 de la loi de finances 2016 a déjà contraint les entreprises à révéler aux autorités fiscales des données sur leurs activités, définies dans un décret à venir. En décembre 2015, le conseil constitutionnel a été saisi pour invalider cet article de loi. Il a répondu: "*Considérant que les dispositions contestées se bornent à imposer à certaines sociétés de transmettre à l'administration des informations relatives à leur implantation et des indicateurs économiques, comptables et fiscaux de leur activité; que ces éléments, s'ils peuvent être échangés avec les États ou territoires ayant conclu un accord en ce sens avec la France, ne peuvent être rendus publics; que, par suite, ces dispositions ne portent aucune*

atteinte à la liberté d'entreprendre...".

Si le Conseil Constitutionnel laisse penser qu'il condamnera tout *reporting* public pour préserver la liberté d'entreprendre, sa position met en péril le fonctionnement démocratique de notre société.

De quel droit pourrait-il le faire?

Tout d'abord, rappelons qu'en France, depuis des décennies, des données des bilans et comptes de résultat des entreprises doivent être publiées. Les amendes sont étrangement ridicules si bien que nombreuses sont celles qui ne respectent pas la loi. Mais, le fait de rendre publiques des données d'entreprise n'a jamais été jugé contraire à la constitution.

Rendre publiques les données sur les entreprises serait-il une entrave à la liberté d'entreprendre ... de ceux qui trichent avec l'impôt?

Notre Conseil Constitutionnel est le garant de notre démocratie. La liberté d'entreprendre des entreprises malhonnêtes met en péril celle des autres. Peut-il affirmer que l'évasion fiscale qui favoriserait la liberté d'entreprendre est une bonne chose sans voir la liberté d'entreprendre qui disparaît pour les entreprises

respectueuses de la loi, alors victimes de concurrence déloyale et acculées à la faillite? Le Conseil Constitutionnel va-t-il ensuite nous convaincre qu'au titre de la liberté d'entreprendre, les trafics d'humains, d'armes, de drogue sont des entreprises comme les autres et qu'il serait bon de copier certains de nos voisins qui les intègrent sans gêne dans leur PIB?

Messieurs les membres du Conseil Constitutionnel, nous vous rappelons qu'en septembre 2015, vous avez cité la lutte contre la fraude et l'évasion fiscales comme un objectif à valeur constitutionnelle.

Le citoyen doit-il ne pas pouvoir vérifier le montant des impôts à payer des entreprises? Si c'est le cas, le conseil constitutionnel viole et la constitution de 1958 en vigueur et la Déclaration de 1789!

La constitution de 1958 stipule: "*article 2 - Son principe est: gouvernement du peuple, par le peuple et pour le peuple*".

Selon la Déclaration de 1789, tout citoyen a le droit de constater par lui-même le recouvrement de l'impôt "*Art. 14. - Tous les Citoyens ont le droit de constater, par eux-mêmes ou par leurs représentants, la nécessité de la contribution publique, de la consentir librement, d'en suivre l'emploi, et d'en déterminer la quotité, l'assiette, le recouvrement et la durée."*

Aujourd'hui, l'enjeu majeur, c'est bien l'accès à tous de ces données dans le projet de loi Sapin II sur la transparence économique des entreprises.

Soit le gouvernement, fort du droit du peuple, exige cette transparence pour les citoyens, soit il s'autocensure au prétexte que le Conseil Constitutionnel risque de retoquer ce principe de transparence.

Si le projet Sapin II est tronqué, quelques députés courageux peuvent encore déposer un amendement pour que soient intégrés ces principes de transparence fiscale et d'accès public aux données. Une majorité de députés intègres pourront voter cet amendement. Les sénateurs suivront car ils auront entendu les exigences de l'opinion publique et pris connaissance, entre autres initiatives, de la pétition "dès 2016 une loi pour contrer l'évasion fiscale" qui a dépassé 100. 000 signataires.

Puis, sans doute, certains parlementaires saisiront le Conseil Constitutionnel. Il affirmera, que tout citoyen a le droit de constater par lui-même le recouvrement de l'impôt et qu'il est "conforme à la Constitution" que ces données soient rendues publiques. Sinon à quel jeu jouerait donc un conseil constitutionnel qui n'applique plus la constitution dont il est le garant? Qui sert-il?

La loi Sapin II est un tournant historique: soit le Conseil Constitutionnel, notre gouvernement et nos représentants couvrent l'évasion fiscale et bafouent la constitution et la démocratie, soit nous aurons fait ensemble quelque chose de bien pour le plus grand nombre.

Qui doit diriger l'Europe? Qui doit aller en prison?

Antoine Deltour a dénoncé les pratiques de forfait courantes au Luxembourg. De forts soupçons existent que Jean-Claude Juncker, premier Ministre Luxembourgeois de 1995 à 2013, ait eu connaissance de ces pratiques. Le 24 avril, le procès de Deltour s'ouvre. La Commission Européenne est toujours présidée par Jean-Claude Junker.

2014 : Affaire LuxLeaks

Antoine Deltour, que vous pouvez soutenir en signant la pétition Soutenons Antoine Deltour, a dénoncé les pratiques de forfait courantes au Luxembourg sans aucun enrichissement personnel et en sacrifiant sa carrière.

Des accords fiscaux entre le fisc luxembourgeois et de nombreuses multinationales confirme un système d' « optimisation » fiscale à grande échelle au cœur de l'Europe. Selon l'hebdomadaire allemand Der Spiegel, de forts soupçons existent que Jean-Claude Juncker, premier Ministre Luxembourgeois de 1995 à 2013, ait eu connaissance de ces pratiques.

2016 : Qui doit diriger l'Europe? Qui doit aller en prison?

La Commission Européenne estime la fraude et l'évasion fiscale en Europe à 1000 milliards d'euros par an. Les opinions publiques, entre autres initiatives, les 110 000 signataires de la pétition "dès 2016 une loi pour contrer l'évasion fiscale", exigent transparence et justice.

Antoine est en procès au Luxembourg ce 24 avril. Il risque 5 ans de prison et 1 250 000 euros d'amende.

Jean-Claude est toujours président de la Commission Européenne.

Evasion fiscale, l'Europe patine, la France recule!

Ça semble chauffer en Europe en ce moment mais où en sommes-nous vraiment?

Les communications se bousculent sur le sujet. L'Europe prétend qu'elle avance à grands pas vers la transparence fiscale et la France assure qu'elle fait son maximum pour atteindre ce même objectif. Pourtant, nous, citoyens lambdas, nous voyons l'Europe patiner et la France franchement reculer.

Depuis 2014, chaque banque doit fournir des informations comme son bénéfice et ses effectifs dans chacun des pays du monde. Des fruits ont sans doute été cueillis par les administrations fiscales mais grâce au reporting public de ces informations, des ONG, ont levé, dans un rapport sur les banques françaises, de graves signes de pratique d'évasion fiscale que nos autorités fiscales n'ont, semble-t-il, ni détectés ni empêchés. En supposant que les administrations fiscales puissent être indépendantes aux pressions, leurs moyens sont limités et le regard citoyen, qui est prévu par notre Constitution, est le seul qui puisse permettre non plus de jouer entre voleurs et gendarmes mais de défendre les banques honnêtes et de faire évoluer les autres.

Car c'est bien d'honnêteté dont on parle...

La France peut s'enorgueillir d'avoir été leader pour la transparence des données des banques en 2013 et l'Europe lui a alors emboîté le pas.

Dans ce sens, en Europe, depuis mars 2015, toutes les entreprises sont obligées de fournir à leurs autorités fiscales des données dans chacun des pays où elles opèrent. Le reporting public est évidemment indispensable.

Ce 12 avril 2016, la commission européenne le propose pays par pays, pour les entreprises présentes dans les 28 pays de l'union européenne et dans des pays inscrits dans une liste de paradis fiscaux qui reste à définir.

Ce timide pas en avant ne permettra toujours pas aux citoyens européens de déceler la localisation des bénéfices qui vont continuer de fuir là où l'imposition est faible ou nulle. Et ce d'autant plus que la liste sera forcément politique : qui osera en Europe mettre l'état américain du Delaware ou la city de Londres sur la liste?

Or, il suffit d'un trou dans le filet, comme l'ont montré les révélations des *Panama Papers*, pour que nombre de gros poissons s'échappent.

Pierre Moscovici, commissaire européen, a pourtant affirmé le 8 avril aux représentants du comité STOPEVASIONFISCALE, partager le même but de transparence totale. Il pense que la transparence totale pourrait être atteinte en moins de trois ans et peut être à horizon d'un an sous la pression des scandales et de l'opinion publique. Cependant, selon lui, la majorité des entreprises ne veut pas de distorsion de concurrence liée à la publication des données. L'enjeu est donc, pour lui, de faire adopter cette transparence au niveau mondial par l'OCDE.

Combien de temps encore l'Europe va-t-elle tergiverser? Peut-elle se permettre de différer un reporting public des données des entreprises, pays par pays, pendant même encore une année?

Et la France?

Elle a perdu son bel élan. Pire, en décembre 2015, l'amendement 340 a été volé aux citoyens et la loi qui a été votée, en guise de remplacement, s'est révélée d'une exigence bien conciliante. La France qui, en 2007 avait permis des trusts de droit français pour le bonheur des avocats et des banques qui peuvent en assurer la gestion, prévoyait dans la loi de lutte contre la fraude fiscale et la grande délinquance économique et financière de décembre 2013 un registre public avec le nom des bénéficiaires. Mais, comme le souligne le *Canard Enchainé* du 6 avril 2016, deux ans après, les modalités de consultation du registre qui devaient être précisées par décret en Conseil d'Etat... ne sont toujours pas publiées. En 2011, la France a même sorti de sa liste noire le Panama à l'époque où nos grandes entreprises françaises ont voulu signer des contrats dans ce pays. Selon *Le Figaro du 6 avril 2016*, *"un mois après la visite du président panaméen à Paris, le parlement français était sommé de voter une convention favorable au Panama"*.

Les réponses des membres du gouvernement français sont invariables : *"Nous sommes favorables à la transparence mais... nous ne ferons rien avant que l'Europe nous y oblige."*

Comment interpréter cette position? Le gouvernement français et la grande majorité de nos parlementaires seraient-ils bienveillants envers les entreprises engagées dans l'évasion fiscale et souhaiteraient-ils leur laisser le temps de reprendre discrètement une conduite vertueuse ou de se déplacer dans des paradis fiscaux encore intouchables?

Nos responsables politiques disent : "Les entreprises qui ne remplissent pas leurs obligations fiscales, risquent de fuir".

Mais c'est tant mieux ! Nous n'avons pas envie de devenir un paradis fiscal. D'autres entreprises, honnêtes, peuvent répondre à nos besoins.

Nos responsables politiques disent : "Le reporting public risque de défavoriser nos entreprises"

Pas sûr ! Si l'Etat, les collectivités publiques, les entreprises et les particuliers peuvent privilégier les entreprises honnêtes, la distorsion de concurrence sera en leur faveur.

Nos responsables politiques disent : "Nous sommes liés à ce que font nos partenaires européens"

Jusqu'où? Pour nous, la transparence est inscrite dans notre constitution de 1958. Elle reprend la déclaration des droits de l'Homme qui affirme, dans son article 14, que le citoyen a un droit de regard direct sur le recouvrement de l'impôt.

Nous, les citoyens lambdas, sommes prêts à payer le prix pour assainir le fonctionnement de notre société, parce que nous pensons que cette transparence est un préalable à la résolution de nos problèmes majeurs : les plaies ne guérissent pas si on les soigne avec des mains sales !

Nous refusons que l'usage des paradis fiscaux soit légitimé et que, dans les confessionnaux feutrés des administrations fiscales, l'absolution des tricheurs soit secrètement négociée même pour "une bonne cause".

Il y a des pays où les manquements des élus font immédiatement l'objet de l'opprobre public, comme en Islande. La taille de la communauté ou son histoire, fait aisément percevoir que celui qui ne joue pas "collectif" met la communauté en péril.

Il y a des pays où tant que le gâteau collectif est conséquent, peut-être aussi par esprit servile atavique, on ferme les yeux sur les pratiques illégales de ceux qui se comportent comme des seigneurs. Notre France est de ceux-là. Aujourd'hui, du gâteau, il nous reste des miettes. Aujourd'hui, nous sentons notre vulnérabilité : l'évasion fiscale devient intolérable au plus grand nombre.

Pourtant malgré les discours, nous avons reculé. Même certains de nos partenaires européens, comme le soulignent *Les Echos du 12 avril 2016*, s'inquiètent d'une certaine tiédeur en France.

La loi Sapin II sur la transparence économique, qui a délibérément fait l'impasse sur le *reporting* public, va être soumise aux débats parlementaires dans quelques semaines. Nul doute que les signataires toujours plus nombreux de la pétition *Faire passer dès 2016 une loi pour contrer l'évasion fiscale*, les membres des ONG qui défendent la transparence fiscale, les journalistes et les citoyens qui s'expriment un peu partout dans ce sens, vont être attentifs à la façon dont ceux qui les représentent, vont amender la loi.

C'est la dernière chance qui nous reste pour entrainer l'Europe sur la transparence comme nous l'avons fait pour les banques en 2013, la

dernière digue face au tsunami
de la corruption.

Denis Dupré
Enseignant chercheur en finance et éthique à l'Université de Grenoble

Bernard Paranque
Économiste et professeur à la Kedge Business School

Economie collaborative ou économie capitaliste? Nos choix économiques sont des choix de société

Dans une chronique intitulée: "Quand l'économie du partage aveugle les anti-capitalistes", Jean Peyrelevade, ancien président de Suez, de l'UAP et du Crédit lyonnais, formule un jugement sans appel contre l'économie collaborative et ses acteurs et partisans, qu'il enferme avec condescendance et mépris dans un même gros sac étiqueté "anti-capitalistes" et "utopistes" de la dernière heure, ignorant ou feignant d'ignorer que les premiers travaux sur le sujet remontent au moins au début du siècle dernier avec Mauss *(1)*, bien avant le prix "Nobel" décerné à Mme Ostrom (2009).

Quels intérêts défend en réalité M. Peyrelevade lorsqu'il écrit que l'utopie de l'économie du partage (du "commun") qui est en train de se développer - et pas seulement "aux franges extrêmes de la gauche" -, viserait à détruire les trois piliers sur lesquels repose l'économie capitaliste, à travers "*Moins de propriété privée, moins de marché, moins de monnaie*"?

L'économie collaborative: rien à voir avec "Demain on rase gratis"

L'argumentaire repose sur une confusion soigneusement entretenue entre économie collaborative, gratuité et solidarité redistributive, avec l'idée sous-jacente que seule la production du secteur capitaliste permet au reste d'exister. Une recherche rigoureuse d'informations lui aurait appris que l'économie collaborative, la gestion de communs, n'ont rien à voir dans leurs pratiques avec un "demain on rase gratis" et articulent au contraire une grande diversité de logiques économiques entre une multitude de parties prenantes.

Les formes solidaires de l'économie collaborative (toutes ne sont pas celles du partage) permettent effectivement plus de propriété collective et plus d'échanges. Et grâce aux monnaies complémentaires, elles disposent des liquidités nécessaires à leur fonctionnement, là où les "monnaies officielles" se voient assignées en priorité voire exclusivement un rôle de financement des dettes publiques ou privées sur les marchés internationaux.

Une alternative au rapport social instauré par le capitalisme

Il est possible que ces nouveaux modes de consommation et d'échanges soient des utopies au sens noble du terme, et qu'elles répondent à la critique radicale de l'économie néolibérale et de la folle course à la destruction de la planète et des humains formulée par le Pape François dans l'encyclique "*Laudato Si*". Mais bien que chrétien de gauche, Jean Peyrelevade ne voit aucune alternative au rapport social qu'installe le capitalisme. Ignorant tout de l'entrepreneuriat social qui expérimente pourtant, *hic et nunc*, d'autres formes de circulation des biens et des services *(2)* et amalgamant encore une fois économie de partage et gratuité, il ne croit pas "*le peuple prêt à échanger davantage de satisfaction collective contre moins de revenus monétaires*". L'économie non marchande ne peut donc être que le fruit d'une redistribution après que les vrais producteurs de richesse ont "fait du fric".

A visage à peine couvert se dessine la vision fondamentalement anti-démocratique du monde que le néolibéralisme véhicule. Dans *La route de la servitude(3)*, Hayek écrit : *"L'usage efficace de la concurrence en tant que principe d'organisation sociale exclut certains types d'intervention coercitive dans la vie économique, mais il en admet certains autres qui peuvent parfois l'aider considérablement, et exige même certains genres d'action gouvernementale."* Quelques chapitres plus loin, il clarifie son propos: *"Il n'y a rien de bas ni de déshonorant à approuver une bonne dictature honnête. [...] Sans aucun doute, un système 'fasciste' instauré en Angleterre serait très différent de ses modèles italien ou allemand."*

A la même époque Wilhelm Roepke, chantre de l'ordo-libéralisme allemand et co-fondateur de la Société du Mont Pèlerin, n'hésitait pas lui aussi à défendre les vertus d'une démocratie "autoritaire": *"Si la concurrence ne doit pas agir comme un explosif social ni dégénérer en même temps, elle présuppose un encadrement d'autant plus fort, en dehors de l'économie, un cadre politique et moral d'autant plus solide: un État fort."(4)*

Aujourd'hui, les ravages de la crise ont conduit à remplacer l'arrogance par une humilité de façade. Le prix dit "Nobel d'économie" Jean Tirole affirme dans le quotidien *Le Monde* daté du 9 mai 2016 que *"l'économie, ma science, n'est pas une science parfaite, on a des incertitudes, des choses qu'on connait mal mais je dis ce que dit la science. L'économie n'est pas au service des intérêts particuliers, ni de la propriété privée (...). Donc l'économiste est neutre fondamentalement"*. Jean Tirole siège dans la section IV de l'Académie des sciences morales et politiques, dédiée à l'économie politique, à la statistique et aux finances, au côté de Michel Pébereau, l'ancien président de BNP Paribas, Yvon Gattaz, président du CNPF (ex-Medef) entre 1981 et 1986 et Denis Kessler, dirigeant de la SCOR qui a affirmé dans la revue *Challenges* le 4 octobre 2007: *"La liste des réformes? C'est simple, prenez tout ce qui a été mis en place entre 1944 et 1952, sans exception. Elle est là. Il s'agit aujourd'hui de sortir de 1945, et de défaire méthodiquement le programme du Conseil national de la Résistance!"*

Nos choix économiques sont des choix de société

Le philosophe de Harvard, Sandel, dans son livre best-seller *Ce que l'argent ne saurait acheter*, affirme le contraire, puisque nos choix économiques sont pour lui, de fait, des choix de société: *"La question des marchés est au fond la question de ce que nous voulons vivre ensemble. Voulons-nous une société où tout est disponible à la vente? Ou y a-t-il des biens publics et moraux que les marchés ne peuvent faire prospérer et que l'argent ne peut acheter?"*

Au moment où les responsables du Fonds Monétaire International et de la Banque mondiale s'inquiètent (enfin) des effets négatifs d'un creusement des inégalités de revenus et de patrimoine, et où le modèle même de croissance quantitative est remis en cause par le risque environnemental et climatique, explorer les utopies collaboratives est, à l'opposé des craintes de M. Peyrelevade, une ardente nécessité.

1 - Mauss M., 1923. *Essai sur le don*, Année Sociologique.

2 - Testart A., 2007, Critique du don - Études sur la circulation non marchande, Syllepse, Paris.

3 - F.-A. Hayek, [1943], 1945, *La route de la servitude*, Paris, Librairie de Médicis, trad. G. Blumberg, p. 33, 99-100

4 - *La crise de notre temps* [1945], Paris, Payot, 1962, p. 202-203.

Vendre des missiles ou lutter contre l'évasion fiscale, dilemme à l'Assemblée Nationale!

Une nouvelle tentative pour torpiller la transparence a eu lieu à l'Assemblée Nationale le 26 mai 2016.

Vers 1 heure du matin, la commission des finances est réunie dans le cadre du projet de loi dit Sapin II: *Transparence, lutte contre la corruption et modernisation de l'économie*, qui sera débattu en séance plénière le 10 juin 2016. Il s'agit de présélectionner les amendements à insérer dans la loi. Le débat porte sur les amendements concernant la transparence pour lutter contre l'évasion fiscale.

Comme les banques, les entreprises devraient être soumises au reporting public pays par pays

Obliger les entreprises à rendre publiques des informations précises pour savoir si les impôts qu'elles paient correspondent à leur activité économique réelle: c'est ce qu'on appelle le reporting public pays par pays. C'est obligatoire pour les banques depuis 2013, ce n'est pas encore le cas pour les entreprises. Ce devrait être chose faite depuis au moins décembre 2015. Mais, nous avons vu alors comment 97% des députés ont fait capoter la loi pour lutter contre l'évasion fiscale grâce aux manœuvres du gouvernement.

Ce 26 mai 2016, on a l'impression d'en être au même point. 1h du matin: Une dizaine d'amendements sont déposés. Parmi eux, l'amendement CL673 reprend les principes de l'amendement 340 rejeté en décembre 2015. Il est déposé par les députés Cherki, Rabin, Galut, Hamon, Carrey-Conte et Amirshahi.

Avec les députés Colas et Potier, le rapporteur de la commission des finances Sébastien Denaja (PS) a déposé l'amendement CL743. Dans leur proposition, les informations des filiales hors Europe seraient regroupées pour plusieurs pays et donc inexploitables. Avec cet amendement trompeur, les entreprises ne tricheront plus en Europe mais le feront avec des filiales hors Europe, au Delaware par exemple, au grand bénéfice des Etats-Unis comme le souligne Pascal Cherki (écouter ici à 3h56)

L'amendement Denaja prônant un chemin progressif vers la transparence, cherche-t-il à torpiller l'amendement efficace de Pascal Cherki? (écouter ici à 3h29). Sébastien Denaja reprend l'explication qui nous est classiquement servie pour montrer combien il serait néfaste que les citoyens aient accès aux données des entreprises de façon complète: la protection de nos grandes entreprises françaises dont les

données seraient dévoilées à leurs concurrents. Comme exemple d'entreprises qui seraient concernées, il cite celles qui ne vendent que des missiles (écouter ici à 3h39).

Depuis des décennies, les pots-de-vin pourrissent la vie politique française: ne changeons rien!

Mais, bon sang! C'est vrai! Pour vendre ce genre d'articles, il est nécessaire de verser des pots-de-vin. Comment le faire sans les paradis fiscaux? Depuis des décennies, avec des scandales à répétition comme l'Angolagate pour la gauche ou les Frégates de Taiwan pour la droite, les pots-de-vin à des intermédiaires douteux et les rétro-commissions pourrissent la vie politique française. Ne changeons rien!

L'exposé des députés Denaja et Colas présente d'autres arguments pour un reporting public mais incomplet (avec des données agrégées pour les filiales hors Europe).

Premier argument: Les citoyens n'ont pas besoin de cet accès aux données (écouter ici à 3h36) car notre administration fiscale en dispose et fait le nécessaire pour recouvrer l'impôt et traquer les fraudes. Soit! Nous pouvons avoir confiance dans le zèle de nos services fiscaux. Pourtant peut-on ignorer ne serait-ce que l'actualité récente concernant les banques françaises? Dans le cadre de la loi bancaire, en 2015, les banques françaises ont dû rendre publiques des informations essentielles sur leurs activités et les impôts qu'elles paient dans tous les pays où elles sont implantées. Un rapport de plusieurs ONG (lire ici) a pu nous montrer grâce à ce reporting public des banques comment certaines trichaient. Cela ne va probablement pas changer la façon toujours discrète dont l'administration fiscale va les sanctionner, mais cela permet au citoyen de juger et de choisir une banque dont le comportement lui convient. C'est cela qui va permettre aux mentalités et aux pratiques d'évoluer. Le "dormez braves gens, l'administration fiscale veille" n'est pas un argument convaincant! Si les grandes entreprises font tant pression sur nos gouvernants et nos élus pour annihiler ce projet de reporting public, c'est bien qu'elles et leurs actionnaires craignent davantage l'opinion publique que l'administration fiscale.

Si les grandes entreprises font tant pression sur nos gouvernants et nos élus pour annihiler ce projet de reporting public, c'est bien qu'elles et leurs actionnaires craignent davantage l'opinion publique que l'administration fiscale.

Deuxième argument de Monsieur Denaja: Si la loi Sapin II s'étoffait d'un réel *reporting* public pays par pays, le Conseil Constitutionnel pourrait la juger anticonstitutionnelle (écouter ici à 3h42). Nous avions déjà posé la question: le Conseil constitutionnel couvre-t-il l'évasion fiscale? Pascal Cherki pense que cela ne serait pas le cas (écouter ici à 3h36). Quoi qu'il en soit, transférer l'indignité sur un Conseil constitutionnel qui ne s'est pas prononcé est un argument fallacieux.

La transparence fiscale des entreprises inverserait les usages et les valeurs

Il faut du cran et de la ruse à certains de nos députés pour esquiver les contre-attaques et porter la parole de ceux qu'ils représentent. Après avoir défendu son amendement, finalement Pascal Cherky le retire (écouter ici à 3h57). C'est le moyen d'éviter qu'il soit refusé par la commission des finances et la possibilité offerte aux députés présents dans la commission de ne pas se dédire, et de le rejoindre lorsqu'il redéposera l'amendement devant l'assemblée en séance plénière le 10 juin 2016.

Nous mesurons bien que l'enjeu est de taille. La transparence fiscale des entreprises est un préalable qui, s'il était adopté, inverserait les usages et les valeurs. Evidemment, si nous estimons que les intérêts de ceux qui mènent nos entreprises d'armements sont primordiaux... autant tout lâcher!

Les pressions que subissent nos parlementaires sont fortes. Pourtant, il leur est encore permis de voter librement et de représenter, entre autres, les 100.000 citoyens qui ont signé la pétition Faire passer dès 2016 une loi pour contrer l'évasion fiscale.

Le 10 juin 2016, tous les députés vont voter et soutenir ou non l'amendement de Pascal Cherki. Nous saurons alors si la France veut devenir une république bananière ou si elle s'engage dans le sens d'une économie soutenable.

Les députés ont peur de venir voter la transparence fiscale

Ce 9 juin, vers 20 heures, l'assemblée nationale nous a donné une belle leçon. Les débats et les votes portaient sur des amendements à la loi Sapin 2, des amendements permettant à la loi de mériter son titre: Transparence...

En décembre dernier, les députés français avaient semblé franchir un pas décisif dans cette lutte contre l'évasion fiscale, mais suite à une procédure inhabituelle à la demande du Ministre Eckert et grâce à de versatiles députés et des bancs vides à 91%, l'amendement 340 a été rejeté et la lutte efficace contre l'évasion fiscale a été encore reportée.

Pour rappel, l'enjeu est de publier des données sur les entreprises françaises concernant leurs filiales à l'étranger. Ces informations sont transmises aux institutions fiscales. Mais dans le même esprit que le reporting public qui est imposé en France comme en Europe aux banques depuis 2013, des députés proposent à nouveau une vraie transparence avec les amendements 151, 420, 1181 et 1228à la loi Sapin 2.

Les montants de l'évasion fiscale sont colossaux, (cela représente en France 1000 euros par an par français) et des juges, des journalistes, des ONG comme OXFAM et CCFD, ont décrit comment tous ces mécanismes de fraude sont destructeurs pour la collectivité. Pourtant à la veille du vote de nos députés, le MEDEF et l'AFEP montent au créneau criant au suicide économique et le ministre Sapin se déplace en personne à l'Assemblée pour redire son refus que la France, comme elle l'a pourtant fait pour les banques, soit modèle pour une véritable transparence fiscale des entreprises.

Les hommes et les femmes que nous avons élus pour nous représenter et pour faire nos lois, sont-ils encore libres d'exercer en toute conscience leur mission?

Ce 9 juin, à 20 h, 39 députés sur 577 sont présents. Prenez le temps de voir le débat filmé, ou de lire le compte-rendu écrit officiel. Vous mesurerez le courage et l'opiniâtreté des quelques députés qui ont défendu leurs amendements et mis en lumière les failles et les incohérences de l'amendement "Canada dry" au goût du gouvernement, qu'a proposé la députée Mazetier. Vous vous demanderez pourquoi les 41 députés qui ont aussi déposé des amendements pour la transparence, ne sont pas présents pour les défendre. Parmi les députés, ce soir-là dans l'hémicycle, certains, même ayant participé utilement au débat, vont disparaitre au moment du vote si bien que les amendements de transparence nos 151, 420, 1181 et 1228 vont être rejetés par 15 voix pour contre 24. Ont voté la transparence pour lutter contre l'évasion fiscale des grandes entreprises:

Éric Alauzet, Delphine Batho, Fanélie Carrey-Conte, Pascal Cherki, Olivier Faure, Yann Galut, Chaynesse Khirouni, Christophe Premat, Gérard Sebaoun, Huguette Bello, Laurence Abeille,
Sergio Coronado,
Cécile Duflot, Jean Lassalle, Eva Sas. 15 députés sur 577!

Ce n'est pas la droite qui fait capoter les amendements. Seuls 5 députés du groupe Les Républicains (197 membres) étaient présents dans l'hémicycle et voteront contre.

S'ajouteront 19 voix contre une vraie transparence, issues du groupe socialiste, écologiste et républicain (291 membres):

Guy Bailliart,
Christophe Castaner,
Romain Colas,
Pascal Demarthe,
Sébastien Denaja,
Françoise Descamps-Crosnier,
Jean-Louis Dumont,
Sophie Errante, Jean Launay,
Anne-Yvonne Le Dain, Jean-Yves Le Déaut,
Dominique Lefebvre,
Martine Lignières-Cassou,
François Loncle,
Frédérique Massat,

Sandrine Mazetier,
Dominique Potier,
Catherine Quéré,
Gilles Savary.

10 voix auraient suffi pour faire basculer le vote pour un vrai reporting public des grandes entreprises, pays par pays filiale par filiale et faire évoluer les mentalités et les pratiques.

Pourquoi les 14 députés qui avaient pourtant résisté aux pressions en décembre 2015 et défendu la transparence en votant l'amendement 340, sont-ils absents ce 9 juin?

Danielle Auroi, Denis Baupin, Paul Molac, Philippe Noguès, Ibrahim Aboubacar,
Kheira Bouziane-Laroussi, Isabelle Bruneau,
Catherine Coutelle,
Yves Daniel, Chantal Guittet,

Audrey Linkenheld,
Christian Paul,
Dominique Potier et Suzanne Tallard?

Qui fait pression sur nos députés pour expliquer cet absentéisme et ces virevoltes? Certains parleront de lobbies, de corruption. D'autres se rappelleront comment Manuel Valls a osé en février 2016, devant tous les députés dans l'hémicycle, interpeler le député PS Sébastien Denaja, aujourd'hui rapporteur de la loi Transparence, parce qu'il avait "mal voté" sur la réforme de la constitution: "C'est con! À 48 heures près, tu devenais ministre". Le gouvernement ferait-il "chanter" nos parlementaires?

Ce 9 juin 2016, l'absentéisme de nos députés nous a

effectivement une fois de plus, fait la démonstration d'une démocratie en péril. Quel nouveau scandale attendons-nous? Mesdames et Messieurs nos représentants, vous les acteurs clefs de notre démocratie... Par vos travaux, vos débats et vos votes, vous pouvez changer ou pas les choses. Ne gâchez plus ce pouvoir.

Serait-ce trop exiger de vous demander d'être présent lors de la deuxième lecture à l'assemblée nationale après retour du texte corrigé par le Sénat et d'afficher votre position en votant selon votre propre conviction? Notre démocratie ne tient plus qu'à un fil...

Pourquoi notre gouvernement ne veut pas de la transparence fiscale?

Dans l'Esprit des Lois, Montesquieu affirmait pour se moquer des raisonnements des esclavagistes: "*Le sucre serait trop cher, si l'on ne faisait travailler la plante qui le produit par des esclaves.*" Le changement des mentalités et des pratiques fut long mais un siècle plus tard, l'esclavage fut aboli en France.

Faudra-t-il attendre 2116 pour récupérer tout ou partie des 60 milliards perdus par la France du seul fait de la fraude fiscale des entreprises? Illégales pour les unes, illégitimes pour les autres, les pratiques de l'optimisation fiscale sont dans les mœurs de nos entreprises qui ne voient pas comment faire autrement.

A la une des *Echos* le 7 juin 2016, le MEDEF et l'AFEP parlent de "*suicide économique*" à propos de certains amendements proposés à la loi Sapin 2, amendements qui veulent, pour une vraie transparence fiscale, une publication des données des entreprises pays par pays, filiale par filiale. Ils y voient "*une mesure non seulement contraire à la liberté d'entreprendre mais surtout à même de les affaiblir face à leurs clients et leurs concurrents internationaux*".

Les arguments des opposants à la transparence

Un de leurs arguments est de dire que pour une entreprise européenne "*les informations publiées pourraient alors permettre de reconstituer sa marge et lui seraient préjudiciables.*" Pourtant, aujourd'hui, notamment dans les pays d'Europe, les informations sur les bénéfices des entreprises sont déjà publiques.

Pour détecter l'évasion fiscale, on ne peut à la fois accepter la transparence sur les marges en Europe et ne pas la vouloir hors Europe pour ne pas donner des informations à la concurrence, comme le note la députée Karine Berger lors des débats parlementaires: "*Je suis favorable à ce que la directive européenne oblige à une publication pour l'ensemble des pays du monde, et je ne comprends pas le raisonnement selon lequel on devrait publier, pays par pays, en Europe, mais qu'on ne devrait pas le faire ailleurs. Soit on a un vrai problème de confidentialité par rapport aux clients -dans ce cas la publication, y compris en Europe, est impossible-, soit on considère que ce n'est pas indispensable.*"

L'autre argument des opposants est que la transparence fiscale favoriserait les rachats de nos fleurons par les entreprises étrangères. Or, les entrepreneurs chinois n'attendent visiblement pas la transparence fiscale et achètent massivement les fleurons européens avec leurs 3000 milliards de réserves de change. Et avec l'appui de nos gouvernants en prime! La question serait plutôt de savoir si le régime fiscal que leur réserve Bercy pour les bénéfices qu'ils vont réaliser en France sera le même que celui imposé aux entreprises nationales, ou si les prix de transfert avec leur holding chinois leur assureront de ne pas payer d'impôt en France.

Où est donc le véritable problème qu'imposerait une vraie transparence fiscale aux grandes entreprises On peut analyser ce qu'il en a été pour les banques à qui cette transparence, sous l'impulsion de la France, s'applique désormais depuis 2013.

Le poids de l'opinion publique

Ont-elles perdu leur compétitivité? Qu'a permis la transparence? La démonstration a été faite que si Bercy a effectué pour ces compagnies des redressements, cela ne les a empêchées en rien de poursuivre leur business et de continuer à ne pas payer en France les impôts qu'elles devraient. Les informations publiques ont permis aux ONG d'enquêter et de mettre en lumière les comportements anormaux de certaines banques. Du coup, ce n'est plus derrière les portes anonymes des couloirs feutrés de Bercy que les pratiques frauduleuses sont sanctionnées mais devant l'opinion publique, qui se révèle le seul levier pouvant contraindre ces organismes à changer de pratiques. Les actionnaires ont du pouvoir, les consommateurs et les usagers informés en ont autant sinon plus!

Il est compréhensible que les grandes entreprises craignent cela. L'habitude est à l'entregent et on ne peut exercer le chantage à l'emploi que dans la discrétion. On peut aussi comprendre que nos gouvernants redoutent cette publicité, cette transparence qui les empêcherait de faire des cadeaux discrétionnaires à telle ou telle multinationale en dehors du regard citoyen.

Les trémolos de monsieur le Ministre Sapin, venu en personne ce 9 juin 2016, devant une Assemblée nationale vide à 93%, sont-ils crédibles? *"De quoi aurais-je l'air devant la Commission européenne?"* (Écouter ici à 2h55) demande-t-il, craignant que sa loi ne soit censurée par le Conseil constitutionnel, avec un amendement pour une transparence fiscale complète, sous prétexte qu'elle ferait entrave à la liberté d'entreprendre.

Le rapporteur de la loi Sébastien Denaja va le confirmer: *"Certains nous reprochent d'agiter la menace d'inconstitutionnalité. Mais je rappelle que nous sommes dans une zone d'incertitude et qu'il est toujours difficile*

d'apprécier ce que sera la position du Conseil."

C'est le député Pascal Cherki qui va défendre la fiabilité de l'institution: *"Le Conseil constitutionnel a bon dos. Serait-il à ce point gagné par la pression des lobbies, notamment financiers, qu'il censurerait une disposition votée par la représentation nationale?"*

Cela serait en effet bien étrange! La constitution de 1958 stipule *"Le peuple français proclame solennellement son attachement aux Droits de l'homme et aux principes de la souveraineté nationale tels qu'ils ont été définis par la Déclaration de 1789".* Or, selon la Déclaration de 1789, tout citoyen a le droit de constater par lui-même le recouvrement de l'impôt: *"Art. 14. - Tous les Citoyens ont le droit de constater, par eux-mêmes ou par leurs représentants, la nécessité de la contribution publique, de la consentir librement, d'en suivre l'emploi, et d'en déterminer la quotité, l'assiette, le recouvrement et la durée."*

Yann Galut va préciser: *"Il est possible d'éviter la censure constitutionnelle. La conciliation entre la liberté d'entreprendre et la lutte contre l'évasion fiscale et/ou l'intérêt général a d'ailleurs déjà été opérée par le législateur avec l'aval du Conseil constitutionnel dans une décision du 29 décembre 1989."*

Enfin, Eric Alauzet argumente: *"on voit mal comment le Conseil constitutionnel pourrait s'opposer à ce que le*

reporting public s'impose à la Suisse ou aux États-Unis, dès lors qu'il accepterait qu'on l'applique à l'Europe."

Le risque d'inconstitutionnalité avancé par le gouvernement et par les porte-parole des grandes entreprises est difficile à défendre.

Tricher avec l'impôt s'est incrusté dans la mentalité des entreprises comme l'esclavage au siècle de Montesquieu

Tricher avec l'impôt, c'est-à-dire ne pas soutenir le territoire sur lequel on est impliqué, pratiquer l'optimisation fiscale c'est-à-dire demander aux salariés, aux non-employés et aux contribuables d'assurer le "toujours plus" versé aux actionnaires, sont devenus en quelques années les pratiques de toutes les entreprises qui le peuvent. Ces pratiques dont les conséquences sont bien plus lourdes que les 60 milliards perdus par la France, s'incrustent dans nos mentalités comme une réalité sans alternative, comme l'esclavage au siècle de Montesquieu.

Je l'entends nous railler: *"Les actionnaires n'auraient plus de dividendes satisfaisants si une vraie transparence fiscale était imposée".*

Il en a fallu du courage et de l'abnégation aux abolitionnistes pour franchir les obstacles au temps de Montesquieu. Est-ce cela qui manque à nos représentants politiques d'aujourd'hui?

Monsieur le Ministre des Finances, vous ne vous demandez pas: *"Si je choisissais de défendre une transparence fiscale réelle... de quoi aurais-je l'air devant mes concitoyens?* » Pourtant, ils pourraient alors simplement être fiers de votre engagement.

BLOG A LA UNE

Quand Jean-Claude Juncker accuse la France de favoriser l'évasion fiscale, il a raison!

La bloggeuse Laetitia a interviewé le président de la commission européenne le 15 septembre 2016. Jean-Claude Juncker lui a dit "*Est-ce que vous êtes sûre et certaine que ce qu'on a appelé les tax ruling -donc les arrangements entre l'administration fiscale et les entreprises- n'a pas eu cours en France?... Je vous pose la question et vous enquêterez sur le sujet... Je vous dis dès à présent que ce que vous allez découvrir ne vous fera pas plaisir.*" (Ici à 7mn 48s)

C'est vrai que ce que nous voyons pratiquer en France ne nous fait pas plaisir. Quelques exemples.

En 2013, Total a fait 10 milliards de bénéfices pour ses actionnaires et n'a pas payé un seul euro d'impôt sur les bénéfices en France.

En juin 2016, un journaliste a débusqué que Airbnb ne paye que 69.000 euro d'impôt en France. La France est pourtant le deuxième marché mondial de cette entreprise valorisée 30 milliards de dollars en bourse. Une filiale en Irlande et en Angleterre et pfuitt! Les employés de la filiale française ont un petit rôle dans le marketing et facturent leur travail à la filiale irlandaise avec une marge ridicule... et donc Airbnb paye en France un impôt ridicule.

En août 2016, Apple s'est vu condamnée à verser 13 milliards de dollars à l'Irlande.

La commissaire européenne à la Concurrence, Margrethe Vestager, a précisé que si un pays s'estimait lésé par Apple, il pouvait lui aussi réclamer sa part de gâteau. L'Autriche et l'Espagne ont demandé le remboursement d'une partie des impôts que la firme aurait dû payer sur leur territoire. Interpellé à ce sujet par la sénatrice PS Marie-Noëlle Lienemann, Michel Sapin, ministre des finances, a affirmé que la France ne souhaitait pas réclamer une quelconque somme!

Le 19 septembre 2016, la commission européenne ouvre une enquête sur GDF-Suez, encore propriété de l'état français à 33%, pour qu'elle rembourse au Luxembourg les impôts qu'elle avait évités, notamment en France, en ouvrant des filiales au Luxembourg.

Juncker a raison: ces pratiques ne nous font pas plaisir et ces exemples scandaleux ne représentent que 1% de ce qui nous est caché. Notre gouvernement ne semble pas pressé de changer la loi fiscale et semble avoir intérêt à ne pas rendre publiques les pratiques du même ordre des autres multinationales.

Nos PME françaises paient le plus souvent 30% d'impôts et sont en concurrence déloyale avec ces grands groupes bien plus faiblement imposés. Si étaient rendus publics le chiffre

d'affaire, le bénéfice et le nombre d'employés dans chaque pays pour les multinationales, les citoyens seraient suffoqués par les dizaines de milliards perdus et exigeraient de changer les lois fiscales.

Les lobbies des grandes entreprises en ont conscience et ont peur d'une vraie transparence fiscale. Ils font "le nécessaire" pour que cette loi ne soit pas adoptée. Une première fois le 15 décembre 2015, alors que les députés venaient une heure plus tôt de voter la transparence, le gouvernement a osé annuler le vote et faire revoter en sens contraire les députés encore présents.

Une deuxième fois le 9 juin 2016, les députés ont adopté un amendement *Canada Dry* qui ressemble à la transparence mais qui permet de continuer tranquillement l'évasion fiscale hors des regards citoyens.

Ce 21 septembre, la commission des lois peut remettre au vote un vrai reporting public pays par pays afin qu'il puisse être adopté en séance plénière la semaine prochaine. 100 milliards d'euros par an sont en jeu. Que vont faire nos députés? Vont-ils servir les intérêts des lobbies ou ceux des citoyens et des PME françaises?

L'évasion fiscale signe l'agonie d'une démocratie représentative

En décembre 2015, 97% des députés ont fait capoter la loi pour lutter contre l'évasion fiscale et la démocratie a été bafouée quand le ministre a fait revoter les députés à 1 heure du matin après les avoir influencés en coulisse pendant l'interruption de séance de 45 minutes. Ce jour-là, 531 députés étaient absents.

Ce 28 septembre, même scénario pour le rejet de l'amendement 137 qui aurait permis à la loi Sapin 2, d'imposer une vraie transparence à la fiscalité des grandes entreprises. Même discours du ministre qui joue le malentendant et ne répond en rien aux arguments de la poignée de députés qui luttent pour de vrai contre l'évasion fiscale. 17 heures, même manœuvre à la dernière minute pour faire basculer le vote en faisant venir deux députés. 560 députés étaient absents.

En matière de lutte contre l'évasion fiscale, la loi Sapin 2 propose des avancées. Par contre, en refusant un vrai *reporting* public, elle réduit à néant leur efficacité: quand une grande entreprise n'aura qu'une filiale dans un pays hors d'Europe, les informations ne seront pas publiques. Donc impossible de pointer les évasions fiscales.

Pendant son intervention, notre ministre Sapin (écouter à 2h25)

reporte encore sur le Conseil Constitutionnel, la responsabilité de son opposition à inscrire un vrai *reporting* public dans sa loi. Le député Eric Alauzet lui a expliqué la veille devant l'hémicycle que le 4 août 2016, le Conseil Constitutionnel a pourtant débouté une saisie du même ordre, en replaçant l'intérêt général au-dessus de l'intérêt privé et de la liberté du commerce. En effet, suite au vote visant à interdire l'usage des néonicotinoïdes, des députés LR avaient saisi le Conseil Constitutionnel pour faire annuler cette interdiction sous le prétexte qu'elle "*porterait une atteinte injustifiée et disproportionnée à la liberté d'entreprendre des personnes commercialisant ces produits et de leurs utilisateurs*". Derrière cet épouvantail du rejet constitutionnel, se cache la volonté du gouvernement de ne pas permettre aux citoyens de vérifier l'efficacité en matière de contrôle fiscal des entreprises.

Devant une Assemblée quasi vide, au moment de clore les débats, le rapporteur Sébastien Denaja a recommencé la stratégie de décembre "*Après mon intervention, je demanderai une suspension de séance*". Il n'en a pas eu besoin: le Ministre Sapin a fait un long discours, assez long pour

permettre à deux députés "socialistes", Pupponi et Da Silva, de rejoindre l'hémicycle (écoutez leur interpellation par Pascal Cherki à 2h34)... et l'amendement a été rejeté.

Rien n'a donc changé entre le vote de décembre 2015 et celui de septembre 2016. Si, et c'est bien inquiétant!

Pendant cette séance, notre Ministre Sapin a déploré le rôle des réseaux sociaux qui déformeraient la vérité (écoutez à 2h23). Visait-il les associations regroupées dans la Plateforme Paradis Fiscaux et Judiciaires ou le collectif StopEvasionFiscale? C'est vrai que ces gênants réseaux informent les citoyens et les incitent à interpeller leurs députés. Est-ce pour leur enlever des arguments que la vidéo disponible sur le site de l'Assemblée nationale (qui montre d'ordinaire les députés lors des votes, en particulier quand c'est une procédure à main levée) est restée ce 28 septembre, fixée à la tête de la présidente de séance pendant le vote (regardez à 2h32). Y-a-t-il eu des ordres pour que le vote ne soit pas filmé? Qui était présent? Qui a voté pour et qui a voté contre? La transparence démocratique élémentaire n'est même plus de mise.

Ce vote a été digne d'une République bananière: 15 députés sur 577 sont présents alors que 100 milliards d'évasion fiscale annuelle des grandes entreprises s'envolent.

Il sera facile de taxer de populiste le citoyen qui se pose des questions. Facile de le faire taire en le culpabilisant de faire le jeu des extrêmes. Pourtant, c'est le devoir du citoyen de s'interroger quand ceux qui le représentent, ne s'expriment pas sur une avancée législative fondamentale.

Pourquoi mon député est-il absent des débats et lors des votes?

S'il est favorable à l'évasion fiscale des grandes entreprises, mon député n'a pas à s'en faire: le gouvernement fait son maximum pour lui plaire. Son absence lui permet de ne pas avoir à afficher son positionnement.

Mais, si au contraire, mon député, par conviction personnelle ou pour répondre à l'attente de ceux qu'il représente, est gêné quand les PME françaises subissent une concurrence déloyale en payant 30% d'impôts alors que les grandes entreprises ne payent que quelques pourcents et que Bercy ne redresse toujours ni Airbnb ni Apple, qui l'empêche de s'exprimer publiquement à l'Assemblée?

Comment peut-il justifier de desservir par son absence les intérêts de ses électeurs? A-t-il peur des rétorsions de son parti? Subit-il des pressions du Medef? Ou alors, désabusé ou persuadé qu'il ne sera pas réélu, il ne fait rien pour "redorer son blason" auprès de ceux qui ont été ses électeurs, il cherche plutôt à se recaser! Nous vivons en direct la fin de la démocratie représentative.

Denis Dupré   22 novembre 2016

INVITÉ DU BLOG

BLOG DE PAUL JORION

Suis-je un universitaire économiste négationniste?

Pierre Cahuc et André Zylberberg, deux économistes reconnus du monde académique et politique reprochent, dans leur dernier ouvrage paru en septembre 2016, à certains économistes, de faire preuve d'obscurantisme lorsque ceux-ci affirment que l'économie n'est pas une science expérimentale. Le pluralisme des idées leur semble si insupportable qu'ils ont intitulé leur livre « Le négationnisme économique et comment s'en débarrasser ».

Tout d'abord, le négationnisme, c'est quoi?

D'après Wikipédia : « *Le négationnisme (auquel il est parfois fait référence en tant que révisionnisme) consiste en un déni de faits historiques, malgré la présence de preuves.* ». Mais la définition que connait le grand public est une des définitions du Larousse : « *doctrine niant la réalité du génocide des Juifs par les nazis.* ». Pour Monsieur-Tout-le-Monde, le terme « négationnisme » est donc chargé d'opprobre. Ajouter dans la même phrase le terme « se débarrasser » rappelle encore une fois l'horreur des camps.

Pierre Cahuc et André Zylberberg sont délibérément agressifs pour imposer l'idée qu'une science expérimentale qui valide ses hypothèses par le réel est adéquate pour permettre de déterminer des lois économiques stables. Par exemple, se fondant sur une expérience allemande et sur l'exception de l'Alsace-Moselle lors de l'adoption des lois Aubry, les deux auteurs affirment doctement « Réduire le temps de travail ne crée pas d'emplois et cette vérité ne souffre aucune contestation ». Autre exemple : une expérience menée aux États-Unis « prouverait » qu'au-delà de 13 ans, payer à des élèves leur déménagement dans des quartiers riches ne produit pas d'effets probants.

Orwell adorerait. Nos deux économistes seraient des alphas. Pour maintenir leur meilleur des mondes, il convient de traiter ceux qui ne partagent pas leurs analyses comme a été manipulé Winston le rebelle dans 1984, le livre d'Orwell, jusqu'à ce qu'il admette qu': « il aimait Big Brother. »

Malgré cela, l'Association Française d'Economie Politique n'aime toujours pas *Big Brother*. Gaël Giraud ne veut pas rentrer, lui non plus, dans la devise de *Big Brother* : « *L'ignorance c'est la force* ». Cet économiste réputé explique

qu'une réalité économique n'est vraie qu'en un lieu donné et à un moment donné. Il est donc théoriquement faux de tirer, de quelques expériences localisées dans l'espace et le temps, des lois qui seraient vraies partout et toujours (écouter ici).

Je suis pour ma part certainement de ces universitaires économistes dont Cahuc et Zylberberg souhaitent l'élimination.

Ces deux chercheurs en exigeant l'élimination des penseurs alternatifs sont parfaitement adaptés à une politique extrême-libérale qu'on peut définir comme une volonté d'organisation où l'institution politique est niée sauf à se soumettre à la propriété privée généralisée et à la liberté de tout échanger. L'extrême-libéralisme est un extrémisme du libéralisme. Le libéralisme est une doctrine de philosophie politique qui affirme la liberté comme principe politique suprême ainsi que son corollaire de responsabilité individuelle et revendique la limitation du pouvoir du souverain. Quand le libéralisme ne s'accommode plus avec une politique sociale, il devient une doctrine extrême qui dégage chaque individu de toute responsabilité en particulier envers la vie des plus faibles et qui détruit tout ce qui l'empêche d'avoir une expansion sans limite.

Si Pierre Cahuc et André Zylberberg expriment leur hostilité aux universitaires critiques des dogmes économiques qui régissent de façon très générale nos entreprises et nos sociétés aujourd'hui, les manœuvres pour les réduire au silence ont commencé depuis quelque temps.

A tel point qu'en 2013, l'Association Française d'Economie Politique mesure que les économistes du courant dominant sont en voie d'éliminer les penseurs alternatifs en empêchant leur recrutement à l'Université. Pour assurer un recrutement diversifié, elle propose alors la création d'une section qui enseignerait que l'économie tient à la sociologie, à la politique, à l'histoire… autant qu'aux mathématiques. La Ministre de l'éducation fait savoir à André Orléan [1] qui est président de l'AFEP qu'elle viendra annoncer la possibilité de fonder cette section lors de l'assemblée générale de l'association. Mais, le prix Nobel Jean Tirole écrit à la Ministre et empêche cette création arguant notamment que les économistes auto-proclamés « hétérodoxes » promeuvent le relativisme des connaissances, antichambre de l'obscurantisme.

La loi de 2003 du code de l'éducation dispose que « *le service public de l'enseignement supérieur est laïque et indépendant de toute emprise politique, économique, religieuse et idéologique ; il tend à l'objectivité du savoir ; il respecte la diversité des opinions. Il doit garantir à l'enseignement et à la recherche leurs possibilités de libre développement scientifique, créateur et critique* ». Le professeur d'université, contrairement aux autres fonctionnaires, est censé pouvoir librement critiquer le pouvoir et même son institution assurant ainsi une sorte de contre-pouvoir minimal démocratique [2].

Aujourd'hui chaque université est devenue autonome. A-t-elle les moyens d'assurer l'indépendance de ses chercheurs? L'universitaire n'est plus directement serviteur de l'état, seul le Président de son Université peut le protéger ou pas. Que peut-il faire face aux pressions qui lui demanderaient de faire taire tel universitaire impertinent ou tel chercheur dont les éclairages dérangent. L'universitaire indépendant est une espèce menacée. Pourtant quelle est la mission de l'universitaire?

Doit-il se taire quand notre prix Nobel Jean Tirole approuve Gary Becker (1930 – 2014), prix Nobel en 1992, quand celui-ci affirme « *On ne peut pas se targuer de moralité quand on est contre le commerce des organes.* »?

Qui doit s'exprimer face à Jean Peyrelevade, ancien président de Suez, de l'UAP et du Crédit lyonnais, qui formule un jugement sans appel contre l'économie collaborative et ses acteurs et partisans dans un article : « *Quand l'économie du partage aveugle les anti-capitalistes* »?

Qui doit dénoncer la complicité qu'il peut y avoir à justifier le système dangereux existant, en proposant des améliorations à la marge par des incitations toujours financières?

Pour les uns, l'économie tient des lois de la physique. Pour les autres, elle dépend de choix politiques. Pour certains, elle est un outil de domination, pour d'autres un outil d'autonomie.

L'économie c'est l'affaire de tous. Les universitaires ont leur responsabilité d'expert à assumer auprès des citoyens. Les faire taire c'est renier leur mission. Faire taire la pluralité des opinions, c'est faire preuve de négationnisme.

========================

[1] Dès 1984, rompant avec la vision économique libérale de marchés efficients, ses travaux précurseurs fondamentaux ont expliqué que l'irrationalité et les comportements moutonniers conduisaient à des bulles financières.

[2] Le droit à la liberté académique est bien affirmé dans la Charte des droits fondamentaux de l'Union européenne du 7 décembre 2000 et jusque dans la Recommandation 1762 du Conseil de l'Europe sur la liberté académique et autonomie des universités du 30 juin 2006.

Suis-je un universitaire économiste négationniste?

Cahuc et Zylberberg, deux économistes reconnus affirment que l'économie est une science expérimentale et proposent d'éliminer ceux qui ne partagent pas ce point de vue.

Pierre Cahuc et André Zylberberg, deux économistes reconnus du monde académique et politique reprochent, dans leur dernier ouvrage paru en septembre 2016, à certains économistes, de faire preuve d'obscurantisme lorsque ceux-ci affirment que l'économie n'est pas une science expérimentale. Le pluralisme des idées leur semble si insupportable qu'ils ont intitulé leur livre « Le négationnisme économique et comment s'en débarrasser ».

Tout d'abord, le négationnisme, c'est quoi?

D'après Wikipédia : « *Le négationnisme (auquel il est parfois fait référence en tant que révisionnisme) consiste en un déni de faits historiques, malgré la présence de preuves.* ». Mais la définition que connait le grand public est une des définitions du Larousse : « *doctrine niant la réalité du génocide des Juifs par les nazis.* ». Pour Monsieur-Tout-le-Monde, le terme « négationnisme » est donc chargé d'opprobre. Ajouter dans la même phrase le terme « se débarrasser » rappelle encore une fois l'horreur des camps.

Pierre Cahuc et André Zylberberg sont délibérément agressifs pour imposer l'idée qu'une science expérimentale qui valide ses hypothèses par le réel est adéquate pour permettre de déterminer des lois économiques stables. Par exemple, se fondant sur une expérience allemande et sur l'exception de l'Alsace-Moselle lors de l'adoption des lois Aubry, les deux auteurs affirment doctement « Réduire le temps de travail ne crée pas d'emplois et cette vérité ne souffre aucune contestation ». Autre exemple : une expérience menée aux États-Unis « prouverait » qu'au-delà de 13 ans, payer à des élèves leur déménagement dans des quartiers riches ne produit pas d'effets probants.

Orwell adorerait. Nos deux économistes seraient des alphas. Pour maintenir leur meilleur des mondes, il convient de traiter ceux qui ne partagent pas leurs analyses comme a été manipulé Winston le rebelle dans 1984, le livre d'Orwell, jusqu'à ce qu'il admette qu': « il aimait Big Brother. »

Malgré cela, l'Association Française d'Economie Politique n'aime toujours pas *Big Brother*. Gaël Giraud ne veut pas rentrer, lui non plus, dans la devise de *Big Brother* : « L'ignorance c'est la force ». Cet économiste réputé explique qu'une réalité économique n'est vraie qu'en un lieu donné et à un moment donné. Il est donc théoriquement faux de tirer, de quelques expériences localisées dans l'espace et le temps, des lois qui seraient vraies partout et toujours (écouter ici).

Je suis pour ma part certainement de ces universitaires économistes dont Cahuc et Zylberberg souhaitent l'élimination.

Ces deux chercheurs en exigeant l'élimination des penseurs alternatifs sont parfaitement adaptés à une politique extrême-libérale qu'on peut définir comme une volonté d'organisation où l'institution politique est niée sauf à se soumettre à la propriété privée généralisée et à la liberté de tout échanger. L'extrême-libéralisme est un extrémisme du libéralisme. Le libéralisme est une doctrine de philosophie politique qui affirme la liberté comme principe politique suprême ainsi que son corollaire de responsabilité individuelle et revendique la limitation du pouvoir du souverain. Quand le libéralisme ne s'accommode plus avec une politique sociale, il devient une doctrine extrême qui dégage chaque individu de toute responsabilité en particulier envers la vie des plus faibles et qui détruit tout ce qui l'empêche d'avoir une expansion sans limite.

Si Pierre Cahuc et André Zylberberg expriment leur hostilité aux universitaires critiques des dogmes économiques qui régissent de façon très générale nos entreprises et nos sociétés aujourd'hui, les manœuvres pour les réduire au silence ont commencé depuis quelque temps.

A tel point qu'en 2013, l'Association Française d'Economie Politique mesure que les économistes du courant dominant sont en voie d'éliminer les penseurs alternatifs en empêchant leur recrutement à l'Université. Pour assurer un recrutement diversifié, elle propose alors la création d'une section qui enseignerait que l'économie tient à la sociologie, à la politique, à l'histoire… autant qu'aux mathématiques. La Ministre de l'éducation fait savoir à André Orléan [1] qui est président de l'AFEP qu'elle viendra annoncer la possibilité de fonder cette section lors de l'assemblée générale de l'association. Mais, le prix Nobel Jean Tirole écrit à la Ministre et empêche cette création arguant notamment que les économistes auto-proclamés « hétérodoxes »

promeuvent le relativisme des connaissances, antichambre de l'obscurantisme.

La loi de 2003 du code de l'éducation dispose que « *le service public de l'enseignement supérieur est laïque et indépendant de toute emprise politique, économique, religieuse et idéologique ; il tend à l'objectivité du savoir ; il respecte la diversité des opinions. Il doit garantir à l'enseignement et à la recherche leurs possibilités de libre développement scientifique, créateur et critique* ». Le professeur d'université, contrairement aux autres fonctionnaires, est censé pouvoir librement critiquer le pouvoir et même son institution assurant ainsi une sorte de contre-pouvoir minimal démocratique [2].

Aujourd'hui chaque université est devenue autonome. A-t-elle les moyens d'assurer l'indépendance de ses chercheurs? L'universitaire n'est plus directement serviteur de l'état, seul le Président de son Université peut le protéger ou pas. Que peut-il faire face aux pressions qui lui demanderaient de faire taire tel universitaire impertinent ou tel chercheur dont les éclairages dérangent. L'universitaire indépendant est une espèce menacée. Pourtant quelle est la mission de l'universitaire?

Doit-il se taire quand notre prix Nobel Jean Tirole affirme "*On ne peut pas se targuer de moralité quand on est contre le commerce des organes.*"?

Qui doit s'exprimer face à Jean Peyrelevade, ancien président de Suez, de l'UAP et du Crédit lyonnais, qui formule un jugement sans appel contre l'économie collaborative et ses acteurs et partisans dans un article : "Quand l'économie du partage aveugle les anti-capitalistes"?

Qui doit dénoncer la complicité qu'il peut y avoir à justifier le système dangereux existant, en proposant des améliorations à la marge par des incitations toujours financières?

Pour les uns, l'économie tient des lois de la physique. Pour les autres, elle dépend de choix politiques. Pour certains, elle est un outil de domination, pour d'autres un outil d'autonomie.

L'économie c'est l'affaire de tous. Les universitaires ont leur responsabilité d'expert à assumer auprès des citoyens. Les faire taire c'est renier leur mission. Faire taire la pluralité des opinions, c'est faire preuve de négationnisme.

---

[1] Dès 1984, rompant avec la vision économique libérale de marchés efficients, ses travaux précurseurs fondamentaux ont expliqué que l'irrationalité et les comportements moutonniers conduisaient à des bulles financières.

[2] Le droit à la liberté académique est bien affirmé dans la Charte des droits fondamentaux de l'Union européenne du 7 décembre 2000 et jusque dans la Recommandation 1762 du Conseil de l'Europe sur la liberté académique et autonomie des universités du 30 juin 2006.

Wikipédia a-t-elle une police de la pensée?

Et si la police de la pensée de Wikipédia n'était pas un disfonctionnement mais un objectif de pratique ultralibérale où les plus puissants imposent « la vérité » sur les sujets sensibles, notamment de pensée politique et économique.

L'éditeur Yves Michel m'a signalé plusieurs suppressions de pages Wikipédia d'auteurs connus. La suppression de ces pages pose question. Il apparaît que ces auteurs contestent le courant dominant. Alors? Cela entrerait-il dans la notion de notoriété qui est le critère pour être présent sur Wikipédia?

Beaucoup d'utilisateurs pensent que Wikipédia est un logiciel libre, une sorte de mise en œuvre du gratuit pour tous, la construction d'un bien commun à disposition de l'humanité. C'est très facile de contribuer à Wikipédia pour ajouter, modifier ou supprimer des chapitres. Moi-même, je l'ai fait à une dizaine de reprises. C'est ouvert à tous.

Après avoir été en ligne plusieurs années, la page Wikipédia me concernant a été « supprimée » en 2015. Cette page (que vous pouvez voir ici) a été ultérieurement remise sur un autre site, Wikimonde, par quelqu'un que je ne connais pas et qui conteste les pratiques d'exclusion de Wikipédia.

Des débats qui ont mis en discussion l'admissibilité de ma page, on peut tirer plusieurs observations. Un bandeau « page en discussion d'admissibilité » est apparu sur ma page le 17 avril 2014. Les contributeurs ayant un compte ayant fait au moins cinquante contributions aux articles peuvent exprimer leur avis sur l'admissibilité de telle ou telle page.

Le 3 mai 2014, le jugement tombe. Ma page est maintenue grâce à 4 voix favorables contre 3 (voir ici) : 4 anonymes contre 3 anonymes. Je crois la validation définitive car les jugements sont supposés être sans appel.

Pourtant une année plus tard, le 6 avril 2015, apparait de nouveau le fameux bandeau. La procédure est alors relancée par Chris de Liège (voir ici), passionné de littérature et peinture et s'affichant pour les OGM.

Un débat s'ouvre entre les contributeurs sélectionneurs. Claudeh5 affiche un avis favorable mais d'autres anonymes sont pour la suppression.

Comme Lomita (voir ici) qui trouve les « sources insuffisantes pour prouver l'admissibilité de cet article ». Comme Javec (voir ici) qui « n'est pas convaincu par les sources ». Lui aussi défavorable à ma page, Oiseau des bois (voir ici) en dit plus sur ce qu'il pense de moi :

« *Membre non essentiel du mouvement écologiste français : notoriété non avérée dans ce domaine-là. Concernant ses activités en économie, et plus spécialement ses ouvrages publiés, deux l'ont été dans des maisons d'édition peu importantes (Atlantica ; Banque) ; les deux autres chez Economica (ce qui n'est pas rien !) ; toutefois pour ces deux bouquins chez Economica, il a été le coordinateur pour l'un, et co-rédacteur pour l'autre : notoriété dans le domaine économique non certaine. Je passe sur les articles dans des organes de presse : une personne engagée peut en rédiger des centaines sans être pour autant « notoire ». Je passe aussi sur sa présentation aux élections législatives de 2007 : son très faible score (0.36 % des suffrages) ne montre pas une notoriété politique* ».

Mathis B, (voir ici) se permet de clore le débat et supprime définitivement la page me concernant. Et moi, que sais-je de ces contributeurs? Mathis est un étudiant en informatique de 20 ans, Lomita aime les chats et les voyages et Javec est un étudiant fan de Starwars et spécialiste de la cartographie géographique et historique suisse. Amateur de littérature et de cinéma, Oiseau des bois est comme Javec, un contributeur très actif de Wikipédia.

L'administration de Wikipédia est bien ouverte à tous.

Pourtant, Claudeh5 dit sa déception (voir ici) : « ... *les pages à supprimer fleurissent facilement, même quand la communauté a déjà traité le sujet: Denis Dupré, Messoud Efendiev, ... et qu'il y a incontestablement matière à article et savoirs.* » et il s'énerve sur ce type de procédure « *Poussons la politique de la notoriété à son maximum, et Wikipédia ne sera plus qu'un media showbiz comme un autre, vu qu'on n'y trouvera que des articles sur ce qu'une majorité d'incultes connaissent. Et je ne parle pas de la bienpensance ambiante: non seulement il faut des articles allant dans le sens du vent, mais il ne faut pas discuter, même avec des sources, de l'avis prétendument majoritaire... 10 avril 2015* »

Le compte de Claudeh5 sera bloqué **indéfiniment** le 18 mai 2015 : « *Vous n'avez pas tenu compte des messages que nous vous avons adressés. Les perturbations que vous causez sur l'encyclopédie ont conduit à une décision communautaire de blocage. Celui-ci a été décidé à votre encontre par plusieurs administrateurs* ».

Il n'y a pas de place non plus à Wikipédia pour ceux qui s'interrogent sur la pertinence du critère de notoriété.

Qu'est-ce donc que ce critère de notoriété ou plutôt qu'est-ce qu'il sous-tend?

Continuons l'enquête : Le créateur de Wikipédia, Jimmy Wales, est un adepte des philosophes Ayn Rand et Hayek.

Ayn Rand soutenait que la seule notoriété permettait de conduire la vie politique, elle prônait l'individualisme le plus forcené et défendait le règne des marchés libres sans entraves. Elle militait pour la disparition totale de l'état et envisageait la nécessaire disparition des plus faibles.

Hayek est un philosophe économiste libéral qui affirmait en 1981 « *Personnellement je préfère un dictateur libéral plutôt qu'un gouvernement démocratique manquant de libéralisme...*». Si Wikipédia est un logiciel libre, il n'est pas exempt d'une certaine philosophie du contrôle et il pourrait apparaitre qu'il applique un contrôle selon une philosophie certaine. En y

réfléchissant bien, il reste étonnant que d'autres universitaires n'ayant pas plus de références que moi, n'aient jamais vu leur page Wikipédia remise en cause.

Serait-il possible que la disparition de ma page ait un lien avec mes prises de position contestant la finance du courant dominant et alertant sur ses dangers (critique de la BCE, de l'Europe, de l'extrême libéralisme, de la lutte contre l'évasion fiscale etc.)? Est-ce que la communauté bien intentionnée de Wikipédia pourrait empêcher qu'avec des moyens financiers, un think tank libéral puisse avoir à sa botte une petite équipe de contributeurs anonymes pour virer les gêneurs?

Et si la police de la pensée de Wikipédia n'était pas un disfonctionnement mais un objectif de pratique ultralibérale où les plus puissants imposent « la vérité » sur les sujets sensibles, notamment de pensée politique et économique.

Mais je m'égare... je deviens complotiste...

Nos députés en marche vers … la Corée du nord ou la Suisse?

La démocratie selon Macron : un mandat impératif pour un gouvernement tout-puissant pendant la prochaine mandature ou, selon l'idée de Rousseau, la possibilité d'un contrôle citoyen à tout moment sur les représentants de la Nation?

Notre Président Emmanuel Macron a fait signer aux futurs députés « En Marche » un engagement, contrat avec la nation (voir ici) qui stipule :

« *Je certifie sur l'honneur adhérer aux valeurs portées par En Marche et m'engage, si je suis désigné(e) candidat(e) aux élections législatives, à soutenir le plan de transformation et à signer le contrat avec la nation.* » (Voir ici)

Dans le contrat avec la nation est indiqué : « *On trouvera dans les pages qui suivent le contenu de notre projet, celui qui sera mis en œuvre par le futur gouvernement. Ce sont ces mêmes engagements que je demanderai au gouvernement comme à l'ensemble des parlementaires qui constitueront la majorité présidentielle.* »

Le pouvoir Jupitérien se méfie donc des représentants de la Nation et redoute les éventuels frondeurs. Il pratique de fait le mandat impératif.

Le mandat impératif (du latin *imperatus*, commandé, ordonné) est le pouvoir délégué à un individu élu en vue de mener une action définie selon des modalités précises auxquelles il ne peut déroger.

Le mandat impératif existe dans des pays comme la Chine, Cuba ou la Corée du Nord.

Après la révolution française, deux voies possibles ont été discutées : le mandat représentatif et le mandat impératif.

Redoutant l'institution de la domination d'une élite, les représentants de la Nation, Rousseau envisageait un mandat impératif tel que le peuple puisse révoquer ses "élus" à tout moment. Comme dans certains cantons suisses, où aujourd'hui les citoyens peuvent demander la révocation de toute autorité cantonale ou municipale élue (voir ici)

Mais si la démocratie française a penché à cette époque pour le mandat représentatif, c'est que les dirigeants d'alors se méfiaient du peuple et l'abbé Sieyès, promoteur du mandat représentatif défendait la nécessité de laisser les mains libres aux représentants durant la durée de leur mandat. C'est cette option qui va l'emporter dans les Constitutions françaises depuis 1791, à l'exception de celle de 1793, jamais appliquée.

Ainsi, la Constitution de 1958 prévoit en son article 27 que tout mandat impératif est nul (voir ici). Notre conseil constitutionnel devrait logiquement invalider cet engagement à l'issue de ces élections, s'il est saisi. A savoir cependant que, pour saisir le conseil constitutionnel, 60 députés sont nécessaires !

Le cinquième chantier du programme de notre Président se veut celui du renouveau démocratique (voir ici). Il souhaitait renouveler la représentation nationale et voyait comme une menace pour la démocratie l'insuffisante responsabilité de nos dirigeants.

A-t-il élaboré un mandat impératif pour l'appliquer tel Jupiter, à la mode coréenne, pour que son gouvernement soit tout-puissant pendant la prochaine mandature ou bien va-t-il, selon l'idée de Rousseau, restaurer la possibilité d'un contrôle citoyen à tout moment sur les représentants de la Nation?

Le renouveau est certes en marche, mais se veut-il démocratique?

Simone Veil : ses combats d'hier sont nos échecs aujourd'hui

Simone Veil : deux de ses combats d'hier, la légalisation de l'avortement et la construction de l'Europe, sont nos échecs aujourd'hui

Simone Veil a aidé à légaliser l'avortement pour tendre la main à des femmes en détresse.

Qu'en avons-nous fait?

L'avortement est notre échec aujourd'hui.

Échec quand les préservatifs ne sont toujours pas gratuits alors que des millions de personnes ne peuvent les payer.

Échec quand l'avortement est, dans certains cas, un mode de gestion.

Échec quand une femme qui témoignait de ce droit hier à la télé, le traduisait par un « Je suis libre de mon corps. »

A l'occasion des hommages à Simone Veil, les débats sur cette loi ont été violents, nous dit-on. Pourtant c'est un échec de mettre tous les opposants et leurs motifs dans le même panier. Quand en 1974, un député avait fait écouter dans l'hémicycle les battements de cœur d'un fœtus, était-ce une insulte, une injure?

N'était-ce pas l'évocation de ce qui, à ce sujet, nous taraude tous et particulièrement la femme qui se résout à avorter? Si s'inquiéter des 200 000 avortements réalisés en France chaque année doit être balayé comme une *fake news*, l'autorisation de pouvoir avorter est un échec.

Simone Veil a participé au lancement de projet européen.

Qu'en avons-nous fait?

L'Europe est notre échec aujourd'hui.

Échec quand le comportement de la France et de l'Allemagne, transforme la Grèce en un protectorat où les soins de base sont enlevés aux plus faibles, quand la radio grecque en décembre 2016 (voir le site de Gregoriou Panagiotis, Greekcrisis ici) dénonçait :

"Les Allemands ont détruit les Grecs à plusieurs reprises par le passé ; actuellement, ils le réalisent par le génocide économique. La Grèce s'est transformée en un camp de concentration, où les occupants, sèment la division et la haine entre Grecs."

Échec quand les diktats de l'Europe, servant les lobbies financiers, empêchent que tous les pays membres s'adaptent équitablement aux enjeux à venir.

Simone Veil mérite d'être honorée au Panthéon pour ce qu'elle a été et voulait faire. Mais de grâce reconnaissons que l'esprit de ses vœux d'alors s'est perdu dans ce qu'on en a fait aujourd'hui.

5500 chercheurs virés de l'université pour financer l'évasion fiscale de Google?

Il ne faut pas mendier une contribution volontaire mais modifier la loi fiscale pour exiger un impôt basé sur le chiffre d'affaire dans chaque pays.

Les informations se bousculent et certains télescopages sont révélateurs.

L'université doit en 2018, faire 331 millions d'économie et cela équivaudrait à virer 5500 enseignants-chercheurs (lire ici) alors que depuis deux à trois ans, les universités accueillent chaque année 40000 jeunes supplémentaires, tendance qui devrait se poursuivre jusqu'en 2022 (lire ici) .

Le fisc français réclame à Google 1,1 milliard d'euros sur les exercices fiscaux 2009 et 2010. Ce qui peut correspondre à un chiffre d'affaire réalisé en France, non de 248 millions d'euros comme déclaré, mais de près de deux milliards d'euros selon le fisc français (lire ici) avec une marge bénéficiaire non pas de de 2% selon Google mais de 47% selon les estimations des services fiscaux (lire ici).

Or Google utilise les ficelles de l'optimisation fiscale et fait son miel d'un montage financier connu sous le nom de "Double Irlandais" et "Sandwich hollandais" » avec une holding aux Bahamas où le taux d'imposition est ridicule (lire ici).

Pour exemple, Google n'a payé en 2015 en France que 7 petits millions d'euros au titre de l'impôt sur les sociétés.

Pourtant … le tribunal administratif a donné raison à Google ce 12 juillet 2017. Les juges ont estimé que Google ne dispose pas d'établissement *"stable"* en France *et* respecte les règles fiscales françaises et les normes internationales (lire ici). En clair vendre d'Irlande de la publicité pour faire du marketing sur des consommateurs français n'est pas imposable en France. C'est la loi française.

Obligé par d'autres autorités fiscales, Google a négocié des accords avec l'Italie (306 millions d'euros) et le Royaume-Uni (172 millions d'euros). Serons-nous plus bêtes que les italiens et les anglais?

Invité de France Culture, le premier Ministre, Edouard Philippe, n'exclut pas que la France puisse faire appel de la décision et a ouvert la porte à une *"contribution volontaire"* du géant du net.

La France va-t-elle à nouveau tergiverser comme en 2016, où elle n'a pas réclamé sa part des 13 milliards d'euro d'évasion fiscale à Apple (lire ici)?

Il ne faut pas mendier une contribution volontaire mais modifier la loi fiscale pour exiger un impôt basé sur le chiffre d'affaire dans chaque pays.

La France subit des milliards de pertes fiscales par an suite à l'évasion fiscale des très grandes entreprises. Le précédent gouvernement français n'a pas voulu combattre efficacement l'évasion fiscale (lire ici).

Il reste 60 milliards à récupérer par an.

Récupérer ces milliards permettrait en particulier de payer les enseignants-chercheurs dont nous avons besoin pour former tous nos jeunes! Cela éviterait de creuser l'écart entre riches et pauvres.

Monsieur le Président-philosophe, il s'agit d'appliquer la théorie de la justice de Rawls. L'égalité des chances entre petites et grandes entreprises face l'impôt. La défense des plus faibles.

Monsieur le Président-libéral, il s'agit de relire les conseils de Machiavel. L'offense qui se fait à l'homme lui doit être faite d'une manière qu'il n'en puisse tirer vengeance. Vous qui êtes attaché aux commémorations de la dernière guerre mondiale, vous n'ignorez pas les conséquences de la disparition des classes moyennes dans l'Allemagne d'alors (voir la vidéo ici).

Machiavel vous dirait : N'affaiblissez pas les classes moyennes sauf si vous pouvez vous en débarrasser définitivement sans qu'elles se montent contre vous.

Si votre main tremble pour exiger le juste impôt des puissants, elle sera contrainte alors de ne pas trembler envers les classes moyennes françaises que vous vous permettez d'affaiblir en étranglant ces institutions, encore aujourd'hui publiques et ouvertes à tous, que sont l'université et l'hôpital.

L'état-Macron nous mène-t-il à un camp de travail forcé?

L'état Macron veut marcher comme une entreprise d'économie libérale. Sous le prétexte du paiement d'une dette d'état qui ne cesse de croitre, cela ressemble à la mise en place d'un camp de travail forcé.

Quatre caractéristiques du fonctionnement de camp sont déjà perceptibles...

J'ai fait en 2016 une analyse et une hypothèse sur l'évolution de notre société d'économie ultra-libérale dans un livre intitulé « Camp planétaire – un danger bien réel » (lire ici).

Or l'actualité conforte mon hypothèse.

L'état Macron veut marcher comme une entreprise d'économie libérale. Sous le prétexte du paiement d'une dette d'état qui ne cesse de croitre, cela ressemble à la mise en place d'un camp de travail forcé.

Quatre caractéristiques du fonctionnement de camp sont déjà perceptibles :

On cherche à extraire un maximum des richesses produites dans le camp,

On cherche à réduire les richesses pour les travailleurs du camp,

Les principes de résilience du territoire sont considérés comme une déviance,

On pratique la propagande.

Mon hypothèse se valide par l'exemple.

Les richesses extraites du camp augmentent

Sous prétexte d'honorer les 2000 milliards de notre dette, nous allons vendre aux riches étrangers, cachés derrière des paradis fiscaux et des structures opaques, nos ports, aéroports, plages, eau, EDF et dernières entreprises stratégiques (voir ici). Et ce, pour rembourser moins de 5% de la dette. Nous honorons déjà ces riches étrangers, en grande partie propriétaires de nos fleurons industriels, par des profits distribués aux actionnaires des entreprises du CAC40 passés de 53 milliards en 2015 à 75 milliards en 2016.

La part de production de richesse distribuée aux travailleurs diminue

On envisage de plus en plus concrètement la vente d'EDF: les profits seront privatisés mais les couts de démantèlement des centrales resteront à la charge des contribuables. Chaque consommateur devra payer l'énergie à un prix, non contrôlé par l'état, mais par des investisseurs sans visage et sans âme.

Il en est de même pour l'eau quand nous vendons nos sources.

Les principes de résilience du territoire sont considérés comme une déviance

Pour quelques centaines de millions d'euros, la Chine a déjà racheté une grande partie de la filière lait (lire ici). La Chine importe des produits français sains, après avoir acheté les terres et les entreprises agroalimentaires. Quelle nourriture saine reste disponible sur notre territoire? De quelle qualité sera notre nourriture si nous devons nous contenter de l'importer?

Autre tendance. Dans une commune française ordinaire, Monsieur X achète un terrain agricole pour 1 et son maire (avec ou sans pot de vin) le transforme en terrain constructible, tout en chantant l'expansion de sa commune. Monsieur X le revend 100. Monsieur X et son maire sont en grande partie responsables de la disparition d'un département de terre cultivable tous les 10 ans. Pourtant Monsieur X et son maire se sentent profondément en phase avec le principe supérieur de la « création de valeur par la liberté d'entreprendre ». Chaque année, monsieur X et ses collègues, récupèrent une coquette somme de 100 milliards d'euros. Combien d'emplois pourrait-on rémunérer avec? On pourrait aussi demander à voir le montant des impôts que reverse effectivement Monsieur X qui roule en Porsche et investit dans des multinationales, dans d'innovantes start-up ou de généreuses fondations qui pratiquent généreusement l'évasion fiscale (lire ici). Les intérêts long terme de nos territoires ne pèsent pas face aux intérêts des entrepreneurs libérés !

Mais … dormez braves gens !

Ce gouvernement vient d'annoncer un *new-deal* avec l'investissement de 3 milliards par an dans la transition énergétique (lire ici) avec une montée en puissance progressive durant le quinquennat. Est-ce suffisant pour entrainer l'investissement privé? Il faut 6000 milliards par an au niveau mondial (lire ici). Les Français représentent 1% de la population mondiale. Notre engagement devrait se situer dans les 60 milliards par an…

Pour qui sont ces effets d'annonces bidons? Notre gouvernement semble devenir un expert dans l'art de la propagande.

Hypothèse validée

Le changement climatique bouleverse déjà la production. Pour augmenter les richesses remontées vers les riches mondiaux, il faut accaparer toujours plus durement une partie de la consommation de la classe moyenne. Il devient ordinaire de sacrifier peu à peu ceux de la classe moyenne nationale les moins productifs selon les critères de Macron et les faire basculer dans la pauvreté.

L'état-libre-entreprise garantit quoi au fait? Certainement que les plus riches, responsables du pillage accéléré des ressources fossiles, obtiendront toujours plus. L'état Macron est un zélé serviteur qui assure, au prix de la diminution rapide de la classe moyenne, que soit acceptée sans révolte la transformation du pays en un camp de travail forcé.

L'inquisition Decodex qui vient – Ruffin à l'index!

Le site de Fakir était à l'index en orange puis... Fakir est repassé au vert, sans justifications ni excuses. Decodex, avec le puissant journal Le Monde juge-t-il la qualité des opinions ou la qualité des faits?

Dans les débats qui agitent un peu et qui devraient agiter beaucoup la sphère médiatique, je me permets d'exprimer mon besoin de définitions... De quoi parle-t-on précisément dans la notation colorée que propose le site Decodex animé par les journalistes du journal Le Monde?

En 2007, Rudy Reichstadt (lire ses articles ici) lançait Conspiracy Watch pour traquer les complotistes. Reichstadt affirmait (lire ici) « *La théorie du complot falsifie l'histoire. Elle sape la confiance dans la démocratie. Elle dissuade des parents bien portants de vacciner leurs enfants. Elle protège les dictateurs. Elle exonère des criminels. Elle dresse des potences. Elle prépare les génocides.* ». Voilà l'expression d'une opinion, probablement largement partagée puisque l'initiative de Rudy Reichstadt recevra en 2016 le soutien de l'éducation nationale (lire ici et ici). Conspiracy Watch émet donc des avis sur des personnes, des articles ou des médias selon ses critères.

Information ou opinion?

Dès 2013, François Ruffin, fondateur du journal Fakir, s'alarmait que des jugements sans procès officiel soient lancés (lire ici) : « *Pierre Carles, Hervé Kempf, Alain Gresh, Étienne Chouard, Jean Bricmont... tous fachos? Les accusations pleuvent sur les sites des « antifas ». Et Fakir n'échappe pas à cette suspicion : des « nationaux-staliniens moisis », qui entretiendraient des liens obscurs avec des gens pas clairs.* »

Pourtant en 2017, le principe de jugement des sites devient pratique institutionnelle. Le puissant journal le Monde avec Samuel Laurent, lance le Decodex pour traquer les responsables de désinformation.

Decodex offre des éléments pédagogiques par exemple pour que chacun apprenne à repérer les photos montées et un classement des sites dont « *la fiabilité ou la démarche est douteuse (sources peu mentionnées, démarche militante cachée, etc.)* ». Ces derniers sont marqués d'un drapeau orange.

Information ou opinion?

Ce marquage est le fruit d'une procédure dont la transparence a été questionnée dans l'émission Arrêt-sur-image (voir ici).

Evoluant avec la critique, le Decodex avait d'abord classé en vert les « bons medias » avant de leur ôter tout drapeau. Dans cet article, pour simplifier notre lecture, nous conserverons la qualification de drapeau vert pour tous les médias n'ayant pas de drapeau orange ou rouge. Pour exemple, aujourd'hui, Arrêt sur image est classé vert, comme Les Echos, comme le Monde.

Le Decodex a classé tout d'abord orange le site du journal Fakir , avec ce commentaire des journalistes de Decodex: « *un journal indépendant de gauche [...] avec une ligne éditoriale militante et un parti pris clairement revendiqué* » (lire ici).

Le critère d'engagement politique caché n'était pas retenu, Decodex jugeait donc les sources de Fakir « peu fiables ». Information ou opinion?

Ce à quoi le fougueux Fakir, non dénué d'humour rétorquait « *mais on comprend Le Monde, hein. Tout le monde sait que les ouvriers, les employés, les syndicalistes, les économistes hétérodoxes, les chômeurs, les agriculteurs sont des sources "peu fiables" avec lesquelles il faut être "prudent". Un bon lobbyiste à Bruxelles, hein, c'est toujours plus sérieux ! ».*

Fakir était donc à l'index en orange mais aujourd'hui, Fakir est repassé vert, sans justifications ni excuses. Decodex serait-il lui aussi un site finalement peu fiable puisque d'un jour à l'autre, un site qui n'a pas changé, peut passer du orange au vert?

Decodex affiche aujourd'hui comme commentaire du site Fakir « *Non affilié à un parti, il se situe plutôt à la gauche de la gauche.* » (Lire la notice Décodex de Fakir).

La gauche de la gauche? Cela mériterait que Decodex décode. Est-ce dangereux? Si les faits rapportés par Fakir ne sont plus douteux, les opinions diffusées par Fakir seraient-elles nuisibles?

Accordons à Decodex le droit à l'erreur et entendons sa volonté nouvelle de séparation entre les faits et les opinions. Mais est-ce possible?

Les opinions d'un individu sont issues, me semble-t-il, d'une idéologie intime, elle-même fruit de son expérience de vie passée et de la vision du monde qu'il souhaite construire, et d'une confrontation avec des indices, des faits qu'il observe et qu'il analyse.

Dire son opinion, c'est révéler son idéologie (et chacun de nous en a une).

Quand un journaliste ou une équipe de journalistes, met devant tous, sur la place publique, les indices recueillis, il les choisit, consciemment ou non, et exprime, consciemment ou non, son opinion.

La question de l'existence d'une presse réellement indépendante apparait donc cruciale et à défaut, celle possible d'une pluralité d'opinions.

Decodex juge-t-il la qualité des opinions ou la qualité des faits mis en avant dans les sites?

Un des critères de fiabilité d'un média est, selon Samuel Laurent de Decodex (voir émission d'Arrêt sur image ici), le nombre de ses collaborateurs.

L'indépendance d'un titre peut-elle être jugée au nombre de ses journalistes aussi intègres soient-ils?

Qu'en est-il du poids inévitable que pèsent les opinions de leurs actionnaires sur la ligne éditoriale?

Pour exemple, rappelons qu'en 2008, la rédaction du "Figaro" dénonçait l'omniprésence de Serge Dassault (lire l'article du Figaro ici) et qu'en 2011, un article sur le Rafale envenimait les relations entre le directeur général du Figaro et l'actionnaire du quotidien (lire ici dans Le Monde).

Quand Decodex classe en vert Le Figaro, regarde-t-il si le choix des informations diffusées par le journal est bien indépendant des intérêts de l'industriel qui le possède?

Autre exemple, Xavier Niel semble coutumier des procès aux journaux, aux journalistes (lire le dossier détaillé ici) et aux universitaires (lire ici) : « *De tous les grands patrons français, Xavier Niel est celui qui porte le plus souvent plainte en diffamation contre des journalistes.* » Cela conduit

à une autocensure des journalistes et des journaux qui passent les articles aux ciseaux de leur service juridique pour éviter de longs et couteux procès. Xavier Niel et Free ont déposé pas moins de cinq plaintes en diffamation contre Libération et le journaliste Renaud Lecadre pour des articles que ce dernier avait écrits sur les conclusions de certains de ses démêlés judiciaires liés à l'industrie du sexe (lire ici sur le site Acrimed classé vert).

Xavier Niel est un des actionnaires principaux du journal Le Monde… Quel droit de regard lui est-il accordé sur les conclusions de Decodex?

Pourtant Samuel Laurent semble persuadé que lui comme Le Monde n'ont pas d'idéologie.

Les opinions sur la vie politique et la marche des entreprises peuvent-elles être neutres? Si l'on estime que non, il faut se demander s'il est possible de juger si telle opinion doit être censurée sans porter atteinte à la liberté d'expression des opinions.

Prenons un exemple récent : Le 7 août, le député Claude Goasgen estime croire à une implication de la CIA dans la crise vénézuélienne. Il exprime son opinion. Rudy Reichstadt (lire article du 10 août 2017 dans le Huffington Post classé vert) le qualifie de complotiste. Lui aussi exprime son opinion, une opinion disqualifiant l'opinion de Goasgen. C'est à l'aune de son idéologie personnelle que Rudy Reichstadt émet son jugement. Rudy Reichstadt ne s'est-il pas renseigné? Le 23 juillet 2017, le directeur de la CIA, Michael Richard Pompeo, a révélé publiquement souhaiter une transition au Venezuela et s'être rendu en Colombie au Mexique pour leur faire comprendre ce que ces pays devraient faire (lire ici page 34). Que fait-il de ce fait?

Prenons un deuxième exemple : Le site de l'économiste Jacques Sapir est classé orange et Decodex le décrit comme *«opposé à la monnaie unique, partisan de la démondialisation, il relaie parfois de fausses informations »*. La critique des opinions et des faits est mélangée. Quel est le message de Decodex en arrière-plan? L'analyse praxéologique de son discours conduit à supposer Decodex pro monnaie unique et pro mondialisation. Decodex permet-il de critiquer l'Europe, la BCE, d'évoquer l'hyperpuissance américaine et l'extra-territorialité de son droit, ou d'affirmer l'urgence de reprise de la souveraineté de la France?

Prenons un dernier exemple : Reichstadt reproche à Frédérique Lordon et Olivier Todd leur indulgence envers les conspirationnistes. Lordon a affirmé pour sa part que l'étiquette désormais infamante de conspirationniste, permettrait "aux dominants" de perpétuer leur système de domination. Reichstadt (lire son article l'anticomplotisme voilà l'ennemie !) juge son

point de vue dangereux. C'est son opinion. Mais, comme celle de Lordon, cette opinion reflète à l'évidence une idéologie. Laquelle?

Une inquiétude me gagne… et si une forme douce d'inquisition recommençait?

Douce car aujourd'hui, point de tortures. On ne soumet plus les coupables à la question… On salit seulement des réputations. Mais la « lutte contre la théorie du complot » a ce point commun avec l'inquisition que ses juges autoproclamés se passent de plaintes et de victimes qui demanderaient réparation pour rendre leur justice.

De fait, dans la « lutte contre la théorie du complot », le soupçon d'antisémitisme est aussi bien vite exprimé : certains complotistes feraient le jeu des antisémites. Il y a ici une dernière confusion entre les faits, les opinions et les délits. L'antisémitisme n'est pas une opinion mais un délit. C'est donc seulement devant la justice que les affaires doivent être tranchées. S'il leur revient de faire savoir les rendus de justice, il n'appartient pas aux journalistes de clouer au pilori tel ou tel selon des rumeurs ou leurs propres sentiments.

Quand les anti-complotistes utilisent cet argument de classement sans précaution, sans appui d'un quelconque verdict, ils prennent le risque

de crier à tort « au loup », comme Pierre, d'atténuer notre vigilance et d'être indifférent à Pierre le jour d'une attaque de vrais loups.

Attention encore! Certains « procès » en antisémitisme pourraient être, comme le dit Monique Eckmann, orchestrés par certains milieux défenseurs de la politique israélienne qui essaient – sciemment ou non – d'en disqualifier toute critique (voir Le Courrier Suisse, non classé à ce jour par Decodex). Certains « procès » en antisémitisme pourraient être une instrumentalisation de la lutte contre l'antisémitisme (lire Libération).

Ces nouvelles formes au pire d'inquisition, au mieux de censure, vont voir leurs moyens renforcés. Google veut rendre les sites dits « complotistes » invisibles aux recherches des internautes. Google va mettre 14 milliards de dollars sur la table et va collaborer avec des journaux comme, en France, le journal Le Monde (lire Les échos).

Se pourrait-il que je me réveille demain classé orange?

Me revient le souvenir d'un petit texte « Matin brun » [1]. Se pourrait-il qu'il soit prémonitoire?

[1] PAVLOFF, Franck. *Matin brun.* Cheyne, 2003

Apocalypse 2040 : Serez-vous dans la moitié des humains qui vont disparaitre?

Aujourd'hui, il est trop tard, l'effondrement est imminent. Qu'allez-vous faire pour vous y préparer?

« *Aujourd'hui, il est trop tard, l'effondrement est imminent. Il se composera de trois étapes successives : la fin du monde tel que nous le connaissons (2020-2030), l'intervalle de survie (2030-2040), le début d'une renaissance (2040-2050).* »

C'est la position de l'ancien ministre de l'écologie Yves Cochet ici sur Libération.

Il est maintenant certain que les humains ne feront pas ce qu'il convient pour éviter la crise énergétique, écologique, climatique et alimentaire.

Entre 2030 et 2040, il y aura "abaissement brusque de la population mondiale (épidémies, famines, guerres)".

Si vous n'en êtes pas sûr, considérez cela comme probable ou une possibilité non négligeable.

Qu'allez-vous faire pour vous y préparer?

Comment agissez-vous aujourd'hui pour faire partie des survivants?

Des milliers de stratégies s'ouvrent comme : tenter d'obtenir un haut poste en entreprise, consacrer sa vie à accumuler à tout prix des richesses, apprendre la sobriété pour se passer de presque tout dès aujourd'hui, fuir les villes etc.

Certains pensent que les 0,1% les plus riches continuent à accumuler les richesses, quitte à jeter les classes moyennes dans la pauvreté, avec la propagande de l'extrême libéralisme (lire ici).

Je propose, dès aujourd'hui, d'organiser la Révolte (voir ici)

Dans vos commentaires à cet article, expliquez-nous comment vous allez agir face à ce scénario quand il se révèlera évident.

LE TEMPS

Denis Dupré

11 septembre 2017

L'INVITE

La voiture autonome devra-t-elle sacrifier un passager pour sauver un piéton?

Lorsqu'elle ne peut plus éviter une collision mortelle, la voiture autonome doit décider de l'impact, et donc de la personne sacrifiée.

Sur quels critères baser la programmation de cette décision?

L'enjeu est source de multiples questions éthiques, démocratiques, voire philosophiques.

En mars 2017, Martin Vetterli, le président de l'EPFL, affirmait vouloir mettre de l'éthique au cœur des formations car «demain, l'ingénieur devra savoir quelle décision aura à prendre une technologie comme la voiture autonome: mettre en risque la vie d'un piéton ou celle du conducteur».

En avril 2017, aux scientifiques de l'Institut national de recherche en informatique et en automatique (Inria) de Grenoble qui lui présentaient la voiture sans chauffeur, le président français Emmanuel Macron posait cette question: «Si j'ai face à moi un jeune qui traverse, à gauche un vélo et à droite une maman qui a une poussette, comment je fais?»

Effectivement, la voiture autonome, à la seconde où elle mesure qu'elle ne peut plus éviter une collision mortelle, doit décider qui sera sacrifié. Il faut donner des règles au logiciel qui prend les décisions.

Sans règle légale, le constructeur de la voiture autonome programmera les règles que souhaitent les acheteurs. Une étude réalisée par des chercheurs a montré qu'un conducteur sur quatre seulement sacrifierait le passager pour économiser la vie de deux piétons.

On imagine bien une publicité de ce type «Egoist1/10, la seule voiture qui sacrifie 10 piétons pour vous sauver la vie».

Le dilemme du chercheur

Dans une conférence TEDx, Iyad Rahwan, chercheur au MIT, explore les dilemmes d'un observateur externe face à ce type de problématique. Un jeu a été mis à disposition des internautes. Face à plusieurs situations, il vous permet d'analyser votre comportement. Je vous suggère de faire le test avant de continuer cet article.

Alors? Avez-vous préféré qu'un chien soit écrasé plutôt qu'un piéton comme 80% des observateurs… ou que soit sacrifié le piéton plutôt que le chien comme les 20% restants?

Les préférences spécifiées dans ce test distinguent sept catégories: vieux/jeune, passager/piéton, homme/femme, cambrioleur/médecin, piéton au feu vert/piéton au feu rouge, animal/homme, personne corpulente/athlétique.

Pour réaliser le logiciel de pilotage, on pourra décider de prendre en compte les préférences moyennes des observateurs. Dans l'exemple de l'arbitrage entre chien et piéton, pour respecter le souhait des 2 personnes sur 10 qui préfèrent épargner le chien, la machine simulera un tirage au sort d'un nombre entre 1 et 10. Si une valeur entre 1 à 8 est tirée, le pilote automatique écrasera le chien, 9 ou 10, ce sera le piéton. Si toute la population est sollicitée, c'est une forme de démarche éthique «démocratique».

Mais que vaut ce type d'arbitrage? Que choisirait finalement l'observateur qui affirme préférer sacrifier un passager plutôt qu'un piéton, s'il savait que le piéton fait 500 000 km par an en avion pour vendre à des milliardaires des voyages dans l'espace alors que le passager n'a pas de voiture personnelle pour limiter le changement climatique et fait donc du covoiturage?

Priorité à la vie humaine

Cette démarche éthique «démocratique» qui pourrait conduire à sacrifier un piéton plutôt qu'un chien, peut heurter les partisans de l'adoption d'une éthique de type «déontologique». C'est le choix de l'Allemagne qui s'est dotée fin août 2017 de règles éthiques pour les véhicules autonomes. Elle se base sur deux principes:

1. La vie humaine doit toujours avoir la priorité sur la vie animale et les objets.

2. Toutes les vies humaines ont la même valeur. La voiture, en cas de choc qui semble inévitable, ne devra pas privilégier la vie d'un bébé par rapport à celle d'une personne âgée.

Le premier principe se laisse questionner. Si pour sauver une vie humaine, il faut faire des millions d'euros de dégâts, les «utilitaristes» prétendront qu'il serait plus juste d'utiliser cet argent pour sauver des populations victimes de malnutrition.

Le deuxième principe semble être consensuel. S'il fallait choisir entre les vies de trois passagers et celle d'un piéton, les positions «utilitariste» et «déontologique» préserveraient toutes deux les passagers.

Pourtant, un principe de responsabilité n'est-il pas oublié? Le passager qui utilise la voiture autonome prend le risque qu'elle provoque un accident. En échange du risque et du prix de location de la voiture, il obtient un service, celui de circuler plus rapidement qu'à pied. Le piéton doit-il subir le même risque alors qu'il n'a pas obtenu de service?

Le logiciel pourrait donc être programmé pour sacrifier les passagers et préserver le piéton. Rien ne semble jamais satisfaisant en éthique!

Il reste une méthodologie éthique à explorer qui s'inspire du «pragmatisme» proposé par le philosophe John Dewey et des conférences citoyennes initiées par Jacques Testart.

Pour y participer, formez un groupe d'au moins cinq personnes, prévoyez trois réunions de 1h30, un peu de temps pour enquêter sur la Toile ou questionner des experts. Envoyez un mail à denis.dupre@univ-grenoble-alpes.fr pour recevoir une méthodologie d'organisation des réunions.

Votre objectif sera de formaliser vos règles de programmation du logiciel de la voiture autonome qui devront permettre de trancher notamment les cas décrits par le MIT.

A partir des propositions de règles de chaque groupe, nous convergerons vers une réglementation de pilotage. Rendez-vous dans quelques mois pour présenter cette réglementation de pilotage et la manière dont nous l'avons obtenue.

MEDIAPART   **BLOG**

La voiture sans chauffeur va-t-elle sacrifier un passager pour sauver un piéton?

On imagine une publicité de ce type « Egoist1/10, la seule voiture qui sacrifie 10 piétons pour vous sauver la vie » ! Comment programmeriez-vous la voiture pour gérer diverses situations d'accidents?

En mars 2017, Martin Vetterli, le président de l'EPFL affirmait vouloir mettre de l'éthique au cœur des formations car « demain, l'ingénieur devra savoir quelle décision aura à prendre une technologie comme la voiture autonome: mettre en risque la vie d'un piéton ou celle du conducteur? »

En avril 2017, aux scientifiques de l'INRIA de Grenoble qui lui présentaient la voiture sans chauffeur, Emmanuel Macron posait cette question : "Si j'ai face à moi un jeune qui traverse, à gauche un vélo et à droite une maman qui a une poussette, comment je fais?" (Voir ici minute 33 à 36).

Effectivement, la voiture autonome, à la seconde où elle mesure qu'elle ne peut plus éviter une collision mortelle, doit décider qui sera sacrifié. Il faut donner des règles au logiciel qui prend les décisions.

Sans règle légale, le constructeur de la voiture autonome programmera les règles que souhaitent les acheteurs. Une étude [1]

réalisée par des chercheurs, a montré qu'un conducteur sur quatre seulement sacrifierait le passager pour économiser la vie de deux piétons.

On imagine bien une publicité de ce type « Egoist1/10, la seule voiture qui sacrifie 10 piétons pour vous sauver la vie »

Dans une conférence TedX, Iyad Rahwan, chercheur au MIT, explore les dilemmes d'un observateur externe face à ce type de problématique.

Un jeu a été mis à disposition des internautes. Face à plusieurs situations, il vous permet d'analyser votre comportement. Je vous suggère de faire le test avant de continuer cet article.

Alors? Avez-vous préféré qu'un chien soit écrasé plutôt qu'un piéton comme 80% des observateurs … ou que soit sacrifié le piéton plutôt que le chien comme les 20% restant?

Les préférences spécifiées dans ce test distinguent 7 catégories : vieux/jeune, passager/piéton, homme/femme, cambrioleur/médecin, piéton au feu vert/piéton au feu rouge, animal/homme, personne corpulente/athlétique.

Pour réaliser le logiciel de pilotage, on pourra décider de prendre en compte les préférences moyennes des

observateurs. Dans l'exemple de l'arbitrage entre chien et piéton, pour respecter le souhait des 2 personnes sur 10 qui préfèrent épargner le chien, la machine simulera un tirage au sort d'un nombre entre 1 et 10. Si une valeur entre 1 à 8 est tirée, le pilote automatique écrasera le chien. 9 ou 10, ce sera le piéton.

Si toute la population est sollicitée, c'est une forme de démarche éthique « démocratique ».

Mais que vaut ce type d'arbitrage? Que choisirait finalement l'observateur qui affirme préférer sacrifier un passager plutôt qu'un piéton, s'il savait que le piéton fait 500 000 km par an en avion pour vendre à des milliardaires des voyages dans l'espace alors que le passager n'a pas de voiture personnelle pour limiter le changement climatique et fait donc du covoiturage?

Cette démarche éthique « démocratique » qui pourrait conduire à sacrifier un piéton à un chien, peut heurter les partisans de l'adoption d'une éthique de type « déontologique ». C'est le choix de l'Allemagne qui s'est dotée fin aout 2017 de règles éthiques pour les véhicules autonomes. Elle se base sur deux principes :

1. La vie humaine doit toujours avoir la

priorité sur la vie animale et les objets.

2. Toutes les vies humaines ont la même valeur. La voiture, en cas de choc qui semble inévitable, ne devra pas privilégier la vie d'un bébé par rapport à celle d'une personne âgée.

Le premier principe se laisse questionner. Si pour sauver une vie humaine, il faut faire des millions d'euros de dégâts, les « utilitaristes » prétendront qu'il serait plus juste d'utiliser cet argent pour sauver des populations victimes de malnutrition.

Le deuxième principe semble être consensuel. S'il fallait choisir entre les vies de 3 passagers et celle d'un piéton, les positions « utilitariste » et « déontologique » préserveraient toutes deux les passagers.

Pourtant, un principe de responsabilité n'est-il pas oublié? Le passager qui utilise la voiture autonome prend le risque qu'elle provoque un accident. En échange du risque et du prix de location de la voiture, il obtient un service, celui de circuler plus rapidement qu'à pied. Le piéton doit-il subir le même risque alors qu'il n'a pas obtenu de service?

Le logiciel pourrait donc être programmé pour sacrifier les passagers et préserver le piéton.

Rien ne semble jamais satisfaisant en éthique ! Il reste une méthodologie éthique à explorer qui s'inspire du « pragmatisme » proposé par le philosophe Dewey et des conférences citoyennes initiées par Jacques Testard.

Pour y participer, formez un groupe d'au moins 5 personnes, prévoyez trois réunions de 1h30, un peu de temps pour enquêter sur la toile ou questionner des experts. Envoyez un mail à denis.dupre@univ-grenoble-alpes.fr pour recevoir une méthodologie d'organisation des réunions.

Votre objectif sera de formaliser vos règles de programmation du logiciel de la voiture autonome qui devront permettent de trancher notamment les cas décrits par le MIT. A partir des propositions de règles de chaque groupe, nous convergerons vers une réglementation de pilotage.

Rendez-vous dans quelques mois pour présenter cette réglementation de pilotage et la manière dont nous l'avons obtenue.

Cet article a été publié par le Temps de Genève (lire ici).

[1] BONNEFON, Jean-François, SHARIFF, Azim, et RAHWAN, Iyad. The social dilemma of autonomous vehicles. Science, 2016, vol. 352, no 6293, p. 1573-1576.

La tragédie de l'exponentielle ou un siècle de conscience écologique

La tendance exponentielle de la dégradation a été comprise en 1972 par les scientifiques hurluberlus du « club de Rome ». Les résultats sont choquants : si le business continue sans inflexion, les dégâts irréversibles entraineront une chute de population dès 2030. Ils écrivent un best-seller sur les limites de la croissance. Quant à nous autres, nous ne comprenons encore rien !

Il semble que le cerveau de l'homme peine à entrevoir la spécificité de la croissance exponentielle. Le Grand Vizir Sissa ben Dahir, aurait inventé le jeu d'échec. Au roi indien Shirham qui lui demandait quelle récompense il souhaitait, le roué mathématicien aurait répondu : « Majesté, je serais heureux si vous m'offriez un grain de blé que je placerais sur la première case de l'échiquier, deux grains sur la deuxième case, quatre grains sur la troisième, huit grains sur la quatrième, et autant de grains de blé qu'il serait possible de poser en couvrant ainsi de suite les soixante-quatre cases ».

« 1, 2, 4, 8, 16, 32… » a dû sûrement penser le roi, imaginant dans sa tête les 6 premières cases… Il répondit à son vizir inventeur *« Pas de problème ! Et c'est tout ce que*
tu souhaites Sissa, espèce *d'idiot? »*.

Le roi n'avait pas un cerveau de mathématicien. A la onzième case, il faut déjà 1024 grains de blé… puis tout s'emballe. Qui entrevoit que le nombre de grains demandé est de 18.446.744.073.709.551.615 ce qui correspond à 1000 fois la production mondiale de blé en 2012?

Tellement habitué aux évolutions linéaires, le cerveau de l'homme non mathématicien n'appréhende pas une des particularités de la croissance exponentielle : sa vitesse. Cette incapacité d'intelligence est un des éléments qui nous permettent de comprendre l'évolution de notre conscience écologique. Notre cerveau nous fait intuitivement percevoir l'apocalypse écologique, pourtant prévisible à un horizon de 50 ans, comme un évènement possible à une échéance extrêmement lointaine.

Pour les besoins de notre démonstration, nous proposons d'imaginer un quelconque territoire découpé en 1024 unités de surfaces équivalentes, qui pourrait être par exemple la mer Méditerranée ou bien la planète entière. Pour simplifier, nous considèrerons que le système qui a organisé l'exploitation de ce lieu, n'a
dégradé jusqu'en 1970 aucune de ces 1024 petites surfaces.

Explorons, de 1970 à 2070, un siècle de conscience écologique.

Minime anicroche en 1970 : 1 seule unité de surface est dégradée. Ce peut-être quelques fonds marins et quelques espèces de poissons si l'on a considéré comme territoire la mer Méditerranée, ou l'assèchement de la mer d'Aral si l'on a considéré la planète. Le millième de la surface s'est dégradé, mais qui s'en aperçoit? Les habitants qui côtoient cette dégradation, sont les oubliés du jeu gagnant-gagnant de la mondialisation des échanges. Juste 7 hurluberlus, scientifiques de haute volée au sein du « Club de Rome » se posent la question du nombre d'unités qui seront à ce rythme dégradées en 2050. Ils modélisent des dynamiques qui se révèlent des exponentielles qui interagissent, en s'appuyant sur diverses données mondiales comme la production, la pollution, la population, etc. Les résultats sont choquants : si le business continue sans inflexion, les dégâts irréversibles entraineront une chute de population dès 2030. Ils écrivent un best-seller sur les limites de la croissance

Le scénario *business as usual* du livre *"Limits to growth"* de 1972

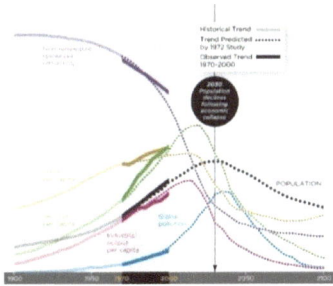

Léger problème local en 1980 : 2 unités sont dégradées. Pourquoi se soucier de 2 unités sur 1024? Une explosion frénétique de douce consommation, appelée croissance, cache le problème sous le tapis. La question du futur ne se pose alors que pour quelques mathématiciens et certains écologistes. Ils se demandent toujours comment va augmenter cette dégradation : de manière linéaire ou exponentielle? Les deux tendances sont toutes deux encore envisageables puisque les séries linéaires et exponentielles commencent par les mêmes chiffres : d'abord 1, ensuite 2…

L'accroissement linéaire atteint 1024 en 1024 coups : 1 (en 1970), 2 (en 1980), 3 (en 1990), puis 4, puis 5 ... et enfin 1024 (dans 10 000 ans)

L'accroissement géométrique atteint 1024 en 11 coups : 1 (en 1970), 2 (en 1980), 4 (en 1990), 8 (en 2000), 16 (en 2010), 32 (en 2020), 64 (en 2030), 128 (en 2040), 256 (en 2050), 512 (en 2060), 1024 (en 2070).

Le président américain Reagan est un non mathématicien, dont le cerveau pense linéaire. Il fustige donc en 1985 le travail du Club de Rome en affirmant que pour l'Amérique il n'y a pas de *Limits to Growth.*

Petit problème mondial en 1990 : 4 unités sont dégradées. Au Sommet de la terre de Rio en 1992, le petit monde des décideurs politiques flippe : et si le « Club de Rome » avait raison? On vit trop bien cependant. Au moins ceux qui profitent au plus du système. Et il faut être réélu. Le président américain, Bush père, dénonce publiquement la pensée anti progrès du livre *Limits to Growth*. Dans le cerveau de Bush 1, 2, 4 n'est pas si loin de 1, 2, 3. Si la vitesse de destruction s'avère n'être finalement que linéaire, il reste 10 000 ans avant l'effondrement.

2000-2010 : Problème mondial sérieux: 8 unités sont dégradées. Le GIEC confirme l'apocalypse climatique. Pourtant, ceux pour lesquels il fait si bon à vivre de surconsommation préfèrent retenir les doutes climato-sceptiques. Il reste 1016 unités saines. Ils redemandent aux scientifiques de vérifier leurs mesures et voir si d'autres facteurs n'entreraient pas en jeu : est-ce bien 1, 2, 4, 8? Les mesures des scientifiques ne sont-elles pas imprécises? Toutes les complexités sont-elles bien prises en compte? La série ne redeviendra-t-elle pas finalement linéaire après deux anomalies, le 4 et le 8, liées à d'autres causes qui ne se reproduiraient pas? Si c'était le cas, en 2070 ce ne seraient que 11 unités dégradées sur 1024, à peine 1% de la surface. Ce serait une fausse alerte de déclinistes grincheux et les inventions technologiques auraient le temps de nous sauver.

2010-2020 : Risque de catastrophe: 16 unités sont dégradées. De ces unités dégradées, l'homme ne tire plus aucun moyen de subsistance. Ceci accélère la dégradation d'autres unités. De nouveaux hurluberlus proposent de vivre « la décroissance » comme une solution à étendre à l'humanité entière : chacun se contentant d'une juste part.

La matérialisation scientifique du dépassement écologique

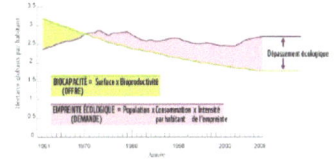

Face à la catastrophe (en 2020, 32 unités sont dégradées), la COP21 en 2016 se contente d'**une mesurette.** Elle cumule des promesses qui, même si elles étaient tenues, ne permettraient pas de limiter le réchauffement climatique à 2°C.

La promesse de gascon de la COP21

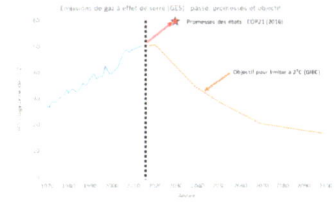

La COP 21 voudrait éviter la catastrophe sans toucher aux écarts qui se creusent entre les riches et les pauvres et conforte le président Obama qui affirme alors que le mode de vie des américains reste non négociable : pour que le mode de vie américain passe de 4 planètes à 1 planète, on mise sur la seule technologie et … on croise les doigts. En 2017, pour la première fois la pauvreté dans le monde ne baisse plus.

Le choc en 2030 : 64 unités sont dégradées. Face à la catastrophe perceptible aux yeux de chacun, maintenant que 6% du territoire est détérioré, le cerveau humain reconnait le danger de la tendance exponentielle.

Pour freiner la dégradation de 6% de plus, promise à la fin de la décennie, deux options émergent.

L'option de répartir égalitairement les consommations sans dépasser ce que notre planète fournit chaque année soit une division par 4 de l'ordinaire des habitants des pays riches et par 2000 des trains de vie des plus riches.

L'option de laisser disparaitre en dix ans les 20% de la population qui consomment 6% de la production mondiale. Soit 1,5 milliard d'humains.

Empêcheront-elles qu'en 2040, 128 unités seront dégradées? En 2050, les 256 unités dégradées représenteront 25% de l'espace encore disponible. En 2060, l'humanité se partagera 50% de l'espace vivable. En 2070, la dégradation exponentielle aura couvert la totalité du territoire.

De 1970 à 2070, la tragédie du temps…

La tragédie du temps si bien chantée par le poète Moustaki:

« Pendant que je dormais, pendant que je rêvais

Les aiguilles ont tourné, il est trop tard…

Certains se sont battus, moi je n'ai jamais su

Passe, passe le temps, il n'y en a plus pour très longtemps…

Pendant que je chantais, pendant que je t'aimais

Pendant que je rêvais il était encore temps »

La tendance exponentielle de la dégradation a été comprise en 1972 par les scientifiques hurluberlus du « club de Rome ».

Quant à nous autres, l'exponentielle nous a surpris.

Le « capitalisme des biens communs » : enfin une idéologie qui nous rassemble !

Les pro-capitalisme et les-pro-communisme qui veulent le bien des êtres humains ne construiront ensemble qu'en se mettant d'accord sur un "capitalisme des biens communs". Une gestion démocratique intégrée du capital, du travail et des ressources naturelles.

Les pro-capitalisme et les pro-communisme ne construiront jamais ensemble.

Les uns reprochent les « goulags », la faible place de l'initiative individuelle et l'absence d'entreprises privées.

Les autres la destruction des pauvres et de la planète. La critique radicale du capitalisme non régulé est faite dans un article récent d'Alain Grandjean intitulé « Le capitalisme est-il responsable… de la destruction de la biosphère et de l'explosion des inégalités? » (Lire ici).

Or, le seul moyen d'éviter la catastrophe (lire ici) est de réunir les altruistes : ceux parmi les pro-capitalisme et les pro-communisme qui veulent le bien des êtres humains.

Nous allons montrer qu'ils sont tous deux pour le « **capitalisme des biens communs** ».

Pour produire une paire de chaussure, il faut au moins trois ingrédients : capital, travail et ressources naturelles.

Du capital. C'est en fait de la production passée qui sert à la production future. La machine-outil pour faire les chaussures a nécessité du travail et des ressources naturelles.

Du travail. C'est celui de l'ouvrier ou de l'artisan s'il possède le capital.

Des ressources naturelles. Il faut le cuir des chaussures et en conséquence de multiples autres ressources comme l'eau. Chaque jour, une vache boit 200 litres d'eau et mange 130 kg d'herbe (encore 100 litres d'eau).

Le capitalisme historique se centre sur le capital quitte à oublier les besoins des hommes. Le travail et les ressources naturelles ne sont mobilisés que pour augmenter le capital. Le risque est que l'ouvrier n'ait pas de chaussure alors que l'apporteur de capital aura dans ses placards cent paires ainsi que milles autres objets inutiles qui détruisent la planète.

Le communisme historique se centre sur le travail et le capital. Le risque est que la planification amène la bureaucratie. Elle finit par grignoter les libertés de mode de vie et de choix de consommation, ruiner l'efficacité de la production et créer une nomenklatura désintéressée de la bonne gestion de la planète.

Le **capitalisme des biens communs** se centre sur les besoins des hommes ainsi que la gestion du capital, du travail et des ressources naturelles pour assurer leurs besoins présents et futurs. Il se soucie de la question « qui aura la paire de chaussure et comment gérer les pâturages et l'eau pour qu'il y ait du cuir dans l'avenir? » et y répond par une organisation démocratique de la société. La réponse n'est pas prédéterminée mais rediscutée tout le temps et par tous.

Comme le souligne Alain Grandjean, il faut de nombreuses contraintes pour rendre possible une forme de capitalisme plus juste et le mettre au service de la réparation de notre planète, notre maison commune. Si bien que le seul mot de capitalisme ne coïncide plus aujourd'hui dans notre imaginaire au mode d'organisation proposé par Alain Grandjean.

Le concept de « **capitalisme des biens communs** » soulignerait la priorité absolue de la gestion en commun des biens communs sur la propriété privée et le marché. Il garde du capitalisme l'importance accordée à ne pas tout utiliser de la production, en mettant de côté suffisamment de capital, à savoir de la production passée, pour préparer la production de demain. Le mot de capitalisme retrouve ainsi l'essence même de la force vitale du capital.

Le « **capitalisme des biens communs** » n'est plus alors un oxymore mais un projet démocratique qui respecte la dynamique du monde vivant qui nous porte.

Pourquoi un nouveau terme? Parce que le langage sert le dialogue entre les hommes pour construire le monde à venir. Parce que la construction de la tour de Babel s'arrête quand les hommes ne se comprennent plus : le mot pour l'un ne reflète plus une réalité commune que l'autre peut entrevoir.

Que vive donc le concept de **capitalisme des biens communs.**

Denis Dupré   7 octobre 2017

BLOG D'ALAIN GRANDJEAN   INVITÉ DU BLOG

Crise écologique : notre cerveau n'est pas programmé pour se la représenter !

La petite histoire suivante montre à quel point le cerveau humain peine à entrevoir la spécificité de la croissance exponentielle.

Le Grand Vizir Sissa ben Dahir, inventeur supposé du jeu d'échec, aurait répondu au roi indien Shirham qui lui demandait quelle récompense il souhaitait, : « *Majesté, je serais heureux si vous m'offriez un grain de blé que je placerais sur la première case de l'échiquier, deux grains sur la deuxième case, quatre grains sur la troisième, huit grains sur la quatrième, et autant de grains de blé qu'il serait possible de poser en couvrant ainsi de suite les soixante-quatre cases* ». Le roi a du sûrement penser : « 1, 2, 4, 8, 16, 32… », imaginant dans sa tête les 6 premières cases… Il répondit à son vizir inventeur « *Pas de problème ! Et c'est tout ce que tu souhaites Sissa, espèce d'idiot?* ».
Le roi n'avait pas un cerveau de mathématicien. A la onzième case, il faut déjà 1024 grains de blé… puis tout s'emballe. Qui entrevoit que le nombre de grains demandé est de 18.446.744.073.709.551.615 ce qui correspond à 1000 fois la production mondiale de blé en 2012?

Tellement habitué aux évolutions linéaires, le cerveau de l'homme non mathématicien n'appréhende pas une des particularités de la croissance exponentielle : sa vitesse. Cette incapacité d'intelligence est un des éléments nous permettant de comprendre l'évolution de notre conscience écologique. Notre cerveau nous fait intuitivement percevoir l'apocalypse écologique, pourtant prévisible à un horizon de 50 ans, comme un évènement possible à une échéance extrêmement lointaine.

Explorons, de 1970 à 2070, un siècle de conscience écologique.

Pour les besoins de notre démonstration, nous proposons d'imaginer un quelconque territoire découpé en 1024 unités de surfaces équivalentes, qui pourrait être par exemple la mer Méditerranée ou bien la planète entière. Pour simplifier, nous considèrerons que le système qui a organisé l'exploitation de ce lieu, n'a dégradé jusqu'en 1970 aucune de ces 1024 petites surfaces.

Minime anicroche en 1970 : 1 seule unité de surface est dégradée.

Ce peut-être quelques fonds marins et quelques espèces de poissons si l'on a considéré comme territoire la mer Méditerranée, ou l'assèchement de la mer d'Aral si l'on a considéré la planète. Le millième de la surface s'est dégradé, mais qui s'en aperçoit? Les habitants qui côtoient cette dégradation, sont les oubliés du jeu gagnant-gagnant de la mondialisation des échanges.

Seuls 7 hurluberlus, scientifiques de haute volée, certains du Massachusetts Institute of Technology (MIT), mandatés par le « Club de Rome » en 1970, posent la question du nombre d'unités qui seront à ce rythme dégradées en 2050. Ils modélisent des dynamiques qui se révèlent être des exponentielles qui interagissent, en s'appuyant sur diverses données mondiales comme la production, la pollution, la population, etc. Les résultats sont choquants : si le business continue sans inflexion, les dégâts irréversibles entraineront une chute de population dès 2030. Ils écrivent un best-seller sur les limites de la croissance.

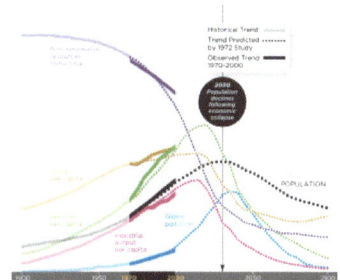

Le scénario business as usual du livre "Limits to growth" de 1972

Léger problème local en 1980 : 2 unités sont dégradées.

Pourquoi se soucier de 2 unités sur 1024? Une explosion

frénétique de douce consommation, appelée croissance, cache le problème sous le tapis. La question du futur ne se pose alors que pour quelques mathématiciens et certains écologistes. Ils se demandent toujours comment va augmenter cette dégradation : de manière linéaire ou exponentielle? Les deux tendances sont toutes deux encore envisageables puisque les séries linéaires et exponentielles commencent par les mêmes chiffres : d'abord 1, ensuite 2…

L'accroissement linéaire atteint 1024 en 1024 coups : 1 (en 1970), 2 (en 1980), 3 (en 1990), puis 4, puis 5 … et enfin 1024 (dans 10 000 ans)
L'accroissement
géométrique atteint 1024 en 11 coups : 1 (en 1970), 2 (en 1980), 4 (en 1990), 8 (en 2000), 16 (en 2010), 32 (en 2020), 64 (en 2030), 128 (en 2040), 256 (en 2050), 512 (en 2060), 1024 (en 2070).

Le président américain Reagan est un non mathématicien, dont le cerveau pense linéaire. Il fustige donc en 1985 le travail du Club de Rome en affirmant que pour l'Amérique il n'y a pas de *Limits to Growth*.

Petit problème mondial en 1990 : 4 unités sont dégradées.

Au Sommet de la terre de Rio en 1992, le petit monde des décideurs politiques flippe : et si le « Club de Rome » avait raison? On vit trop bien cependant. Au moins ceux qui profitent le plus du système. Et il faut être réélu. Le président américain, Bush père, dénonce

publiquement la pensée anti progrès du livre *Limits to Growth*. Dans le cerveau de Bush 1, 2, 4 n'est pas si loin de 1, 2, 3. Si la vitesse de destruction s'avère n'être finalement que linéaire, il reste 10 000 ans avant l'effondrement.

2000-2010 : Problème mondial sérieux: 8 unités sont dégradées.

Le GIEC confirme l'apocalypse climatique. Pourtant, ceux pour lesquels il fait si bon vivre de la surconsommation préfèrent retenir les doutes climato-sceptiques. Il reste 1016 unités saines. Ils redemandent aux scientifiques de vérifier leurs mesures et voir si d'autres facteurs n'entreraient pas en jeu : est-ce bien 1, 2, 4, 8? Les mesures des scientifiques ne sont-elles pas imprécises? Toutes les complexités sont-elles bien prises en compte? La série ne redeviendra-t-elle pas finalement linéaire après deux anomalies, le 4 et le 8, liées à d'autres causes qui ne se reproduiraient pas? Si c'était le cas, en 2070 ce ne seraient que 11 unités dégradées sur 1024, à peine 1% de la surface. Ce serait une fausse alerte de déclinistes grincheux et les inventions technologiques auraient le temps de nous sauver.

2010-2020 : Risque de catastrophe: 16 unités sont dégradées.

De ces unités dégradées, l'homme ne tire plus aucun moyen de subsistance. Ceci accélère la dégradation d'autres unités. De nouveaux

hurluberlus proposent de vivre « la décroissance » comme une solution à étendre à l'humanité entière : chacun se contentant d'une juste part.

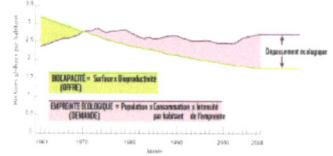

La matérialisation scientifique du dépassement écologique (Source : Global Footprint Network)

Face à la catastrophe (en 2020, 32 unités sont dégradées), la COP21 en 2016 se contente d'une mesurette. Elle cumule des promesses qui, même si elles étaient tenues, ne permettraient pas de limiter le réchauffement climatique à 2°C.

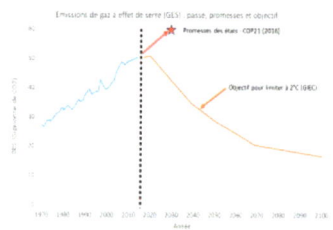

La promesse de gascon de la COP21 (Source : Limiter le changement climatique. Pourquoi n'y arrive t'on pas?, Cycle de conférence « Comprendre et agir », équipe STEEP, INRIA, Grenoble, 17/12/2015, Grenoble (Voir la vidéo en ligne. Télécharger la présentation)

La COP 21 voudrait éviter la catastrophe sans toucher aux écarts qui se creusent entre les riches et les pauvres et conforte le président Obama qui affirme alors que le mode de vie des Américains reste non négociable : pour que le mode de vie américain passe de 4 planètes à 1 planète, on mise sur la seule technologie et …

on croise les doigts. En 2017, pour la première fois la pauvreté dans le monde ne baisse plus.

Le choc en 2030 : 64 unités sont dégradées.

Face à la catastrophe perceptible aux yeux de chacun, maintenant que 6% du territoire est détérioré, le cerveau humain reconnait le danger de la tendance exponentielle. Pour freiner la dégradation de 6% de plus, promise à la fin de la décennie, deux options émergent.

L'option de répartir égalitairement les consommations sans dépasser ce que notre planète fournit chaque année soit une division par 4 de l'ordinaire des habitants des pays riches et par 2000 des trains de vie des plus riches.

L'option de laisser disparaitre en dix ans les 20% de la population qui consomment 6% de la production mondiale. Soit 1,5 milliard d'humains. Empêcheront-elles qu'en 2040, 128 unités soient dégradées? En 2050, les 256 unités dégradées représenteront 25% de l'espace encore disponible. En 2060, l'humanité se partagera 50% de l'espace vivable. En 2070, la dégradation exponentielle aura couvert la totalité du territoire.

De 1970 à 2070, la tragédie du temps…

La tragédie du temps si bien chantée par le poète Moustaki:

« *Pendant que je dormais, pendant que je rêvais*
Les aiguilles ont tourné, il est trop tard…
Certains se sont battus, moi je n'ai jamais su
Passe, passe le temps, il n'y en a plus pour très longtemps…
Pendant que je chantais, pendant que je t'aimais
Pendant que je rêvais il était encore temps »

La tendance exponentielle de la dégradation a été comprise en 1972 par les scientifiques hurluberlus du « club de Rome ».

Quant à nous autres, l'exponentielle nous a surpris.

La planète Titanic va couler et les riches sont en train de se ruer sur les canots de sauvetage

Le type d'économie mondialisée dans laquelle nous vivons laisse l'empreinte écologique annuelle des humains dépasser ce que la planète peut supporter, conduisant à long terme au naufrage, sans prévoir un nombre suffisant de canots de sauvetage pour tous.

En 1998, dans un article paru dans Libération "L'économie-Titanic a-t-elle assez de canots de sauvetage?", je faisais le constat que l'économie libérale non régulée pillait la planète et fragilisait l'autonomie des pays les plus pauvres. J'envisageais que ce type d'économie mondialisée dont la caractéristique est de laisser l'empreinte écologique annuelle des humains dépasser ce que la planète peut supporter à long terme conduise au naufrage de la planète sans prévoir un nombre suffisant de canots de sauvetage pour tous.

Nous en étions au moment où le capitaine du Titanic et ses adjoints découvraient que le bateau ne pouvait que couler. Ils restaient les seuls à savoir qu'il n'y avait pas assez de canots de sauvetage pour tous les passagers.

Les riches passagers des premières classes ont compris par eux-mêmes ou ont été informés de l'inévitable naufrage. Ils ont réquisitionné les premiers canots mis à l'eau. Les canots d'aujourd'hui sont pour les milliardaires chinois qui fuient la pollution de l'air en Chine, leurs multiples passeports ou les 300 milliards de nos riches français placés dans les paradis fiscaux. Les classes dirigeantes qui pilotent les pays en tirent dans l'urgence les dernières gouttes de profit, comme le décrit le philosophe Bruno Latour *"Tout se passe comme si une partie importante des classes dirigeantes était arrivée à la conclusion qu'il n'y aurait plus assez de place sur terre pour elles et pour le reste de ses habitants [...] Depuis les années 1980, les classes dirigeantes ne prétendent plus diriger mais se mettre à l'abri hors du monde."[1]*

Nous entrons probablement dans l'ère des conséquences: la planète-Titanic va couler, plus ou moins vite, quoi que nous fassions. Son naufrage est désormais visible aux yeux de tous sur les indicateurs écologiques même si nous n'avons pas vu venir l'effondrement du substrat planétaire qui nous fait vivre à cause de son incroyable rapidité (voir ici).

Quelles leçons tirer de la catastrophe du Titanic? Sir Cosmo Edmund Duff-Gordon a pris place dans le premier canot qui est parti avec 12 personnes. Prévu pour 40, le canot n'est pourtant pas retourné chercher d'autres passagers. En moyenne, les canots furent remplis à 60% de leur capacité.

Aujourd'hui, tout le monde pressent que les canots des riches partiront sans surnombre. Si la classe moyenne est prête à tout pour servir les riches qui admettraient des serviteurs dans leurs canots, la stratégie de la première classe semble de minimiser les problèmes pour ne pas inquiéter la troisième classe dont la ruée vers les canots remettrait en cause toutes les places réservées. Un nouveau vocabulaire apparaît visant à décrédibiliser ceux qui annonceraient la catastrophe (déclinistes). Plus important encore est de faire taire ceux qui mettraient en cause l'affectation des canots de sauvetage aux plus riches (complotistes).

En troisième classe, les populations savent cependant que la mondialisation a, comme le Titanic, prévu moitié moins de places dans les canots de sauvetage que de passagers. Nous avons tous peur, souvent sans nous l'avouer. Nombreux sont ceux qui pressentent que s'ils acceptent, par simple humanité, que tous ceux qui se débattent dans l'eau glacée montent dans leur canot, il coulera. Dans le film Titanic, on voit certains taper avec leurs rames sur les doigts de ceux qui, nageant dans les eaux glacées, tentent de s'agripper aux derniers canots surchargés. Et je ressens un malaise à l'idée de pouvoir être aussi bien celui qui reçoit le coup que celui qui tape.

Comment rester humain et rester en vie?

Contrairement aux passagers du Titanic, il nous est encore possible de construire des canots. Quelques-uns, par exemple en France avec Nicolas Hulot, espèrent que tous ensemble, nous puissions aussi colmater quelques brèches pour gagner du temps. Il est également envisageable de réquisitionner les canots des plus riches qui partent presque à vide, comme on peut gérer les places dans les canots pour éviter la bousculade et assurer une justice dans l'affectation des places. Pourtant, la plupart des propositions mises en œuvre actuellement ne vont pas dans ce sens pour le paquebot-France.

Bruno Latour précise: "*Sans cette idée que nous sommes entrés dans un Nouveau Régime Climatique, on ne peut comprendre ni l'explosion des inégalités, ni l'étendue des dérégulations, ni la critique de la mondialisation, ni, surtout, le désir panique de revenir aux anciennes protections de l'État national —ce qu'on appelle, bien à tort, la "montée du populisme*".

La proposition nationaliste-égoïste, qu'elle soit publiquement assumée ou soigneusement refoulée en chacun de nous, conduirait à faire partir le canot sans qu'il ne soit plein. La proposition mondialiste-naïf conduirait à faire couler le canot surchargé.

Une troisième voie m'apparaît. Et si nous nous unissions pour destituer les capitaines?

Un souverainisme démocratique pourrait nous permettre de décider ensemble, avant qu'il ne soit trop tard, d'aménager les canots de sauvetage du paquebot-France de manière optimale. Face au lent naufrage, plutôt que le déni et le violent chacun pour soi qui s'installent, pourquoi ne pas développer une philosophie de vie et une position politique?

Une philosophie de vie nous rappellerait de profiter chaque jour de ce qui est beau et bien dans notre vie et nos relations aux autres et de le cultiver avec d'autant plus de soin que ce beau et ce bien sont précaires. Non pas une boulimie de surconsommation pour se masquer la vérité, mais dans une sobriété qui aurait un sens et par des liens d'échanges qui nous renforceraient les uns les autres... et nous prépareraient à la vie sur le canot.

Une position politique raisonnable serait de préparer l'insurrection (lire ici) puisque seule une mutinerie pour destituer les capitaines peut sauver la vie à nombre d'entre nous.

[1] *Latour Bruno, "Où atterrir — comment s'orienter en politique", La Découverte, p. 10*

Le ★ Grand Soir

Journal Militant d'Information Alternative

Denis Dupré   27 octobre 2017

Ecologie-Titanic : quand les riches se ruent sur les canots de sauvetage

En 1998, dans un article paru dans *Libération* « L'économie-Titanic a-t-elle assez de canots de sauvetage? », je faisais le constat que l'économie libérale non régulée pillait la planète et fragilisait l'autonomie des pays les plus pauvres. J'envisageais que ce type d'économie mondialisée dont la caractéristique est de laisser l'empreinte écologique annuelle des humains dépasser ce que la planète peut supporter à long terme conduise au naufrage de la planète sans prévoir un nombre suffisant de canots de sauvetage pour tous.

Nous en étions au moment où le capitaine du Titanic et ses adjoints découvraient que le bateau ne pouvait que couler. Ils restaient les seuls à savoir qu'il n'y avait pas assez de canots de sauvetage pour tous les passagers.

Les riches passagers de premières classes ont compris par eux-mêmes ou ont été informés de l'inévitable naufrage. Ils ont réquisitionnés les premiers canots mis à l'eau. Les canots d'aujourd'hui sont pour les milliardaires chinois qui fuient la pollution de l'air en Chine, leurs multiples passeports ou les 300 milliards de nos riches français placés dans les paradis fiscaux. Les classes dirigeantes qui pilotent les pays, en tirent dans l'urgence les dernières gouttes de profit et selon le philosophe Bruno Latour « Tout se passe comme si une partie importante des classes dirigeantes était arrivée à la conclusion qu'il n'y aurait plus assez de place sur terre pour elles et pour le reste de ses habitants [...] Depuis les années 1980, les classes dirigeantes ne prétendent plus diriger mais se mettre à l'abri hors du monde » [1].

Nous entrons probablement dans l'ère des conséquences : la planète-Titanic va couler, plus ou moins vite, quoique nous fassions. Son naufrage est désormais visible aux yeux de tous sur les indicateurs écologiques même si nous n'avons pas vu venir l'effondrement du substrat planétaire qui nous fait vivre à cause de son incroyable rapidité (voir ici).

Quelles leçons tirer de la catastrophe du Titanic? Sir Cosmo Edmund Duff Gordon a pris place dans le premier canot qui est parti avec 12 personnes. Prévu pour 40, le canot n'est pourtant pas retourné chercher d'autres passagers. En moyenne, les canots furent remplis à 60% de leur capacité.

Aujourd'hui, tout le monde pressent que les canots des riches partiront sans surnombre. Si la classe moyenne est prête à tout pour servir les riches qui admettraient des serviteurs dans leurs canots, la stratégie de la première classe semble de minimiser les problèmes pour ne pas inquiéter la troisième classe dont la ruée vers les canots remettrait en cause toutes les places réservées. Un nouveau vocabulaire apparait visant à décrédibiliser ceux qui annonceraient la catastrophe (déclinistes). Plus important encore est de faire taire ceux qui mettraient en cause l'affectation des canots de sauvetage aux plus riches (complotistes).

En troisième classe, les populations savent cependant que la mondialisation a, comme le Titanic, prévu moitié moins de places dans les canots de sauvetage que de passagers.

Nous avons tous peur, souvent sans nous l'avouer.

Nombreux sont ceux qui pressentent que s'ils acceptent, par simple humanité, que tous ceux qui se débattent dans l'eau glacée, montent dans leur canot, il coulera. Dans le film *Titanic*, on voit certains taper avec leurs rames sur les doigts de ceux qui, nageant dans les eaux glacées, tentent de s'agripper aux derniers canots surchargés. Et je ressens un malaise à l'idée de pouvoir être aussi bien celui qui reçoit le coup que celui qui tape.

Comment rester humain et rester en vie?

Contrairement aux passagers du Titanic, il nous est encore possible de construire des canots. Quelques-uns, par exemple en France avec Nicolas Hulot, espèrent que tous ensemble, nous puissions aussi colmater quelques brèches pour gagner du temps. Il est également envisageable de réquisitionner les canots des plus riches qui partent presque à vide, comme on peut gérer les places dans les canots pour éviter la bousculade et assurer une justice dans l'affectation des places. Pourtant, la plupart des propositions mises en œuvre actuellement ne vont pas dans ce sens pour le paquebot-France.

Bruno Latour précise : *« Sans cette idée que nous sommes entrés dans un Nouveau Régime Climatique, on ne peut comprendre ni l'explosion des inégalités, ni l'étendue des* dérégulations, ni la critique de la mondialisation, ni, surtout, le désir panique de revenir aux anciennes protections de l'État national — ce qu'on appelle, bien à tort, la « montée du populisme ».

La proposition nationaliste-égoïste, qu'elle soit publiquement assumée ou soigneusement refoulée en chacun de nous, conduirait à faire partir le canot sans qu'il ne soit plein.

La proposition mondialiste-naïf conduirait à faire couler le canot surchargé.

Une troisième voie m'apparait. Et si nous nous unissions pour destituer les capitaines?

Un souverainisme démocratique pourrait nous permettre de décider ensemble, avant qu'il ne soit trop tard, d'aménager les canots de sauvetage du paquebot-France de manière optimale.

Face au lent naufrage, plutôt que le déni et le violent chacun pour soi qui s'installent, pourquoi ne pas développer une philosophie de vie et une position politique?

Une philosophie de vie nous rappellerait de profiter chaque jour de ce qui est beau et bien dans notre vie et nos relations aux autres et de le cultiver avec d'autant plus de soin que ce beau et ce bien sont précaires. Non pas une boulimie de surconsommation pour se masquer la vérité, mais dans une sobriété qui aurait un sens et par des liens d'échanges qui nous renforceraient les uns les autres … et nous prépareraient à la vie sur le canot.

Une position politique raisonnable serait de préparer l'insurrection (lire ici) puisque seule une mutinerie pour destituer les capitaines peut sauver la vie à nombre d'entre nous.

[1] Latour Bruno, *Où atterrir — comment s'orienter en politique*, La Découverte, p. 10

Evasion fiscale des grandes entreprises : le combat est-il perdu?

La loi Sapin n'écorne juste qu'un peu l'évasion fiscale des grandes entreprises. Le 8 décembre 2016, notre conseil constitutionnel repousse ce qu'il restait d'efficace dans la loi Sapin II en faisant primer la liberté des entreprises devant celles des citoyens. Cette interprétation de notre constitution est malhonnête. Protestons auprès du conseil constitutionnel et du Président de la république.

En France,

Première défaite : Dans le cadre de la loi Sapin II, le 28 septembre 2016, les députés français n'ont pas eu le courage (lire ici) d'exiger que les très grandes entreprises publient le chiffre d'affaire de toutes leurs filiales dans tous les pays sans exception (lire ici). La loi Sapin II n'écorne juste qu'un peu l'évasion fiscale.

Deuxième défaite : le 8 décembre 2016, notre conseil constitutionnel repousse ce qu'il restait d'efficace dans la loi Sapin II. En dépit des 80 milliards d'euros annuels d'évasion fiscale qui minent notre contrat social, le conseil constitutionnel explique froidement :

« *Le législateur a entendu, par une mesure de transparence,* éviter la délocalisation des bases taxables afin de lutter contre la fraude et l'évasion fiscales. Il a ainsi poursuivi un objectif de valeur constitutionnelle. Toutefois, l'obligation faite à certaines sociétés de rendre publics des indicateurs économiques et fiscaux correspondant à leur activité pays par pays, est de nature à permettre à l'ensemble des opérateurs qui interviennent sur les marchés où s'exercent ces activités, et en particulier à leurs concurrents, d'identifier des éléments essentiels de leur stratégie industrielle et commerciale. Une telle obligation porte dès lors à la liberté d'entreprendre une atteinte manifestement disproportionnée au regard de l'objectif poursuivi. »

Comment adopter un tel cynisme? C'est en fait une modification de l'interprétation de la Constitution qui a fait jurisprudence. Jusqu'en 1982, seul le concept de liberté pour les citoyens était inscrit dans la Constitution. Suite à une demande d'examen de constitutionnalité de lois de nationalisation d'entreprises, un groupe de parlementaire conduit par Charles Pasqua, réussit à faire étendre la liberté, non aux seuls citoyens, mais aussi aux entreprises via la liberté d'entreprendre :

« *La liberté qui, aux termes de l'article 4 de la Déclaration, consiste à pouvoir faire tout ce qui ne nuit pas à autrui, ne saurait elle-même être préservée si des restrictions arbitraires ou abusives étaient apportées à la liberté d'entreprendre* » (lire ici).

Le conseil constitutionnel a retoqué en 2016 la loi pour connaitre les bénéficiaires des trusts (lire ici)!

Faire primer la liberté des entreprises devant celles des citoyens, c'est le pas qu'a encore franchi le conseil constitutionnel avec sa lecture en décembre 2016.

A cette date, le combat semblait perdu en France. Certains espéraient que les lois européennes iraient dans le bon sens.

Le Parlement européen a adopté effectivement le 4 juillet 2017, une position en faveur d'un reporting public pays par pays. Premier bémol, ce reporting n'est exigé que pour les multinationales dont le chiffre d'affaire dépasse les 750 millions d'euros. Deuxième bémol, ces entreprises dont les concurrents sont le plus souvent non européens, pourront demander des dérogations afin de ne pas publier des informations qu'elles jugeront "commercialement sensibles", ce qui est le cas, selon elles, des montants de leurs bénéfices et des impôts qu'elles acquittent.

Avec cette tapette à énormes trous, les grosses mouches peuvent continuer à zonzonner tranquilles. Le combat n'est pas gagné en Europe.

Nous sommes 115 000 en France à avoir signé la pétition pour voter une loi efficace contre l'évasion fiscale. Nombreux sont ceux qui ont interrogé leur député, nombreux sont ceux qui ont sollicité les responsables européens. Nous avons permis de responsabiliser certains de nos représentants.

D'autres pèsent plus que nous. Ils tiennent l'institution qui devrait être garante de notre Constitution. Pourtant c'est bien les intérêts du plus grand nombre des citoyens français et en particulier des plus faibles que le conseil constitutionnel doit servir.

Avec une autre lecture de la constitution, il est possible de préserver la liberté des citoyens de recouvrer l'impôt. Rien n'empêche de revenir en arrière. A nous de l'exiger !

Envoyons tous ce texte par email à relations-exterieures@conseil-constitutionnel.fr avec copie au Président de notre République sur http://www.elysee.fr/ecrire-au-president-de-la-republique/

Ce texte est paru comme *update* de la pétition (voir ici).

7 thèses contre une économie injuste - Pour une économie sous le signe de la joie

En 1517, révolté par les indulgences, Luther rappelle le message fondamental de l'Évangile : pour que l'homme soit sauvé la seule grâce de la part de Dieu lui suffit. 500 ans après, un nouveau système marchand mensonger s'est mis en place, ses prêtres sont les défenseurs de l'idéologie d'un marché tout-puissant. Mais une économie sous le signe de la joie est possible.

Par Annick Blanc, René Blanc, Denis Dupré, Véronique Dupré, Dominique de France, Alain Granier, Martine Kentzinger, Francis Marchal, Caspar Visser 't Hooft, Sophie Zentz.

En 1517, révolté par les indulgences, Luther rappelle le message fondamental de l'Évangile : pour que l'homme soit sauvé la seule grâce de la part de Dieu lui suffit. Il s'oppose ainsi à une Église qui avait mis en place un système marchand mensonger. Dans ce système l'homme, bien que destiné à la vie éternelle, devait encore expier ses fautes dans ce que cette Église appelait le purgatoire. Il pouvait s'en libérer en faisant des « bonnes œuvres ». Ces « bonnes œuvres » consistaient pour une grande part en des dons à l'Église, moyen pour celle-ci de s'enrichir et d'affirmer son pouvoir quasi absolu.

500 ans après, un nouveau système marchand mensonger s'est mis en place, ses prêtres sont les défenseurs de l'idéologie d'un marché tout-puissant. Les principes qui fondent ce système doivent être questionnés à la lumière de l'Évangile. Parce que son emprise sur l'homme et la nature veut être totale, il faut résister à cette nouvelle idole. S'accommoder de ce système en en corrigeant les excès, par l'action humanitaire par exemple, ne permet pas d'en ôter l'injustice. L'humanitaire ne peut servir d'indulgence pour se racheter. Quand nous accueillons la grâce dans sa plénitude, il n'y a plus de place pour la mauvaise conscience. Libérés, nous pouvons suivre le chemin de justice et d'amour que Dieu trace pour nous et qui passe par le refus de tout ce qui aliène, opprime et fait souffrir l'humain.

7 thèses contre une économie injuste

1 L'idéologie dominante de notre époque nous fait croire que le chacun-pour-soi construit une société harmonieuse. Ceci est faux. La concurrence sans limite accélère la destruction des plus faibles et de nos ressources. L'Évangile nous appelle à aimer notre prochain comme nous-mêmes et à ne pas agir par rivalité (Ph. 2, 3). Cette exigence est valable pour tous les domaines ; ils se situent tous sous l'autorité de Jésus-Christ, l'économie incluse.

2 L'idéologie dominante de notre époque favorise une société où tout s'achète et tout se vend. Ainsi les trafics de drogue, d'armes, d'organes et même d'hommes, de femmes et d'enfants deviennent des activités ordinaires. Il faut refuser la marchandisation du vivant et l'accaparement de ce qui est indispensable à la vie. L'Évangile nous dit que notre vie nous est donnée.

3 L'idéologie dominante de notre époque nous fait croire que la réalité est marquée par la rareté qui induit la peur de manquer. Pourtant l'Evangile nous appelle à changer notre regard et à distinguer entre nos justes besoins et nos désirs sans limites. Ainsi, se contenter de satisfaire nos besoins plutôt que sombrer dans la démesure de nos désirs nous permet d'accueillir ce qui nous fait vivre comme une abondance donnée par Dieu.

4 L'idéologie dominante de notre époque pousse les

hommes aux excès dans le prêt ou l'endettement. Il convient de rappeler l'exigence biblique de ne pas priver le débiteur insolvable du nécessaire à sa survie. De plus, la proclamation de l'Évangile commence avec l'annonce d'un jubilé (Luc 1, 9). Le jubilé est une année de remise totale des dettes. L'Évangile nous dit que notre dette vis-à-vis de Dieu est infinie mais qu'il nous l'a remise pleinement. Le créancier doit accepter le risque de ne pas être remboursé.

5 L'idéologie dominante de notre époque nous fait croire que l'économie est un jeu. La spéculation en est l'expression. Cette finance casino propose de parier sur tout, matières premières, santé, entreprises, monnaies, considérant au fond les hommes comme des jetons. Dans ce système l'argent n'est pas au service de tous, mais seulement au bénéfice de quelques initiés. Ils prennent des risques inconsidérés dont les conséquences sont portées par d'autres. Dieu dit : « Tu ne voleras point ».

6 L'idéologie dominante de notre époque favorise le financement des activités les plus immédiatement rentables au détriment de l'intérêt général. Le plus rentable pour les actionnaires est souvent ce qui détruit la terre et néglige les travailleurs et l'ensemble des hommes. La course à la rentabilité pour la seule rentabilité est incompatible avec le message chrétien. L'Évangile nous dit d'adorer Dieu et non pas l'argent. L'argent est au service de tous dans le respect de la création.

7 L'idéologie dominante de notre époque nous fait croire que la réussite personnelle passe principalement par le travail rémunéré. Ceci est faux, le travail rémunéré permet de vivre, mais la valeur de l'homme lui est donnée par Dieu quelle que soit sa situation. Nous sommes appelés à témoigner en faveur d'une société qui donne à chacun un travail à sa mesure par lequel il peut rendre gloire à Dieu. Cette louange s'exprime par l'entraide, le travail bien fait, l'intégrité et le respect.

Pour une économie sous le signe de la joie

Une société est caractérisée par l'utilisation des ressources naturelles, des dons et compétences de chacun et par la répartition de la production par des échanges. Les règles qui définissent ces échanges, ce qu'on appelle l'économie, doivent assurer les objectifs suivants.

1) Veiller à ce que tous les hommes sans exclusion, aient accès aux ressources élémentaires vitales (eau, air, terre cultivable, etc.).

Dans une société qui aspire à la joie chacun reçoit sa part nécessaire. Ceux qui ont du surplus, qu'ils l'accueillent avec conscience et reconnaissance. Qu'ils le donnent et l'abandonnent car cette abondance nous permet d'échanger et de partager. L'abondance de la vie que Dieu nous donne se caractérise avant tout par la richesse des liens entre les hommes.

2) Le marché est un lieu physique d'échange de biens et de services et d'élaboration de projets communs. Dans une société de la joie tous les hommes participent au marché : aucun, le plus faible soit-il, n'en est exclu. Pour cela, cette société se fonde sur des principes.

- Le marché ne s'autorégulant pas, un État souverain garantit que chacun reçoit un revenu juste.

- L'État veille à ce que le marché ne crée jamais « ni maîtres, ni esclaves ».

3) Pour mettre en œuvre ces principes, il est indispensable de définir le cadre du marché et de la marchandisation.

- Privilégier d'abord le marché local et l'agriculture respectueuse de la Création.

- Exclure les ressources vitales de la logique du marché (eau, air, terre cultivable, etc.).

- Exclure absolument du marché le corps humain, image de Dieu. Pas d'esclavage : un homme ne peut être la propriété d'un autre. Pas de vente, de location ou d'achat de tout ou partie du corps humain.

- Limiter la propriété privée. L'accumulation de biens, de propriétés, de moyens de production ou de capital par un petit nombre ôte à la communauté des hommes sa souveraineté. Elle est un obstacle à une société joyeuse.

La conception « libérale » de l'homme est celle d'un être isolé, se suffisant à lui-même, non d'un être en communauté, en relation. Le Dieu de la Bible, solidaire de l'humanité par le Christ, s'est lié à elle une fois pour toutes. La société humaine, dans son fonctionnement économique, celui de la « maison » des hommes, doit se donner des règles pour maintenir le lien entre tous - de même que Dieu maintient son lien d'amour avec nous à travers les détours de l'histoire. C'est ainsi qu'elle crée la joie, fruit de l'Esprit.

Texte élaboré par le groupe Bible et économie (voir le site ici) de l'Église protestante unie d'Orange-Carpentras. Le groupe s'est inspiré du geste de Martin Luther qui en 1517 publiait ses 95 thèses contre les indulgences. La date est considérée comme le début du protestantisme; l'année 2017 est marquée par des manifestations autour du 500ème anniversaire de ce grand courant du christianisme.

Religion chrétienne : qui sera sauvé?

Météores, Fresques de Théophane le Crétois, 16ième siècle, Monastère de Saint Nicolas, Grèce, 2016.

La bible est discrètement gravée partout. Je vis dans un monde construit par un imaginaire religieux.

Ma vision de ce qui se passe après la mort y trouve sa source.

Peut-être croyant ou pas, je me suis arrêté dans une de ces minuscules chapelles perchées des Météores devant cette fresque qui montre à voir un jugement dernier.

Observant les détails du haut de cette représentation, il m'a semblé que croire en Dieu nous sauvait.

Les fresques sont magiques et font vagabonder la pensée. Quand mon regard s'est déplacé vers le bas de cette fresque j'ai ressenti autre chose. J'ai réalisé que l'enfer me faisait peur.

Il suffisait peut-être de faire plus de bonnes actions que de mauvaises actions. Je me suis dit que je n'avais pas vraiment compté ni les unes ni les autres dans ma vie. Je me suis demandé si elles pesaient toutes pareilles dans la balance.

En poursuivant mon chemin devant les murs peints, je me disais que je ne savais combien d'années il me restait à vivre. Et si je n'avais pas le temps de faire pencher la balance du bon côté, à quoi bon me fatiguer?

« Au moment du jugement dernier, vais-je être sauvé? Et qu'en sera-t-il de ma famille, de mes amis? Et même de mes ennemis? »

Dès la sortie de l'obscurité reposante de la chapelle, ces questions se sont envolées avec le grand soleil et la joie des vacances en famille.

Je suis, j'ai été et serai, catholique par éducation, protestant par affinité, chrétien sans Eglise, parfois athée, parfois indifférent…

Cette question me revient pourtant lancinante :

« Qui sera sauvé? »

Je peux écouter Luther.

Le jeune moine, entré chez les augustins à 22 ans, est mû par la question du Salut : *«Comment puis-je avoir la certitude d'être sauvé?»*. Mais sa hantise de ne pas être aimé de Dieu lui fait faire une découverte. Il proclame une parole qui sonne étrangement à l'époque : nous serons sauvés par la grâce seule - *Sola gratia*. Radicalement pécheur, l'homme ne peut se sauver par lui-même, par ses propres forces, par des œuvres méritoires. Luther reproche donc à l'église de vendre le paradis contre de l'argent dans ces 95 thèses qui fondent le protestantisme.

L'homme est pardonné, donc sauvé, par la grâce de Dieu. Luther doit cette découverte à une lecture attentive de l'épître de Paul aux Romains :

En effet, cet Evangile nous révèle en quoi consiste la justice que Dieu accorde: elle est reçue par la foi et rien que par la foi, comme il est dit dans l'Ecriture: Le juste vivra par la foi. (Paul, 1-17)

Car nous pensons que l'homme est justifié par la foi, sans les œuvres de la loi. (Paul, 3-28)

L'homme n'est pas libre, il ne peut se mettre de lui-même en route vers Dieu ni coopérer à son salut : *«La foi seule sauve et non pas les bonnes œuvres achetées.».* La foi seule - *Sola fide* – qui elle aussi est un don de Dieu. Elle est une acceptation de l'amour de Dieu et celui qui vit dans la foi accomplit des œuvres en reconnaissance de l'amour de Dieu : « dans la vie de l'homme de foi, les bonnes œuvres ne sont pas les nôtres mais celles que l'énergie divine accomplit à travers nous ».

Ceux qui n'ont pas la foi, seront-ils sauvés? Si je n'ai plus la foi sur mon lit de ma mort parce que la foi peut être intermittente et vaciller, serai-je sauvé?

Luther n'a pas la réponse à cette question.

Le père Pierre Fournier y a répondu :

Denis Dupré : « Qui sera sauvé? Serons-nous tous sauvés? »

La réponse fut simple, directe :

Pierre Fournier : « Le problème c'est le temps du verbe. C'est « qui sera sauvé? ». Alors là, la réponse elle est assez claire dans la parole de Dieu, c'est : nous avons déjà été sauvés. Et nous avons déjà TOUS été sauvés.

Avec la Création, il nous a fait passer du "tohu-bohu" à la Vie, des ténèbres à la Lumière: "Il y eu un soir, il y eut un matin." Genèse 1,5

C'est déjà pressenti par le prophète Esaïe : "Exultons! Le Seigneur nous a sauvés!" Esaïe 25,6-9 »

Et c'est affirmé sur la croix par Jésus "Tout est accompli" Jean 19,30

J'ai donc relu Ésaïe. VIIIème siècle avant Jésus Christ, le Dieu unique ressemble un peu aux dieux grecs fantasques et imprévisibles. Il montre un Dieu terrible, vengeur, parfois précautionneux envers les hommes. Mais au final il a une particularité nouvelle ; il est comme un père qui bougonne, mais qui finit toujours par accorder sa bienveillance. Apparait pour la première fois dans l'histoire, un Dieu qui, plus que tout, nous aimerait:

Vous tous qui avez soif, venez aux eaux, et vous qui n'avez pas d'argent, hâtez-vous, achetez et mangez; venez, achetez sans argent et sans aucun échange le vin et le lait. Ésaïe 55,1.

Que l'impie abandonne sa voie et l'homme d'iniquité ses pensées, et qu'il revienne au Seigneur, car Il aura pitié de lui; et à notre Dieu, parce qu'Il est large pour pardonner. Ésaïe 55,7.

La main du Seigneur n'est pas raccourcie de manière à ne pouvoir plus sauver, et Son oreille n'est pas devenue dure de manière à ne pouvoir plus entendre. Ésaïe 59,1.

Cette révélation (apocalypse) d'un Dieu, non vengeur, qui nous a tous sauvés, engendre des bouleversements dans nos vies :

Pierre Fournier : « Nous avons été sauvés et c'est pour Luther ce qui l'a fait passer de l'angoisse à la paix intérieure »

On est aimé inconditionnellement de Dieu.

On est aimé inconditionnellement de Dieu.

On est aimé inconditionnellement de Dieu.

Il faut relire cette phrase pour commencer à entendre. Et si l'on dit « notre père » dans nos prières, il faudrait entendre aussi « notre mère ». Pour Christian Bobin nous avons vécu l'expérience de cet amour inconditionnel dès le début de notre vie :

Une mère ne représente rien en face de son enfant. Elle n'est pas en face de lui mais autour, dedans, dehors, partout. Elle tient l'enfant levé au bout des bras et elle le présente à la vie éternelle. Les mères ont Dieu en charge. C'est leur passion,

leur unique occupation, leur perte et leur sacre à la fois.

La beauté vient de l'amour. L'amour vient de l'attention. L'attention simple aux simples, l'attention humble aux humbles, l'attention vive à toute vie, et déjà à celle du petit chiot dans son berceau, incapable de se nourrir, incapable de tout, sauf des larmes. Premier savoir du nouveau-né, unique possession de prince à son berceau: le don des plaintes, la réclamation de l'amour éloigné, les hurlements à la vie trop lointaine- et c'est la mère qui se lève et répond, et c'est Dieu qui s'éveille et arrive, à chaque fois répondant, à chaque fois attentif, par-delà sa fatigue. Fatigue des premiers jours du monde, fatigue des premières années d'enfance.

De là vient tout, hors de là rien.

Christian Bobin, Le Très-Bas, Gallimard, 1992.

Nous avons vécu cet amour inconditionnel contre le corps chaud de notre mère et même les mauvaises mères sont dans cette proximité de l'absolu. Cette expérience s'est inscrite en nous comme la belle aventure. C'est cette recherche qui nous fait désirer d'essayer d'aimer un être pour ce qu'il est et non pour ce qu'il peut nous apporter.

Cette inconditionnalité de l'amour reçu est une bombe à fragmentation dans nos vies.

Cela me change, me bouleverse d'être aimé inconditionnellement, d'être repêché quoique je fasse.

Ou cela ne me fait rien encore. Je suis encore cet enfant qui peut faire les 400 coups, un vaurien qui vendrait père et mère. Lorsque j'aurai peur, où irai-je me réfugier?

Pierre Fournier : « La question, et le pasteur Arnaud l'a bien dit, c'est notre réponse et notre réponse à partir de notre existence. [...] Où en est ma peau? Par rapport à la vie, par rapport à la mort qui peut se rapprocher par la maladie, par le mal. [...] La formule de Saint Paul est fantastique : le bien que je veux faire, je n'arrive pas à le faire ; le mal que je veux éviter, j'y tombe dedans.

Mais la conviction c'est Christ nous a sauvés »

Je suis bien libre et j'ai le choix d'aimer ou non ce Dieu qui m'aime, puisqu'il m'aime sans condition aucune, pas même d'un minimum de réciprocité. Je ferai le mal quand je souhaiterai faire le mal. Mais je ferai aussi si souvent le mal quand je souhaiterai faire le bien.

Mais si je me sais être épaulé, j'ose, j'ai moins peur de tomber. La question se déplace : peu m'importe de tomber ou non. Et c'est cela que j'entrevois parfois quand je suis tombé, ou quand j'ai cru mourir, ou quand ma vie est devenue infernale.

Que vais-je dire à Celui qui je le sais maintenant m'épaulera?

Pierre Fournier : « La question chaque matin est : Est-ce que je vais rendre grâce au Seigneur du fait que je suis sauvé? [...]

Ecoutons Luther nous dire : "Attention, Marie de Nazareth elle dit j'exulte en Dieu mon sauveur ".

Elle se sait sauvée. »

Aimer Dieu, à ma mesure, c'est juste le remercier d'être là toujours, si besoin. Alors je suis tranquillisé, je n'ai plus autant peur de tomber. Même si il ne pouvait me relever, finalement, l'important pour moi s'est déplacé. L'important est devenu qu'il soit là, toujours, si besoin, pour moi.

Et je sais que c'est important pour lui que je sois là. Qu'il est prêt à abandonner le troupeau pour me secourir. Juste moi.

Alors, même quand je tomberai, je ferai moi aussi tout pour me relever. Je suis devenu important puisque je suis important pour lui.

Et si j'en arrive à m'aimer moi-même, vraiment, alors je peux commencer à aimer l'autre.

Même si cet autre vacille et que notre Dieu est prêt à me laisser avec le troupeau pour lui porter secours?

Tiens, si je peux, je lui porterai moi-même secours !

« Tu aimeras ton prochain comme toi-même »

Pourtant, les frères se détestent entre eux par jalousie et désir mimétique. Pour eux, l'enfer est déjà sur terre. Là est le diable qui divise.

Et à chaque fois, l'amour doit venir réparer. Un amour ordinaire n'y suffirait pas. Un amour limité d'une mère se diviserait et se répartirait entre les enfants.

L'amour inconditionnel d'une mère brise la jalousie. L'infini divisé en deux reste l'infini. Le fils prodigue reçoit tout. Mais le fils raisonnable aura tout lui aussi, dès qu'il en aura besoin :

Mon enfant, lui dit le père, tu es toujours avec moi, et tout ce que j'ai est à toi ; mais il fallait bien s'égayer et se réjouir, parce que ton frère que voici était mort et qu'il est revenu à la vie, parce qu'il était perdu et qu'il est retrouvé. Luc 15,3.

Aujourd'hui, le Pape François, comme Luther en son temps, met en garde les églises chrétiennes qui se sont éloignées de la radicalité des messages et qui, par insouciance, risquent de mettre en cause la possibilité même de vie fraternelle sur terre. Que faisons-nous de notre salut?

Le défi urgent de sauvegarder notre maison commune inclut la préoccupation d'unir toute la famille humaine.

Le créateur ne nous abandonne pas, jamais il ne fait marche arrière dans son projet d'amour, il ne se repent pas de nous avoir créés. L'humanité possède encore la capacité de collaborer pour créer notre maison commune

Il ne nous abandonne pas, il ne nous laisse pas seuls, parce qu'il s'est définitivement uni à notre terre, et son amour nous porte toujours à trouver de nouveaux chemins. Loué soit-il.

Pape François, Loué sois-tu (laudate si'), lettre encyclique, 2015.

Pour tous, le germe d'amour inconditionnel est en nous, depuis toujours. Dieu nous a déjà sauvés puisqu'il nous aime inconditionnellement. Quand j'ai la foi, j'ai la joie sans limite de recevoir cette chaleur. Etre relié.

Mais alors, si nous sommes tous sauvés, que faire du jugement dernier? Cette fresque, le texte de l'apocalypse de Jean… doit-on les éluder?

Pierre Fournier explique que le jugement dernier n'est pas à la fin des temps. Il est jugement au sens où il met en lumière. Il permet le discernement, il fait paraître le bien comme bien et le mal comme mal.

L'évangile de Jean parle du jugement au présent :

« Ne dites-vous pas qu'il y a encore quatre mois jusqu'à la moisson? Voici, je vous le dis, levez les yeux, et regardez les champs qui déjà blanchissent pour la moisson. » Jean 4,35.

Le jugement dernier est en fait le jugement qui a lieu tous les jours.

En grec « dernier » veut aussi dire « le plus important ».

Le jugement de Dieu est le plus important pour moi car Dieu m'épaule chaque jour, me conseille pour ne pas tomber. Les tables de la loi sont des conseils.

Et moi, son fils, je sais qu'il viendra m'aider si je tombe, même si je n'ai pas suivi ses conseils.

Ainsi, le merveilleux peintre Théophane le Crétois a renversé le message chrétien. L'église a transformé un Dieu d'amour inconditionnel en un Dieu de jugement sévère.

Jacques Ellul [1] a montré combien il est difficile aux églises d'en rester au message radical du Christ : un message subversif.

Si un seul être humain n'était pas déjà sauvé, Dieu ne l'aimant plus, Jésus ne pourrait nous demander de l'aimer:

« Tu aimeras ton prochain comme toi-même »

Ainsi cette simple parole résume le message du Dieu unique porté par le Christ.

Nous pouvons nous sentir importants aux yeux de Dieu. Mes relations aux autres sont le reflet, renvoyé par moi, de cet amour inconditionnel de Dieu. Elles permettent de construire ensemble sur terre une société qui soit le royaume de Dieu.

Le salut, c'est la lumière de dieu. Sans elle, nous ne serions pas en vie. C'est pourquoi la croix grecque entremêle les mots grecs de lumière (*phôs*) et de vie (*zôê*)

Dieu a déjà gagné sur le diable par la lumière [2] puisque depuis toujours pas un seul être humain ne peut échapper à la lumière du salut.

[1] Ce livre m'a fait redevenir chrétien : ELLUL, Jacques. La subversion du christianisme. La Table Ronde, 1984.

[2] Ecoutez ici Père Pierre fournier à la conférence ″ Catholiques et protestants, que recevons-nous les uns des autres en tant qu'Églises et comme personnes? ″, conférence débat, Gap, 19 octobre 2017.

Denis Dupré
Enseignant chercheur en finance et éthique à l'Université de Grenoble

Panagiotis Grigoriou
Ethnologue et historien, spécialiste de la crise grecque

Les Paradise papers annoncent l'enfer grec comme avenir de la France

Le gouvernement couvre 50.000 riches délinquants par l'anonymat de la régularisation des évadés fiscaux dans le secret de Bercy. Tant de personnalités connues, cela pourrait faire sauter la République!

Tout le monde triche. Il faudrait s'y habituer. Mais s'habituer à quoi au fait?

En Grèce, où le consentement à l'imposition n'a jamais été très fort, la taxe, surtout indirecte, est perçue comme un acte hostile de la part de l'État contre le plus grand nombre. Les citoyens sont de plus en plus nombreux à penser que l'État largement défaillant, est maintenant hostile envers eux avec la dégradation de tous les services publics (santé, éducation, sécurité).

Après huit ans de politique économique articulée autour de la spoliation des biens des citoyens, et d'abord des revenus du travail avec des salaires divisés par 4, Alexis Tsipras a fait adopter en mai 2016 par le Parlement, sous les ordres de la Troïka, un énième plan d'austérité.

Il contient l'alourdissement de la TVA sur pratiquement tous les biens et les services. Il contient la création d'un nouveau fonds de privatisation qui accélère les cessions d'actifs publics, exigence de l'Allemagne. Les entreprises nationales (dont les hydrocarbures et les autres gisements) sont cédées pour une période de 99 ans.

Dernière mesure, la création d'une dite "Autorité indépendante des revenus publics", soi-disant pour lutter contre fraude et évasion fiscales. Cette dite "Agence Indépendante" imposée par la Troïka, contrôlée par elle, ôte très officiellement tout contrôle des finances et surtout des recettes publiques à l'État grec et au Parlement.

Depuis 2013, la législation en matière fiscale change en moyenne tous les 90 jours. Au total ce sont 106 lois fiscales adoptées qui désorientent les particuliers tout comme les entreprises (voir ici)... sans succès.

D'abord parce que la chute du PIB, de 25% depuis 2009, réduit les richesses créées et en conséquence imposables. Depuis 2010, la TVA est passée de 13% à 24% en trois augmentations. Pourtant, les recettes ont baissé de 3,5 milliards d'euros (lire ici).

30 ans de complicités de l'état pour ne pas récupérer l'impôt ont laissé l'endettement filer vers 2000 milliards en France.

Ensuite, parce le consentement n'est plus. L'économie informelle représente en Grèce près du 25% du PIB en 2015 (lire ici). Dans de bien nombreux cas, ne pas déclarer ses revenus devient synonyme de survie. C'est notamment le cas des professions libérales et de la toute petite entreprise, un secteur qui représente près du tiers de l'économie grecque.

Le fisc grec impose les entrepreneurs et les personnes physiques sur la base de revenus fictifs, activité présumée, biens détenus représentant un revenu fictif imposable. Un citoyen honnête n'y peut survivre puisqu'il est considéré par principe comme tricheur par le fisc. Ainsi, et à titre d'exemple, les cotisations, impôts et taxes qui frappent un avocat exerçant en libéral, dépassent 80% de son revenu (lire ici).

En septembre 2017, 4 millions de Grecs sur 10 millions d'habitants ont de dettes envers le fisc pour près de 100 milliards d'euros et 1,7 millions de citoyens doivent faire face à une procédure de saisie initiée par le Ministère des finances pour le compte de la dite "Agence Indépendante des recettes Publiques" (lire ici).

Double peine pour les malades avec un système de Santé sciemment condamné dans lequel ils doivent mettre en scène leur propre mise à mort.

Le Centre Médical Métropolitain solidaire d'Elliniko précise en novembre 2017 que les dépenses destinées aux hôpitaux ont été réduites de 200 millions d'euros par rapport à 2016. Les plus grands hôpitaux sont sans budget depuis septembre. Il y a quelques jours, dans les hôpitaux publics, "Attiko" et "Laiko", on ne disposait plus de médicaments chimio-thérapeutiques pour les thérapies anticancéreuses normalement prévues.

Les pénuries dans les hôpitaux sont fort nombreuses. Les chirurgies programmées et les interventions hémodynamiques (angioplastie, pacemakers) sont largement reportées début 2018, en attente de nouveaux budgets (lire en anglais ici).

En France aussi, les particuliers ne paient plus leurs impôts. Pauvres et riches tentent de tricher. Les riches ne montrent pas l'exemple, qu'ils soient artistes, milliardaires ou créateurs de richesses (lire ici). Gardant la nationalité française, ils reviendront pourtant fréquenter à moindre coûts les hôpitaux français déjà en partie privatisés pour soigner les riches étrangers (lire ici).

Le gouvernement a cependant couvert 50.000 riches délinquants par l'anonymat de la régularisation des évadés fiscaux dans le secret des bureaux de Bercy. Tant de personnalités connues, cela

pourrait faire sauter la République! Déjà devant la commission du Sénat sur l'évasion fiscale en 2012, le procureur Eric de Montgolfier s'était ingénument étonné de voir que "sa" liste des détenteurs de comptes HSBC en Suisse, après son traitement par le ministre du budget à Bercy, avait drastiquement rapetissé de 8000 à 3000 noms.

En France, les entreprises ne paient plus leurs impôts. Le montant des impôts détournés par des montages par les grandes entreprises, 80 milliards d'euros par an, représente de quoi payer 1 millions de salariés à 1800 euros par mois. C'est grave, dit le gouvernement français qui cependant, avec la flat-tax, divise par deux l'impôt sur les dividendes reçus par les plus riches actionnaires (lire ici).

Inutile de dire que ce qui est valable en matière d'évasion fiscale par les entreprises et les particuliers, (paradis fiscaux, filiales offshore, trust) en France l'est également en Grèce.

30 ans de complicités de l'état pour ne pas récupérer l'impôt ont laissé l'endettement filer vers 2000 milliards en France. Notre constitution a même été trafiquée pour empêcher de contrôler les entreprises fraudeuses (lire ici).

Il faudrait donc s'habituer à ce que nos gouvernements:

1. Cassent les systèmes sociaux. On fera tous les ans des plans hôpitaux pour ne plus soigner comme en Grèce. On

fera une éducation à la ramasse.

2. Mettent en concurrence sur les salaires les pauvres et les migrants comme le patronat allemand qui tente de baisser le salaire minimum de 400 euro par mois à 175 euros pour les migrants (lire ici)... en fait par humanité (lire ici).

3. Bradent nos biens stratégiques. La France suit l'exemple de la Grèce et va vendre ses aéroports, ses producteurs d'énergie (lire ici) et va laisser vendre les terres à des entreprises étrangères (lire ici).

En Grèce comme en France, il faudrait que les peuples digèrent en même temps l'effondrement écologique comme certain (lire ici) et la triche des riches comme inévitable (lire ici) pour se ruer sur les canots de sauvetage.

Cela semble sans issue pour les gens les plus simples. D'une part, ils soupçonnent que le libéralisme forcené conduit inéluctablement à l'effondrement d'une nature ravagée et des sociétés qui en vivent. D'autre part, ils estiment que certains ont intérêt à les contrôler pour continuer le pillage... et même que certains sont aux manettes.

Faut-il s'habituer à cette surchauffe continue?

Faut-il, comme la grenouille en train de bouillir doucement, rester "sagement" dans la casserole d'eau en train de chauffer sur le gaz?

Denis Dupré   6 novembre 2017

INVITÉ DU BLOG

Évasion fiscale des grandes entreprises : pour ne pas débrancher les malades

Si nous voulons ne plus soigner les maladies graves dans les hôpitaux comme en Grèce, laissons les 80 milliards d'euros annuels d'évasion fiscale miner notre contrat social. C'est cette préférence qui est défendue dans la pratique, contrairement aux beaux discours officiels en France contre l'évasion fiscale.

Dans le cadre de la loi Sapin II, en septembre 2016, les députés français n'ont pas eu le courage (lire ici) d'exiger que les très grandes entreprises publient le chiffre d'affaire de toutes leurs filiales dans tous les pays sans exception (lire ici).

Le Conseil Constitutionnel est également responsable et coupable.

Il a protégé les riches délinquants qui utilisent des trusts pour cacher leur fortune en retoquant la loi pour connaitre les bénéficiaires des trusts (lire ici) !

Il a protégé ensuite les entreprises pratiquant l'évasion fiscale par des montages sophistiqués. En décembre 2016, notre conseil constitutionnel a repoussé ce qu'il restait d'efficace dans la loi Sapin II. En dépit des sommes colossales en jeu, le conseil constitutionnel explique froidement :

« Le législateur a entendu, par une mesure de transparence, éviter la délocalisation des bases taxables afin de lutter contre la fraude et l'évasion fiscales. Il a ainsi poursuivi un objectif de valeur constitutionnelle. Toutefois, l'obligation faite à certaines sociétés de rendre publics des indicateurs économiques et fiscaux correspondant à leur activité pays par pays, est de nature à permettre à l'ensemble des opérateurs qui interviennent sur les marchés où s'exercent ces activités, et en particulier à leurs concurrents, d'identifier des éléments essentiels de leur stratégie industrielle et commerciale. Une telle obligation porte dès lors à la liberté d'entreprendre une atteinte manifestement disproportionnée au regard de l'objectif poursuivi. »

Depuis quand le Conseil constitutionnel adopte-t-il un tel cynisme? Il y a eu une modification de l'interprétation de la Constitution. Jusqu'en 1982, seule la liberté pour les citoyens était inscrite dans la Constitution. Mais un groupe de parlementaires a réussi alors à faire étendre la liberté, non aux seuls citoyens, mais aussi aux entreprises via la liberté d'entreprendre :

« La liberté qui, aux termes de l'article 4 de la Déclaration, consiste à pouvoir faire tout ce qui ne nuit pas à autrui, ne saurait elle-même être préservée si des restrictions arbitraires ou abusives étaient apportées à la liberté d'entreprendre » (lire ici).

Faire primer la liberté des entreprises devant celles des citoyens, c'est le pas qu'a encore franchi en décembre 2016 le conseil constitutionnel avec son interprétation de la Constitution.

La France disait alors attendre l'Europe dont les décisions ont priorité sur notre constitution. Le Parlement européen a adopté en juillet 2017 une position en faveur d'un reporting public pays par pays. Mais les entreprises ciblées pourront demander des dérogations afin de ne pas publier des informations qu'elles jugeront « commercialement sensibles ».

Le combat contre l'évasion fiscale reste dans les intentions et non dans les faits en Europe.

80 milliards d'euros annuels d'évasion fiscale, des hôpitaux français qui ferment et des soignants qui galèrent, comment de temps allons-nous le tolérer?

Nous sommes 115 000 en France à avoir signé la pétition pour voter une loi efficace contre l'évasion fiscale. Nombreux sont ceux qui ont interrogé leur député, nombreux sont ceux qui ont sollicité les responsables européens. Nous avons permis de responsabiliser certains de nos représentants.

D'autres pèsent plus que nous. Ils tiennent l'institution qui devrait être garante de notre Constitution. Pourtant c'est bien les intérêts du plus grand nombre des citoyens français et en particulier des plus faibles que le conseil constitutionnel doit servir.

Avec une autre lecture de la constitution, il est possible de préserver la liberté des citoyens de recouvrer l'impôt. A nous de l'exiger !

Faisons signer autour de nous la pétition et envoyons chacun le texte de l'update de la pétition par email à relations-exterieures@conseil-constitutionnel.fr avec copie au Président de notre République sur http://www.elysee.fr/ecrire-au-president-de-la-republique/

Ne soyons pas complice du braquage de nos hôpitaux.

93

MEDIAPART

L'insurrection, droit de l'homme en 1793 est aujourd'hui, en France, punie de prison

La déclaration de 1789 inscrit un droit de résistance à l'oppression. En 1793, l'insurrection est, pour le peuple, le plus sacré des droits et le plus indispensable des devoirs. Mais en 1810, le Code Napoléon prévoit de punir les insurgés. En 1992 la loi devient même plus répressive. Retournons en 1793 !

Dans la déclaration de 1789 est inscrit le droit de résistance à l'oppression : « *Le but de toute association politique est la conservation des droits naturels et imprescriptibles de l'Homme. Ces droits sont la liberté, la propriété, la sûreté, et la résistance à l'oppression.* »

En 1793, l'article 33 de la déclaration des Droits de l'homme affirmait que la résistance à l'oppression était la conséquence des Droits de l'homme.

Le peuple qui s'était révolté en 1789 contre le pouvoir en place, se méfiait déjà en 1793 de ceux qui disaient les représenter. L'article 35 donnait donc au peuple la possibilité d'insurrection contre ses dirigeants : « *Quand le gouvernement viole les droits du peuple, l'insurrection est, pour le peuple et pour chaque portion du peuple, le plus sacré des droits et le plus indispensable des devoirs.* »

Ils ont vite raison. Dès 1795, les gouvernants, soucieux de rétablir l'ordre et de conserver leur pouvoir, vont réécrire une nouvelle « constitution ». Les hommes n'y naissent plus « *libres et égaux en droit* » et le droit de renverser les dirigeants par l'insurrection est supprimé.

En 1810, le Code Napoléon va préciser que toute attaque, toute résistance avec violences envers la force publique sera qualifiée de délit de rébellion. Les mots changent : l'insurrection est baptisée rébellion. Si la rébellion a été commise par plus de vingt personnes, les coupables seront punis, même s'il n'y a pas eu port d'armes, de la réclusion criminelle pour cinq à dix ans (lire ici l'article 97). Napoléon pourra enfermer tranquillement ceux qui menacent son autorité en créant un système policier à son service : l'inspecteur Javert va pouvoir persécuter Jean Valjean.

Pourtant, les insurrections peuvent conduire à des expériences d'auto-organisation pacifiques qui mériteraient qu'on les distingue d'un simple changement d'oppresseurs.

De nouvelles libertés, comme le droit de grève en 1864 puis la liberté de la presse en 1868, vont permettre l'insurrection de la Commune de Paris. En 1871, pendant deux mois, ouvriers employés et petits patrons vont mettre partout en œuvre le système d'autogestion même dans les entreprises où un conseil de direction était élu tous les 15 jours par l'atelier. Thiers va faire charger la troupe lors de la semaine sanglante contre ces héritiers des sans-culottes.

Cette insurrection, basée sur l'autogestion et l'autonomie (faire ses propres lois), aurait pu apporter la liberté politique de décisions collectives pour tout, partout et pour tous.

En 1917, en Russie, les soviets, des groupes d'ouvriers insurgés s'auto-organisent. Lénine, s'appuyant sur les Bolcheviks contre les soviets, va confisquer leur insurrection pour orchestrer la dictature. Il repoussa la liberté d'auto-organisation comme un horizon désirable vers lequel il ne se dirigera pourtant jamais.

En 1936, en Catalogne, les anarcho-syndicalistes tout d'abord alliés aux communistes, sont victorieux contre la dictature de Franco. L'économie est placée sous le contrôle direct des travailleurs notamment en Catalogne où 75 % de l'industrie et 70 % des terres sont concernées. George Orwell témoigne : « *des dizaines de milliers de personnes, pour la plupart d'origine prolétaire, vivaient en termes d'égalité. En théorie, c'était une égalité parfaite, et en pratique, elle n'était pas loin de l'être. Par de nombreux aspects, on expérimentait là un avant-goût de socialisme.* »

Les communistes vont pourtant éliminer les anarchistes. Le 17 décembre 1936, le journal soviétique Pravda publie un éditorial qui déclare : « *L'élimination des trotskystes et des anarcho-syndicalistes a déjà commencé en Catalogne et elle est réalisée avec la même énergie qu'en Union soviétique* ». Staline, comme Lénine, réprime l'autogestion.

Depuis 1992 (lire ici article 412) la loi française est plus répressive que le Code Napoléon.

Elle qualifie de mouvement insurrectionnel toute violence collective de nature à mettre en péril les institutions de la République. Les dites institutions ne seront jamais listées et seront à l'appréciation du juge. Le fait de diriger ou d'organiser un mouvement insurrectionnel est puni de la détention criminelle à perpétuité et de 750 000 euros d'amende.

Est puni de quinze ans de détention criminelle et de 225 000 euros d'amende : l'édification de barricades ayant pour objet d'empêcher l'action de la force publique, l'occupant à force ouverte ou par ruse de tout édifice, l'assistance au transport, à la subsistance ou aux communications des insurgés, la provocation de rassemblements d'insurgés, par quelque moyen que ce soit.

Revenons en 1793. Reprenons le droit d'insurrection puisque nos dirigeants violent nos droits de peuple.

En 2005, le peuple français dit non au referendum sur le traité de constitution européenne. Le gouvernement et les députés passent outre.

En 2016, les tentatives de lois pour stopper l'évasion fiscale des grandes entreprises, voulues par le peuple, vont avorter à cause des députés, du gouvernement et du conseil constitutionnel (lire ici).

Le pillage par les puissants s'amplifie pour laisser une planète exsangue (lire ici). En France, on laisse bétonner les terres cultivables, privatiser les biens vitaux et les exigences d'une décroissance énergétique sont constamment repoussées. En prévoyant que les dommages à l'environnement peuvent être considérés comme une atteinte aux intérêts fondamentaux de la nation et donc être qualifiés de trahison, la loi de 1992 offre cependant la possibilité de stopper net les dégradations. Pourquoi ce texte n'est-il pas utilisé?

Combien de temps avant une insurrection?

Des fous organiseront peut-être des bains de sang. Dans un engrenage sans fin, ils seront réprimés par le pouvoir dans d'autres bains de sang.

Ou pourra-t-elle être radicale et non violente?

Il faudrait pour cela que la loi de 1793 soit remise en vigueur pour que les pacifiques et non violents ne soient pas jetés en prison et contraints de se taire.

American Institute
of Biological Sciences

Denis Dupré   13 novembre 2017

BIOSCIENCE

World Scientists' Warning to Humanity

Twenty-five years ago, the Union of Concerned Scientists and more than 1700 independent scientists, including the majority of living Nobel laureates in the sciences, penned the 1992 "World Scientists' Warning to Humanity" (see supplemental file S1). These concerned professionals called on humankind to curtail environmental destruction and cautioned that "a great change in our stewardship of the Earth and the life on it is required, if vast human misery is to be avoided." In their manifesto, they showed that humans were on a collision course with the natural world. They expressed concern about current, impending, or potential damage on planet Earth involving ozone depletion, freshwater availability, marine life depletion, ocean dead zones, forest loss, biodiversity destruction, climate change, and continued human population growth. They proclaimed that fundamental changes were urgently needed to avoid the consequences our present course would bring.

The authors of the 1992 declaration feared that humanity was pushing Earth's ecosystems beyond their capacities to support the web of life. They described how we are fast approaching many of the limits of what the biosphere can tolerate without substantial and irreversible harm. The scientists pleaded that we stabilize the human population,

describing how our large numbers—swelled by another 2 billion people since 1992, a 35 percent increase—exert stresses on Earth that can overwhelm other efforts to realize a sustainable future (Crist et al. 2017). They implored that we cut greenhouse gas (GHG) emissions and phase out fossil fuels, reduce deforestation, and reverse the trend of collapsing biodiversity.

On the twenty-fifth anniversary of their call, we look back at their warning and evaluate the human response by exploring available time-series data. Since 1992, with the exception of stabilizing the stratospheric ozone layer, humanity has failed to make sufficient progress in generally solving these foreseen environmental challenges, and alarmingly, most of them are getting far worse (figure 1, file S1). Especially troubling is the current trajectory of potentially catastrophic climate change due to rising GHGs from burning fossil fuels (Hansen et al. 2013), deforestation (Keenan et al. 2015), and agricultural production—particularly from farming ruminants for meat consumption (Ripple et al. 2014). Moreover, we have unleashed a mass extinction event, the sixth in roughly 540 million years, wherein many current life forms could be annihilated or at least committed to extinction by the end of this century.

Humanity is now being given a second notice, as illustrated by these alarming trends (figure 1). We are jeopardizing our future by not reining in our intense but geographically and demographically uneven material consumption and by not perceiving continued rapid population growth as a primary driver behind many ecological and even societal threats (Crist et al. 2017). By failing to adequately limit population growth, reassess the role of an economy rooted in growth, reduce greenhouse gases, incentivize renewable energy, protect habitat, restore ecosystems, curb pollution, halt defaunation, and constrain invasive alien species, humanity is not taking the urgent steps needed to safeguard our imperilled biosphere.

As most political leaders respond to pressure, scientists, media influencers, and lay citizens must insist that their governments take immediate action as a moral imperative to current and future generations of human and other life. With a groundswell of organized grassroots efforts, dogged opposition can be overcome and political leaders compelled to do the right thing. It is also time to re-examine and change our individual behaviors, including limiting our own reproduction (ideally to replacement level at most) and drastically diminishing our *per capita* consumption of fossil fuels, meat, and other resources.

The rapid global decline in ozone-depleting substances shows that we can make positive change when we act decisively. We have also made advancements in reducing extreme poverty and hunger (*www.worldbank.org*). Other notable progress (which does not yet show up in the global data sets in figure 1) include the rapid decline in fertility rates in many regions attributable to investments in girls' and women's education (*www.un.org/esa/population*), the promising decline in the rate of deforestation in some regions, and the rapid growth in the renewable-energy sector. We have learned much since 1992, but the advancement of urgently needed changes in environmental policy, human behavior, and global inequities is still far from sufficient.

Sustainability transitions come about in diverse ways, and all require civil-society pressure and evidence-based advocacy, political leadership, and a solid understanding of policy instruments, markets, and other drivers. Examples of diverse and effective steps humanity can take to transition to sustainability include the following (not in order of importance or urgency): (a) prioritizing the enactment of connected well-funded and well-managed reserves for a significant proportion of the world's terrestrial, marine, freshwater, and aerial habitats; (b) maintaining nature's ecosystem services by halting the conversion of forests, grasslands, and other native habitats; (c) restoring native plant communities at large scales, particularly forest landscapes; (d) rewilding regions with native species, especially apex predators, to restore ecological processes and dynamics; (e) developing and adopting adequate policy instruments to remedy defaunation, the poaching crisis, and the exploitation and trade of threatened species; (f) reducing food waste through education and better infrastructure; (g) promoting dietary shifts towards mostly plant-based foods; (h) further reducing fertility rates by ensuring that women and men have access to education and voluntary family-planning services, especially where such resources are still lacking; (i) increasing outdoor nature education for children, as well as the overall engagement of society in the appreciation of nature; (j) divesting of monetary investments and purchases to encourage positive environmental change; (k) devising and promoting new green technologies and massively adopting renewable energy sources while phasing out subsidies to energy production through fossil fuels; (l) revising our economy to reduce wealth inequality and ensure that prices, taxation, and incentive systems take into account the real costs which consumption patterns impose on our environment; and (m) estimating a scientifically defensible, sustainable human population size for the long term while rallying nations and leaders to support that vital goal.

To prevent widespread misery and catastrophic biodiversity loss, humanity must practice a more environmentally sustainable alternative to business as usual. This prescription was well articulated by the world's leading scientists 25 years ago, but in most respects, we have not heeded their warning. Soon it will be too late to shift course away from our failing trajectory, and time is running out. We must recognize, in our day-to-day lives and in our governing institutions, that Earth with all its life is our only home.

Epilogue - We have been overwhelmed with the support for our article and thank the more than 15,000 signatories from all ends of the Earth (see supplemental file S2 for list of signatories). As far as we know, this is the most scientists to ever co-sign and formally support a published journal article. In this paper, we have captured the environmental trends over the last 25 years, showed realistic concern, and suggested a few examples of possible remedies. Now, as an Alliance of World Scientists (-*scientists.forestry.oregonstate.edu*) and with the public at large, it is important to continue this work to document challenges, as well as improved situations, and to develop clear, trackable, and practical solutions while communicating trends and needs to world leaders. Working together while respecting the diversity of people and opinions and the need for social justice around the world, we can make great progress for the sake of humanity and the planet on which we depend.

Cosignataires

Denis Dupré   27 novembre 2017

L'INVITE

La France et son Conseil constitutionnel favorisent l'évasion fiscale

En France, si les discours officiels sont farouches contre l'évasion fiscale, les pratiques institutionnelles poussent au laisser-faire

En ce qui concerne les particuliers fraudeurs, les régularisations sont discrètement traitées par le gouvernement dans le secret de Bercy. Très discrètement. Juste un exemple à propos de la liste Falciani d'HBSC. Devant la Commission du Sénat sur l'évasion fiscale au printemps 2012, le procureur Eric de Montgolfier s'est étonné de voir que «sa» liste, après son traitement par Bercy, avait drastiquement rapetissé de 8000 à 3000 noms.

Sapin n'a rien demandé à Apple

Pour les grandes entreprises également, les régularisations se traitent dans le secret. Jean-Claude Juncker a affirmé que les arrangements entre l'administration fiscale et les entreprises ont cours en France. Michel Sapin n'a rien souhaité réclamer à Apple, qui s'est vu condamné à verser 13 milliards de dollars à l'Irlande, malgré l'option ouverte par la Commission européenne. Autre exemple. Un journaliste d'investigation a révélé qu'Airbnb en 2016 avait seulement payé 69 000 euros d'impôts en France en toute

légalité, puisque le service de mise en relation est offert depuis des filiales dans des paradis fiscaux… européens. Il faudrait ici imposer le chiffre d'affaires. Aucune nouvelle loi fiscale n'est en cours.

Pour se hisser au deuxième rang mondial de vendeur d'armes, l'utilisation de comptes offshore est devenue une pratique indispensable à la France. Dans ce combat contre l'évasion fiscale, lors des votes de la loi Sapin II, en septembre 2016, les députés français n'ont pas eu le courage d'exiger que les très grandes entreprises publient le chiffre d'affaires de toutes leurs filiales dans tous les pays sans exception.

Atteinte à la liberté d'entreprendre

Le Conseil constitutionnel est également responsable et coupable. Il a su protéger les riches délinquants qui utilisent des *trusts* pour cacher leur fortune en retoquant la loi pour connaître l'identité des bénéficiaires des trusts. Il a su préserver les entreprises pratiquant l'évasion fiscale par des montages sophistiqués. Fin 2016, le Conseil constitutionnel a repoussé ce qu'il restait d'efficace dans la loi Sapin II. En dépit des sommes colossales en jeu, il s'est ainsi justifié:

«*Le législateur a entendu, par une mesure de transparence,*

éviter la délocalisation des bases taxables afin de lutter contre la fraude et l'évasion fiscales. Il a ainsi poursuivi un objectif de valeur constitutionnelle. Toutefois, l'obligation faite à certaines sociétés de rendre publics des indicateurs économiques et fiscaux correspondant à leur activité pays par pays, est de nature à permettre à l'ensemble des opérateurs qui interviennent sur les marchés où s'exercent ces activités, et en particulier à leurs concurrents, d'identifier des éléments essentiels de leur stratégie industrielle et commerciale. Une telle obligation porte dès lors à la liberté d'entreprendre une atteinte manifestement disproportionnée au regard de l'objectif poursuivi.»

Liberté des citoyens derrière celle des entreprises

Depuis quand le Conseil constitutionnel cultive-t-il un tel cynisme? Jusqu'en 1982, seule la liberté pour les citoyens était inscrite dans la Constitution. Mais un groupe de parlementaires a réussi à cette époque à faire étendre la liberté, non aux seuls citoyens, mais aussi aux entreprises via la liberté d'entreprendre:

«*La liberté qui, aux termes de l'article 4 de la déclaration, consiste à pouvoir faire tout ce qui ne nuit pas à autrui, ne saurait elle-même être préservée si des restrictions arbitraires ou abusives étaient apportées à la liberté d'entreprendre.»* Faire primer la liberté des entreprises devant celles des citoyens, c'est le pas qu'a effectivement encore franchi en décembre 2016 le Conseil constitutionnel par son interprétation de la Constitution.

Les gouvernants d'alors ont expliqué attendre l'Europe dont les décisions ont priorité sur notre Constitution. En juillet 2017, le Parlement européen a en effet adopté une position en faveur d'un reporting public pays par pays. Mais les entreprises ciblées pourront demander des dérogations afin de ne pas publier des informations qu'elles jugeront «commercialement sensibles». En Europe aussi, le combat institutionnel contre l'évasion fiscale reste dans les intentions et non dans les faits.

Payer l'impôt

Nous sommes 115 000 en France à avoir signé la pétition pour une loi efficace contre l'évasion fiscale. Nombreux sont ceux qui ont interrogé leur député, nombreux sont ceux qui ont sollicité les responsables européens. Nous avons permis de responsabiliser certains de nos représentants. Nous avons gêné des entreprises et des hommes politiques.

D'autres pèsent plus que nous. Ils tiennent l'institution qui devrait être garante de notre Constitution. Pourtant, ce sont bien les intérêts du plus grand nombre des citoyens français, et en particulier des plus faibles, que le Conseil constitutionnel doit servir.

Le choix politique est de décider ou non de baisser le taux des impôts, mais le seul choix éthique reste que toutes les entreprises, petites et grandes, le payent!

Juncker, Trump, Xi Jinping… inculpés pour crime contre l'humanité

Aux procès internationaux de ce crime contre l'humanité, de nombreuses ONG seront appelées à témoigner. Qui seront les inculpés? Les dirigeants qui ont cautionné les politiques et les pratiques économiques qui pillent et ravagent…parmi eux les dirigeants actuels de l'Europe, des Etats-Unis et de la Chine, Juncker, Trump, Xi Jinping. Deux questions devront leur être posées lors de ces procès.

Des procès internationaux à l'encontre de dirigeants de l'Europe, des États-Unis et de la Chine vont bientôt s'ouvrir pour crime contre l'humanité.

Le principal témoin à charge est Dennis Meadows (voir ici).

En 1972, avec 7 complices, il a développé au MIT un modèle permettant de projeter notre avenir suivant différents scénarios. Le livre décrivant **The Limits to Growth** fut vendu à des dizaines de millions d'exemplaires et sonnait l'alerte. Si nous ne changions rien dans nos pratiques, ce qui correspond au scénario *business as usual,* la population mondiale allait croitre jusqu'en 2030 puis diminuer très rapidement pour revenir à 4 milliards d'habitants.

5 milliards d'habitants en moins par rapport au pic de 2030, ne serait-ce pas un crime contre l'humanité?

En reconnaissant que les limites des ressources imposaient celle de la croissance, il était possible d'agir pour aller vers un autre scénario que celui du *business as usual*. Il aurait fallu contrer le dieu du marché et la propriété privée généralisée… l'individualisme et la haine de l'état… Ce n'est pas le parti choisi par ceux qui, inspirés par la philosophe Ayn Rand, ont influencé les décideurs, tels l'économiste Milton Friedman ou Alan Greenspan quand il fut président de la Banque Centrale des États-Unis. Nos sociétés vont donc évoluer sous l'impulsion des politiques initiées par Margareth Thatcher et Ronald Reagan, qui sacraliseront la croissance.

En 1992, le président américain, Bush père, dénonçait, lors du sommet de la Terre à Rio de Janeiro, l'idiotie de l'équipe Meadows (lire ici) :

« *Il y a vingt ans, certains parlaient des limites de la croissance. Aujourd'hui nous réalisons que la croissance est productrice de changements et l'amie de l'environnement. [...] Il y a ceux qui disent que la croissance économique et la protection de l'environnement*

ne peuvent être compatibles. Et bien, laissez-les venir aux États-Unis, où, en vingt ans depuis Stockholm, notre économie a grandi de 57 %, et pourtant nous avons réduit nos émissions de plomb dans l'air de 97 %, de monoxyde de carbone de 41 %, de particules de 59 %. Nous avons nettoyé notre eau et préservé nos parcs, nos espaces naturels et notre faune sauvage. »

En 2002, la compagnie Exxon Mobil lançait une campagne anti-Meadows (extrait de *Limits to Growth : The 30-year update*, Londres, Earthscan, 2005, p. 204) :

« *En 1972, le Club de Rome publiait Limits to Growth, interrogeant la soutenabilité des croissances économique et démographique. Limits to Growth estimait qu'actuellement on devrait commencer à voir décliner la production alimentaire, la population, les disponibilités énergétiques et l'espérance de vie. Aucune de ces prédictions n'a même commencé, et rien ne permet de prédire qu'elles vont le faire. Donc le Club de Rome a eu tort.* »

Or, en 2008, 30 ans après la première édition du livre *Limits to Growth*, le chercheur australien Turner avait comparé l'évolution réelle aux prévisions du modèle [1] (voir *slide* ci-dessous). A la différence de tous les modèles économiques qui se révèleront définitivement hors-jeu quelques mois plus tard, le modèle de l'équipe Meadows s'avère alors étrangement prédictif. Les courbes de déclin des ressources non renouvelables et d'augmentation de la pollution suivent parfaitement le scénario mortifère *business as usual*.

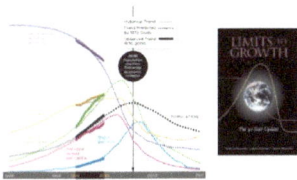

Data from Turner (2008) - slide of the conference Denis Dupré, Overview – the importance of Ethical Finance, First Change Finance forum, FinanceWatch conference, 5th dec 2017, Brussels © Turner

En 2017, deux chercheurs de Harvard mettent en lumière que le pétrolier Exxon mobil savait depuis les années 80, que le changement climatique était réel et bien causé par des activités humaines, tout en préférant publiquement entretenir le doute sur cette réalité, trompant ainsi ses actionnaires et les citoyens (lire ici). En 2014, les données de Turner [2] confirment que c'est toujours le scénario *business as usual* qui est poursuivi par les politiques mondiales. Comme prévu, la population a augmenté mais les courbes de taux de natalité et de mortalité se croisent et le déclin futur de la population n'est plus une fiction. La nourriture et les services par habitant ont augmenté plus vite que prévu mais devraient s'effondrer plus que brutalement dans moins d'une décennie. Les ressources

environnementales s'effondrent déjà.

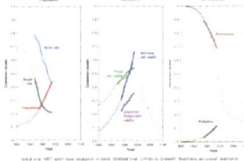

Turner (2014) - MIT - Limits to Growth © Turner

Seule la pollution a augmenté ces dernières années un peu moins vite que l'envisageait le modèle. Cette légère moindre augmentation de la pollution par rapport au modèle est peut-être liée aux efforts des conférences internationales sur le climat COP depuis 1979.

Pourtant la COP21 à Paris, célébrée comme un succès, a démontré l'ampleur du mensonge aux citoyens et la faible volonté de changer radicalement nos systèmes de production comme de répartition et de consommation. Les «promesses non contraignantes» des différents pays de réduire pour 2030 leurs émissions de gaz à effet de serre, restent déjà bien au-dessus du niveau à atteindre, selon le GIEC, pour limiter le réchauffement climatique à 2°C. La trajectoire actuellement suivie conduira au minimum vers 3°C, ce qui correspond à un emballement incontrôlable de l'évolution du climat.

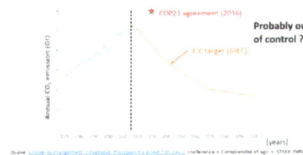

COP21 - Dupré - Conférence comprendre et agir - INRIA - 2016. © Dupré

Le modèle de Dennis Meadows va probablement continuer à se

confirmer et nous allons avoir à assumer les conséquences du choix *business as usual* : plusieurs milliards de morts en quelques décennies par la faim, la maladie ou la guerre (écouter l'ingénieur Jean-Marc Jancovici ici).

Aux procès internationaux de ce crime contre l'humanité, de nombreuses ONG seront appelées à témoigner.

Qui seront les inculpés? Les dirigeants qui ont cautionné les politiques et les pratiques économiques qui pillent et ravagent…parmi eux les dirigeants actuels de l'Europe, des Etats-Unis et de la Chine, Juncker, Trump, Xi Jinping …

Deux questions devront leur être posées lors de ces procès :

1. Les dirigeants ont-ils l'excuse de ne pas comprendre la rapidité de l'effondrement (lire ici)?

2. Les dirigeants prennent-ils le parti de cacher l'effondrement pour s'isoler dans des iles confortables comme le laisse penser Bruno Latour (voir ici)?

Dans le premier cas, ils pourraient être déclarés innocents de leurs actes mais coupables s'ils continuaient de promouvoir le *business as usual*. Dans le second cas, il n'appartient qu'à nous de délibérer de leur remplacement immédiat.

[1] Turner, G. 2008, Global Environmental Change, 18, 397-411

[2] Turner, G. 2014 'Is Global Collapse Imminent?' MSSI

Research Paper No. 4, Melbourne   University of Melbourne.
Sustainable Society Institute, The

THE HUFFINGTON POST Denis Dupré   27 novembre 2017

BLOG A LA UNE

Les "China Papers", ce scandale d'évasion fiscale dont on ne parle pas et qui nous menace

Par des mécanismes "déjà aujourd'hui parfaitement légaux", aucune filiale d'entreprise chinoise installée en France n'y fera de bénéfice. Son bénéfice sera en Chine.

L'évasion fiscale, appelée pudiquement, quand elle est légale, optimisation fiscale, détruit nos sociétés. Par la concurrence déloyale, disparaissent nos petites entreprises et celles qui payent honnêtement leurs impôts. Pour compenser la volatilisation des impôts dus, nos gouvernements ont laissé augmenter la dette et de plus en plus font des coupes dans les services sociaux et vendent des biens stratégiques du pays.

Mais ce problème crucial qui nous occupe avec les Paradise Papers peut nous cacher un autre danger, une menace plus vitale encore pour notre avenir européen. Dans la liste noire des paradis fiscaux que nous promet le toujours rassurant Moscovici, va-t-on faire figurer Pékin? Le rôle très ambigu pour nos économies européennes que tient la Chine ne s'arrête pas là.

En vertu des contraintes de l'Organisation Mondiale du Commerce et des traités pour abaisser tous les droits de douane, les produits chinois achetés par les consommateurs européens ne sont pas surtaxés.

Et s'ils sont produits en France?

À l'occasion du voyage de François Hollande en Chine, le Président chinois Xi Jinping a donné son approbation au projet d'investissements chinois à Ozans près de Châteauroux d'une plateforme logistique de 120.000 m2 extensible sur 4 millions de mètre carré. Avec de l'argent public français pour des subventions d'implantation, les entreprises chinoises pourront d'ici peu assembler un dernier boulon pour faire du made in France.

Combien d'impôts sur leurs bénéfices pour la France? Ce n'est point un secret: une maison-mère chinoise a, le plus souvent, trois comptabilités. Celle réelle. Celle officielle pour fixer l'impôt. En cas de corruption, celle sur laquelle l'entreprise fixe les commissions aux dirigeants du gouvernement.

Quel inspecteur des impôts français pourra vérifier des factures gonflées de la maison-mère chinoise pour du conseil marketing ou de l'assistance à production? Qui pourra certifier la réalité sur place? Par des mécanismes "déjà aujourd'hui parfaitement légaux", aucune filiale d'entreprise chinoise installée en France n'y fera de bénéfice. Son bénéfice sera en Chine.

La France n'osera pas défier la Chine pour un contrôle fiscal. Pas plus qu'il n'est possible d'exercer nos contrôles à l'européenne dans le port

stratégique d'Athènes cédé il y a plusieurs années pour 600 millions d'euros à un opérateur chinois.

Or qui sont ceux qui sont en train d'acheter les entreprises européennes? Pour assurer ses priorités stratégiques, la Chine avec son fond souverain de 3000 milliards d'euros a de quoi acheter l'Europe qui brade ses fleurons industriels (lire ici).

Pressent-il le danger? En juin 2017, Emmanuel Macron a proposé aux partenaires européens de laisser plus de pouvoir à Bruxelles pour contrôler les acquisitions chinoises dans l'UE, afin de protéger les secteurs stratégiques (lire ici).

C'est un peu tard: en 2010, le président de la commission européenne, Jean-Claude Junker, vantait le Luxembourg auprès des Chinois comme la "porte idéale d'entrée pour accéder au marché européen" (lire ici). Et depuis, c'est chose faite: le Luxembourg est devenu la tête de pont pour les investissements chinois en Europe (lire ici).

L'initiative de notre Président a été repoussée. L'unanimité sur cette proposition serait d'autant plus difficile que la Chine est en mesure d'influencer nombre de pays européens.

De retour de France, par pragmatisme peut-être, notre président a donc inversé sa stratégie. Puisque l'union est impossible, il vise désormais à séduire les investisseurs étrangers, y compris chinois (lire ici).

Peu de temps après leur acquisition par des investisseurs chinois, les entreprises européennes ne feront évidemment plus aucun bénéfice en Europe.

Même les très grandes entreprises qui ne paient que 5% d'impôts en moyenne grâce aux montages d'évasion fiscale que nous dénonçons

aujourd'hui (vous pouvez participer à la pétition ici), ne pourront concurrencer leurs concurrents chinois qui n'en paieront pas.

A leur tour de faire faillite probablement!

Qui financera nos routes, infrastructures et nos écoles d'ingénieurs dont nos entreprises ont un cruel besoin?

Je ne vois que deux solutions.

Soit utiliser la création monétaire de la BCE pour acheter, avec priorité, les

entreprises stratégiques européennes en difficulté qui appartiendraient à un fond souverain européen.

Soit mettre une barrière douanière par une taxe de 2% sur les produits vendus en Europe par des entreprises chinoises pour compenser cette concurrence déloyale. Elle serait déductible des impôts payés en France par l'entreprise chinoise concernée.

Voyez-vous une autre solution?

Climat : qui sera inculpé pour crime contre l'humanité?

Je prédis que ces procès seront ouverts par les peuples exsangues, ceux qui auront réussi à reprendre leur pouvoir avant d'être définitivement asservis. Aux procès internationaux de ce crime contre l'humanité, les peuples libres seront appelées à témoigner. Qui seront les inculpés? Et quelles questions devront nous leur poser lors de ces procès?

Le Président Macron pressent lui aussi ce crime en devenir quand il proclame ce 12 septembre 2017 au Sommet pour le Climat :

« *Mais on est en train de perdre la bataille. Ceux qui étaient avant nous avaient une chance, ils pouvaient dire 'On ne savait pas'. Et c'était vrai. Depuis une vingtaine d'années, on sait, et on sait chaque fois un peu plus … Si on continue sur notre lancée, là où on s'est engagés à une augmentation d'en moyenne d'1,5 degrés, on est à 3, 3,5 degrés. Enfin, ça n'a rien à voir avec ce à quoi on s'est engagés ! (…) Je veux que vous preniez conscience que derrière moi, il y a des chefs d'États et de gouvernements. Dans 50, 60 ou 100 ans, il y en a 5, 10, 15 qui ne seront plus là. Tout simplement. Ça veut dire ça, ce qu'on est en train de faire. On ne pourra pas dire qu'on ne savait pas, c'est ce qu'on est en train de décider de ne pas changer. On décide juste qu'il*

y en a plusieurs autour de cette table qui vont disparaitre, leur population avec eux ».

Le principal témoin à charge est Dennis Meadows (voir ici).

En 1972, avec 7 complices, il a développé au MIT un modèle permettant de projeter notre avenir suivant différents scénarios. Le livre décrivant **The Limits to Growth** fut vendu à des dizaines de millions d'exemplaires et sonnait l'alerte. Si nous ne changions rien dans nos pratiques, ce qui correspond au scénario *business as usual,* la population mondiale allait croitre jusqu'en 2030 puis diminuer très rapidement pour revenir à 4 milliards d'habitants.

5 milliards d'habitants en moins par rapport au pic de 2030, ne serait-ce pas un crime contre l'humanité?

En reconnaissant que les limites des ressources imposaient celle de la croissance, il était possible d'agir pour aller vers un autre scénario que celui du *business as usual.* Il aurait fallu contrer le dieu du marché et la propriété privée généralisée… l'individualisme et la haine de l'état… Ce n'est pas le parti choisi par ceux qui, inspirés par la philosophe Ayn Rand, ont influencé les décideurs, tels l'économiste Milton Friedman ou Alan Greenspan quand il fut président de la Banque

Centrale des États-Unis. Nos sociétés vont donc évoluer sous l'impulsion des politiques initiées par Margareth Thatcher et Ronald Reagan, qui sacraliseront la croissance.

En 1992, le président américain, Bush père, dénonçait, lors du sommet de la Terre à Rio de Janeiro, l'idiotie de l'équipe Meadows (lire ici) :

« *Il y a vingt ans, certains parlaient des limites de la croissance. Aujourd'hui nous réalisons que la croissance est productrice de changements et l'amie de l'environnement. […] Il y a ceux qui disent que la croissance économique et la protection de l'environnement ne peuvent être compatibles. Et bien, laissez-les venir aux États-Unis, où, en vingt ans depuis Stockholm, notre économie a grandi de 57 %, et pourtant nous avons réduit nos émissions de plomb dans l'air de 97 %, de monoxyde de carbone de 41 %, de particules de 59 %. Nous avons nettoyé notre eau et préservé nos parcs, nos espaces naturels et notre faune sauvage.* »

En 2002, la compagnie Exxon Mobil lançait une campagne anti-Meadows (extrait de *Limits to Growth : The 30-year update*, Londres, Earthscan, 2005, p. 204) :

« *En 1972, le Club de Rome publiait Limits to Growth, interrogeant la soutenabilité des croissances économique et démographique. Limits to Growth estimait qu'actuellement on devrait commencer à voir décliner la production alimentaire, la population, les disponibilités énergétiques et l'espérance de vie. Aucune de ces prédictions n'a même commencé, et rien ne permet de prédire qu'elles vont le faire. Donc le Club de Rome a eu tort. »*

Or, en 2008, 30 ans après la première édition du livre *Limits to Growth*, le chercheur australien Turner avait comparé l'évolution réelle aux prévisions du modèle [1] (voir slide ci-dessous). A la différence de tous les modèles économiques qui se révèleront définitivement hors-jeu quelques mois plus tard, le modèle de l'équipe Meadows s'avère alors étrangement prédictif. Les courbes de déclin des ressources non renouvelables et d'augmentation de la pollution suivent parfaitement le scénario mortifère *business as usual*.

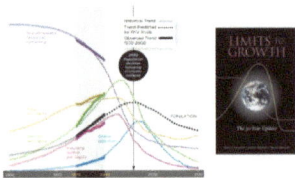

Data from Turner (2008) - slide of the conference Denis Dupré, Overview – the importance of Ethical Finance, First Change Finance forum, FinanceWatch conference, 5th dec 2017, Brussels © Turner

En 2017, deux chercheurs de Harvard mettent en lumière que le pétrolier Exxon mobil savait depuis les années 80, que le changement climatique était réel et bien causé par des activités humaines, tout en préférant publiquement entretenir le doute sur cette réalité, trompant ainsi ses actionnaires et les citoyens (lire ici)

En 2014, les données de Turner [2] confirment que c'est toujours le scénario *business as usual* qui est poursuivi par les politiques mondiales. Comme prévu, la population a augmenté mais les courbes de taux de natalité et de mortalité se croisent et le déclin futur de la population n'est plus une fiction. La nourriture et les services par habitant ont augmenté plus vite que prévu mais devraient s'effondrer plus que brutalement dans moins d'une décennie. Les ressources environnementales s'effondrent déjà.

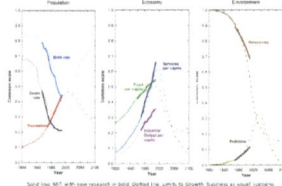

Turner (2014) - MIT - Limits to Growth © Turner

Seule la pollution a augmenté ces dernières années un peu moins vite que l'envisageait le modèle. Cette légère moindre augmentation de la pollution par rapport au modèle est peut-être liée aux efforts des conférences internationales sur le climat COP depuis 1979.

Pourtant la COP21 à Paris, célébrée comme un succès, a démontré l'ampleur du mensonge aux citoyens et la faible volonté de changer radicalement nos systèmes de production comme de répartition et de consommation. Les « promesses non contraignantes » des différents pays de réduire pour 2030 leurs émissions de gaz à effet de serre, restent déjà bien au-dessus du niveau à atteindre, selon le GIEC, pour limiter le réchauffement climatique à 2°C. La trajectoire actuellement suivie conduira au minimum vers 3°C, ce qui correspond à un emballement incontrôlable de l'évolution du climat.

COP21 - Dupré - Conférence comprendre et agir - INRIA - 2016. © Dupré

Le modèle de Dennis Meadows va probablement continuer à se confirmer et nous allons avoir à assumer les conséquences du choix *business as usual* : plusieurs milliards de morts en quelques décennies par la faim, la maladie ou la guerre (écouter l'ingénieur Jean-Marc Jancovici ici).

Aux procès internationaux de ce crime contre l'humanité, chaque citoyen pourra témoigner.

Qui seront les inculpés?

Les dirigeants qui ont cautionné les politiques et les pratiques économiques qui pillent et ravagent. Les dirigeants actuels de l'Europe, des Etats-Unis et de la Chine, et en ce qui nous concerne notre Président seront appelés à s'expliquer.

Deux questions devront leur être posées lors de ces procès :

- Les dirigeants ont-ils l'excuse de ne pas comprendre la rapidité de l'effondrement (lire ici)?

- Les dirigeants prennent-ils le parti de cacher l'effondrement pour s'isoler dans des iles confortables comme le laisse penser Bruno Latour (voir ici)?

Dans le premier cas, ils pourraient être déclarés innocents de leurs actes mais coupables s'ils continuaient de promouvoir le *business as usual* qui est en fait une destruction des liens sociaux et de l'environnement dans un principe d'organisation totalitaire. Dans le second cas, il n'appartient qu'à nous de délibérer de leur remplacement immédiat en passant des protestations vaines à la révolte (lire ici).

[1] Turner, G. 2008, Global Environmental Change, 18, 397-411

[2] Turner, G. 2014 'Is Global Collapse Imminent? MSSI Research Paper No. 4, Melbourne Sustainable Society Institute, The University of Melbourne

Pourquoi l'évasion fiscale reste une vérité qui dérange

Même à mon tout petit niveau, une tentative d'intimidation a été exercée.

Tout citoyen a droit de vérifier le recouvrement des impôts. En particulier, celui des très grandes entreprises dont les pratiques d'évasion fiscale font s'échapper en France 80 milliards d'euros par an. Dans cet esprit, une pétition pour faire passer une vraie loi contre l'évasion fiscale a été signée par 115.000 personnes et le collectif Stop Evasion Fiscale a suivi très attentivement les pressions exercées pour que les milliards continuent d'être détournés: l'absence des députés dans l'hémicycle au moment des votes, les articles des lobbies patronaux dans la presse. Antoine Deltour, le lanceur d'alerte sur les pratiques au Luxembourg, confirme que les réticences pour adopter le reporting public pays par pays témoignent que les multinationales ont un poids économique plus important que les États.

Même à mon tout petit niveau[1], une tentative d'intimidation a été exercée. J'ai reçu, en novembre 2016, une lettre anonyme qui m'indiquait: "J'ai par hasard entendu une conversation dans les bureaux de quelqu'un ayant des responsabilités à l'Université... Il était question de savoir quelles suites donner à une demande de vous inciter

à vous modérer dans votre combat contre l'évasion fiscale".

Les citoyens ont le droit de vérifier le recouvrement des impôts... Des journalistes d'investigation, des juges, des lanceurs d'alerte les aident à le faire.

Denis Robert, qui en 2001 a lancé la première alerte sur l'évasion fiscale a, avec l'affaire Clearstream, croulé sous les procès avant de jeter l'éponge: "En Russie, pour réduire les journalistes au silence, on envoie des tueurs; dans les vraies démocraties, on demande à la justice de faire le boulot. Dans les deux cas, les "affaires" continuent."

En 1996, l'appel de Genève, dont Denis Robert avait été le porte-plume, n'a mobilisé qu'une poignée d'opiniâtres juges européens. Eva Joly a fait partie des signataires pour *affirmer que le système protège ceux qui fraudent l'impôt bien sûr, mais aussi des trafiquants de drogue, de la corruption, ou des dictateurs. Tout cela sans que personne ne s'en émeuve.* Elle a subi des menaces de mort dans l'affaire Elf et a quitté son bureau de juge sans félicitation de sa hiérarchie pour son travail quand elle a pris une disponibilité en 2002. Elle affirme dans son livre "J'ai quitté la France. Je suis partie parce que je ne voulais laisser à

personne les moyens et le temps de se venger".

Stéphanie Gibaud en 2009 a dévoilé les pratiques d'évasion fiscale et de blanchiment de fraude fiscale concernant la banque UBS. Dans le livre qu'elle vient de publier, elle décrit comment depuis dix ans, elle n'a cessé de payer le prix de sa liberté d'expression et dénonce comment on "assassine" les lanceurs d'alerte.

Le 8 décembre 2017, un colloque au palais de justice de Versailles soulignait: "Harcèlement, licenciement, mise sur écoute pour certains, mais surtout ruine financière... Voici le triste sort de nombreux lanceurs d'alerte."

A quoi devait servir le projet d'économies de la direction de l'information de France Télévisions en divisant par trois le nombre de numéros d'Envoyé Spécial et de Complément d'enquête et en réduisant drastiquement le nombre de journalistes? Le travail d'investigation des équipes d'Elise Lucet a permis des enquêtes qui auraient été impossibles sur les médias privatisés. Les numéros spéciaux de "Cash Investigation" sur l'évasion fiscale où ont été épinglés d'influents hommes d'affaires et leurs pratiques décortiquées pour le grand public sont des "bons" motifs d'économie budgétaire pour qui veut la peau d'Elise Lucet. Ce grand lessivage qu'a voulu orchestrer le gouvernement pour des économies dérisoires face aux montants de l'évasion fiscale, a provisoirement été contré par la mobilisation massive des réseaux sociaux puis celle des journalistes contre leur direction. Heureusement, mais pour combien de temps?

La protection des lanceurs d'alerte ne sera qu'un affichage de propagande de la loi Sapin II si en même temps on fait taire les journalistes d'investigation.

L'évasion fiscale est bien la vérité qui dérange.

[1]*Je remercie le HuffPost qui a publié sans aucune censure mes 13 articles sur l'évasion fiscale bien qu'ils mettent en cause nombre de multinationales, de députés et de ministres.*

ELECTIONS LEGISLATIVES

Candidature aux législatives
– Affiche et profession de foi

ENSEMBLE, NOUS SERONS FIERS D'AVOIR PRÉPARÉ L'AVENIR

CHOISISSEZ VOTRE CAP AVEC

DENIS DUPRÉ

Suppléant :
VÉRONIQUE METAY

VU LE CANDIDAT

PRESERVER LA SOLIDARITE
- Ne pas faire assumer la déconsommation par les 10% les plus pauvres de notre territoire.
- Soutenir la vie collective en favorisant les associations qui créent des plaisirs gratuits et du lien entre les habitants. Pour cela, il faut que les communes soient riches. Assurer un partage de la plus-value lorsque les terrains deviennent constructibles entre la commune et les propriétaires pour ne pas avoir des communes appauvries.
- Lutter contre la corruption et les paradis fiscaux avec les députés de droite ou de gauche. Sans cette action, aucune solidarité ne peut vraiment s'exercer et tous, nous payons un tribu de plus en plus lourd.

PRESERVER LA NOURRITURE : C'est garantir l'indépendance des territoires
- La terre cultivable va devenir une denrée très convoitée. La nourriture deviendra très chère. Il faut préserver un nombre d'hectares agricoles pour assurer, en cas de crise mondiale, l'alimentation de base de notre population et fortement favoriser le développement de l'agriculture locale.

PRESERVER L'ENERGIE : Se préparer à une énergie chère, c'est vivre mieux demain
- Se préparer à un choc sur les prix du pétrole. Multiplier des implantations de petites usines pour les chauffages au bois. Favoriser les économies d'énergie pour les ménages et les établissements publics.
- Utiliser au maximum les crédits publics pour attirer les usines de production de capteurs solaires, d'éoliennes, matériaux de construction innovants.... Les Hautes-Alpes, par leur situation entre Aix (ITER) et Grenoble, ont tout pour devenir centre de production industrielle pour les énergies renouvelables.

PRESERVER L'EAU : Gouverner c'est prévoir le réchauffement climatique
- Autoriser les constructions en fonction des prévisions d'eau disponible dans 20 ans. Voici un exemple : La source du village amène 20 000 litres par jour. Chacun des 100 habitants consomme 160 litres par jour. Les scientifiques annoncent une baisse de 30% des ressources en eau dans le sud de la France pour 2030. Combien de nouveaux habitants acceptez-vous ?
- Faire un bilan de l'eau utilisée chaque année. Etablir une surveillance des nappes phréatiques. Publier un tableau des consommations et prévisions de consommation d'eau et de baisse des nappes phréatiques par bassin utilisateur.

Contact : http://perso.orange.fr/denis.dupre et denis.dupre@wanadoo.fr

IMPRIMERIE DES ALPES

Choisissez votre cap avec DENIS DUPRÉ

Suppléant : VÉRONIQUE METAY

Au parlement et dans notre circonscription, je respecterai mes engagements

Préserver la solidarité :

- Ne pas faire assumer la déconsommation par les 10% les plus pauvres de notre territoire.
- Soutenir la vie collective en favorisant les associations qui créent des plaisirs gratuits et du lien entre les habitants. Pour cela, il faut que les communes soient riches. Assurer un partage de la plus-value lorsque les terrains deviennent constructibles entre la commune et les propriétaires pour ne pas avoir des communes appauvries.
-Lutter contre les mafias, la corruption et les paradis fiscaux avec les députés de droite ou de gauche. Sans cette action, aucune solidarité ne peut vraiment s'exercer et tous, nous payons un tribu de plus en plus lourd.

Préserver l'énergie :

Se préparer à une énergie chère, c'est vivre mieux demain.
- Se préparer à un choc sur les prix du pétrole. Multiplier des implantations de petites usines pour les chauffages au bois. Favoriser les économies d'énergie pour les ménages et les établissements publics.
- Utiliser au maximum les crédits publics pour attirer les usines de production de capteurs solaires, d'éoliennes, matériaux de construction innovants... Les Hautes-Alpes, par leur situation entre Aix (ITER) et Grenoble, ont tout pour devenir centre de production industrielle pour les énergies renouvelables.

Préserver la nourriture :

C'est garantir l'indépendance des territoires.
- La terre cultivable va devenir une denrée très convoitée. La nourriture deviendra très chère. Il faut préserver un nombre d'hectares agricoles pour assurer, en cas de crise mondiale, l'alimentation de base de notre population et fortement favoriser le développement de l'agriculture locale.

Préserver l'eau :

Gouverner c'est prévoir le réchauffement climatique.
- Autoriser les constructions en fonction des prévisions d'eau disponible dans 20 ans. Voici un exemple : La source du village amène 20 000 litres par jour. Chacun des 100 habitants consomme 160 litres par jour. Les scientifiques annoncent une baisse de 30% des ressources en eau dans le sud de la France pour 2030. Combien de nouveaux habitants acceptez-vous ?
- Faire un bilan de l'eau utilisée chaque année. Etablir une surveillance des nappes phréatiques. Publier un tableau des consommations et prévisions de consommation d'eau et de baisse des nappes phréatiques par bassin utilisateur.

IMPRIMERIE DES ALPES, vu le candidat

Contact : denis.dupre@wanadoo.fr **Site :**http://perso.orange.fr/denis.dupre

Les Hautes-Alpes dans 20 ans !!!

L'augmentation de la population a été adaptée dans nos communes en fonction des ressources en eau à long terme, propres à chaque territoire. Le torrent ne coule plus pendant les mois d'été. Les pompages sont strictement limités depuis 2009 et les nappes phréatiques sont stabilisées. Les forêts sont exploitées rationnellement par la filière bois depuis 2008 et assurent le chauffage. La nourriture se fait rare et chère mais des circuits de proximité assurent un accès à tous à l'alimentation. La solidarité par les rencontres des habitants et par le soutien aux plus pauvres rend plus supportable la déconsommation

...Ceci dans le meilleur des cas, si nous agissons dès 2007

> Nous pouvons accepter d'être ballotté par les évènements et de toujours répondre en parant au plus pressé sans s'occuper du cap que le navire prend. Nous pouvons aussi, choisir de vérifier, avant toute décision, que nous gardons le cap fixé ensemble aujourd'hui

MOINS D'EAU, DE NOURRITURE, D'ÉNERGIE UNE STRATÉGIE EST NECESSAIRE...

Quand j'écoute et je m'informe, j'imagine le monde de demain pour moi et mes descendants. Je suis certain que nous sommes nombreux à prendre conscience que nous tournons une page de l'histoire de notre civilisation. Les discours de nos politiques nationaux et locaux promettent à la fois d'augmenter la consommation pour chacun et de préserver l'avenir de la planète :
C'EST IMPOSSIBLE !

9 milliards d'hommes se partageront en 2050 ce que 6 milliards se partagent aujourd'hui.
La Chine et l'Inde fabriquent pour le monde. Nous ne serons plus les privilégiés du partage.

NOUS ALLONS AVOIR A TRIER ENTRE L'INDISPENSABLE ...ET LE SOUHAITABLE

Il y aura, qu'on le veuille ou non, une déconsommation forte pour chacun.

Choisissez votre cap avec DENIS DUPRÉ

45 ans – Marié – 5 enfants
1984 -1998   :   travaille dans différents organismes financiers
1998   :   crée son entreprise de conseil en gestion à Furmeyer
Depuis 1999 :   enseigne la finance et l'éthique à l'Université de Grenoble
Depuis 2002 :   conseiller municipal à Furmeyer
Suppléant : VÉRONIQUE METAY, Institutrice

Je serai un **député indépendant***, d'autant mieux écouté au niveau national que mon vote sera libre. Mon objectif est de servir les intérêts collectifs et non de faire une carrière politique. Si je suis élu, je n'effectuerai qu'un seul mandat. Après, je continuerai à soutenir les actions entreprises.*

ENSEMBLE, NOUS SERONS FIERS D'AVOIR PRÉPARÉ L'AVENIR

SUSTAINABLE AND RESPONSIBLE FINANCE

« Renouveler la recherche et l'enseignement en finance, économie et gestion pour mieux servir le bien commun »

(1) Les auteurs de cet appel constatent avec inquiétude que plus de trois ans après l'éclatement de la crise qui a fortement mis en lumière les écueils, limites et dangers ainsi que les responsabilités de la pensée dominante en matière économique, cette dernière continue à exercer un quasi-monopole sur le monde académique. Ce monopole tient au pouvoir institutionnel que ses inconditionnels exercent sur le monde universitaire et sur celui de la recherche. La domination, relayée par les prétendues meilleures universités, date d'il y a au moins un quart de siècle et est mondiale. Toutefois, la manière dont ce paradigme persiste malgré la crise actuelle met en évidence son ampleur et la dangerosité de son caractère dogmatique. Les enseignants et chercheurs, signataires de cet appel, constatent que cette situation limite la fécondité de la recherche et de l'enseignement en économie, finance et gestion, car elle les détourne des questions essentielles pour la société.

(2) Cet appel est à la fois public et international et s'inscrit dans un cadre plus large d'initiatives convergentes. En effet, dans les conditions actuelles, le monde académique ne semble plus en mesure de former des esprits ouverts, novateurs et responsables, susceptibles d'affronter les défis actuels et ceux à venir. Cette situation n'est limitée ni à la Suisse, ni à l'Europe. La recherche doit contribuer au bien-être commun et non pas produire des analyses complaisantes sur les supposés bienfaits de la financiarisation de l'ensemble du système économique obtenus grâce aux avantages présumés de l'innovation et de la spéculation financière.

(3) Les professeurs, enseignants et chercheurs sont dépositaires de la confiance de la société qui leur a donné pour tâche de la servir par la transmission et par la quête continue d'une meilleure appréhension de la réalité. C'est seulement dans ce contexte que la liberté académique a un sens, elle est responsabilité et non licence. Ainsi, aujourd'hui, l'une des grandes priorités de la recherche en finance, économie et gestion devrait être d'examiner ses propres fondements et pratiques à la lumière des phénomènes qui ont conduit à la crise financière. C'est seulement à cette condition qu'il sera possible d'élaborer des politiques et remèdes permettant de retrouver un fonctionnement équilibré de l'économie.

(4) Il est impératif de dépasser ainsi les discussions à huis clos entre spécialistes tous coulés dans le même moule. Par construction, de telles discussions sont incapables de remettre en question leurs propres présupposés. La situation actuelle requiert donc l'ouverture de ces disciplines à une investigation fondamentale qui est nécessaire pour apporter la distance nécessaire à leur régénérescence. Cet effort se heurte à une résistance interne forte et doit donc trouver des relais extérieurs. Pour affirmer un pluralisme d'approches, il convient donc de mettre en discussion les fondements (épistémologiques, éthiques et anthropologiques) des disciplines d'économie, de finance et de gestion.

(5) En tant que dépositaires de la confiance des citoyens et producteurs d'idées qui influencent les comportements et les politiques, nous attirons l'attention de l'opinion publique et du monde politique sur le fait que les conditions d'accomplissement responsable de notre mission sont compromises. Cet appel s'adresse d'une part aux étudiants, jeunes chercheurs, collègues et acteurs économiques, et d'autre part à

ceux qui exercent des responsabilités publiques en matière d'éducation universitaire et de recherche, recteurs et présidents d'institutions d'enseignement sans oublier les responsables des structures de financement de la recherche. Il leur revient, en premier lieu, de veiller à ce que les conditions nécessaires au renouvellement fondamental de nos disciplines et au retour au pluralisme des approches soient rapidement remplies.

(6) Les professeurs de l'enseignement supérieur, signataires de cet appel suggèrent des pistes d'actions susceptibles de promouvoir le pluralisme, rempart contre les risques de l'aveuglement dogmatique et la dérive des politiques et des comportements qui en résultent. Ils proposent notamment :

- Qu'un examen critique rétrospectif soit initié, de manière à remettre à l'esprit de chaque chercheur la question de la pertinence, pour la société, des travaux qu'il produit grâce aux financements publics. La liberté académique ne saurait justifier de faire l'impasse sur la responsabilité des enseignants et chercheurs en la matière.

- Qu'au niveau institutionnel, le décloisonnement et l'interdisciplinarité soient réellement promus.

(7) Il s'agit aussi de créer les conditions nécessaires à ce que la pluralité soit présente et reconnue à tous les niveaux de la hiérarchie académique :

- Par la prise en compte dans le recrutement de nouveaux professeurs de l'intérêt qu'ils portent à la résolution de problèmes d'ordre socio-économiques ainsi qu'en général à l'équité, la stabilité et la durabilité du système économico-financier.

- Par l'élargissement des critères d'évaluation de la recherche de manière à intégrer la pertinence des thèmes choisis, le contenu et le caractère interdisciplinaire des articles ou livres publiés et non pas seulement le nombre de publications dans quelques revues monolithiques.

(8) La critique de la pensée dominante est une exigence scientifique. Il s'agit donc d'avancer sur ces pistes pour que le pluralisme devienne une réalité reconnue et appréciée et qu'il enrichisse le débat public et éclaire les choix politiques.

(9) Les auteurs de cet appel sont:

Prof. Hon. Claude Auroi	UiMeD – Genève	Suisse
Prof. Heinrich Bortis	Université de Fribourg	Suisse
Prof. Marc Chesney	Université de Zürich	Suisse
Prof. Paul Dembinski	Université de Fribourg	Suisse
Prof. Denis Dupré	Université de Grenoble	France
Prof. René Gibson	Université de Genève	Suisse
Prof. Jean-Christophe Graz	Université de Lausanne	Suisse
Em. Prof. Chris Lefebvre	Université catholique de Louvain	Belgique
Prof. Horvat Matos	HES Sierre	Suisse
Em. Prof. Claude Mouchot	Université de Lyon 2	France
Prof. Alfred Pastor	IESE – Barcelone	Espagne
Prof. Clément Porret	Institut catholique de Paris	France
Prof. HES Marie-Françoise Renard-Mayaux	HES Sierre	Suisse
Prof. Bénédicte Reynaud	Université Montesquieu - Bordeaux V	France
Prof. Birger Priddat	Universität de Witten Herdecke	Allemagne
Gilles Raveaud/Maître de conférences	Université Paris 8 Saint-Denis	France
Prof. Sergio Rossi	Université de Fribourg	Suisse
Prof. Jean-Michel Servet	IHEID, Genève	Suisse
Prof. Milad Zarin	Université de Neuchâtel	Suisse

www.responsiblefinance.ch/appel/signer-lappel/.

change.org

PETITION

Faire passer une loi pour contrer l'évasion fiscale

Je suis enseignant-chercheur à Grenoble, spécialisé en finance et éthique, et je suis choqué par la dérive de nos institutions et la corruption d'un système qui explose.

Fin 2015, l'amendement 340 qui aurait permis une lutte efficace contre l'évasion fiscale des entreprises a été torpillé par 97% des députés (lire : Comment 97% des députés ont fait capoter la loi pour lutter contre l'évasion fiscale).

La loi de finance 2016 avec l'adoption de l'article 121 tranquillise les entreprises qui pratiquent l'évasion fiscale (pour plus de détails, lire Pourquoi la loi de finance 2016 tranquillise les entreprises qui pratiquent l'évasion fiscale?). Par exemple une amende ridicule maximale de 100 000 € est spécifiée.

Conséquences : 80 milliards d'euros par an continuent de manquer dans les caisses de l'état français et les lobbies font la pluie et le beau temps au parlement.

Le projet de loi de Michel Sapin sur la transparence économique a été examiné le 28 septembre 2016 et a montré l'agonie de la démocratie représentative.

Le 8 décembre 2016, notre conseil constitutionnel repousse ce qu'il restait d'efficace dans la loi Sapin II

en faisant primer la liberté des entreprises devant celles des citoyens.

Continuons la pression avec les députés courageux, capables de résister aux lobbies.

Envoyons tous le texte du dernier update de cette pétition par email à relations-exterieures@conseil-constitutionnel.fr avec copie au Président de notre République sur http://www.elysee.fr/ecrire-au-president-de-la-republique/

Cette transparence est fondamentale, nous comptons sur vous ! Suivre nos actions sur https://sites.google.com/site/stopevasionfiscale

Update du 3 mars 2016

Le gouvernement remanie la loi le 23 mars - continuons !

3 mars 2016 — Nous sommes déjà 92 000 à vouloir faire passer dès 2016 une loi pour contrer l'évasion fiscale.
Le premier succès de cette pétition est que Bercy n'exclut plus de rendre publiques les données permettant la surveillance fiscale des entreprises.
Continuons à faire pression pour que les lobbies des entreprises ne torpillent pas à nouveau la future loi.
Quand la pétition aura réuni 100 000 signataires, nous l'enverrons à chaque député.

Diffusons largement pour atteindre ce seuil avant le 23 mars.
Le 23 mars 2016, avant les débats parlementaires de ce printemps, un projet de loi relatif à « la lutte contre la corruption et la transparence de la vie économique » doit être présenté en Conseil des ministres. Nous serons devant l'Elysée pour remettre la pétition aux membres du gouvernement et au président de la République.

Update du 25 mars 2016

Nous, les 110 000 signataires… ce que nous avons dit à Sapin, Alauzet et Moscovici

25 mars 2016 — La pétition a été remise cette semaine au cabinet de Michel Sapin et au député Éric Alauzet.
Compte-rendu, courriers et vidéo sur https://sites.google.com/site/stopevasionfiscale
Pierre Moscovici souhaite échanger avec nous. Nous avons fait bouger les lignes, nous pouvons obtenir une vraie transparence fiscale.
Pour que la Commission Européenne entende notre opinion, envoyons, avant le 12 avril, un mail chez Moscovici à son chef de cabinet bruxellois : olivier.bailly@ec.europa.eu

Titre : Dès aujourd'hui,

l'Europe doit adopter un reporting public, pays par pays, pour les implantations des grandes entreprises dans tous les pays du monde.

Contenu : L'évasion fiscale est un fléau pour les citoyens et les entreprises, honnêtes. Nous voulons le reporting public pour que la transparence permette aux citoyens de boycotter les entreprises malhonnêtes et aux autorités fiscales de les redresser.

Pour obliger les parlementaires français à voter un amendement ambitieux.

Continuons à relayer notre pétition !

Pour protéger les lanceurs d'alerte :

Soutenons Antoine Deltour

https://www.change.org/p/sout enons-antoine-deltour-luxleaks-support-antoine

Update du 14 avril 2016

Evasion fiscale, l'Europe patine, la France recule!

14 avr. 2016 — Au nom des 113 000 signataires de la pétition, le 8 avril 2016, nous avons été reçus à l'Élysée et par Pierre Moscovici. Voir le compte-rendu. (https://sites.google.com/site/sto pevasionfiscale/rencontres-moscovici-elysee).

Les mesures européennes annoncées le 12 avril sont insuffisantes. Lire l'article Évasion fiscale, l'Europe patine, la France recule! (https://sites.google.com/site/st opevasionfiscale/home)

Par ailleurs, Antoine Deltour, lanceur d'alerte de l'affaire Luxleaks, voit son procès s'ouvrir au Luxembourg le 26 avril ! Pour lui éviter amendes et prison ferme, nous pouvons

signer https://www.change.org/p/sout enons-antoine-deltour-luxleaks-support-antoine

Reste encore la chance de l'amendement de la Loi Sapin 2 pour que la France s'engage et entraine l'Europe dans une vraie transparence.

Continuons à diffuser la pétition Faire passer dès 2016 une loi pour contrer l'évasion fiscale (https://www.change.org/p/faire -passer-d%C3%A8s-2016-une-loi-pour-contrer-l-%C3%A9vasion-fiscale). C'est notre nombre qui nous fera entendre auprès des parlementaires et du gouvernement français quand la loi sera débattue en mai 2016 !

Update du 3 juin 2016

8 juin 2016 : poussons nos députés à voter la loi contre l'évasion fiscale.

3 juin 2016 — Tout se jouera le 8 juin à l'Assemblée Nationale avec la loi Sapin 2.

Il faut obliger les entreprises à rendre publiques des informations comptables précises sur leurs activités dans TOUS les pays où elles sont présentes. Certains députés ont déposé des amendements en ce sens, d'autres députés des amendements trompeurs.

C'est la dernière chance, avec nos députés, de récupérer chaque année les 1000 euros par français, perdus par l'évasion fiscale des entreprises.

Deux actions urgentes pour

faire pression :

Envoyer un mail ou téléphoner à votre député à partir de Transparencefiscale.org : http://lobbycitoyen.fr/loisapin2 /

Participer au rassemblement proposé par OXFAM ce mardi 7 juin à 8h15 devant l'Assemblée Nationale : http://paris.demosphere.eu/rv/4 8234

Update du 20 septembre 2016

Transparence fiscale : Une semaine pour convaincre notre député !

20 sept. 2016 — Mercredi 21 septembre 2016, la commission des lois des finances va proposer (ou pas) la loi sur la transparence (reporting public des entreprises pays par pays) pour qu'il soit soumis au vote définitif des députés en séance plénière la semaine prochaine.

Pour contrer l'intense pression des lobbies sur nos députés et notre gouvernement, nous devons manifester notre volonté.

Envoyons un mail ou téléphonons à nos députés à partir de http://www.assemblee-nationale.fr/qui/xml/departeme nts.asp?legislature=14

NOUS VOULONS UNE VRAIE TRANSPARENCE FISCALE

Update du 31 octobre 2017

Evasion fiscale des grandes entreprises : le combat est-il perdu?

31 oct. 2017 — Envoyons tous ce texte par email à relations-exterieures@conseil-

constitutionnel.fr avec copie au Président de notre République sur http://www.elysee.fr/ecrire-au-president-de-la-republique/

En France,
Première défaite : le 28 septembre 2016, les députés français n'ont pas eu le courage d'exiger que les très grandes entreprises publient le chiffre d'affaire de toutes leurs filiales dans tous les pays sans exception.

Deuxième défaite : le 8 décembre 2016, notre conseil constitutionnel repousse ce qu'il restait d'efficace dans la loi Sapin II. En dépit des 80 milliards d'euros annuels d'évasion fiscale qui minent notre contrat social, le conseil constitutionnel explique froidement :
« Une telle obligation porte dès lors à la liberté d'entreprendre une atteinte manifestement disproportionnée au regard de l'objectif poursuivi. »

Comment adopter un tel cynisme? Jusqu'en 1982, seul le concept de liberté pour les citoyens était inscrit dans la Constitution. Suite à une demande d'examen de constitutionalité de lois de nationalisation d'entreprises, un groupe de parlementaire conduit par Charles Pasqua, réussit à faire étendre la liberté, non aux seuls citoyens, mais aussi aux entreprises via la liberté d'entreprendre.

Faire primer la liberté des entreprises devant celles des citoyens, c'est le pas qu'a encore franchi le conseil constitutionnel avec sa lecture en décembre 2016.

Certains espéraient que les lois européennes iraient dans le bon sens.
Le Parlement européen a adopté effectivement le 4 juillet 2017, une position en faveur d'un reporting public pays par pays. Mais les entreprises dont les concurrents sont le plus souvent non européens, pourront demander des dérogations afin de ne pas publier des informations qu'elles jugeront "commercialement sensibles", ce qui est le cas, selon elles, des montants de leurs bénéfices et des impôts qu'elles acquittent. Avec cette tapette à énormes trous, les grosses mouches peuvent continuer à zonzonner tranquilles.
Le combat n'est pas gagné en Europe.

Nous sommes 115 000 en France à avoir signé la pétition pour voter une loi efficace contre l'évasion fiscale. Nombreux sont ceux qui ont interrogé leur député, nombreux sont ceux qui ont sollicité les responsables européens. Nous avons permis de responsabiliser certains de nos représentants.
D'autres pèsent plus que nous. Ils tiennent l'institution qui devrait être garante de notre Constitution. Pourtant c'est bien les intérêts du plus grand nombre des citoyens français et en particulier des plus faibles que le conseil constitutionnel doit servir.
Avec une autre lecture de la constitution, il est possible de préserver la liberté des citoyens de recouvrer l'impôt. Rien n'empêche de revenir en arrière.

A nous de l'exiger !

Le ★ Grand Soir   Denis Dupré   18 novembre 2018

Journal Militant d'Information Alternative

BLOG A LA UNE

Collapse : nuit noire ou grand soir

Il flotte dans l'air un parfum de fin du monde. Ça va chauffer pour l'humanité.

Mais le prix Nobel d'économie de 2018 s'en fout. William Nordhaus prévoit une baisse de 10% de la richesse mondiale produite (PIB) pour 2100 dans l'hypothèse d'une augmentation de température de 6 °C d'ici la fin du siècle. Ce n'est pas dramatique.

Pourtant un autre économiste, Nicholas Stern, sonne l'alerte et anticipe une baisse de 90% du PIB pour la même hausse de température de 6 °C. Dans ce cas cela ressemble plutôt à l'apocalypse.

On ne sait qui a raison. Quand on le saura, il sera trop tard. Mais il faut prendre des décisions aujourd'hui et dans cette incertitude. Chacun y va de son imagination et porte des réponses à ces deux questions vitales.

Peut-on échapper au scénario noir ? Faut-il s'insurger pour y arriver ?

On n'échappera pas au pire nous dit le philosophe Dominique Bourg « *Dans la prochaine décennie, je doute que l'on puisse changer vraiment les choses ; si on commence à les changer substantiellement, ce sera plutôt dans la décennie suivante. Or, si tel est le cas, le risque de dérive vers une planète chaude est probable. Et une planète chaude, ce n'est plus qu'un milliard d'humains vers la fin du siècle.* » (ici). A l'échelle de la Chine, cela représenterait 50 000 personnes en moins chaque jour.

On échappera au pire sans insurrection nous explique Aurélien Barreau. Ce dernier publie le 3 septembre 2018 une tribune dans le journal Le Monde intitulée « *Le plus grand défi de l'histoire de l'humanité : l'appel de 200 personnalités pour sauver la planète* ». Il précise sur *Thinkerview* ne pas croire « *que le capitalisme soit le principal problème* » (écoutez ici minute 20).

On échappera au pire sans insurrection en créant des petites communautés altruistes nous explique Pablo Servigne (écouter la question de Ruffin dans les dernières minutes de l'interview ici).

Eviter à tout prix l'insurrection. C'est l'obsession des bourgeois pour conserver le pouvoir et la richesse depuis la révolution. L'insurrection, premier devoir des citoyens dans la constitution de 1793 est lourdement punie aujourd'hui (lire ici).

Pourtant comment faire sans cette insurrection ?

Aujourd'hui, globalement la trajectoire de 3,5 °C n'est même pas tenue. Selon le Giec, la planète pourrait franchir le seuil de 1,5°C dès 2030.

Or, mondialement, 10% des riches émettent 45% des gaz à effet de serre (GES). 50% des plus pauvres émettent 15% des GES. Les 40% de la classe intermédiaire émettent donc 40% des GES.

Pour avoir une chance d'éviter la nuit noire pour tous, les classes moyennes doivent rejoindre une consommation proche de celle des plus pauvres. Les 10% les plus riches doivent accepter eux aussi de baisser drastiquement leurs émissions en changeant radicalement leur train de vie.

Pensez-vous que « égalité et décroissance » seront octroyées gentiment par les oligarques effrayés par l'apocalypse ?

Pour rendre effective cette « égalité et décroissance », il faut supprimer le marché libre sans régulation. Or la révolution bourgeoise de 1789 a consacré le marché libre et vite retoqué les idées comme celle de Robespierre d'encadrer le prix du blé (écoutez Guillemin ici). Aujourd'hui, l'évasion fiscale est soutenue par le conseil constitutionnel au nom du libre marché (lire ici).

Pour rendre effective cette « égalité et décroissance », il faut supprimer la propriété privée excessive. Or la révolution bourgeoise de 1789 l'a gravée dans la constitution.

Pour rendre effective cette « égalité et décroissance », il faut faire des remises de dette.

On n'échappera pourtant pas au pire même avec une insurrection, nous expliquent les partisans du « vivre dans les restes » qui propose de saboter la technologie destructrice pour reprendre notre humanité capable d'une pensée critique (lire ici).

On échappera au pire avec une insurrection, nous expliquent les partisans du « grand soir » pour imposer égalité et sobriété à tous.

Qui est utopiste ?

Qui est cinglé ?

Qui est le plus à même d'éviter quelques milliards de morts en un siècle ?

Dans quel monde voulons-nous vivre ?

Mais peut être aussi dans quel monde voulons-nous survivre ?

Il y aura un soir, peut-être est-il déjà passé, de bascule ou la vie sur terre deviendra chaque jour plus difficile. A partir de ce moment, chaque soir sera petit…ou grand.

Egalité et décroissance nécessite une insurrection contre la violence de notre système aveugle et suicidaire.

.

[1] Latour Bruno, *Où atterrir — comment s'orienter en politique*, La Découverte, p. 10

Usbek & Rica

Denis Dupré   1 décembre 2018

Gilets jaunes : les plus riches doivent donner l'exemple

Ingénieur de formation, Denis Dupré enseigne depuis 20 ans à l'Université Grenoble-Alpes. Dans cette tribune, il estime que le mouvement des « gilets jaunes » nous alerte notamment sur l'urgente nécessité de bâtir un système plus égalitaire pour survivre à l'effondrement qui vient. Et utilise une étude mathématique pour le démontrer.

Les plus riches comme les très grandes entreprises évitent l'impôt par l'évasion fiscale. Dix ans de combat n'ont rien changé à un problème inhérent à la structure du marché financier. Pour lutter contre le changement climatique, il paraît donc plus pragmatique de toucher ceux dont on peut changer le comportement par la taxe.

Les « gilets jaunes » cristallisent des mécontentements différents. Mais ils remettent en cause cette approche pragmatique. Nous allons montrer, grâce aux mathématiques, qu'ils sont plus rationnels qu'il n'y paraît.

Pour un monde égalitaire et mesuré

Pourquoi vouloir un monde égalitaire et mesuré ? Un monde où chacun consommerait de manière raisonnable et égalitaire et donc en respectant ce que la planète peut absorber en émissions de gaz à effet de serre, en respectant la nature et les formes de vie ? Pourquoi refuser ce monde compétitif où chaque homme, et c'est humain, a voulu doubler sa consommation ?

90 % des personnes ont travaillé toujours plus pour consommer toujours plus. Une planète entière est nécessaire à leur consommation. Mais 10 % des personnes, les élites, consomment eux aussi ce qu'offre une planète. L'effondrement est en route. Nous consommons deux planètes. Tout le monde sait que l'on pollue trop, que l'on vide les fleuves et les océans, que l'on pompe de plus en plus profond dans les nappes phréatiques, qu'on ne laisse aucun répit à nos sols …

Certains gilets jaunes voudraient ne plus suivre cette pente dangereuse. Le jeu n'en vaut pas la chandelle. Ils pensent que la décroissance, si elle ne touche pas aussi les plus riches, n'est pas acceptable. Ils veulent ramener l'égalité. Ont-ils raison ?

Dans leur étude Human and nature dynamics (HANDY): Modeling inequality and use of resources in the collapse or sustainability of societies, les chercheurs Motesharrei, Safa, Jorge Rivas, and Eugenia Kalnay nous disent que oui. Mais leur propos est un peu caché dans une histoire truffée d'équations mathématiques. Décryptons-les ensemble ! Cette histoire a plusieurs personnages.

Mathématiques de l'effondrement

Il y a la nature. Ce qu'elle produit chaque année et que nous avons appelé une planète. Mais il y a aussi un épuisement de cette nature si on est trop nombreux, trop consommateurs, ou que l'on accumule trop de réserves. C'est le cas quand on nous dit que nous consommons deux planètes.

Cette histoire décrit d'abord un scénario inégalitaire. Ce dernier considère qu'il existe une classe dominante. Cette élite gagne k fois plus d'argent que les autres que l'on appellera producteurs (*commoners*). Si k=100, font partie de l'élite ceux dont les revenus sont 100 fois supérieurs à ceux moyens des producteurs. Est-ce votre cas ? Et moi ? En y réfléchissant bien, je ne suis peut-être pas de l'élite dans mon pays mais si je considère tous les humains de la planète, j'en suis.

Et les auteurs explorent les différentes versions possibles de notre histoire en traduisant en équations les relations entre la nature, la richesse disponible (*wealth*) et les hommes, qu'ils soient de la classe dominante ou de celle des producteurs.

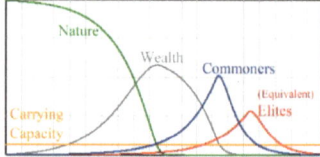

Le premier graphique nous raconte ceci : on va piller la nature (courbe verte) pour consommer mais surtout accumuler des stocks de richesse (courbe grise). Avec leurs richesses qui s'accumulent, les élites ne voient pas l'avenir, ils ne pensent pas la disparition du capital naturel comme un signe de leur disparition à terme. Ils croient peut être qu'avec de l'argent on pourra toujours réparer la nature.

Au début tout semble aller bien. La population de producteurs (courbe bleue) augmente comme celle des élites (courbe rouge). Mais, quand il n'y a plus suffisamment de nature, la famine va éliminer rapidement les producteurs alors même que les élites augmentent encore.

Alors que les producteurs connaissent la famine et d'autres fléaux, l'accumulation de richesse permet aux élites de jouir longtemps de la satisfaction liée à la richesse, celle de passer devant les autres pour l'accès aux biens vitaux. Avec retard, la population totale s'adapte à la baisse et à ce que peut nous offrir une nature moribonde.

Ainsi, l'accumulation de richesses par les élites n'empêche pas l'effet différé de la destruction de la nature pour tous. La famine finit par toucher également les élites. L'effondrement est à terme certain. Pour tous.

Mais les scientifiques avec leur modèle nous disent autre chose encore. Imaginons que j'arrive à convaincre tous les membres de l'élite de n'avoir plus que des revenus 10 fois supérieurs (k=10). Les équations témoignent qu'en limitant le taux de naissance de toute la population, nous atteindrions un équilibre durable (*carrying capacity*).

Mais pourquoi limiter mon accumulation de richesse personnelle ? Je fais partie de l'élite parce que j'ai souvent préféré jouer solo et je n'ai jamais fait trop confiance aux autres… Comment faire confiance dans les autres membres de l'élite que je connais bien et qui sont autant égocentriques que moi ? Si la majorité de l'élite n'opte pas pour une réelle décroissance, nous nous retrouverons dans le premier graphique d'effondrement.

Cette hypothèse d'une élite qui prendrait pleinement conscience de ses responsabilités vis-à-vis de l'humanité et s'engagerait de façon irréversiblement altruiste est peu crédible. Il est plus probable que ceux de l'élite qui défendraient cette posture en soient exclus.

Les chercheurs ont donc proposé une autre version possible de l'histoire. Une société sans élites pour une société plus équitable. Attention cela ne veut pas dire sans scientifiques, sans médecins, sans experts pointus. Cela veut juste dire, dans leur modèle, sans écarts de revenus. Une histoire un peu révolutionnaire en termes politiques, un changement de paradigme en termes philosophiques, une affaire d'équations en termes mathématiques. Un graphique sans courbe rouge mais considérant une exploitation de la planète comparable à celle d'aujourd'hui.

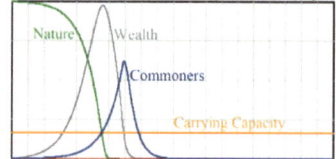

Les chiffres parlent encore: même dans un scénario égalitaire, l'effondrement arrivera si l'on extrait trop de la nature pour consommer ou accumuler de la richesse. Le modèle de ces scientifiques ne nous berce pas comme les Pinocchio, il raconte de rudes possibles de notre histoire humaine.

Une société de décroissance est indispensable pour éviter l'effondrement

Il faudrait être égalitaire mais aussi pratiquer une décroissance forte. Pour ne pas polluer trop, il faut ne pas produire trop ! Un autre scénario nous invite donc à réfléchir à réduire suffisamment le temps global de travail collectif pour viser un régime d'équilibre. Soit en augmentant les chômeurs… soit en partageant le travail.

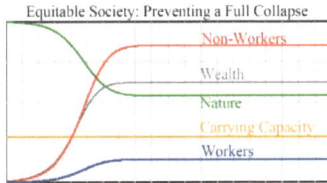

Equitable Society: Preventing a Full Collapse

Une société de décroissance de la consommation matérielle forte et rapide est indispensable pour éviter l'effondrement. Sans égalité, la décroissance ne sera pas tenue dans la durée sans émeutes. Les gilets jaunes sont la première émeute.

Nous devons inventer rapidement une plus grande égalité des consommations, le partage du travail et le respect de la nature. Ou le réinventer, car ces principes existaient dans nombre de sociétés qualifiées, à tort, de primitives. Des sociétés dans lesquelles laa gestion en commun des ressources vitales permettait le respect des décisions communautaires et une inégalité mesurée acceptée par tous. Et c'est, il me semble, l'implication de tous dans la gestion de ces ressources qui permet à chacun de les préserver et les faire préserver par le groupe.

Ainsi on peut entendre les gilets jaunes qui nous disent à leur façon que l'infléchissement de trajectoire des émissions de gaz à effet de serre ne peut reposer sur leurs seuls efforts et c'est très rationnel. Perdre de la liberté individuelle et rouler moins, oui… mais pas sans marcher vers l'égalité.

.

.

[1] Latour Bruno, *Où atterrir — comment s'orienter en politique*, La Découverte, p. 10

Ce que les gilets jaunes ont de vraiment révolutionnaire

"Macron sait que l'armure constitutionnelle est son ultime défense. Toute brèche serait un danger. Preuve que les gilets jaunes ont, avec ce RIC, tapé là où ça fait mal" analyse Richard Werly.

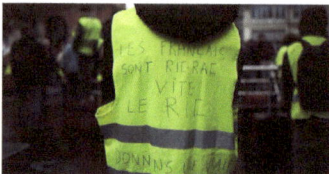

La France doit-elle s'inspirer de la Suisse?

Moins de taxes réclament les gilets jaunes. En Suisse, peu de taxes, pour les pauvres comme pour les riches. Peu d'impôts pour les riches ou pour les entreprises qui s'installent ainsi facilement à Genève et Zoug.

Il y a du fric dans la potion magique suisse.

Mais alors, l'analyse de l'historien Guillemin sur la Révolution française nous conduit à penser que les riches, les bourgeois, vont manœuvrer pour être élus et faire les lois pour leurs seuls intérêts.

Si c'était le cas, les bords des lacs suisses seraient privatisés et les villages de montagne seraient des usines de béton à touristes. Les petits emplois de caissière dans les superettes auraient disparu au profit des caisses automatiques. Dans ce cas, l'agriculture ne serait plus subventionnée et les paysages bucoliques seraient des reliques du passé, la viande serait moins cher et importée massivement.

Rien de tout cela. Parce que tout est votation.

Du chemin communal à déplacer, aux règles des Zurichois sur la construction d'une maison d'accueil des migrants jusqu'à la fiscalité et la loi de la banque nationale au niveau de la fédération.

Ainsi mon collègue suisse, professeur de finance Marc Chesney, a proposé de bouleverser la fiscalité suisse entièrement. Son projet devrait être débattu par une votation. Le processus de recueil des signatures devrait commencer au printemps 2019. Sa proposition est restée dans les articles les plus lus pendant plus d'un mois en novembre 2018 sur le site du *Temps*, relancée par l'intérêt des gilets jaunes.

En Suisse, pour actionner le référendum d'initiative populaire, il faut 100.000 signatures, soit celles de 2% des citoyens de la Confédération.

La potion devient magique par l'ajout de la votation dans la potion suisse.

Alors Français, réveillons-nous!

C'est un historien franco-suisse qui nous rappelle que la Déclaration des droits de l'homme et du citoyen de 1789 précise pourtant dans son article 6: "Tous les citoyens ont droit de concourir personnellement [...] à [la] formation [de la loi]."

Les gilets jaunes frontaliers de la Suisse plébiscitent la votation: "Nous voulons vraiment redonner la parole aux gens afin qu'ils s'expriment sur les lois importantes. Un modèle quelque peu similaire à la Suisse en somme".

"Moins de taxes" disent les gilets jaunes. Du fric dans la potion gauloise mais pour qu'elle devienne magique il faut le RIC.

Le RIC est le Référendum d'Initiative Citoyenne, une version de la votation suisse qu'il convient que les citoyens français affinent selon leurs exigences.

Richard Werly nous fait prendre conscience que cette votation est le point fort des gilets jaunes: "Poussé dans les cordes par les 'gilets jaunes', Emmanuel Macron sait que l'armure constitutionnelle française est son ultime défense. Toute brèche serait un danger. Preuve que les 'gilets jaunes' ont, avec ce RIC, tapé là où ça fait mal."

Point commun avec les marcheurs pour le climat qui pourront arrêter de marcher pour commencer à voter!

Plus radicalement, à l'heure où l'effondrement de nos sociétés est de plus en plus probable, hâté par un changement climatique violent, les décisions et les lois vont devoir se modifier de plus en plus vite.

Il ne reste plus aux Gaulois que trois chemins: disparaître dans le chaos, vivre sous un tyran éclairé, ou vivre libres en s'adaptant en continu par la pratique populaire de la votation.

Le ★ Grand Soir
Journal Militant d'Information Alternative

Denis Dupré   15 janvier 2019

BLOG A LA UNE

Le Collapse français : de la fabrique des castes à l'insurrection

En 40 ans, la France a fabriqué des castes.

Il y avait bien les riches, la large classe moyenne et les pauvres. Les uns et les autres s'affrontaient mais se côtoyaient au quotidien sur un territoire national.

Six castes les ont remplacés. Castes, parce qu'elles se parlent de moins en moins, que leurs intérêts divergent de plus en plus et qu'elles n'ont plus envie de partager un territoire commun.

La caste des riches reste la bourgeoisie comme une constante historique.

La caste des hyper-riches est venue s'ajouter. Elle échappe à tous impôts car elle échappe à l'emprise nationale (ce que décrira le prochain film de Denis Robert et Yann La (TRES) grande évasion à soutenir ici).

L'ancienne classe moyenne, ceux qui vivent de leur travail et non des revenus du capital, est aujourd'hui éclatée en deux castes.

La caste de la upper-classe-moyenne, ceux dont les salaires entre 5000 euros et 15000 euros par mois leur semble garantis à vie.

La caste de la *Rust-Belt*-classe-moyenne, les autres entre 1300 et 5000 euros par mois qui font face à la concurrence sur leur métier. Celle qui a peur, avec raison, d'être déclassée par la mondialisation.

La caste des pauvres regroupe ceux qui bénéficiaient il y a peu d'une version adoucie de la pauvreté grâce aux acquis sociaux d'après-guerre.

La caste des sans-dents-à-la-rue est venue s'ajouter qui signent la décadence de notre société mais qui est la clef de l'adhésion de tous à notre société.

Grace à cet éclatement en castes, tout est dirigé, y compris notre Président de la république, en sous-main par la classe des hyper-riches (lire http://branco.blog.lemonde.fr/files/2019/01/Macron-et-son-Crepuscule.pdf).

Cette caste fabrique un système qui fonctionne comme celui des camps, à savoir faire remonter le plus de richesses possibles vers eux. A tout prix … et à « tout coûts » pour les autres. Evidemment la classe en dessous est le vivier des chefs de camp. Evidemment la rust belt-class-moyenne fait

semblant d'adhérer pour ne pas être victime du déclassement (lire un extrait gratuit de mon livre camp planétaire : un danger bien réel – organisons la révolte).

Or, le grand collapse arrive.

On n'échappera pas au pire nous dit le philosophe Dominique Bourg « *Dans la prochaine décennie, je doute que l'on puisse changer vraiment les choses ; si on commence à les changer substantiellement, ce sera plutôt dans la décennie suivante. Or, si tel est le cas, le risque de dérive vers une planète chaude est probable. Et une planète chaude, ce n'est plus qu'un milliard d'humains vers la fin du siècle.* » (ici)

Dans ce schéma, la survie ressemblera à celle du ghetto de Varsovie. Comment envisager que la disparition de six hommes sur sept puisse se faire sans que les puissants ne contrôlent et n'enferment les autres en continuant la prédation organisée ? Comment ne pas voir avec le scénario grec que les Chinois font alliance avec les hyper-riches pour rafler les entreprises nationales et les biens qui devraient être gérés par nous en commun (nos sources d'eau, nos terres etc.).

Ne jetons pas la pierre aux Chinois, dont nous avons

exploité le travail sous rémunéré, et qui auront besoin eux aussi de remonter vers eux nos richesses pour engraisser leurs riches puis pour survivre… à nos dépend.

Ne jetons pas la pierre à chaque individu de la caste de la upper-classe-moyenne qui ne peut qu'assurer le service après-vente pour ne pas être déclassé brutalement lui-même par le futur empire chinois.

Ne jetons pas la pierre à cette trahison des élites, mais défendons nos intérêts becs et ongles.

Les collapsologues actuelles proposent d'adoucir la vie du camp en restant humain. Ce qu'a fait avec succès Etty Hillesum dans les camps de concentration.

Mais c'est une stratégie qui accepte le camp. Or, selon moi, il conviendrait « en même temps » de démanteler le camp en reprenant le pouvoir.

Comment ?

L'insurrection, droit de l'homme en 1793 est aujourd'hui, en France, punie de prison (lire ici).

Or, face à l'effondrement, soit nous reprenons le pouvoir avec le Référendum d'Initiative Citoyenne (lire ici), soit les gilets jaunes sont les prémices du dilemme de l'insurrection du ghetto de Varsovie.

Un dilemme parce que éviter l'insurrection conduit à notre disparition avec le déshonneur alors que l'insurrection sans but nous conduit au chaos. Le RIC est le fil de la slackline au-dessus du vide.

franceinfo:

Denis Dupré   19 février 2019

TRIBUNE
COLLECTIVE

TRIBUNE. L'épargne doit financer la transition écologique et sociale et non les énergies fossiles

Dans une tribune portée par Attac et 350.org., publiée mardi sur franceinfo, 25 économistes apportent leur soutien à une proposition de loi en faveur de la transparence dans l'utilisation de l'épargne populaire en matière énergétique.

Un projet de loi en faveur de la transparence dans l'utilisation de l'épargne populaire en matière énergétique *va être présenté en commission des finances de l'Assemblé nationale mercredi 20 février. L'objet principal de ce texte vise à contraindre les banques à plus de transparence en matière d'utilisation de l'épargne populaire des Français, afin notamment de flécher l'épargne du LDDS (livret développement durable et solidaire) à destination exclusive de projets réellement durables et solidaires. Dans une tribune portée par Attac et 350.org., publiée mardi 19 février sur franceinfo, 25 économistes apportent leur soutien à cette proposition de loi et appellent "à la fin de tout*

investissement dans les projets de production et d'infrastructures de combustibles fossiles, et à une hausse significative du financement des énergies renouvelables."

Une proposition de loi "Transparence sur l'utilisation de l'épargne populaire en matière énergétique" sera soumise au vote de l'Assemblée nationale le 7 mars 2019. Soutenue par de nombreux acteurs de la société civile, cette proposition de loi dispose notamment que les sommes versées par les épargnants sur les livrets dont les dépôts sont centralisés dans le fonds d'épargne de la Caisse des dépôts et consignations ne puissent être utilisés pour le financement d'activités d'exploration et d'exploitation d'hydrocarbures et de charbon. Ce qui paraît accompagner une dynamique nécessaire alors que les émissions de CO2 issues de la combustion des énergies fossiles sont reparties à la hausse dans le monde, y compris en France.

Des ONG ont démontré que, depuis la COP21, sur 10 euros de financement accordés par les banques aux énergies, 7

euros vont aux énergies fossiles, contre 2 seulement aux renouvelables, tandis que les banques françaises ont augmenté de 52% leurs soutiens aux entreprises qui prévoient la construction de nouvelles centrales à charbon.

Pour réussir à réduire drastiquement l'intensité carbone de nos systèmes économiques, la question du financement est essentielle et impose de cesser de financer les combustibles fossiles. L'article 2 de l'Accord de Paris y fait explicitement référence.

Poursuivre les investissements dans les combustibles fossiles pose également un risque financier de nature systémique. En 2017, l'Agence Internationale de l'Énergie a estimé que la mise en œuvre des nouvelles politiques climatiques et l'orientation massive vers les énergies renouvelables à l'oeuvre conduiront à la surévaluation de 1 000 milliards de dollars d'actifs pétroliers et de 300 milliards de dollars d'actifs gaziers dans le monde. Les investisseurs publics et privés ont donc la responsabilité urgente et l'obligation morale de mettre fin à l'exploitation des combustibles fossiles. Ces "actifs bloqués", parmi d'autres risques financiers liés au dérèglement climatique, sont l'une des raisons qui ont déjà poussé plus de 1 000 investisseurs clairvoyants à se débarrasser de leurs actifs charbonniers, pétroliers et gaziers.

Renforcer la transparence

La campagne citoyenne, initiée par 350.org et Attac sur ce sujet, démontre également l'absence de transparence sur l'utilisation de ces fonds, notamment celui du Livret de développement durable et solidaire (LDDS). Les ONG dénoncent une publicité mensongère de la part des banques sur le terme "durable et solidaire" car seule une faible partie des dépôts du LDDS est réellement affectée au financement de la transition écologique et solidaire, tandis que des investissements fossiles ont été identifiés. Le ministre Bruno Le Maire a lui-même reconnu publiquement qu'il y a "tromperie" à ce sujet et a appelé à deux reprises à y mettre un terme.

La mise en œuvre impérative de la transition énergétique nécessite de renforcer la transparence, dans le prolongement des mesures, qui apparaissent insuffisantes, prises notamment dans la cadre de la loi sur la transition de 2015, et du Plan d'action de la Commission européenne sur la finance verte de 2018.

La proposition de loi stipule ainsi que les banques soumettent au ministre de l'Economie et des Finances, ainsi qu'au Parlement, un reporting trimestriel et détaillé de leurs concours financiers accordés aux énergies renouvelables à partir des ressources collectées sur le Livret A et le LDDS. Elle propose aussi un reporting public des banques, pays par pays, de l'ensemble des financements d'entreprises se livrant à des activités d'exploration et d'exploitation d'hydrocarbures et de charbon. De même, la proposition de loi prévoit une obligation de transparence des investisseurs institutionnels destinée à vérifier que leurs opérations soient conformes aux critères de respect des objectifs sociaux et environnementaux.

Nous, signataires de cette tribune, appelons à la fin de tout investissement dans les projets de production et d'infrastructures de combustibles fossiles, et à une hausse significative du financement des énergies renouvelables. Dans cette perspective, nous apportons notre soutien au projet de loi "Transparence sur l'utilisation de l'épargne populaire en matière énergétique".

* Liste des premiers signataires :

Philippe QUIRION, économiste, directeur de recherche au CNRS - Dominique PLIHON, professeur émérite à l'université Paris XIII, directeur du pôle économie financière au Centre d'économie de l'université de Paris Nord (CEPN) - Katrin MILLOCK, professeur associé à l'Ecole d'Economie de Paris, chargée de recherche CNRS - Denis DUPRE, enseignant-chercheur en éthique, finance et écologie, Université de Grenoble-Alpes - Charlotte GUNENARD, économiste, directrice de l'Institut d'études du développement de la Sorbonne de l'Université Paris 1 Panthéon-Sorbonne - Eve FOUILLEUX, directrice de recherches au CNRS - Jacques GÉNÉREUX, maître de conférences, Sciences Po - Nicolas BOULEAU, ancien directeur de recherches et professeur à l'Ecole des Ponts ParisTech, chercheur associé au CIRED, président du conseil scientifique de la Chaire Energie et prospérité - Aurore LALUCQ, économiste, co-directrice de l'Institut Veblen - Thomas Coutrot, membre d'Attac, cofondateur des Economistes atterrés - Pascal PETIT, directeur de recherche au CNRS - Léo CHARLES, maître de conférence, Université Rennes 2 - Geneviève AZAM, maître de conférences en économie et chercheuse à l'université Toulouse-Jean-Jaurès - Laura MICHEL, maître de conférences, Université de Montpellier - UMR CEPEL - Faridah DJELLAL, professeur des Universités Classe exceptionnelle, CLERSE, Université de Lille - Aurélie TROUVÉ, économiste, maître de conférence, AgroParisTech - Alain KARSENTY, économiste, directeur de recherche au Centre de coopération internationale en recherche agronomique pour le développement - Véronique GILLE, économiste, chargée de recherche IRD à DIAL, LeDA, Université Paris-Dauphine - Claude HENRY, économiste, professeur de développement durable à Sciences Po Paris et à l'Université Columbia - Jean-Pierre PONSSARD, directeur de recherche émérite au CNRS - Maxime COMBES, économiste - Michel HUSSON, économiste à l'Institut de recherches économiques et sociales - Jean GADREY, professeur honoraire d'économie, Université de Lille - Cédric DURAND, économiste, Université Paris 13 - Dominique MÉDA, directrice de l'IRISSO, Dauphine.

LE TEMPS

Denis Dupré
APPEL COLLECTIF

20 février 2019

Appel de chercheurs à la grève climatique mondiale du 15 mars

OPINION. Plus de 260 chercheurs suisses, français et belges dénoncent l'inaction des **pouvoirs publics face au dérèglement climatique. Ils appellent à descendre dans la rue le 15 mars à l'occasion de la grève mondiale pour le climat**

Nous sommes des scientifiques et universitaires de diverses disciplines. Depuis des années, nos travaux disent des vérités difficiles à entendre sur l'état de la planète et du monde, et en particulier sur la menace existentielle que représentent les bouleversements climatiques et la destruction de la biodiversité. Nous avons en premier lieu fait notre travail: investiguer et documenter, tester des hypothèses et construire des modèles, nourrir à partir de l'évidence scientifique des réflexions sociologiques, économiques, juridiques, historiques et philosophiques, toutes qui orientent la colère des foules vers des cibles trompeuses ou secondaires. A l'opposé se situent tous ceux qui pâtiront de l'obstination des premiers.

Mobilisation de la jeunesse

Ce sont d'abord les lycéens et les étudiants qui suivent le mot d'ordre de grève climatique de soucieuses des procédures démocratiques.

Nous avons ressenti l'angoisse de chercheurs face à l'abîme auquel les confrontent des dangers inédits: ceux des effondrements en cours et probables de la civilisation thermo-industrielle et de l'épuisement de nos ressources naturelles. Alors, nous avons sensibilisé les décideurs. Nous nous sommes parfois faits conseillers du prince. Nous avons construit des ponts avec les forces organisées dans la société civile, sensibles à la cause écologique. Nous avons alerté mille fois l'opinion publique et les citoyens. Nous avons nourri le débat public, ouvert la science à l'expertise citoyenne. Nous avons tout essayé. Et pourtant…

Obstination des décideurs

Le péril ne cesse de croître, et se dérobe même ce qui sauve! Jamais en effet l'abîme n'aura été si béant entre ceux qui Greta Thunberg; et au-delà, la jeunesse de la planète entière. C'est toute cette partie jeune de la population qui s'angoisse de l'effondrement et se mobilise sur ces sujets, qui voit la civilisation thermo-industrielle et le néolibéralisme débridé les emporter vers le cauchemar climatique et l'effondrement du vivant.

tiennent le manche, décident de l'orientation à prendre, et ceux qui souffriront de l'obstination des premiers à ne pas voir l'effritement physique et biologique du monde autour d'eux.

Figurent parmi les premiers les actuels détenteurs du pouvoir économique, ceux pour qui seul compte de vendre plus, quel que soit ce qui est vendu et ses conséquences; ceux qui maintiennent des procédures biaisées d'évaluation du risque des pesticides et autres substances dangereuses; ceux qui proposent des investissements juteux dans les produits fossiles.

Y figurent encore moult dirigeants, ceux qui depuis des décennies ont bradé le pouvoir de régulation des Etats, ceux qui signent des accords commerciaux multilatéraux assortis d'une justice féodale à la solde de géants industriels; ceux

Nous entendons déjà ceux qui crieront au scandale de la politisation du savoir. Quelle hypocrisie et quel cynisme!

Or c'est devenu pour ceux qui possèdent une parcelle de savoir, un impératif moral et politique d'accompagner et d'encourager cette mobilisation de la jeunesse, de chercher avec elle et avec le plus grand nombre des réponses progressives et efficaces aux défis vitaux auxquels nous sommes désormais confrontés.

Nous entendons déjà ceux qui crieront au scandale de la politisation du savoir. Quelle hypocrisie et quel cynisme! Depuis des décennies, via les technosciences, la production de savoir est trop souvent financée par des intérêts privés purement mercantiles, et quand ce n'est pas le cas, les produits de la recherche sont majoritairement voués à alimenter le seul marché, à empoisonner les écosystèmes et à détruire des emplois, etc.

La seule vraie neutralité réside dans les instruments et les méthodes, ceux qui sont mis à profit par les empoisonneurs comme par les lanceurs d'alerte qui en dénoncent les agissements. Epouser et soutenir le mouvement d'une civilisation mortifère, c'est loin d'être neutre. Le dénoncer et le refuser nous paraissent simplement constituer un acte citoyen.

Devoir de réserve rompu

C'est pourquoi nous rompons avec le devoir de réserve que nous nous sommes si souvent imposés. Nous soutenons et rejoignons les enseignants comme les chercheurs, femmes et hommes, qui s'engagent à des titres divers auprès de la jeunesse. Nous ferons nous aussi la grève scolaire pour le climat le 15 mars.

Nous comprenons un mouvement de désobéissance civile comme Extinction Rebellion, dont la radicalité relève du réflexe de survie. Une radicalité bien faible face à celle de ceux qui veulent nous faire survivre hors sol, ou nous promettent de nous conduire sur Mars, c'est-à-dire sur une planète morte, après avoir rendu la nôtre impropre à la vie!

.

MEDIAPART   **COLLECTIF**

Les marchés carbone ne vont pas «rendre à notre planète sa grandeur »

Un collectif d'une centaine de signataires appelle les dirigeants européens à «cesser de soutenir les nouveaux marchés carbone incapables de remplir leurs objectifs environnementaux», et à mettre en place «un plan de désengagement progressif des énergies fossiles».

Faire face au changement climatique exige des politiques environnementales robustes, et non d'autres marchés carbone condamnés à échouer. Les marchés des permis de polluer ont été un échec depuis quatorze ans, et il est établi qu'un grand nombre de projets de compensation carbone ont eu un impact social dévastateur. Malgré cela, les marchés carbone restent le principal outil politique de lutte contre le changement climatique en Europe, fondés sur l'espoir erroné qu'ils fonctionneront une fois que le prix sera assez élevé.

Cependant, au-delà des problèmes bien connus d'excès de permis et de fraudes, il a également été démontré que les marchés du carbone ont des failles conceptuelles majeures qui ne peuvent pas être corrigées, telles que l'impossibilité de fournir un signal prix, ou le fait que l'impact des projets de compensation n'est pas calculable.

Une fois qu'ils auront atteint une taille critique dans les années à venir, les marchés du carbone seront en outre beaucoup plus vulnérables que les marchés financiers traditionnels à un risque de krach et de perte de confiance brutale des investisseurs, avec une grave menace de contagion à l'ensemble de l'économie. Malgré ça, de nouveaux marchés carbone sont en cours de création, tels que CORSIA (Carbon Offsetting and Reduction Scheme for International Aviation), le marché de compensation sur les émissions de l'aviation civile, ou encore le marché carbone mondial dans le cadre de l'Accord de Paris qui sera finalisé à la COP25.

Ces problèmes irrémédiables signifient que les marchés carbone sont incapables d'atteindre leurs objectifs environnementaux et sociaux et devraient être abandonnés pour des alternatives plus efficaces. Mettre en place un plan de désengagement progressif des énergies fossiles accompagné de politiques visant à répartir les coûts liés de façon équitable serait infiniment plus simple et efficace pour lutter contre le changement climatique. Les réglementations environnementales traditionnelles ont par ailleurs

prouvé leur efficacité, que ça soit pour limiter le trou dans la couche d'ozone ou réduire les émissions de plomb des voitures. Un tel plan de désengagement serait bien évidemment progressif et permettrait enfin de commencer à agir, au lieu de persévérer dans l'erreur actuelle des marchés carbone.

Un plan de désengagement des énergies fossiles rendrait en outre toute la finance durable vis-à-vis du changement climatique : elle entrainerait un réajustement automatique des prévisions de profits de tous les secteurs et entreprises, et les flux de financement se réorienteraient naturellement vers les énergies et technologies vertes. Ceci questionne le focus actuel sur un assouplissement de la réglementation financière en échange d'un verdissement des bilans bancaires.

L'échec continu des marchés carbone combiné à l'augmentation des catastrophes naturelles et à la baisse continue du prix des énergies renouvelables remet en cause la poursuite des politiques actuelles. Gaspiller une décennie supplémentaire rendrait la transition plus tardive et plus abrupte, avec un impact irréparable sur le climat et l'emploi.

Nous appelons donc les dirigeants européens à arrêter

de soutenir les nouveaux marchés carbone incapables de remplir leurs objectifs environnementaux, notamment lors de la COP25.

Pour plus d'informations, lire le rapport du Green Finance Observatory : (pdf, 7.7 MB)

Signataires :
Manuel **Aalbers**, Professeur de Géographie Sociale et Economique, Université Catholique de Louvain (KU Leuven), Belgique
Ivan **Ascher**, Professeur Associé de Sciences Politiques, Université du Wisconsin-Milwaukee
Genevieve **Azam**, Maître de conférences honoraire en économie, Université Jean Jaurès, Toulouse
Andrew **Baker**, Professeur Universitaire et Professeur d'Economie Politique. Université de Sheffield
David **Bassens**, Professeur Assistant, Université Libre de Bruxelles (VUB)
Vincenzo **Bavoso**, Maître de conférences en Droit Commercial, Université de Manchester
Rémi **Beau**, Chercheur associé en philosophie, Université Paris 1 Panthéon-Sorbonne
Tor A. **Benjaminsen**, Professeur d'Ecologie Politique, Université norvégienne des sciences de la vie (NMBU)
Sophie **Béreau**, Professeur de Finance et de méthodes quantitative, Université catholique de Louvain
Nathalie **Berta**, Maître de conférences en Economie, Université de Reims, Champagne-Ardenne
Joerg **Bibow**, Professeur et Chair d'Economie, Skidmore College, Saratoga Springs, NY
Patrick **Bigger**, Maître de conférences (Professeur assistant) en Géographie Economique, Université de Lancaster
Patrick **Bond**, Professeur Emérite d'Economie Politique, Université du Witwatersrand, Ecole de Gouvernance, Johannesburg
Nicolas **Bouleau**, Professeur émérite à l'Ecole des Ponts ParisTech
Dominique **Bourg**, Professeur, Institut de Géographie et de Durabilité, Université de Lausanne
José **Castro Caldas**, Économiste, chercheur au Centre d'Etudes Sociales de l'Université de Coimbra, membre du Conseil National Portugais de l'Environnement et du Développement Durable

Philip G. **Cerny**, Professeur Emérite de Politique et d'Affaires Globales, Université de Manchester (Royaume-Uni) et Université Rutgers (États-Unis)
Eric **Clark**, Professeur de Géographie Humaine, Lund University
Jon **Cloke**, Chercheur senior, Département de Géographie, Université de Loughborough
Jézabel **Couppey-Soubeyran**, Maître de conférences en Economie, Université Paris 1 Panthéon- Sorbonne
Paola **D'Orazio**, Chercheuse postdoctorale, chaire de Macroéconomie, Faculté d'économie et de gestion, Chargée de recherche, Département de Recherche Economie à Cycle Fermé du Carbone, Université de Bochum
Charles **Dannreuther**, Maître de conférences en Economie Politique Européenne, École de politique et d'Etudes Internationales, Université de Leeds
Peter **Dietsch**, Professeur, directeur du thème Économie et éthique, Université de Montréal
Denis **Dupré**, Professeur de Finance et d'Ethique, Université Grenoble-Alpes
Gary **Dymski**, Professeur d'Economie Appliquée, École de commerce de l'Université de Leeds
Ivar **Ekeland**, FRSC, ancien président de l'Université de Paris-Dauphine, ancien directeur de l'Institut des sciences mathématiques du Pacifique
Ewald **Engelen**, Professeur de Géographie Financière, Université d'Amsterdam
Ismail **Ertürk**, Maître de conférences en Banque, Directeur de la Responsabilité Sociale et de l'Engagement, École de commerce Alliance de Manchester
Joshua **Farley**, Professeur, Chercheur en Développement Communautaire et en Economie appliquée, Institut Gund d'économie écologique, Université du Vermont
Jesus **Ferreiro**, Professeur d'Economie Appliquée, Université du Pays Basque UPV/EHU
Fabrice **Flipo**, Professeur de Philosophie Sociale et Politique et d'Epistémologie, Institut Mines-Télécom
Jens **Friis Lund**, Professeur d'Ecologie Politique, Université de Copenhague
Daniela **Gabor**, Professeure d'Economie et de Macro-Finance, Université de l'Ouest de l'Angleterre(UWE Bristol)
François **Gemenne**, Chercheur qualifié du FNRS, Université de Liège, Directeur Exécutif du programme de

recherche interdisciplinaire « Politiques de la Terre », Sciences Po
Susse **Georg**, Professeur, Université d'Aalborg, Copenhague
Gaël **Giraud**, Directeur de recherche CNRS, Professeur Ecole Nationale des Ponts et Chaussées Paris Tech
Ozgur **Gun**, Maître de conférences en Economie, Université de Reims, Champagne-Ardenne Hache Frédéric, directeur, Green Finance Observatory
Haerter Nina, Doctorante, Université Libre de Bruxelles (VUB)
Barbara **Harriss-White**, FAcSS, Professeure Emérite en Etudes du Développement, Université d'Oxford, membre émérite du Wolfson College, Oxford
Antoine **Henrot**, Professeur de Mathématiques, École des Mines de Nancy, Université de Lorraine
Elena **Hofferberth**, Chercheuse Postdoctorale, École de commerce de l'Université de Leeds
Esther **Jeffers**, Professeure d'Economie, Université de Picardie
Giorgos **Kallis**, Professeur ICREA, Sciences Sociales et Comportementales, Université Autonome de Barcelone (UAB)
Peter **Karnøe**, Professeur | DIST - Centre pour le Design, l'Innovation et la Transition Durable, Copenhague
Sarah **Knuth**, Professeure Assistante au Département de Géographie de l'Université de Durham
Jan **Kregel**, Professeur de Finance et de Développement, Université de Technologie de Tallinn, directeur de recherche, Levy Economics Institute, New York
Andrea **Lagna**, Maître de conférences, École de Commerce et d'Economie, Université de Loughborough
Thomas **Lagoarde-Segot**, Économiste, École de commerce KEDGE et SDSN France
Aurore **Lalucq**, Co-directrice, Veblen Institute
Paul **Langley**, Professeur de Géographie Economique, Université de Durham
Victor **Lefèvre**, doctorant en philosophie de l'écologie à l'Université Paris I Panthéon-Sorbonne
Pierre-Yves **Longaretti**, Chargé de Recherche, CNRS, Institut de Planétologie et d'Astrophysique deGrenoble (IPAG), Équipe Soutenabilité, Territoires, Énergie, Économie, Environnement et Politiques locales (STEEP), INRIA.
Karen **Maas**, Directrice Académique, Centre d'Impact Erasmus, Université Erasmus Rotterdam, Professeur de

comptabilité et durabilité, Open University

Sébastien **Mabile**, Docteur en Droit public (thèse en droit de l'environnement), avocat au Barreau de Paris

Kathleen **McAfee**, Professeure, Relations internationales et Politique Environmentale, Universitéd'Etat de San Francisco

Matthieu **Meerpoël**, Maître de conférences en Droit, Université Catholique de Lille

Benjamin **Neimark**, Maître de conférences en Géographie Humaine et en Ecologie Politique, Université de Lancaster

Peter **Newell** (Pr.), Département des relations internationales, École des Etudes Globales, Université du Sussex

Richard B. **Norgaard**, Professeur Emérite d'Energie et de Ressources, Université de Californie, Berkeley

Oliver **Picek**, Chercheur, Institut Syndical Européen

Elke **Pirgmaier**, Chargée de Recherche à l'Ecole de la Terre et de l'Environnement, Université de Leeds

Dominique **Plihon**, Professeur émérite à l'Université Paris 13 Sorbonne Paris Cité

John R. **Porter**, Professeur de Climat et de Sécurité Alimentaire, Université de Montpellier SupAgro, Université de Copenhague, Université de Greenwich, Royaume-Uni, Université Lincoln, Nouvelle Zélande

Emmanuel **Prados**, Chercheur en Mathématiques Appliquées, Informatique et Développement durable, Directeur du groupe de recherche STEEP à l'INRIA, Grenoble

Gilles **Raveaud**, Maître de conférences en Economie, Université Paris 8 - Saint-Denis

Steve **Rayner**, Professeur de Science et Civilisation de l'Unité de recherche et politique James Martin,Institut pour la science, l'innovation et la société, Chercheur universitaire, Keble College, Universitéd'Oxford

Michel **Rocca**, Professeur Economie, Université de Grenoble Alpes

Inge **Røpke**, Professeur d'Economie Ecologique, Université d'Aalborg, Copenhague

Kobil **Ruziev**, Responsable Adjoint de Département (Programmes Economiques), École de commerce de Bristol, Université de l'Ouest de l'Angleterre

Malcolm **Sawyer**, Professeur Emérite d'Economie, Université de Leeds

Matthias **Schmelzer**, Konzeptwerk Neue Ökonomie et chercheur postdoctoral à l'Université de Iéna

Enno **Schröder**, Professeur Assistant, Université Technologique de Delft, Delft, Pays-Bas

Laurence **Scialom**, Professeure d'Economie, Université Paris Ouest Nanterre

Pablo **Servigne**, Auteur, Chercheur indépendant, Agronome et Docteur en Sciences

Ewan **Sonnic**, Chercheur Associé en Géographie et Aménagement de l'Espace, Ecole Nationale Supérieure d'Architecture de Bretagne

Clive L. **Spash**, Président de la chaire de politiques publiques et de gouvernance, WU Vienna – Université d'Economie et de Commerce

Servaas **Storm**, Maître de conférences en économie, Université Technologique de Delft, Delft, Pays-Bas

Peter **Sturm**, Directeur de Recherche, Directeur Scientifique adjoint pour la Perception, la Cognition et l'Interaction, Inria Grenoble Rhône-Alpes

Sophie **Swaton**, Maître de conférences, Institut de Géographie et de Durabilité, Université de Lausanne

Erik **Swyngedouw**, MAE, Professeur de Géographie, Université de Manchester

Hert **Van Hecken**, Professeur Assistant (voie de titularisation) en Coopération Internationale et Développement, Institut des Politiques de Développement (IOB), Université d'Anvers

Irene **van Staveren**, Professeure d'Economie Pluraliste du Développement, ISS, Université Erasmus de Rotterdam

Elisa **Van Waeyenberge**, Maître de conférences en économie, SOAS University of London

Julien **Vastenaekels**, Doctorant et enseignant assistant en sciences de l'environnement, Université libre de Bruxelles (ULB)

Arild **Vatn**, Professeur de sciences de l'environnement, Université norvégienne des sciences de la vie

Aviel **Verbruggen**, Professeur émérite en Energie et Economie Environnementale, Université d'Anvers

Marco **Veronese Passarella**, Maître de conférences en Economie, École de commerce de l'Université de Leeds

Grégoire **Wallenborn**, Physicien, Professeur d'Histoire des Sciences, Université Libre de Bruxelles

Wullweber Joscha, Université de Kassel

207   MEDIAPART   Denis Dupré   23 mars 2019   BLOG

L'évasion fiscale est-elle une invention de complotistes ?

Les 208 000 signataires de la pétition, complotistes ou pas, l'opinion de Dominique Seux ne les ralentira pas, continuent à exiger la loi de transparence fiscale pour les grandes multinationales. Utopique ? Pas sûr depuis l'exemple Vodaphone.

Les Echos du 4 mars faisaient leur une sur l'évasion fiscale.

Ingrid Feuerstein donne le ton en page 2 : « Lutter contre la fraude pour financer les services publics est un incontournable des programmes populistes. C'est l'une des revendications les plus pressantes des « gilets jaunes », qui revient avec insistance dans le grand débat. »

Dominique Seux, dans son éditorial poursuit délicatement « C'est une des fake news, ou des fausses informations si l'on préfère, les plus répandues depuis des années dans le débat public et plus récemment sur les ronds-points. […] une des figures obligées des projets électoraux des populistes […] un chiffre tourne même en boucle : il serait possible de récupérer de 80 à 100 milliards d'euros par an selon SUD solidaires ». Les montants perdus du fait de l'évasion fiscale seraient donc des inventions, des inventions de populistes ?

Les 208 000 signataires de la pétition pour faire une loi contre l'évasion fiscale (voir ici) sont-ils sous le coup de la loi contre les fake news ? Denis Robert et Yannick Kergoat qui préparent un film sur l'évasion fiscale vont-ils être qualifiés de populistes ?

Dominique Seux enfonce le clou « Des organismes peu sérieux ont imposé l'idée que l'Etat laisse échapper plus ou moins volontairement des dizaines de milliards d'euros d'impôts qui lui sont soustraits par la fraude et l'optimisation. » Dominique Seux assène le coup de grâce « Dresser les français les uns contre les autres est complotiste et dangereux ».

Là on est pris au piège. On a retrouvé une photo d'une rencontre entre complotistes.

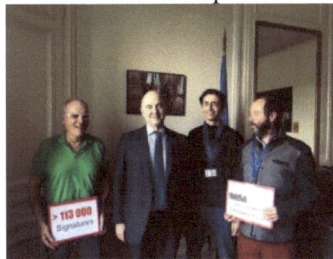

Rencontre du collectif STOPEVASIONFISCALE avec le commissaire européen Pierre Moscovici, 8 avril 2016, Paris.

Que dit le « complotiste » Moscovici, trois ans plus tard, le 1 janvier 2019 ? « Ces nouvelles mesures marquent une étape très importante dans notre lutte contre ceux qui tentent d'exploiter les lacunes des systèmes fiscaux de nos États membres pour éluder des milliards d'euros d'impôt. […] Elles devraient contribuer à empêcher que des bénéfices quittent l'UE sans être taxés»

Marie Dancer rapporte ces propos dans le journal La Croix (voir ici) et précise que « La Commission évalue à 1 000 milliards d'euros le manque à gagner de recettes fiscales chaque année, à l'échelle de l'UE. Pour la France, cette perte est estimée entre 60 et 80 milliards d'euros par an, ce qui correspond peu ou prou au montant annuel du déficit public tricolore. »

En 2017, l'Organisation des Nations Unies estimait entre 500 à 600 milliards l'évitement fiscal des entreprises au niveau mondial et dans un article récent (ici), l'économiste Christian Chavagneux, cite l'OCDE qui évalue l'évitement fiscal des entreprises au niveau mondial entre 100 et 240 milliards de dollars par an. Il y aurait donc des progrès.

Pourtant, le 8 mars 2019, le rapport du parlement européen sur la criminalité financière, la fraude fiscale et l'évasion fiscale (voir ici) nous explique que le problème s'aggrave plutôt et «met en garde contre le fait que certains phénomènes nouveaux sont intrinsèquement opaques ou favorisent l'opacité, ce qui permet la fraude fiscale, l'évasion fiscale, la planification fiscale agressive […] » Ce même parlement «déplore le fait que certains États membres détournent certains revenus fiscaux potentiels d'autres États membres en attirant les bénéfices générés ailleurs, ce qui permet aux entreprises de réduire artificiellement leur base d'imposition […] souligne la similarité entre les entreprises contribuables et les individus fortunés dans leur utilisation de structures d'entreprises et d'autres structures similaires, telles que des trusts et des places financières extraterritoriales, à des fins de planification fiscale agressive […] rappelle ses inquiétudes quant à l'utilisation de prix de transfert dans la planification fiscale agressive […] ».

Le rapport du parlement européen souligne que près de 40 % des bénéfices des entreprises multinationales sont transférés chaque année vers des paradis fiscaux. Et pourtant, dans le même temps, les impôts sont de plus en plus faibles. Ce même rapport constate en plus que « les taux d'imposition nominaux des sociétés ont diminué, au niveau de l'Union, de 32 % en moyenne en 2000 à 22 % en 2018. Les travaux actuellement menés par l'OCDE ne remettent pas en cause le fait que les pays ou les juridictions demeurent libres de fixer leurs propres taux d'imposition ou de ne pas avoir du tout de système d'impôt sur les sociétés […] selon l'évaluation considérée, les taux d'imposition effectifs dans l'Union vont de 2,2 % à 30 % […]».

Le parlement européen nous fournit de drôles de fake news ! La chaîne « complotiste » BFM le 16 décembre 2018 faisait une enquête passionnante (ici) et titrait en manchette « Les géants américains du web ne déclarent au fisc français qu'une infime fraction de leur chiffre d'affaires réalisé dans l'Hexagone. Ce qui leur permet de payer des sommes ridicules au fisc. »

Si le spécialiste de l'OCDE Pascal Saint-Amand, pouvait affirmer en mars 2019 que « les GAFA taxés à 3% c'est fini ! », il a cependant avoué lui-même ne pas avoir de stratégie encore définie : « maintenant que nous avons analysé la complexité du sujet, nous allons pouvoir avancer » (ici).

Mais que les complotistes se rassurent car comme nous le précise notre Dominique Seux : « Depuis un an Bruno Lemaire se bat pour contraindre les géants du numérique à verser leur obole ».

Voilà enfin un économiste qui connaît bien le grec ! Au vu des chiffres de bénéfices donnés dans l'article de BFM, la future taxe de 3% ne sera pas plus qu'une obole. Une obole c'est 1/6 de drachme, soit 1/6 du salaire journalier à Athènes du temps de Périclès. Une obole c'est ce qu'on devait placer dans la bouche des morts.

Que ceux qui vont mourir faute de financement de nos hôpitaux par ces milliards d'évasion fiscale saluent Dominique Seux.

Quant aux 208 000 signataires de la pétition, complotistes ou pas, l'opinion de Dominique Seux ne les ralentira pas, ils continuent à exiger la loi de transparence fiscale pour les grandes multinationales. Utopique ? Pas sûr puisque un des géants de la téléphonie, le britannique Vodaphone vient de mettre à disposition de tous les citoyens, ses bénéfices, son personnel et le montant de ses impôts (ici) pour tous les pays où il est implanté. Et ça, c'est une bonne étape pour contrer l'évasion fiscale!

MEDIAPART

Denis Dupré

9 avril 2019

BLOG

Pourquoi ma femme soutient le souverainisme libéral…

Ma femme, c'était pourtant pas son truc, jusque-là la politique traditionnelle … Mais là, elle me dit qu'elle ne peut plus déléguer à d'autres sa responsabilité de citoyenne et que ce parti des souverains libéraux est bien le seul qui lui semble avoir du sens. Et si elle avait peut-être raison... pour une fois ?

Vous ai-je déjà parlé de ma femme ? Voyez-vous, je ne fais pas vraiment toujours attention à ce qu'elle me raconte mais hier matin elle me dit, entre deux bavardages sur ses soucis du quotidien, qu'elle songeait à adhérer au parti des souverainistes libéraux.

Les marchés doivent être libres. Ainsi pense ma femme qui a participé au lancement d'une AMAP (Association de Maintien de l'Agriculture Paysanne) et la soutient depuis 15 ans pour que les petits paysans ne disparaissent plus autour de chez nous. Elle dit toujours qu'eux et nous gagnons à créer localement et librement notre marché. Elle dit aussi que chacun doit avoir la possibilité d'échanger son travail … et elle s'est entêtée à lancer une monnaie en heure de travail. Son système d'échange local c'était un marché où

s'échangeait librement une heure de cours de guitare contre une heure de réparation de vélo … Ma femme est plutôt pro-libérale.

Ma femme dit aussi que chacun doit avoir le droit et la possibilité de dire son opinion sans que les lois contre les « fake-news » ne canalisent sa pensée dans le sens des propagandes de l'état ou des groupes d'influences. C'est pas mon genre à moi, mais ma femme, elle a déjà été faire des manifs et elle n'en démord pas : « Chacun doit avoir le droit et la possibilité de manifester, seul ou à plusieurs, sans être ciblé comme un danger public et risquer des blessures graves ». Le libéralisme c'est ça aussi, dit-elle.

Je crois que ce qui la pousse à prendre sa carte au parti des souverainistes libéraux c'est qu'elle veut avoir son mot à dire pour que ceux qui nous représentent, n'oublient pas qui ils représentent, qui ils doivent protéger… ! Ça l'énerve, ma femme, que la Banque Centrale Européenne ne fasse rien pour financer les transitions énergétiques et agricoles indispensables pour l'avenir. Pour les souverainistes libéraux, le libéralisme concerne autant la liberté des individus que la

liberté des communautés, des collectifs, des gens qui sont installés sur un territoire. Par exemple, ils défendent la liberté pour un groupe de décider de l'usage de ses biens communs. Liberté de gérer un bien comme la monnaie par exemple. Ça plait à ma femme cette idée, elle veut pouvoir battre monnaie locale. Comme au niveau de la France ou de l'Europe, elle souhaite que la fabrique de la monnaie serve les objectifs que les usagers se sont collectivement fixés et qu'ils puissent les faire évoluer selon l'évolution de leurs besoins.

Ma femme, elle est prête à se bouger pour participer à la fabrique des lois et, elle m'explique que les souverains libéraux veulent que les lois puissent être initiées non seulement par nos représentants élus mais aussi par des Référendums d'Initiative Citoyenne.

Ma femme, c'était pourtant pas son truc, jusque-là la politique traditionnelle … Mais là, elle me dit qu'elle ne peut plus déléguer à d'autres sa responsabilité de citoyenne et que ce parti des souverains libéraux est bien le seul qui lui semble avoir du sens.

Je me dis que ma femme a peut-être raison pour une fois.

MEDIAPART

Demandons pardon à nos étudiants pour notre complicité dans la destruction de leur avenir

Nous sommes enseignants dans l'enseignement supérieur ou chercheurs dans des organismes publics.

Nous devons regarder en scientifiques lucides et non en autruches notre avenir et l'effondrement certain. Plus ou moins rapide, plus ou moins violent. Mais certain.

Celui décrit par le philosophe Dominique Bourg s'ancre dans sa fréquentation de nombreux experts du climat et de l'économie depuis des décennies :

« Dans la prochaine décennie, je doute que l'on puisse changer vraiment les choses ; si on commence à les changer substantiellement, ce sera plutôt dans la décennie suivante. Or, si tel est le cas, le risque de dérive vers une planète chaude est probable. Et une planète chaude, ce n'est plus qu'un milliard d'humains vers la fin du siècle. ».

Nous reconnaissons notre culpabilité

Nous continuons trop souvent à enseigner à nos étudiants tout ce qui détruira encore plus notre société.

Nous continuons trop souvent à concevoir des objets et à développer des pratiques qui détruiront encore plus notre société.

Enseignants en finance, nous avons servi les intérêts de la finance destructrice sans la remettre en cause radicalement. Elle est l'outil puissant de l'enrichissement démesuré de certains au prix de la destruction de la vie sur terre.

Enseignants ou chercheurs dans d'autres domaines, nous laissons transformer nos structures collectives aux dépends de l'intérêt général. Sournoisement s'instaurent dans les universités et les organismes publics des pratiques de gestion d'entreprise qui embrigadent au service des entreprises privées.

Nos travaux participent trop souvent à développer une consommation mortifère. Les industriels trouvent en nous une ressource de compétences payée par l'état. Ce dernier valorise les chercheurs qui oeuvrent pour les intérêts des industriels privés. Ainsi se perd la liberté de réfléchir aux conséquences à long terme sur notre société et notre terre de tous ces produits qui germent dans nos laboratoires.

Nos recherches conçoivent donc des objets quand ils sont profitables aux entreprises. Ceci n'aurait pas d'importance si l'intérêt exclusif de profits des structures privées, malgré leurs discours sur leur responsabilité sociale et le développement durable, n'était pas de plus en plus divergent avec la lutte contre l'effondrement.

Ces discours sans le savoir sans le vouloir, nous font participer à une propagande sans laquelle le système destructeur ne pourrait tenir. Nous sommes complices de fermer les yeux malgré l'accumulation scientifique de toutes les preuves d'une destruction massive de la vie suite à cette démesure de production, d'innovation et de consommation.

Nous demandons pardon

Nous demandons pardon à nos étudiants de ne pas les préparer à l'avenir. En 2050, ils nous maudiront en constatant les conséquences de notre insouciance criminelle.

Nous osons demander pardon parce que nous nous engageons à réparer.

Bien sûr, rien ne pourra réparer le préjudice.

Mais nous nous engageons à enseigner à nos étudiants ce qui va les aider à vivre dans les temps difficiles qui sont devant nous.

Nous nous engageons à faire de

notre mieux pour juger des conséquences de nos travaux. Il faut affronter les conséquences de nos recherches, il faut enquêter sur les conséquences sociales et écologiques de nos productions. Et à chaque fois qu'il sera nécessaire, il faut refuser de se taire et faire ce qui nous parait juste.

Promettre que nous voulons mieux faire ne suffit pas. Il faut confier la direction de nos laboratoires et de nos universités aux jeunes de moins de 40 ans.

A nous de leur laisser une place dès que possible. N'est-il pas indécent de poursuivre nos carrières au-delà de 62 ans pour augmenter nos retraites ? Il est l'heure pour nous de laisser des postes pour des jeunes profs. N'est-il pas indécent que les jeunes docteurs pointent au chômage et au RSA ?

Seulement alors, nous pourrons regarder dans les yeux tous les « Greta Thunberg » dans nos classes.

Seulement alors, nous pourrons espérer de nos enfants un pardon.

Même quand nous aurons fait tout cela, leur pardon est un possible mais non un dû.

Faisons-le de suite, tant qu'il nous reste de l'humanité.

Denis Dupré, maître de conférences à l'université de Grenoble

MEDIAPART — Denis Dupré — BLOG — 9 avril 2019

Évasion fiscale : une loi pour financer les transitions et atténuer l'effondrement

Notre combat pour contrer l'évasion fiscale des très grandes entreprises n'a pas fait partie des questions du grand débat. Les 208 000 signataires pour « Faire passer une loi pour contrer l'évasion fiscale » sont ignorés par le gouvernement. Il est urgent de financer : transition énergétique, autonomie alimentaire, accès pour tous à la santé. Sinon, avec l'effondrement viendra la violence.

Notre pétition pour « Faire passer une loi pour contrer l'évasion fiscale » (ici) atteint aujourd'hui 208000 signatures.

Nous étions ce lundi, place de la Concorde, pour défendre votre voix dans le cadre du Grand débat national avec les 4 autres pétitions ayant réuni 1,1 million de signatures ! (voir la vidéo ici)

Depuis 2010, une loi exige que les banques rendent accessibles à tous leur chiffre d'affaire, leur bénéfice et le nombre d'employés dans tous les pays où elles opèrent. Avec ces données, les enquêtes des ONG et de citoyens ont conduit les banques à freiner leurs pratiques et ont permis de récupérer des milliards d'euros qui échappaient à l'impôt. **Nous voulons la même chose pour toutes les très grandes entreprises opérant en France.**

Ce n'est plus la peine de rappeler que ces très grandes entreprises ne paient en moyenne que 10% d'impôt et certaines 0,05% grâce à l'évasion fiscale **MAIS il faut répéter** que nos PME qui paient 25% d'impôt sur leurs bénéfices ne peuvent concurrencer les tricheurs sur les appels d'offre et font faillite ou partent produire à l'étranger.

Ce n'est plus la peine de rappeler que d'autres entreprises où l'état est majoritaire comme Renault, ont usé de ces pratiques nommées hypocritement « optimisations fiscales ». **MAIS il faut être scandalisé** car ces dizaines de milliards manquants chaque année, conduisent droit à des augmentations de TVA et à des services hospitaliers qui se délabrent comme ceux de Grèce.

En 2016, **c'est bien le gouvernement qui a fait pression sur nos députés** pour torpiller cette loi pour la transparence fiscale des très grandes entreprises. **Nous l'avons dénoncé.**

Aujourd'hui, notre combat pour contrer l'évasion fiscale des très grandes entreprises, n'a pas fait partie des questions sur le site internet, dans le grand débat organisé par le gouvernement. Comme c'est le cas pour les autres pétitions défendues ici aujourd'hui, **les 208 000 signataires** pour « Faire passer une loi pour contrer l'évasion fiscale » **sont ignorés par le gouvernement.**

Voilà ce qu'exige notre loi

Article 1 : Les entreprises dont le chiffre d'affaires dépasse 150 millions d'euros devront publier chaque année le chiffre d'affaire, le nombre d'employés, le bénéfice et le montant d'impôt payé, pour chaque pays où elles ou leurs succursales exercent leur activité. Ces données sont accessibles à tous les citoyens conformément à la déclaration des droits de l'homme.

Article 2 : En cas de falsification, le directeur général et le directeur financier sont passibles d'une peine de prison.

Article 3 : Dans le cadre d'une politique volontariste de transparence, en adéquation avec la Responsabilité Sociale de l'Entreprise, les entreprises, qui accepteront que ces informations soient rendues publiques avant la mise en application de la loi, se verront attribuer un label « entreprise fiscalement citoyenne »

Notre demande serait-elle irréaliste et conduirait-elle à la faillite des entreprises françaises ?

En février 2019, le 3eme opérateur mondial de

téléphonie, Vodaphone, bien plus grand que nos opérateurs français Bouygues, free ou SFR, a mis sur son site web , à disposition de tous, toutes les données que nous exigeons. **C'est donc possible !**

Notre président s'il est respectueux des citoyens français, doit insérer notre loi dans son referendum. Les députés s'ils sont courageux doivent s'en saisir, si besoin avec le Referendum d'Initiative Populaire.

Face à nous, l'effondrement. **Finançons en France ce qu'il est urgent de financer** : transition énergétique, autonomie alimentaire, accès pour tous à la santé. Sinon, avec l'effondrement viendra la violence.

Aujourd'hui il est moins une. **Demain il sera trop tard.**

Liberté Egalité Fraternité **pour tous**.

Comment manipuler sa comptabilité pour faire de l'optimisation fiscale

Dans son discours de clôture du Grand Débat National, le Président Macron veut nous faire croire que la Cour des Comptes va chiffrer l'évasion fiscale des très grandes entreprises.

Dans son discours de clôture du Grand Débat National, le Président Macron veut nous faire croire que la Cour des Comptes va chiffrer l'évasion fiscale des très grandes entreprises.

Imaginons une entreprise internationale fictive Optim-Fisc. La maison mère est anglaise avec une filiale en France.

En voici la réalité industrielle.

Ses 1060 employés produisent 1600 de chiffre d'affaires de ventes de logiciel. Les charges d'Optim-Fisc sont de 1280 (1000 pour la production et 280 pour la commercialisation).

Sa marge bénéficiaire est donc de 320 (soit 20% du Chiffre d'Affaires).

La production est vendue à 50% au Royaume-Uni et à 50% en France.

Au Royaume-Uni, le chiffre d'affaires est de 1300. Au Royaume-Uni, le bénéfice de 160 correspond au produit de la vente pour 800 diminué des 500 de charges pour cette production et au 140 de charges pour la commercialisation. 960

personnes assurent la production et 50 personnes la commercialisation. La vente à la filiale française est assurée au prix coutant de production, soit 500, et n'apportera donc que des bénéfices dans la filiale française.

En France, à l'achat à la maison mère au prix de 500, s'ajoutent les charges de la commercialisation de 140. 50 salariés assurent la commercialisation. La vente pour 800 assure donc un bénéfice de 160.

Optim-Fisc : réalité industrielle

Pays	CA	employés	bénéfices	impôts
Royaume-Uni	1300	1010	160	
France	800	50	160	
Bas-Luxmudes	0	0	0	

La filiale au Bas-Luxmudes [1] n'a pas été créée.

Il n'y a « optimisation fiscale » que parce que l'histoire de cette réalité industrielle n'est pas racontée par la comptabilité. La seule motivation est de profiter de la concurrence fiscale entre états et de minimiser l'impôt sur les bénéfices.

Sans parler de fraude [2] et en restant à la frontière de la légalité, mais dans la totale illégitimité, prolifère ce que nous spécialistes en finance et comptabilité appelons dans notre jargon la « comptabilité créatrice ». Le fisc ne peut souvent rien y redire.

Voici quelques exemples de « comptabilité créatrice ».

Optim-Fisc peut déplacer du chiffre d'affaires au Bas-Luxmudes (Par exemple, Total a une filiale aux Bermudes dont le chiffre d'affaires est disproportionné avec l'extraction pétrolière et la vente de pétrole dans cette île confetti : lire ici). Il suffit que la production française soit vendue à la filiale Bas-Luxmudes chargée de la commercialiser dans le reste du monde pour créer du chiffre d'affaire artificiel.

Optim-Fisc peut déplacer des salariés. Dans nombre de filiales de grands groupes internationaux les bureaux sont vides. Des dizaines de cadres français de haut niveau peuvent travailler officiellement au Bas-Luxmudes pour payer moins d'impôts. En fait, ils travaillent principalement en France mais se déclarent à l'étranger.

Optim-Fisc peut jouer sur le prix de vente des produits d'une filiale à l'autre. Tant que le prix de vente d'un produit est « libre », une seule société filiale suffit à loger le bénéfice où l'on veut. Par exemple, si Optim-Fisc vend à sa filiale française les produits à leurs prix de revient, tous les bénéfices sont en France. Par contre, tous les bénéfices restent dans la maison mère anglaise si les produits sont vendus à un prix tel que la filiale française ne fasse pas de bénéfices.

Optim-Fisc peut jouer sur les charges, avec les prix de transfert, et déplacer du bénéfice. Comment prouver qu'une équipe de conseil de Bas-Luxmudes n'a pas surfacturé un rapport « enjeux stratégique et marketing 2030 » qui a été fait en réalité par une équipe en France. Même si les prix de transfert sont davantage contrôlés aujourd'hui, les trous dans la raquette sont énormes.

Enfin Optim-Fisc peut jouer sur le lieu de déclaration de la vente des services. Par exemple un grand groupe de locations de vacances facture presque tous ses services pour les locations situées en France depuis l'étranger.

Prenons toujours notre exemple fictif d'Optim-Fisc. Une fois que je suis devenu directeur financier et que j'ai créé une filiale au Bas-Luxmudes, voici ma nouvelle comptabilité.

Optim-Fisc et l'histoire qu'elle nous sert avec l' « optimisation fiscale »

	CA	employés	bénéfices	impôts
Royaume-Uni	1600	1000	20	2
France	800	50	1	0.25
Bas-Luxmudes	800	10	300	0.25

Le conseil, la finance et le marketing sont facturés à la maison mère anglaise par la filiale au Bas-Luxmudes composée de quelques cadres vivant en fait à Londres (ces factures font chuter le bénéfice à 20).

Les logiciels sont vendues à la France par la filiale Bas-Luxmudes au prix proche de celui de vente au client pour rendre quasi-nuls les bénéfices (dans notre exemple, ce prix de vente est calibré pour viser un bénéfice de 1 dans la filiale française).

Mais les citoyens peuvent crier au scandale et avoir envie de voter avec leurs porte-monnaie et de boycotter ces entreprises ou de faire voter d'autres règles fiscales.

Aussi, notre pétition pour « Faire passer une loi pour contrer l'évasion fiscale » (ici) atteint aujourd'hui 209000 signatures. Une loi très simple y est proposée pour limiter ces pratiques.

Notre projet de loi exige simplement quatre chiffres : chiffre d'affaires (CA), bénéfice, nombre de salariés, impôt.

Notre projet de loi exige que ces chiffres soient rendus publics pour chaque pays dans le monde et ne restent pas dans le secret du ministère des finances.

Cet exemple d'Optim-fisc montre que rien ne peut se dire sur l'optimisation fiscale sans les quatre chiffres pays par pays et une analyse industrielle de chaque grand groupe et de son système de filiale. Rien ne peut se dire sans une analyse du lieu de résidence des clients finaux.

Une réforme radicale de la fiscalité qui taxerait sur le lieu du consommateur final avec transparence de la comptabilité mondiale reste une utopie. La relocalisation du bénéfice au prorata des ventes dans chaque pays est impossible car les enjeux stratégiques opposés entre pays producteurs (Chine) et consommateurs (Europe) enlisent ce débat mondial.

La Cour des Comptes est aujourd'hui bien incapable sur notre exemple fictif et simple d'estimer l'évasion fiscale. Comment jugerait-elle de la crédibilité des opérations si

l'on ajoutait une maison-mère chinoise qui rachèterait Optim-fisc ?

La cour des comptes trancherait que tout est légal.

Le gouvernement prétend limiter l'évasion fiscale en en faisant chiffrer le montant à la Cour des Comptes.

Plutôt que ce gag pour nous enfumer, monsieur le Président réformez en urgence les règles fiscales et rendez les données fiscales de ces grandes entreprises accessibles à tous les citoyens.

[1] Le Bas-Luxmudes est un paradis fiscal en raison de deux caractéristiques : taux d'imposition bas sur le bénéfice déclaré et absence de transparence des comptes.

[2] La fraude concerne aussi ces quatre chiffres. Ne pas déclarer du chiffre d'affaire (vente au « noir »). Ne pas déclarer de l'emploi (classique du BTP) pour ne pas payer de « charges sociales ». Ces fraudes nécessitent et conduisent à la constitution de caisses noires. En voici probablement un exemple récent dans une entreprise ou l'état siège au conseil d'administration :

« Renault a versé pour plusieurs millions d'euros désignés comme des primes de performance à Suhail Bahwan Automobiles, distributeur commercial des marques de l'alliance à Oman, […] Les éléments adressés par Renault au parquet suggèrent également que l'essentiel des fonds a été ensuite transféré à une société libanaise contrôlée par des associés de Carlos Ghosn. »

Source : https://fr.reuters.com/article/businessNews/idFRKCN1RD2MG-OFRBS

Une telle caisse noire peut permettre toutes les utilisations : acheter un yacht ou financer une start-up aux États-Unis créée par un proche etc.

Denis Dupré 5 juin 2019

MEDIAPART BLOG

Macron a le profil du dictateur vert

Macron sera le premier dictateur vert. Il sera nommé Président à vie, comme Xi Jinping.

J'ai écrit le 9 mars 2009 dans le journal Réforme le texte joint ci-dessous.

Je m'inquiétais des éléments de dictature introduits par le Président Sarkozy.

Dix ans plus tard, cinq éléments sont profondément ancrés dans notre quotidien « démocratique » : contrôle des médias, de la justice, des rouages administratifs, de l'opposition et des intellectuels. Macron a étendu cette panoplie et notre « démocratie » se pare des éléments caractéristiques d'une dictature. Grace aux gilets jaunes, Macron a pu mettre en place l'interdiction de manifester pour les opposants les plus radicaux. La peur vaut interdiction pour les autres depuis qu'il autorise les tirs de la police sur des pacifiques manifestants. Grace à la loi sur les *fake-news*, Macron interdit la propagande quand elle ne vient pas de son gouvernement.

Pour devenir dictateur, il ne reste plus qu'à autoriser les tirs à balles réels sur les manifestants. Le pas sera-t-il franchi un jour ?

Notre avenir est sombre de l'effondrement écologique favorisé par les marchés libres et les oligarchies qui en profitent. Macron est le pyromane. Macron est intelligent et manipulateur. Il sera le pompier.

Très rapidement, des centaines de millions de réfugiés potentiels rendront les fermetures des frontières comme une évidence. Macron proposera des quotas de migrants adaptés aux besoins d'emploi et gagnera ainsi les élections de 2022 sur le Rassemblement National et sur la gauche en promettant un revenu universel.

Mais la survie alimentaire pour tous ne sera bientôt plus assurée puisque nous aurons vendu la plupart de nos terres.

En 2027 Macron lâchera l'alliance avec une Amérique affaiblie et s'alliera avec le pouvoir chinois. Pour gagner les élections il fera un emprunt massif à la Chine permettant un achat de produits alimentaires pour nourrir la population française en encadrant le prix des denrées alimentaires de base.

Dès 2028 la France deviendra un satellite de l'empire chinois sous le gouvernorat Macron. Faute de crédit et devant l'ampleur de la dette, les prix alimentaires s'envoleront alors qu'une part croissante des récoltes françaises seront acheminées en Chine par la route de la soie. Pour résoudre la famine, Macron mettra en place le contrôle des naissances et la politique de l'enfant unique.

Macron sera le premier dictateur vert. Il sera alors nommé Président à vie, comme Xi Jinping.

Comment naît une dictature? Publié le 5 mars 2009 dans le journal Réforme (disponible ici et ici page 27)

Si je voulais être dictateur, je commencerais par 6 mesures simples pour contrôler les pouvoirs, les contre-pouvoirs et les urnes.

Je prendrais le contrôle des médias : Berlusconi les possède, Hugo Chavez fait fermer la télévision d'opposition, moi, je les engluerais dans une toile. Je serais l'ami proche des actionnaires des télévisions et journaux privés. Je leur faciliterais certains contrats dans d'autres activités où l'état à son mot à dire. Je donnerais de l'argent pour « aider la presse » et je les imagine déjà à la conférence de presse d'annonce de subvention, ils seraient tous là en rang serrés, courtisans se bousculant pour m'approcher. Je contrôlerais la télévision publique en nommant son directeur. Je ferais virer un directeur de journal pour une photo de ma femme avec son nouvel amant. L'autocensure deviendrait assez vite un réflexe de Pavlov. Je moucherais en conférence de presse un éditorialiste pour donner le ton. Je prendrais un journal qui ne m'a pas plu, à cause d'une révélation sur ma vie sentimentale, et ironiserais sur sa "crédibilité" devant les autres journalistes pour tester leur servilité à ne pas répondre. **Les voyous que j'apprécie.**

Le pouvoir c'est quand tous courbent la tête quand j'affirme que le noir est blanc. Je ferais passer des lois sous prétexte d'éviter la diffamation et protéger les innocents, en fait pour empêcher la presse et les rebelles de dénoncer les voyous dont j'apprécie tant le dynamisme.

Je prendrais le contrôle de la justice. Là il me suffirait encore de suivre l'exemple Berlusconi. Le travail est d'ailleurs bien avancé grâce à mes prédécesseurs qui se sont débarrassés d'Eva Joly, virée « de son plein gré ». Avec moi, il n'y aura plus de juges d'instruction et la poursuite des affaires financières dépendra du ministre de la justice. Elle sera bien plus lente pour certains et refermera les dossiers qui m'embarrassent. Pour le dernier Zorro, Eric de Montgolfier, qui a tenté de mettre au pas les pratiques mafieuses des francs-maçons dans le Sud, je le laisserais se faire condamner pour des broutilles. Quel art du supplice : parvenir à le faire condamner par cette justice injuste qu'il a tant combattue.

Je prendrais le contrôle des rouages administratifs : les préfets. En deux ans je les ferais tous changer pour montrer que je peux défaire les carrières en 5 minutes. Un prétexte futile de sifflets lors d'une de mes visites et hop !

J'exigerais de la ministre de muter le préfet. C'est elle la méchante mais tout le monde sait que c'est moi qui tire les ficelles. Il faut de l'indirect et de l'expéditif pour distiller la peur.

Je parviendrais même à prendre le contrôle de l'opposition. Quelques trahisons. Par la grâce du prince, je ferais notable tel ou tel calife de gauche m'ayant rejoint. De plus, en poussant mon concurrent le plus brillant au FMI, je montre que la gauche est plus ultralibérale que moi. Reste l'ultra gauche qu'on peut embastiller sans preuve réelle mais pour protéger la France. Quelle bonne idée de l'ami Bush d'obnubiler le monde avec le terrorisme alors que la Planète et la finance s'autodétruisaient avec sa bénédiction et les systèmes de corruption et de paradis fiscaux qu'il cautionnait.

Je prendrais facilement le contrôle des intellectuels. Les plus lèches-bottes viennent vers moi si vite. Les porte-paroles et conseillers de l'ancien président de gauche Mitterrand me mangent même dans la main et m'honorent en échange de quelques petits coups de pouce. Pour les rebelles de l'université, je coupe leurs libertés en les soumettant au bon vouloir des présidents d'Université pour « moduler » leurs heures de cours. Je prive indirectement les universitaires de la liberté de pouvoir critiquer que la France leur avait reconnue dans un pacte international.

Élections truquées.

Je prendrais enfin le contrôle des urnes : au cas où ! Il faut de fait que la dictature soit plus avancée pour contrôler les votes manuels et les scrutateurs : j'aurais donc besoin du vote électronique. Je testerais des élections informatiques truquées tout d'abord dans mon parti et je dirais que le vote informatique c'est plus moderne à tous ces crétins que je dirige. Puis je favoriserais l'usage de cette façon de voter. Je serais bien sûr l'ami du propriétaire de l'entreprise informatique qui gère le logiciel et qui me doit tout. Qui osera se lever pour douter des failles de cette informatisation du pouvoir démocratique de base?

Si je voulais être dictateur, je pourrais aussi penser à préparer mon fils pour achever la tâche. Ma dictature serait aigre-douce : sucrée pour certains, salée pour d'autres. Au début elle apparaitrait sans saveur aux pseudo-citoyens, peureux et lobotomisés qui se contentent de mes explications télévisées. Si je voulais être dictateur….

Dis-moi, lecteur, quelle différence fais-tu entre la réalité et le cauchemar?

2034 - Les chinois sont entrés dans Paris

Nous allons décrire un scénario d'effondrement dont nous sommes incapables d'estimer la probabilité. Nous ferons donc bien de la science-fiction. La question de l'accession aux biens vitaux et de leur gestion en bien communs sera au cœur de ce scénario d'effondrement. 2034 : Les chinois sont entrés dans Paris. Journal d'un haut-alpin.

Journal d'un haut-alpin

2022

Les revendications de 2019 des gilets jaunes et des marcheurs pour le climat, ont eu pour conséquence un contrôle systématique et dissuasif des manifestants, et la loi sur les *fakenews* a fait renaitre une police de la pensée. Le gouvernement a rassuré la classe possédante. Le calme semblait revenu.

Mais en 2021 l'effondrement agricole a créé des pénuries alimentaires mondiales. La Chine avec ses moyens financiers rafle alors toutes les céréales sur les marchés mondiaux pour éviter chez elle les émeutes. Les Français découvrent la sensation de la faim. La crise économique fait s'effondrer les infrastructures. Les hôpitaux sont indigents, l'internet s'effondre faute d'entretien des supports techniques qui s'ajoute à la surveillance que l'état exerce sur les réseaux.

La Chine avait acheté l'Afrique dans les années 2000. Avec un discours de propagande bien huilé annonçant une « *win-win cooperation* » selon le terme mille fois répété dans chaque pays par le président Xi Jinping, elle se préparait à faire de même avec l'Europe, après avoir déjà mis sous sa tutelle la Grèce, le Portugal et la Hongrie.

En janvier 2022, les sondages donnaient Macron largement perdant. Coup de théâtre, il offre le revenu universel pour tous et encadre le prix du pain. Mais, pour ce faire, il sollicite auprès de Xi Jinping un prêt de 2000 milliards de Yuan. En échange, Macron offre à la Chine la totale liberté d'investir en France: achat des autoroutes, créations de zones d'activité extra territoriales sous contrôle de la police chinoise et non limitation pour les achats de terres agricoles.

Le 8 avril 2022 Macron est réélu.

Le 6 juin 2022, les américains débarquent dans toute l'Europe du Nord. Officiellement, ils sont juste chargés de gérer la fin de l'Euro et redéfinir les missions de l'OTAN. En fait, ils répondent à la demande officielle des allemands effrayés par l'ouverture de la France aux exigences chinoises.

La France, avec l'Allemagne, les pays du nord et nombre de pays de l'est se mettent sous la protection américaine. Ils conservent l'euro qui est désormais indexé au dollar à parité.

Les autres pays européens comme l'Italie, sortent de l'euro: ils sont de fait abandonnés à l'influence chinoise.

9 mars 2024

Joie de revoir mon ami Marc Chesney, enseignant en Suisse qui vient de m'inviter chez lui. Nostalgie aussi, il est si loin le temps où nous mettions en garde nos contemporains contre les ravages de la finance destructrice.

La frontière franco-suisse est particulièrement contrôlée.

Marc m'explique la votation du 6 mars 2024 : les flux de matières sont contrôlés avec l'étranger ainsi que les flux monétaires qui doivent être approuvés. De plus, la constitution de 1848 a été reprise avec la souveraineté totale du peuple.

Leur votation du mois prochain porte sur l'interdiction de transporter des pièces de monnaie suisses hors frontières. Mais même interdit le franc suisse en pièce de 5 francs restera, comme l'or, monnaie d'échange en France et dans le monde.

Pendant mon séjour chez lui, j'apprends qu'un groupement des cinq plus grandes banques suisses viennent de créer le solidus, une nouvelle monnaie fonctionnant sur un internet privé Suisse sécurisé utilisant la blockchain. Le solidus est adossé à des terres agricoles, des sources d'eau et des mines. Il y a des terres gages de la monnaie d'un peu partout : France, Allemagne etc. Mais pas de la Suisse qui n'autorise pas la vente des terres et de l'immobilier à des non Suisses. Ces monnaies vont avoir un succès mondial et les mois qui suivent aura lieu un achat massif de terres agricoles par ces nouvelles monnaies contrôlées par les banques Suisses.

décembre 2025

Le groupe d'habitants des Hautes-Alpes « La belle démocratie » vient de lancer une monnaie solidarus alpinus basée sur l'achat d'une ferme de 100 hectares dans le Büech. Le propriétaire ne voulait pas vendre aux banquiers suisses du solidus. Ceux qui ont investi ont reçu à proportion de leur investissement des solidarus alpinus et sont copropriétaires de cette terre. Une cinquantaine de jeunes agriculteurs vont y pratiquer de la permaculture intensive en rendement.

Même les moins écologistes se bousculent pour échanger si possible leurs dollars contre cette monnaie. Cependant, elle est fondante pour éviter la thésaurisation. Une taxe de 5% l'an est appliquée qui est reversée intégralement aux autres détenteurs de monnaie immédiatement. De nombreux artisans se sont précipités pour l'accepter si bien qu'elle est devenue monnaie star du département. De nombreux autres achats de terres ainsi que les sources d'eau de Chorges sont devenus ainsi propriétés et biens communs des alpins solidaires.

2027

Plus grand monde ne s'informe. Cela fait des années que la plupart d'entre nous n'ont plus ni télé ni internet. Cela n'existe plus qu'en un réseau accessible qu'aux très riches. En France, l'insécurité est le quotidien. Les milices locales se sont développées. L'état n'assure ni la sécurité ni la santé et fournit juste une éducation pour apprendre à lire et écrire.

La frontière avec l'Italie s'est lourdement militarisée. De fait, la Chine y fait face à l'Amérique, juste au col de Montgenèvre au-dessus de Briançon. Paulo, un vieux copain sicilien, qui a toujours mené ses petites affaires « sous les radars » passe me voir et me raconte.

Côté italien, tous les commerces et entreprises sont aux mains des chinois. 20% de la population est chinoise. Les flux de produits agricoles repartent massivement vers la Chine et ne permettent plus de nourrir décemment la population. En Italie, chacun est préoccupé par sa survie. Les paiements se font exclusivement avec les yuans et le millième de Solidus.

Chez nous, sous prétexte qu'elles permettaient d'échapper aux taxes, les monnaies locales ont été interdites. Le solidarus alpinus a dû disparaître. Les petits réseaux résilients explosent.

Printemps 2034

En baisse régulière depuis 20 ans, les récoltes mondiales promettent cette année d'être encore mauvaises. Les Etats-Unis affaiblis ont besoin des récoltes françaises. Notre président fait voter un projet de loi. Il s'agit de taxer les terres des non-résidents à 200% de la valeur des récoltes. Il s'agit d'empêcher les chinois de remonter les denrées alimentaires par les autoroutes de la soie. Du coup, la valeur du solidus France des banques suisses commence à s'effondrer.

6 avril 2034

A mon grand étonnement le député des Hautes-Alpes est passé chez moi en vélo ce midi. Il a lu il y a longtemps sur internet (ici) mon livre « La fabrique collective de la monnaie ». Toutes les monnaies locales en France sont interdites depuis maintenant sept ans et le député se demande dans l'urgence s'il ne faut pas remettre une telle monnaie en service pour le département. Je retrouve au grenier mon exemplaire papier de mon livre. Ce dont il veut discuter avec moi c'est de la taxinomie que j'avais élaborée en 2016. C'est vrai qu'elle semble toujours capable de décrypter ce monde des monnaies nouvelles.

Pessimiste je ne vois pas bien à quoi cela va nous mener. Nous reprenons ensemble le tableau d'analyse qui détaille les fonctions et les valeurs possibles d'une monnaie. C'est bien le mode de gouvernement la caractéristique principale de la monnaie : **Qui dirige dit ce que l'on fait des biens communs.**

Et le député trace 5 colonnes, une pour chacune des monnaies qui peut parfois tomber dans nos poches et une pour la monnaie dont il rêve pour son territoire… Il lui a déjà donné un nom Pic de Bure.

Je coche en vert les caractéristiques principales des monnaies en circulation. Et le député fait de même pour son Pic de Bure. Pensif, il mordille le crayon.

« Voilà, me dit-il, ce qu'il nous faudrait et ce qui doit nous différencier des autres monnaies. »

Pour voir le tableau, accéder à l'article complet ici téléchargeable sur mon site ici.

Le député s'apprête à enfourcher son vélo quand mon pote Paulo débarque après des semaines d'absence. On se retrouve dans la cuisine tous les trois autour d'une tisane penchés sur le tableau. Paulo qui fait toujours ses petits trafics et sait très bien comment ça se passe chez nos voisins italiens nous explique que notre « forme de gouvernement pour tous » est utopique. Pour que le Pic de Bure puisse survivre (et ses promoteurs aussi !), la monnaie doit rester discrète, et même très discrète. Selon lui, si on veut résister, il faut se cacher. Drôle de monnaie qui devrait s'appuyer sur la méfiance et l'exclusion, mais Paulo a sans doute raison.

5 mai 2034

Comme chaque jeudi, je vais au bourg à pied … On a gardé l'habitude de se retrouver entre copains pour discuter un peu même s'il n'y a plus de marché comme avant. Les rumeurs les plus folles circulent.

Je vois arriver en vélo, un p'tit jeune qui avait réussi à trouver un job en Suisse. Il raconte. Toutes les frontières suisses sont fermées. On lui a demandé de partir. Il sort de son sac un journal : un luxe qui n'existe plus en France ! Le Temps de Genève titre « Frontière fermée : la Chine déplace ses troupes vers l'Europe ». Des blindées chinois et des troupes arrivent en une file ininterrompue de la route de la soie et demain ils entreront dans Paris.

Le jeudi suivant, le prix de la baguette en dollar a été multiplié par dix.

Je pense à la discussion sur la monnaie avec le député et aux conseils de Paulo. Maintenant on n'a plus le choix d'hésiter.

THE HUFFINGTON POST — Denis Dupré — 23 juillet 2019

BLOG A LA UNE

À trop écouter les collapsologues nous finirons en grenouilles ébouillantées

Sans une dimension de lutte, la collapsologie ne fait émerger du brouhaha que des postures à même de contester l'imaginaire de la compétition mais sans prise sur le réel.

En 2006, Al Gore dans son film "Une vérité qui dérange" comparait l'humain à une grenouille dans une casserole sous laquelle le feu était allumé et qui malgré l'élévation de la température ne se décidait jamais à sauter hors de la casserole. Elle finissait morte ébouillantée.

Les collapsologues ne nous poussent pas à sortir de la casserole pour au moins deux mauvaises raisons.

- La première mauvaise raison est que nous serions avec les plus riches dans la même casserole… ou le même bateau selon la terminologie en vigueur.

Les 10% les plus riches qui émettent 40% des gaz à effet de serre le sont-ils vraiment? Je crois que non. Je crois que la planète Titanic va couler et les riches sont en train de se ruer sur les canots de sauvetage.

- La seconde mauvaise raison est que nous n'échapperions pas à l'inéluctable et que sauter hors de la casserole nous mènerait vers une casserole plus vaste où nous n'échapperions pas à l'effondrement.

Le pionnier Pierre Rabhi prônait ainsi déjà une évolution des consciences. L'insurrection politique était, pour lui, remplacée par l'insurrection des consciences. Les collapsologues médiatiques dans son sillage proposent le plus souvent une vision réformiste populaire partant de l'individu et de la coopération. La coopération doit être développée et Pablo Servigne, le pape de la collapsologie nous y invite avec talent. Mais n'oublie-t-il pas un élément du trépied qui ancre sur terre un possible monde en émergence? Bien sûr il faut se construire, bien sûr il faut construire ensemble. Mais que restera-t-il de nos châteaux de sable si nous ne luttons pas contre ceux qui les détruisent? Il est en effet urgent de contrer ceux qui détruisent. Ceux qui accaparent les terres. Ceux qui accaparent l'eau. Ceux qui accaparent tout ce qui avec l'effondrement devient de plus en plus rare. Y compris dans ce qui est vital. La question de l'accession aux biens vitaux[1] et de leur gestion en biens communs est au cœur de ce qui transforme l'effondrement en une société ou un cauchemar.

Le pionnier Pierre Rabhi prônait ainsi déjà une évolution des consciences. L'insurrection politique était, pour lui, remplacée par l'insurrection des consciences.

Ne nous laissons pas endormir par les belles histoires de solidarité des collapsologues qui nous feraient oublier toutes formes de luttes. Dans les camps de concentration, l'entraide existait peu.

Sans cette dimension de lutte, la collapsologie ne fait émerger du brouhaha que des postures à même de contester l'imaginaire de la compétition mais sans prise sur le réel. Des imaginaires qui ne pourront jamais devenir instituants et par là-même bouleverser, modifier nos puissantes institutions. L'institution entreprise est vecteur de 80% des transformations du monde. La mettre en question comme institution est un tabou. Aussi pour être médiatique, sans même parfois en être conscient, certains collapsologues laissent entendre qu'avec les très grandes entreprises, tous ensemble, nous pourrions élever nos consciences et transformer le monde sans conflits. Le militant écologiste Cyril Dion dans le documentaire "Demain" offre un superbe greenwashing à

Danone en laissant penser que la mission de telles entreprises pourrait être modifiée sans en modifier la propriété ni la taille"[2].

Avec Cyril Dion qui affirme "quand ça marche bien, c'est qu'il y a des élus, des entrepreneurs et des citoyens qui travaillent ensemble" s'opère un glissement sémantique. "Nous pourrions" devient "nous devons". Un ordre inconscient pour évacuer les luttes coordonnées contre les destructeurs. Une nouvelle mythologie apparaîtrait où tous ensemble nous baisserions le feu sous la casserole.

Ainsi est largement oublié un chemin: celui de la lutte pour imposer la réforme radicale et rapide de nos productions pour ne pas foutre en l'air la planète. Il conduit logiquement à une égalité des consommations de tous incompatible avec le processus actuel d'accumulation des richesses et de privatisation des biens communs. Or, un effondrement en douceur dans la sobriété, l'égalité et le rationnement est possible: il ne conduit ni au bonheur ni à la joie mais à la fraternité dans une forme possible de liberté et une forme radicale d'égalité. Mais il faut que les plus riches soient poussés par la contrainte à la sobriété par l'égalité.

Cette forme de collapsologie et cette utopie associée sont encore largement absentes du discours des collapsologues. Pablo Servigne affirme que cette question politique est le troisième ouvrage qu'il prépare. En attendant, les révoltes pour une autre forme d'organisation sont souvent classées implicitement dans les utopies irréalistes voire nuisibles. Cette autre forme concerne la production de richesse, le contrôle des marchés et la part des biens communs qui doit être mise hors d'atteinte de la propriété privée.

Ainsi est largement oublié un chemin: celui de la lutte pour imposer la réforme radicale et rapide de nos productions pour ne pas foutre en l'air la planète. Il conduit logiquement à une égalité des consommations de tous incompatible avec le processus actuel d'accumulation des richesses et de privatisation des biens communs.
Quel collapsologue médiatique rend désirable le monde démocratique de l'auto-organisation des collectifs dans des formes radicales d'égalité pour gérer et reprendre nos biens communs? Il reste pourtant un chemin possible et, pour ce qui me concerne, le seul qui me paraît désirable en contexte d'effondrement.

Organisons nos révoltes en ce sens (voir ici).

Je crois que, dans le contexte de température actuelle de l'eau dans les casseroles, nos révoltes peuvent tout changer. Les grenouilles dans les casseroles d'eau froide qui font bouillir sans ménagement, pour leur petit confort, les casseroles d'eau chaude des autres grenouilles doivent être versées avec nous dans une casserole commune cette fois, de gré ou de force.

Ne nous laissons pas faire sinon les pires des scénarios de science-fiction qui germent vont être notre quotidien dans un monde où les combats des nations pour prélever les biens vitaux seront un banal ordinaire et la fiction des Chinois à Paris en 2034 une fiction devenue réalité.

[1] Pour une définition des biens vitaux: regarder la vidéo de Denis Dupré, How finance can help to manage "vital goods" in the coming collapse?, "Change Finance Forum", Financewatch, 5th december 2017, Bruxelles

[2] En savoir plus en lisant L'effondrement, parlons-en: les limites de la "collapsologie" de Jérémie Cravatte

MEDIAPART

Denis Dupré   15 aout 2019

BLOG A LA UNE

Aéroport de Paris bradé – crise de foi publique

Mais alors pourquoi privatiser l'aéroport de Paris juste au moment où son PDG, ancien haut commis de l'état, affirme haut et fort que les bénéfices vont flamber dans les années à venir ?

Jeu des 7 erreurs.

ACTU & ÉCO ─────────

À LA UNE

09:00   ECORAMA

"Il y a du potentiel en Bourse pour l'action ADP !", selon Augustin de Romanet (PDG d'ADP)

adp

1. S'il y a du potentiel en bourse c'est que l'Aéroport de Paris est en train d'être bradé par l'état.

2. Les entreprises peuvent attaquer les états qui les contraignent et les conduisent à manquer des profits futurs.

3. Puisque l'état ne propose pas les actions au grand public c'est qu'il les réserve « aux copains ».

4. Le PDG d'ADP est Augustin de Romanet de Beaune. Il a été directeur général de la Caisse des Dépôts et Consignations du 8 mars 2007 au 7 mars 2012 et comme cela est dit sur le wikipedia anglais « and held many government positions between 1986 and 2006 ».

5. La devise de la Caisse des Dépôts et Consignations est « foi publique »

Avez-vous trouvé les 7 erreurs ?
.

216 **Usbek & Rica**

Denis Dupré   19 aout 2019
BLOG A LA UNE

A quand une loi en France pour sauvegarder nos terres ?

Ingénieur de formation, Denis Dupré enseigne depuis 20 ans à l'Université Grenoble-Alpes. Dans cette tribune, il nous interpèle sur l'importance de préserver nos terres cultivables. En France, on estime que près de 26m2 de terres agricoles disparaissent chaque seconde au profit de l'urbanisation et de la rentabilité.

La terre devient une rareté. Tout le monde achète des terres et cela est poussé depuis des décennies par la Banque Mondiale et les interventions du FMI. L'Europe est maintenant touchée par le phénomène d'accaparement des terres et pourrait devenir victime du phénomène dont elle a longtemps profité. 166 000 hectares seraient concernés en Europe en 2018 comme l'indique le rapport de décembre 2018 de la mission d'information sur le foncier agricole de l'Assemblée Nationale. Selon l'ONG LandMatrix, l'Ukraine a en projet 4 millions d'hectares de ventes de terres agricoles. « *Les acteurs sont aussi bien étrangers que nationaux, étatiques que non étatiques, des personnes physiques ou des personnes morales. Ainsi, des groupes bancaires, des fonds d'investissement, des sociétés anonymes, des spéculateurs ou des fraudeurs font montre d'un grand intérêt pour le foncier agricole* ».

Crédits : Nourrir sainement 9 milliards d'êtres humains : possible ou impossible ? Cycle de conférence "Comprendre et agir", équipe STEEP, INRIA, Grenoble, 14 janvier 2016, Grenoble

La finance est largement motrice pour renforcer la part d'investissement des portefeuilles privés et des fonds de pensions dans les terres. Remarquons par exemple que l'université de Harvard, au cœur de l'enseignement en finance, a pour son compte investi 1 milliard de dollars dans l'achat de terres agricoles espérant un rendement de 25 %. Certains prédisent que les prix vont être profondément chahutés dans un avenir proche. À la baisse pour les pays les plus touchés par la désertification et la chute des rendements liées aux changements climatiques et à la hausse pour ceux qui possèdent des terres productives. Les investisseurs vont se ruer vers les « pays valeurs refuges » climatiques. La terre devient une rareté et l'accaparement des terres est largement préjudiciable aux paysans locaux.

Sont-ils fous ces voisins ?

Des pays, certains parmi nos voisins, résistent à ces investissements étrangers aussi bien pour l'immobilier que pour les terres agricoles. Regardons nos voisins Suisses. La confédération helvétique a sévèrement encadré l'accès à son marché immobilier. Seules 1500 résidences secondaires peuvent être acquises par des étrangers au cours d'une année. Et tous ces logements doivent être situés dans les communes dites à « vocations touristiques ». Quant aux résidences principales, les non-Suisses doivent prouver qu'ils sont bien résidents et travaillent dans le pays pour avoir accès à la propriété. Regardons la Chine. En Chine comme en Suisse, les terres agricoles ne peuvent être achetées par des étrangers. Dans de nombreux pays en Europe, en Hongrie, en Pologne et en Roumanie, l'État tente d'imposer des restrictions aux acquisitions de terres agricoles par les étrangers. Cette résistance est difficile, souvent contournable et bien souvent contraire aux traités internationaux de libre-échange.

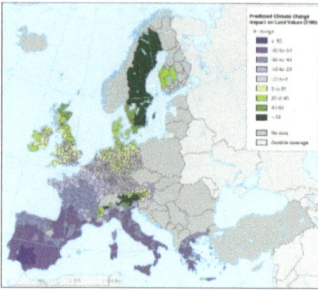

Crédits : l'Agence Européenne de l'Environnement

Regardons le Danemark. Bien que membre de l'Union Européenne, il possède une loi prohibant aux étrangers d'acquérir une résidence secondaire pour éviter que l'achat massif de résidence secondaires par les étrangers ne conduise à une spéculation qui exclurait de fait les danois de l'accès à la propriété.

Qui « possède » la terre en France ?

C'est encore une fois sous le prétexte de la liberté d'entreprendre que notre Conseil Constitutionnel a retoqué, en 2016, l'amendement concernant les SAFER et l'élargissement de leur droit de préemption pour contrer l'accaparement des terres par des fonds d'investissement étrangers. Dans son bilan 2017 des marchés fonciers ruraux, le groupe SAFER nous révélait que 381 000 hectares avaient changé de mains dans l'année.

De plus, en France, l'artificialisation des terres au profit de l'habitat, de l'industrie, du commercial, des parkings et des ZAC dévore, sans état d'âme, les terres les plus fertiles qui sont souvent les mieux situées. Soit

« l'*équivalent de la surface agricole utile d'un département consommé tous les cinq ans* », résume le groupe SAFER. « *Si l'on ajoute à cela la* «*concentration des exploitations* » et l'« *accaparement des terres* » au profit de grandes structures propriétaires voire des spéculateurs chinois, comme dans le Berry… C'est une menace directe sur l'indépendance alimentaire qui aujourd'hui grandit » ont rappelé en juin 2019 les professionnels.

Dans le même sens, Novethic, une émanation de la Caisse des Dépôts et Consignations, a traduit ces dérives clairement « *L'accaparement des terres agricoles françaises par des investisseurs étrangers met en danger notre sécurité alimentaire* ». En fait, l'accaparement des terres ne peut être facilement chiffré. En effet, on ne peut identifier les achats faits par des sociétés immatriculées en France, mais dont le capital pourrait être détenu par des étrangers. Or, en 2017, les 6 900 projets de cession de parts sociales ou d'actions de sociétés agricoles pesaient déjà 20 % du marché du foncier agricole.

Connaissez-vous Alcibiade ?

Les investisseurs étrangers seraient-ils les perses d'aujourd'hui ? Un peu d'histoire… En 490 avant J.-C., avant de lancer son expédition décisive, Darius le Perse envoie aux Grecs des messagers pour leur demander « *la terre et l'eau* » en signe de soumission. La plupart des

cités grecques acceptent. Mais en 484, sous l'impulsion de Thémistocle, les grecs se libèrent de la tutelle Perse. C'est Alcibiade, le protégé de Socrate, qui va trahir Athènes pour Spartes avant de servir les Perses qui mineront la puissance athénienne. Pourtant malgré ces trahisons, en 407, Alcibiade est de nouveau élu stratège et rentre à Athènes.

Thucydide décrira Alcibiade comme un homme pressé d'arriver qui ramène tout à lui avec une ambition effrénée qui ignore le bien commun. Il perd ceux qui ne le servent plus. Pourtant Thucydide mettra la faute sur le régime politique qui transforme les magistrats en flatteurs-démagogues… esclaves de la foule.

De fait pour préserver sa renommée, bien souvent Alcibiade jouera avec l'urgence et agira en opposition avec ses propres discours. C'est à lui que m'ont fait penser, ce 23 juillet 2019, les 123 députés membre du collectif « Accélérons la transition » qui ont invité Greta Thunberg pour clamer l'urgence planétaire de l'action devant l'Assemblée Nationale et qui, le même jour, ont voté le traité de libre-échange du CETA, un traité incompatible avec l'accord de Paris sur le climat et le discours de la jeune Greta.

Oser dire et le même jour faire le contraire

Notre président Macron, notre stratège, avait promis en 2018 une loi contre l'accaparement des terres en France. La France devait mettre en place des « *verrous réglementaires* » sur les achats de terres agricoles par des étrangers en France, après l'acquisition récente de terres à blé par un investisseur chinois. « *On ne peut pas laisser des centaines d'hectares être rachetées par des puissances étrangères sans qu'on sache la finalité de ces rachats* », avait déclaré le 22 juillet 2018, Emmanuel Macron. Le président de la République estimait alors que les terres agricoles étaient « *un investissement stratégique dont dépend notre souveraineté* », mais il ne détaillait pas la nature des futurs règlements.

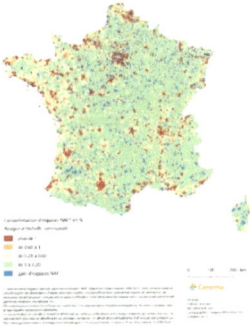

Crédits : Rapport de France-Stratégie « Objectif « Zéro artificialisation nette» : quels leviers pour protéger les sols ?

Sa promesse a été enterrée. Les deux députés de la mission parlementaire qui a planché sur le sujet tout au long de l'année 2018 divergeaient sur l'opportunité d'une loi. Fin 2018, le ministère de l'Agriculture écartait l'idée d'un projet de loi sur le foncier agricole d'ici la fin du quinquennat. Le président Macron avait aussi promis à Nicolas Hulot de stopper la bétonisation de nos terres

agricoles. En effet, chaque année, des hectares de bonnes terres agricoles sont déclarées constructibles… générant de dizaines de milliards d'euros de plus-values. Cette plus-value est de l'ordre de 26 milliards d'euros par an. Cela fait réfléchir leurs propriétaires qui n'ont plus intérêt à les faire cultiver et de nombreux élus qui trouvent leur intérêt électoral à l'enrichissement de certains de leurs électeurs. Ces plus-values ne sont guère partagées car depuis 2006, moins de 15 % des communes se permettent de récupérer la taxe de 5 % sur les terrains passant constructibles. Exit monsieur Hulot qui n'aime pas le béton…

Que notre président ait des ressemblances avec Alcibiade, que la majorité de nos députés se comportent en « magistrats flatteurs-démagogues… esclaves de la foule » et des lobbies… la plupart de mes co-citoyens français ne semblent pas s'en offusquer (à moins que les gilets jaunes soient un avertissement). L'enjeu devient pourtant crucial. Car nous allons manquer de terres cultivables. La production agricole mondiale commence à décliner et le manque d'eau prévu pour 2040 va se faire cruellement sentir sur la productivité agricole.

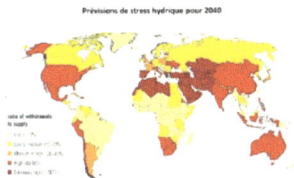

Crédits : World Ressources Institute

Dennis Meadows , un des auteurs en 1972 du rapport du Club de Rome, affirmait le 29 juillet 2019 dans le journal Libération : « *Je sais que le changement climatique, combiné à l'épuisement des énergies fossiles bon marché au cours de ce siècle, éliminera les fondements de notre civilisation industrielle. Je ne sais pas si cela éliminera notre espèce - probablement pas, même s'il y aura des milliards de gens en moins sur cette planète d'ici à 2100* ». Certes, l'avenir a une large marge d'incertitude et il dépend de nos actions. Mais, on ne peut exclure qu'il risque demain de ne plus être question entre pays, de domination, comme dans le passé, mais d'élimination. Les français seront des victimes toutes trouvées s'ils n'ont pas su protéger et gérer ensemble « *leurs terres et leurs eaux* ».

Il me semble qu'il conviendrait de multiplier les SCI « *agricoles et citoyennes* » pour orienter notre épargne vers l'achat de terres en France pour installer des paysans. Il est aussi vital de limiter la transformation des terres agricoles. Il est possible aux députés d'augmenter la taxe sur la plus-value quand les terrains passent d'un usage agricole à celui de terrain constructible et de la rendre obligatoire dans toutes les communes pour permettre l'enrichissement à égalité des propriétaires privés et des communes. Il est enfin possible en Europe de limiter la spéculation en contrôlant l'accès à la propriété des étrangers non-résidents.

Que nos dirigeants actuels le veuillent ou non, il faut décider des lois protectrices de notre futur sur la propriété de la terre et de l'eau et les mettre en application. Et vite.

.

[1] Latour Bruno, *Où atterrir — comment s'orienter en politique*, La Découverte, p. 10

Le Conseil Constitutionnel et des maires jouent contre nous avec nos terres agricoles

Si les terres agricoles sont vendues à des étrangers et nos meilleures terres rendues constructibles sans enrichir nos communes, on le doit à des petites trahisons de nos élus municipaux et des grandes trahisons de notre Conseil Constitutionnel.

Accaparement de nos terres agricoles

Novethic, une émanation de la Caisse des Dépôts et Consignations, indique que « l'accaparement des terres agricoles françaises par des investisseurs étrangers met en danger notre sécurité alimentaire » (ici). Dans son bilan 2017 des marchés fonciers ruraux, le groupe SAFER nous révélait que 381 000 hectares avaient changé de mains dans l'année.

C'est encore une fois sous le prétexte de la liberté d'entreprendre[1] que notre Conseil Constitutionnel a retoqué, en 2016, l'amendement concernant les SAFER et l'élargissement de leur droit de préemption pour contrer l'accaparement des terres par des fonds d'investissement étrangers.

Bétonisation de nos meilleures terres agricoles.

Chaque année, des hectares de bonnes terres agricoles sont déclarées constructibles… générant de dizaines de milliards d'euros de plus-values. Cette plus-value est de l'ordre de 26 milliards d'euros par an[2]. Cela fait réfléchir leurs propriétaires qui n'ont plus intérêt à les faire cultiver et de nombreux élus qui trouvent leur intérêt électoral à l'enrichissement de certains de leurs électeurs. Ces plus-values ne sont guère partagées car depuis 2006, moins de 15% des communes[3] se permettent de récupérer la taxe de 5% sur les terrains passant constructibles. Il serait équilibré que cette plus-value soit partagée à égalité entre la commune et les propriétaires ce qui éviterait des communes endettées avec certains habitants roulant en Porsche. Vous pouvez interroger votre maire et vos conseillers municipaux. Pourquoi n'ont-ils pas voté cette taxe?

[1] En 1982 a été ajoutée dans notre Constitution par une décision du conseil constitutionnel n° 81-132 DC faisant jurisprudence, à la demande d'un groupe politique mené par Charles Pasqua, une extension au terme de liberté pour contrer le projet de nationalisation. Il y est spécifié que la liberté a comme extension la liberté d'entreprendre : « que la liberté qui, aux termes de l'article 4 de la Déclaration, consiste à pouvoir faire tout ce qui ne nuit pas à autrui, ne saurait elle-même être préservée si des restrictions arbitraires ou abusives étaient apportées à la liberté d'entreprendre ». Depuis les élites du Conseil Constitutionnel, au prétexte de cette « liberté d'entreprendre », ont annulé nombre de lois qui auraient permis par exemple de traquer la fraude fiscale des grandes entreprises et d'empêcher la mise sur le marché de produits toxiques.

[2] J'estime l'ordre de grandeur de cette plus-value des terrains constructibles à 26 milliards d'euros par an. L'artificialisation de 20 000 hectares de parcelles cadastrales et le prix moyen des terrains constructibles est de 130 euros/m2 en 2019. Le prix d'un m2 de terres agricoles en France est d'environ 0,6 euro. Source : rapport de France-Stratégie : « Objectif « Zéro artificialisation nette» : quels leviers pour protéger les sols ? (lire ici).

[3] Voir la liste des communes qui ont adopté cette taxe ici

Usbek & Rica

Denis Dupré   25 aout 2019

BLOG A LA UNE

Face à l'effondrement, quel collapsologue est fait pour vous ?

Les théories sur l'effondrement de notre civilisation ont largement émergé dans le débat médiatique ces derniers mois, au point que l'on peut se sentir parfois perdu entre leurs différentes tendances et variantes idéologiques. C'est le constat dressé par Denis Dupré, lecteur d'Usbek & Rica, qui entreprend ici d'établir une typologie bariolée et toute personnelle des collapsologues. Temps imparti, nature humaine, modalités d'action… Chacun pourra – peut-être – trouver la ligne qui lui sied..

Lecteur, tu es peut-être inquiet avec toutes ces rumeurs d'effondrement planétaire : effondrement du vivant comme celui de nos formes de société.

La vision noire est celle où l'effondrement jusqu'à la disparition de l'espèce humaine serait inscrit dans l'homme. Cette vision est développée par Vincent Mignerot. Tous les autres collapsologues partagent un avenir possible très sombre mais pas noir. Demain, l'effondrement sera un triste collapse qui affectera plus ou moins la population mondiale.

Comme celui de la grande peste qui a ravagé les populations.

Tous les collapsologues partagent aussi le fait que cela peut toujours empirer ou s'améliorer selon nos actions. Mais selon les courants, cet impact de nos actions est plus ou moins important. Leurs craintes et espérances sont diverses. Ainsi ils divergent sur la forme de l'effondrement mais aussi sur la confiance en l'homme. En découlent des formes différentes de gouvernements souhaitables et des désirs de bouleverser plus ou moins radicalement nos institutions. Nous avons classé ces courants en sept catégories sous les noms des 7 couleurs de l'arc-en-ciel.

Lecteur, dans quelle couleur de l'arc-en-ciel te reconnaîtras-tu ?

Croyances, espérances et proposition d'action des collapsologues

Type de vision et de gestion	violet	indigo	bleu	vert	jaune	orange	rouge
Forme du collapse							
1 milliard d'humains restant (certains : C)	C	C	C				
9 milliards d'humains (Possible : P)				P	P	P	P
Capacité de l'homme							
L'homme est matérialiste mais peut devenir altruiste	Non	Oui	Oui	Oui	Oui	Oui	Oui
Forme de gouvernement souhaitable (S)							
Etat fort			S			S	
Démocratie							S
Transition insurrectionnelle							S
Résilience communautaire	S	S	S				S
Contrôles souhaitables (S)							
Entreprises						S	S
Marchés (flux financiers)						S	S
Technologie (low tech)						S	S
Flux de matière						S	S
Imaginaires collectifs					S		

Nb : Les termes soulignés indiquent les critères de différences principaux entre les 7 tendances.

Les couleurs violet, indigo ou bleu partagent un point commun : cela va finir avec 1 milliard d'habitants sur la planète.

Violet

Tu crois que tout va s'effondrer avant une dizaine d'années. Rapidement il n'y aura plus que 1 milliard d'habitants. Seul les plus forts et les mieux préparés vont survivre. L'espérance apparaît dans une ère radicalement nouvelle à partir de 2050. Peut-être es-tu sensible aux arguments d'Yves Cochet, un des premiers collapsologues qui ne croit plus que l'homme puisse éviter le pire : « *L'effondrement est inévitable non parce que la connaissance scientifique de son advenue est trop incertaine, mais parce que la psychologie sociale qui habite les humains ne leur permettra probablement pas de prendre les bonnes décisions, au bon moment.* »

Réfléchis à ta réponse à ceux qui te diront : « *Pourquoi n'as-tu pas confiance dans l'autre alors que tu l'as en toi ?* ».

https://youtu.be/pRJAtj1Yz7k

Indigo

Tu partages l'analyse précédente mais ton espérance fait que tu penses que les petites communautés peuvent encore remplacer la compétition par l'altruisme. Alors écoute Pablo Servigne, l'inventeur de la notion de collapsologie.

Mais prépare ta réponse à ceux qui te diront : « *Et que ferez-vous contre les pillards ?* ».

https://youtu.be/5xziAeW7l6w

Bleu

Tu avais le nez dans tes passions. Soudain tu as relevé la tête et tu paniques. Ton métier, comme ceux de tant d'autres, ne prépare pas notre avenir. Alors tu souhaites que les politiques imposent à tous la protection du vivant mettant au même niveau toutes les formes de vie. Alors tu peux entendre les arguments d'Aurélien Barreau. Tu croyais en la technique pilotée par les experts pour nous sauver. Tu n'y crois plus et tu sais que seule la foi en quelque chose de métaphysique peut mettre à bas le matérialisme qui nous détruit. Des politiques courageuses peuvent encore imposer des actions urgentes car une marge de manœuvre importante reste possible selon toi. C'est un point de vue que développe aujourd'hui Dominique Bourg.

Que vas-tu dire à ceux qui te demanderont : « *Et pourquoi les hommes politiques seraient plus éclairés que les populations ?* ».

https://youtu.be/dfZT898ZClA

Les autres teintes (vert, jaune, orange ou rouge) envisagent autrement le collapse : 9 milliards d'habitants sur la planète… et pourquoi pas ? Cela va dépendre de nos actions !

Vert

Tu fais beaucoup d'efforts individuels depuis longtemps. Tu vois toujours le bon côté. Tu es de plus en plus inquiet mais tu vois autour de toi des collectivités, des entreprises, des hommes qui changent. Les bonnes pousses pourraient régénérer la forêt qui se meurt. Tu écoutes Cyril Dion comme tu as écouté Pierre Rabhi.

As-tu une réponse à ceux qui te diront : « *Cyril Dion dans le documentaire* Demain *offre un superbe greenwashing à* Danone *en laissant penser que la mission de telles entreprises pourrait être modifiée sans en modifier la propriété ni la taille* » ?

https://youtu.be/Gtw3VfBRzpk

Jaune

Tu sais que l'homme a besoin de se fabriquer des mythes collectifs pour s'unir. Tu penses que l'homme a besoin de visualiser par de la science-fiction des futurs possibles pour agir. Tu comprends les discours d'Arthur Keller.

Quelle va être ta réponse à ceux qui affirmeront : « *Les mythes se construisent sur des siècles* » ?

https://youtu.be/kLzNPEjHHb8

Orange

Tu crois que tout peut changer. Tu sais qu'il faudra encadrer la propriété privée, réguler les marchés, orienter la finance, etc. Mais tu es courageux. Tu as déjà fait bouger des structures et le pot de terre a parfois gagné contre le pot de fer. Alors écoute Gaël Giraud qui affirmait récemment : « *Rien n'est inéluctable. Les exemples sont nombreux où des humains, conscients de situations dramatiques, agissent pour rétablir la situation et limiter les conséquences prévisibles de leurs erreurs. Se sont associés des militants d'ONG – lanceurs d'alerte, témoins de la pertinence des actions entreprises –, des responsables d'État et d'agences internationales, qui ont orienté durablement des politiques publiques, et enfin des industriels, qui ont mis leurs capacités de financement et d'innovation au service de l'intérêt général* ».

As-tu des arguments pour ceux qui te diront : « *La réforme n'a jamais gagné contre la cupidité et la violence qui dominent notre monde complexe. Les mauvaises entreprises chassent les bonnes »* ?

https://youtu.be/2oFARgqG0N
A

Rouge

Tu crois que le collapse est déjà engagé et que l'on fonctionne peu à peu partout comme dans les camps de travail. Les *chefs* (0,01 %) remontent vers eux les richesses sans même mettre un pied dans les camps. Les *zélés* (20 %) organisent et profitent. Les *dociles* (70 %) pensent que rien ne peut changer. Les voués à disparaitre (10 %) permettent la soumission des dociles. Tu écoutes le vent des militants de l'insurrection qui ne peuvent parler puisque c'est puni sévèrement par la loi, il t'arrive d'en suivre quelques-uns comme *Extinction Rebellion...*

Mais que vas-tu répondre à ceux qui te diront : « *Toutes les insurrections finissent écrasées ou par la naissance de nouveaux dictateurs* » ?

https://youtu.be/O_g3zoL8TFU

L'utopie nait des espérances. L'utopie majoritaire peut faire une nouvelle société si elle est viable. On le sait quand elle se heurte au réel. Aussi, l'espérance doit être pensée, expérimentée puis diffusée.

Maintenir nos sociétés telles qu'elles fonctionnent nous mènera, c'est aujourd'hui certain, dans le mur. Il n'y a vraiment plus d'espoir... comme il y a 80 ans dans l'Europe alors dirigée par les nazis et leurs collaborateurs. Pourtant, à cette époque-là, le Conseil National de la Résistance, dont les membres étaient aussi disparates dans leur espérance que les collapsologues d'aujourd'hui, a élaboré un programme, celui des « Jours Heureux ». Cette graine de résistance fut telle une graine de haricot magique et construisit nos solidarités d'après-guerre.

Quelle que soit ton espérance, l'heure est venue d'assumer ton pouvoir par le dialogue pour agir ensemble. Un autre monde est certain... Lequel est possible ? De quelle espérance veux-tu qu'il ait la couleur ?

.

.

[1] Latour Bruno, *Où atterrir — comment s'orienter en politique*, La Découverte, p. 10

MEDIAPART   Denis Dupré   5 septembre 2019

Consommer et crever : files d'attente aux urgences et au supermarché

Tu veux acheter une bouteille de « pschitt », tu passes en caisse en 1 minute. Aux urgences tu vas attendre des heures. La réalité du monde que l'on a fabriqué se lit dans nos files d'attentes.

Tu as envie d'un pot de « sglurp » et d'une bouteille de « pschitt ». Au supermarché il y a cinq personnes devant toi. Une lumière rouge s'allume. Une caissière arrive. Et hop tu bifurques et passes immédiatement.

Tu as très mal à une dent. Peut-être trop de « pschitt » ces dernières années ? Ton dentiste ne peut te prendre avant une semaine. Heureusement ce n'est pas ta vision qui baisse, il faudrait attendre 6 mois.

Ta mère est partie aux urgences. Tu es inquiet. Tu t'y rends. On dirait la guerre. Dans le couloir, des brancards installés à la hâte, des perfusions accrochées à des clous de fortune plantés dans les murs.

C'est un cauchemar ?

Non, c'est la réalité du monde que l'on a fabriqué et qui se lit dans nos files d'attentes.

A l'hôpital, il manque des postes et on ferme des lits. La ministre met six mois à lâcher quelques millions pour quelques embauches. Parce qu'aux urgences il y a des morts : jeunes et vieux attendent des heures dans les couloirs. Si peu de moyens qu'une personne atteinte d'alzheimer et soignée pour un cancer a été retrouvée morte au bout de 15 jours dans une partie désaffectée d'un grand hôpital.

La caissière de supermarché a un contrat à temps partiel et doit assurer des astreintes pour venir dès qu'on l'appelle.

La réalité est cauchemar. Une urgence de santé et il faut des jours pour voir quelqu'un. Par contre, pour acheter une connerie, c'est urgent : pour nous livrer en un jour, Amazon fait tourner des milliers de camions qui aggravent le problème climatique.

Pourquoi ne pas inverser les files d'attentes ? Attendre pour ralentir nos consommations. Et que les services d'urgences pour nous soigner soient nos urgences.

36 milliards +10 fonctionnaires + 3 ans de dossiers en retard = douce évasion fiscale

Il y aurait de quoi payer 1 million d'infirmières. Un chiffre crédible de l'évasion fiscale des très grandes entreprises est paru : 36 milliards d'euros par an. Mais l'État n'a que 10 fonctionnaires sur ces dossiers complexes et 3 ans de dossiers en retard. La Cour des Comptes dénonce. Pourquoi l'État ne se mobilise-t-il pas ?

L'évasion fiscale est une préoccupation des citoyens (voir ici).

Aujourd'hui, l'état français estime cette fraude dans une fourchette de 2 à 6 milliards d'euros (lire dans *La Tribune* ici). Pourtant, selon l'analyse fouillée de l'expert Vincent Vicard, l'évasion fiscale est non seulement beaucoup plus importante mais croit de manière exponentielle : 10 milliards en 2000 et 36 milliards aujourd'hui (lire ici).

Grégoire Normand dans son article dans *La Tribune* précise que notre Cour des Comptes s'inquiète de cette fraude massive et de la faiblesse des moyens de lutte. Seulement 10 personnes sont vraiment en charge de récupérer cette fraude fiscale des très grandes entreprises. En 2017, *844 dossiers étaient en instance pour une capacité de traitement d'environ 300 cas par an. Combien de milliards d'euros perdus ?*

Le gouvernement ne s'en soucie guère ! Les ministres de Bercy, Bruno Le Maire et Gérald Darmanin ont annoncé (Voir la réponse des ministres à la Cour des Comptes ici) que les moyens humains de ce service ont été augmentés depuis le premier septembre avec l'embauche d'une personne sachant qu'un renforcement supplémentaire est à l'étude. Grégoire Normand, malicieusement ajoute : « Avec la baisse d'environ 5.800 postes prévue d'ici 2022 au ministère de l'Economie, ce renforcement pourrait prendre plus de temps qu'annoncé. ».

Pour rappel, l'enjeu est de 36 milliards d'euros à récupérer. 36 milliards ? ça ne dit rien à personne.

Il y aurait largement de quoi payer 1 million d'infirmières et pour le Trésor Public quelques inspecteurs des impôts.

.

221   **MEDIAPART**   Denis Dupré   28 septembre 2019

Trump a pour mentor le conseiller de la chasse aux communistes en 1950.

Trump est le roi de la propagande. Il a été formé par le conseiller de Mac Carthy. Notre président Macron s'en inspire-t-il dans la lutte contre les gilets jaunes ?

En 1950, Royn Cohn est le "cerveau" et le conseiller de Mac Carthy (voir ici).

Avocat de la maffia il a été un des mentors de Donald Trump et son avocat conseil de 1974 a sa mort en 1986.

Donald Trump affirmait publiquement : "si vous avez besoin de quelqu'un qui peut devenir vicieux contre vos opposants, vous faites appel à Roy".

Mac Carty a condamné des milliers de personnes. A l'ouverture des archives russes il y a quelques années, il est apparu que aucune des personnes condamnées ne faisait partie des taupes russes aux états-unis.

La vérité n'a aucune importance. Donald Trump l'a bien compris.

Mais faites attention, dans ceux qui dénoncent la propagande de Trump comme notre Président Emmanuel Macron, il se pourrait que, pour certains, la vérité n'ait pas non plus grande importance.

La manipulation contre les gilets jaunes utilise de mêmes pratiques de propagande. Edward Berneys a théorisé la propagande pour manipuler les foules en démocratie au plus grand bonheur des hommes politiques américains et des multinationales (lire ici). Jacques Ellul le résistant a dénoncé la propagande (lire ici).

Attention la propagande avance masquée, elle est peut être déjà en moi (lire page 90 ici) !

.

MEDIAPART

Rejeterons-nous violemment à la mer les 3 milliards de migrants ?

Hier : les nouveaux arrivants étaient mal accueillis dans les camps de travail. Demain : trois milliards de personnes vont devoir migrer dans la deuxième moitié du siècle. Sans un système strictement égalitaire, dans un monde qui s'effondre, tout arrivant sera vu comme un danger pour notre survie.

L'économiste Gaël Giraud nous informe que dès 2050 si l'Inde et l'Asie du Sud-Est deviennent invivables, ce qui est le plus probable sans changement radical dès aujourd'hui, trois milliards de personnes vont devoir migrer.[1] Dans ce cas, notre pays verra aussi une partie des français du sud de la France (devenue invivable) migrer vers le nord.

Si le système économique actuel perdure, les riches de nos pays continueront de s'enrichir et le nombre de pauvres, ceux qui peinent à se nourrir, augmentera.

La classe moyenne dont je fais partie va rapidement finir de basculer dans la pauvreté. Les riches vont se protéger comme ils le font déjà souvent au Brésil dans leurs communautés sécurisées pour ne jamais croiser les pauvres et leur violence.

Les pauvres seront, comme dans un camp de travail, condamnés à la production. Une production orientée vers les seuls désirs de consommation des plus riches.

Hier : les nouveaux arrivants étaient mal accueillis dans les camps de travail. Dans certains camps de travail, en Allemagne durant la guerre, l'arrivée d'une nouvelle fournée dans le camp sonnait le signal de l'élimination des travailleurs les plus faibles.

Aujourd'hui : un processus, cette fois non programmé, ne commence-t-il pas en France avec les sans domicile qui ont moins de 10 ans d'espérance de vie et en Grèce avec des malades qui ne sont plus soignés ?

Sauf si nous bâtissons un monde strictement égalitaire et sobre, nous mourrons de faim. Les morts de faim augmentent déjà de nos jours à cause de nos abus de viande et de nos carburants avec de l'huile de palme. Demain ce sera notre tour. Nous fonctionnerons alors comme des animaux accrochés à la vie et nous chercherons à éliminer ces migrants. Moi comme les autres.

Sauf si nous bâtissons un monde strictement égalitaire et sobre.

Cela s'est déjà fait. Dans la violence de la chute de l'empire romain d'occident a émergé la puissance de l'église. Puissance parfois spirituelle mais surtout militaire qui permis un réseau mondial de solidarités organisées. A côté des dérives de l'église, du coté du pouvoir, dans cette période trouble et violente s'est diffusée une innovation marginale : un autre mode d'être au monde. Une utopie qui pris un essor certain avec la multiplication des fondations de monastères en Europe. Il régnait alors dans certains monastères un mode de vie stricte et austère (la règle), un mode de vie parfois très égalitaire offrant une même consommation pour chacun moine.

Pas drôle vu de notre monde de consommation d'aujourd'hui … cependant la violence alentours en faisait très probablement un havre de paix enviable et attirant.

Cette utopie difficile à tenir est encore un cap pour certaines communautés.

Peut-on refaire le coup aujourd'hui en version laïque pour tous ?

Probablement oui. Mais, comme autrefois pour l'église, il faudrait un réseau puissant, probablement une force politique et militaire. Une puissance qui s'opposerait et qui gagnerait contre les forces et institutions d'aujourd'hui. Une puissance qui dominerait les forces des marchés et les lobbies. Une puissance qui annulerait et interdirait les privatisations des biens communs et qui établirait une égalité des richesses et des consommations. Une puissance qui redéfinirait les productions. Pour l'heure, Monsieur Macron suit la politique de Brüning de 1931 en Allemagne qui avait restauré l'équilibre budgétaire dans la récession et avait ainsi fait basculer la classe moyenne dans la misère. Aujourd'hui, l'accès aux soins disparait et les retraites vont être coupées. L'accueil des migrants est imposé par Monsieur Macron, surement pas dans des objectifs humanitaires, mais pour faire baisser les salaires. Des salariés couchent dans leurs voitures. Cela ne peut finir que comme en Allemagne en 1933.

Quelle force portera ce changement radical ? Quelle forme aura cette insurrection, cette *extinction rebellion*, qui prendra le pouvoir dans notre camp de travail. Les modalités de cette insurrection restent à inventer.

Il est malheureusement déjà trop tard pour établir une société égalitaire qui permettrait une vie digne pour tous selon l'activiste militant américain Noam Chomsky.

Mais il reste une bonne nouvelle : Chomsky n'en est pas sûr à 100%.

L'espérance serait que rapidement nous nous imposions un mode de vie strictement égalitaire. C'est peu probable. C'est cependant possible. Tout dépend de nous et notre énergie à l'imposer à une minorité puissante lorsque nous serons largement majoritaire. Il est bien question de l'imposer.

Même si il n'y a qu'une chance sur mille d'y arriver, nous devons essayer.

Sinon même ceux qui aujourd'hui ont peu et ont le courage de partager le peu qu'ils ont, et parmi eux ceux qui font preuves d'une humanité de "juste" dans l'accueil des plus faibles, lorsqu'ils n'auront plus à manger, se conduiront comme tous les hommes affamés. Ils perdront eux aussi, presque tous, leur humanité.

Moi et toi, avec eux, nous rejetterons alors violemment ces 3 milliards de migrants.

[1] « Si les gens ne migrent pas, les trois quarts de la population humaine devraient connaître plus de 20 jours par an de condition létale [soit le moment où le corps humain ne peut plus survivre à cause de la chaleur et de l'humidité]. Toute l'Amazonie est condamnée, le bassin du Congo, le golfe de Guinée, la façade est de l'Afrique, le littoral indien, l'Asie du Sud-Est, où le nombre de jours « mortels » pourrait excéder 200 par an. Ces zones vont être désertées. Sur les côtes Est américaine et chinoise, on pourrait approcher les 100 jours par an de condition létale. La Banque mondiale chiffre à deux milliards le nombre de réfugiés climatiques dans la seconde moitié du siècle. Je pense que cela demeure très sous-estimé : si l'Inde et l'Asie du Sud-Est deviennent invivables, au moins trois milliards de personnes vont devoir migrer. »

Gaël Giraud, *Si l'Inde et l'Asie du Sud-Est deviennent invivables, trois milliards de personnes vont devoir migrer*, 5 septembre 2019, Reporterre. sur https://reporterre.net/Gael-Giraud-Si-l-Inde-et-l-Asie-du-Sud-Est-deviennent-invivables-trois

.

MEDIAPART

Denis Dupré   30 novembre 2019

Nous bradons démocratie et biens communs selon Challenges et le Financial Times.

Esclaves dont les biens communs sont vendus aux riches, aux chinois et aux hedge funds américains. Le sort peu enviable du français moyen.Jeu des 7 erreurs.

adp
Chinese Tang Dynasty (618-907). Shanghai Museum.

Le journal hebdomadaire Capital nous informe : "Le traitement de choc administré à la France par Macron rappelle celui infligé à la Grèce"

Depuis 2008 la France suit pourtant la Grèce avec 5 ans de retard. La Grèce est une France miniature : 7 fois moins d'endettement et 7 fois moins de population. Cependant la France est beaucoup plus productive et riche. La privatisation, transformation des biens communs en capital pour rentiers, est en Grèce conduite en force par l'Allemagne de la manière dont elle a conduite la réunification avec l'Allemagne de l'est. Santé, éducation, infrastructures : tout y passe.

Comme Capital nous le précise, nous sommes victimes d'une idéologie "d'abord parce qu'il faut rentrer, de toute urgence, donc de force et avec violence, dans les "critères" de Bruxelles et de Maastricht."

Les infrastructures sont vendues aux riches, aux chinois dotés d'une puissance de feu de 5000 milliards de dollars et aux hedge fund américains inondés de l'argent de la création monétaire américaine par sa banque centrale via les banques.

Notre gouvernement finira-t-il par nous brader complétement maintenant à la Chine ? La colonisation est l'aire de l'autoroute de la soie et nous avons une certaine pratique de la collaboration.

En tout cas, Challenges pose la question sur la table : "Les investissements chinois en forte hausse en France".

Nous avons confié les clefs du pays à un banquier d'affaire.

Est-il l'idiot utile sincère qui n'a pas lu l'éditorial Martin Wolf du Financial Times : "Pourquoi et comment le capitalisme de rente menace la démocratie libérale" ?

Est-il sincèrement convaincu qu'il n'y a strictement aucun lien aujourd'hui entre enrichir les milliardaires, vendre nos bien communs et mettre en risque la survie des plus pauvres ?

Peut-être pense-t-il comme Margaret Thatcher que *There Is No Alternative* ?

A 90 ans, mon oncle en faisant cette blague devait probablement voir une alternative : " Il nous faudrait un dirigeant intelligent et honnête. La difficulté est que souvent quand ils sont honnêtes ils ne sont pas intelligents et quand ils sont intelligents ils ne sont pas honnêtes."

Cette blague ouvre à une autre option : l'idiot utile serait-il un rusé dangereux ?

Nb : Selon Wikipedia : Le **Financial Times** (**FT**) est un quotidien économique et financier britannique. Il est généralement considéré comme le quotidien économique de référence en Europe. Depuis sa création en 1888, le *Financial Times* défend une ligne éditoriale favorable à l'économie de marché, au libre-échange et à la démocratie libérale.

224 **FT** FINANCIAL TIMES

Denis Dupré
CO-SIGNATAIRE

28 novembre 2019

Lettre ouverte à Christine Lagarde : "La BCE doit agir sans tarder contre le changement climatique"

Dans une lettre ouverte publiée le 28 novembre, 61 organisations (ONG, syndicats, think tanks, associations d'entrepreneurs) et 102 experts français et européens exhortent la nouvelle Présidente de la Banque centrale européenne (BCE) à prendre des actions concrètes et ambitieuses pour lutter contre le changement climatique.

La lettre a publiée et reprise simultanément dans six journaux européens : Les Echos (France), La Repubblica (Italie), El Païs (Espagne), Tagesspiegel (Allemagne) et NRC Handelsblad (Pays Bas) et NRC Handelsblad (Pays Bas).

FINANCIAL TIMES

"Without any further delay, the ECB should commit to gradually eliminating carbon-intensive assets from its portfolios, starting with immediate divestment from coal-related assets."

Letter from more than 150 academics, economists and activists

Chère Christine Lagarde,

En tant que nouvelle Présidente de la Banque centrale européenne vous allez affronter de nombreux défis dans les années à venir, mais le plus crucial d'entre eux sera de déterminer comment la BCE doit lutter contre le changement climatique et accélérer la transition vers la neutralité

carbone. Lors de votre audition au Parlement européen, vous avez à juste titre promis de mettre la protection de l'environnement "au coeur de la vision que la BCE a de sa mission". En tant qu'universitaires, responsables d'organisations de la société civile, entrepreneurs, responsables syndicaux et citoyens engagés en faveur de la lutte contre le changement climatique, nous croyons que la plus puissante institution financière d'Europe ne peut rester passive face à la crise environnementale qui s'annonce.

Le changement climatique met en péril les écosystèmes dont notre survie dépend. Il menace aussi la stabilité financière, l'économie réelle et nos emplois. Il a été estimé que sans effort d'atténuation, les risques physiques liés au changement climatique pourraient amener à des pertes allant jusqu'à 24 000 milliards de dollars d'actifs financiers (Dietz, Bowen et alii, 2016). Pour toutes ces raisons, nous avons besoin d'une réorientation radicale des flux financiers vers une transition socialement juste et bas carbone, et nous n'y parviendront pas si les banques centrales ne poussent pas activement le système financier dans la bonne direction. Une telle transition écologique de la

finance facilitera également la création d'emplois dans les secteurs moins émetteurs en carbone.

Nous savons que cette question fait l'objet de discussions parmi les nombreuses banques centrales du réseau pour le verdissement du système financier (NGFS) dont fait partie la BCE. Mais ces discussions avancent bien trop lentement compte tenu de l'urgence de la crise écologique. Nous ne pouvons pas attendre des années pour étudier les risques financiers de long-terme qui sont en jeu ; les banques centrales doivent dès à présent utiliser les outils à leur disposition pour les limiter. De ce point de vue, il est particulièrement choquant que la BCE - au nom de la neutralité de marché - continue d'acheter des actifs émis par des entreprises des secteurs les plus émetteurs de gaz à effet de serre dont les industries fossiles. L'achat de tels actifs soutient un statu quo dangereux et empêche la transition vers la neutralité carbone.

Sans plus tarder, la BCE doit s'engager à éliminer progressivement les actifs fortement émetteurs de ses portefeuilles, à commencer par désinvestir immédiatement des actifs liés au charbon. Sans attendre la "taxonomie verte" développée par la Commission européenne, des critères climatiques doivent déjà être utilisés pour analyser les actifs actuellement éligibles aux opérations monétaires.

Durant la dernière crise financière, les banques centrales n'ont pas manqué d'imagination pour sauver les marchés financiers. Sous votre direction, la BCE devra déployer autant d'inventivité pour répondre aux menaces climatiques, à travers la réinvention de "l'assouplissement quantitatif" et des opérations de refinancement, pour s'assurer que ses interventions bénéficient aux investissements en faveur de la transition écologique.

Inévitablement, vous allez faire face à la résistance idéologique de ceux qui pensent que les banques centrales doivent laisser les politiques climatiques à d'autres et rester "neutres" dans leurs interventions sur les marchés. Il est temps de revisiter ce principe ; si l'on croit comme Nicholas Stern que le changement climatique est le résultat de "la plus grande défaillance de marché que le monde ait connu", alors l'idée que la politique monétaire doit simplement refléter la structure du marché revient à doubler la défaillance du marché d'une défaillance réglementaire.

D'un autre côté, vous trouverez également de solides appuis. Combattre le changement climatique est un objectif politique majeur de l'UE ; en tant que tel, cela fait partie du mandat de la BCE tel que défini par l'article 127 du Traité de Fonctionnement de l'Union Européenne ; cela a été confirmé à de nombreuses reprises par le Parlement Européen . En outre, la BCE en tant qu'institution de l'UE est légalement liée à l'Accord de Paris sur le Climat. Qu'un doute sur ce point émerge, et vous pouvez être sûre que le Parlement européen - auprès de qui la BCE doit rendre des comptes - vous apportera de plus amples clarifications et orientations sur le rôle que la BCE devrait jouer au sein de la stratégie climatique européenne.

Si vous êtes déterminée à mener la BCE à l'avant-garde du combat contre le changement climatique, vous pouvez compter sur notre soutien pour contribuer à ce débat de manière constructive et démocratique.

Nous vous souhaitons bonne chance et du succès dans cette tâche.

250 **change.org** Denis Dupré juin 2016
PETITION (UPDATE 2019)

Faire passer une loi pour contrer l'évasion fiscale

Je suis enseignant-chercheur à Grenoble, spécialisé en finance et éthique, et je suis choqué par **la dérive de nos institutions et la corruption d'un système qui explose.**

La loi pour contrer l'évasion fiscale doit être une loi d'urgence 2019.

Fin 2015, l'amendement 340 qui aurait permis une lutte efficace contre l'évasion fiscale des entreprises a été torpillé par 97% des députés (lire : Comment 97% des députés ont fait capoter la loi pour lutter contre l'évasion fiscale).

La loi de finance 2016 avec l'adoption de l'article 121 tranquillise les entreprises qui pratiquent l'évasion fiscale (pour plus de détails, lire Pourquoi la loi de finance 2016 tranquillise les entreprises qui pratiquent l'évasion fiscale ?). Par exemple une amende ridicule maximale de 100 000 € est spécifiée.

Conséquences : **80 milliards d'euros par an continuent de manquer dans les caisses de l'état français et les lobbies font la pluie et le beau temps au parlement.**

Le projet de loi de Michel Sapin sur la transparence économique a été examiné le 28 septembre 2016 et a montré l'agonie de la démocratie représentative.

Le 8 décembre 2016, notre conseil constitutionnel repousse ce qu'il restait d'efficace dans la loi Sapin II en faisant primer la liberté des entreprises devant celles des citoyens.

Depuis, rien n'a réellement bougé. Même hypocrisie du gouvernement et complicité des garants constitutionnels. En décembre 2018, la Cour des Comptes révèle même que les grandes entreprises pratiquent l'optimisation fiscale à grande échelle grâce au mécénat culturel.

Aux Etats Unis, la loi Sarbanes-Oxley de 2002, adoptée suite au scandale ENRON, prévoit qu'en cas de falsification des états financiers, le directeur général et le directeur financier soient passibles d'une amende d'un million de dollars ou une peine de dix ans de réclusion ou plus. Cette loi a permis de récupérer des dizaines de milliards d'amendes. Elle a également permis au fisc américain de faire ouvrir les comptes des banques suisses. Lutter contre l'évasion fiscale, c'est trouver des financements pour assumer les transitions nécessaires à notre avenir. Pour la seule transition énergétique, cela créerait un million d'emplois.

La loi pour contrer l'évasion fiscale doit être une loi d'urgence 2019.

Article 1 : Les entreprises dont le chiffre d'affaires dépasse 150 millions d'euros devront publier chaque année le chiffre d'affaire, le nombre d'employés, le bénéfice et le montant d'impôt payé, pour chaque pays où elles ou leurs succursales exercent leur activité. Ces données sont accessibles à tous les citoyens conformément à la déclaration des droits de l'homme.

Article 2 : En cas de falsification, le directeur général et le directeur financier sont passibles d'une peine de prison.

Article 3 : Dans le cadre d'une politique volontariste de transparence, en adéquation avec la Responsabilité Sociale de l'Entreprise, les entreprises, qui accepteront que ces informations soient rendues publiques avant la mise en application de la loi, se verront attribuer un label « entreprise fiscalement citoyenne »

Interpellons nos députés et notre Président pour déposer cette loi (voir sur https://sites.google.com/site/sto pevasionfiscale)

twitter @denisdupre5 .

Update du 9 janvier 2019

Récupérons les milliards de l'évasion fiscale pour financer les transitions.

9 janvier 2019 — En 2016, nous étions plus de 100 000 à signer cette **pétition contre l'évasion fiscale des très grandes entreprises** (ici), choqués par la dérive de nos institutions et la corruption d'un système qui explose … alors que nos sociétés s'effondrent.

d'euros par an.

2019, l'appauvrissement de la plupart d'entre nous est engagé alors que nous devons faire face à l'effondrement qui vient… Pouvons-nous nous passer des 80 milliards dont les fraudeurs nous privent ?

Si la France veut financer la transition énergétique, il lui faut 40 milliards d'euros par an, en particulier pour rénover nos 7 millions de maisons « passoires thermiques ».

Il faudra 40 autres milliards par an pour assurer la transition de notre agriculture, pour préserver collectivement les terres agricoles, actuellement vendues massivement aux investisseurs étrangers, et pour donner des moyens décents aux services publics de santé.

En 2019, ensemble, exigeons des mesures immédiates contre l'évasion fiscale pour financer les transitions énergétique, agricole et médicale.

3 propositions :

1. La pétition - À signer et à diffuser largement (essayons

Porteurs de la pétition, des représentants du collectif **Stop Evasion Fiscale** ont été reçus à l'Assemblée Nationale, à Bercy, par un conseiller de l'Elysée et par le commissaire européen Pierre Moscovici.

(Journal de bord des actions ici).

Qui nous a écoutés ?

Depuis, rien n'a réellement bougé. Même hypocrisie du d'atteindre 200 000 signataires en partageant notamment sur tweeter, facebook etc.) :

« Nous, collectif citoyen de plus de 120 000 personnes, demandons au gouvernement d'appliquer immédiatement des mesures pour empêcher réellement l'évasion fiscale des très grandes entreprises (prison pour les dirigeants et amendes dissuasives). Ceci financerait entièrement la transition énergétique de la France et créerait 1 million d'emplois »

Signer ici

2. Texte de la pétition à adresser à nos dirigeants et à nos élus

À l'Elysée (https://www.elysee.fr/ecrire-au-president-de-la-republique)

À Matignon (https://www.gouvernement.fr/contact/ecrire-au-premier-ministre).

À votre maire et à votre député etc.

3. Le film LA (TRÉS) GRANDE ÉVASION

gouvernement et complicité des garants constitutionnels. En décembre 2018, la Cour des Comptes révèle même que les grandes entreprises pratiquent l'optimisation fiscale à grande échelle grâce au mécénat culturel.

L'évasion fiscale des très grandes entreprises en France, c'est toujours 80 milliards

De Denis Robert et Yannick Kergoat

Soutenons-le pour mettre un coup de pied dans la fourmilière des grandes entreprises de la triche.

Participation au crowdfunding sur :

https://www.kisskissbankbank.com/fr/projects/la-tres-grande-evasion

Update du 16 janvier 2019

Pensez-vous que le RIC puisse faire passer une loi contre l'évasion fiscale ?

16 janvier 2019 — Pensez-vous qu'il faut soutenir le Référendum d'Initiative Citoyenne pour enfin faire passer la loi qui nous a été refusée contre l'évasion fiscale des très grandes entreprises ?

Si c'est le cas, venez en discuter ici et soutenir les pétitions pour Le RIC.

Update du 6 février 2019

Forçons nos députés à récupérer les milliards de l'évasion fiscale.

6 février 2019 — Nous sommes maintenant 190 000 à avoir signé la pétition "*faire passer une loi pour contrer l'évasion fiscale*" pour récupérer les 80 milliards d'euros par an que représente l'évasion fiscale des très grandes entreprises. Poussons notre député à nous représenter pour imposer cette loi en 2019.

Récupérons ces ressources pour assurer pour tous les citoyens une vie digne et pour financer les transitions à venir, énergétique, agricole et médicale.

Nous vous proposons deux actions :

Envoyons à nos députés et sénateurs un mail (trouver les adresses ici, **ici** ou ici) lui demandant de déposer la loi décrite ci-dessous (lettre type ici).

Envoyons à notre Président dans une enveloppe non timbrée (Palais de l'Élysée, 55 rue du Faubourg-Saint-Honoré, 75008 Paris, France) une lettre ou écrivons lui sur le site de l'Elysée (ici) pour lui demander de soutenir la loi (lettre type ici).

Préambule : Pour récupérer les 80 milliards d'euros d'évasion fiscale perdus chaque année, une loi d'urgence est nécessaire. Aux Etats Unis, la loi Sarbanes-Oxley de 2002, adoptée suite au scandale ENRON, prévoit qu'en cas de falsification des états financiers, le directeur général et le directeur financier soient passibles d'une amende d'un million de dollars ou une peine de dix ans de réclusion ou plus. Cette loi a permis de récupérer des dizaines de milliards d'amendes. Elle a également permis au fisc américain de faire ouvrir les comptes des banques suisses. Lutter contre l'évasion fiscale, c'est trouver des financements pour assumer les transitions nécessaires à notre avenir. Pour la seule transition énergétique, cela créerait un million d'emplois. La loi pour contrer l'évasion fiscale doit être une loi d'urgence 2019.

Article 1 : Les entreprises dont le chiffre d'affaires dépasse 150 millions d'euros devront publier chaque année le chiffre d'affaire, le nombre d'employés, le bénéfice et le montant d'impôt payé, pour chaque pays où elles ou leurs succursales exercent leur activité. Ces données sont accessibles à tous les citoyens conformément à la déclaration des droits de l'homme.

Article 2 : En cas de falsification, le directeur général et le directeur financier sont passibles d'une peine de prison.

Article 3 : Dans le cadre d'une politique volontariste de transparence, en adéquation avec la Responsabilité Sociale de l'Entreprise, les entreprises, qui accepteront que ces informations soient rendues publiques avant la mise en application de la loi, se verront attribuer un label « entreprise fiscalement citoyenne »

Update du 17 février 2019

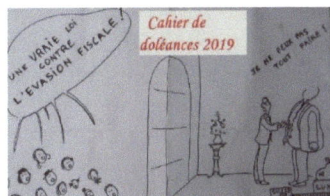

Remettre la « doléance » contre le crime d'évasion fiscale à votre Maire

17 février 2019 — Nous vous proposons de remettre la « doléance » contre le crime d'évasion fiscale à votre Maire.

Doléance au Président Macron (remise en main propre à mon Maire)

Nous sommes 200 000 à avoir signé la pétition « faire passer une loi contre l'évasion fiscale ».

Nous avons rédigé cette loi pour récupérer les 80 milliards d'évasion fiscale :

Article 1 : Les entreprises dont le chiffre d'affaires dépasse 150 millions d'euros doivent publier chaque année le chiffre d'affaire, le nombre d'employés, le bénéfice et le montant d'impôt payé, pour chaque pays où elles, ou leurs succursales, exercent leur activité. Ces données sont accessibles à tous les citoyens conformément à la déclaration des droits de l'homme.

Article 2 : En cas de falsification, le directeur général et le directeur financier sont passibles d'une peine de prison.

Article 3 : Dans le cadre d'une politique volontariste de transparence, en adéquation avec la Responsabilité Sociale de l'Entreprise, les entreprises, qui accepteront que ces informations soient rendues publiques avant la mise en application de la loi, se verront attribuer un label « entreprise fiscalement citoyenne »

L'évasion fiscale ne permet plus de soigner, d'éduquer, de nourrir la population française dans une société où la planète meurt de nos pollutions, où la classe moyenne disparait pendant que certains pillent nos richesses.

Monsieur le Président, tant que cette loi ne sera pas en vigueur, vous êtes responsable des morts programmés faute de soins dans nos hôpitaux, faute de transitions agricole et énergétique rapides, faute du chômage de masse qui perdure alors qu'il y aurait tant à faire pour mettre en œuvre ces transitions.

Vous ne pourrez plus dire que vous ne saviez pas.

Bien citoyennement.

Prenez une photo quand vous remettrez cette lettre à votre maire (ou directement à l'Elysée pour les parisiens) et nous la mettrons sur le site Stopevasionfiscale, sur lequel une lettre-type est disponible (ici)

Envoyez vos photos à stopevasionfiscale2016@gmail.com

Update du 26 février 2019

Notre loi contre l'évasion fiscale transmise au Président par le maire de Grenoble

https://youtu.be/WRGfIsJ-cRs

26 février 2019 — Nous sommes 200 000 citoyens à demander la loi simple ci-dessous pour récupérer les 80 milliards d'évasion fiscale des très grandes entreprises (voir ici). Nous l'avons transmise en doléance à Monsieur le Président Emmanuel Macron via Monsieur Eric Piolle, le maire de Grenoble (voir la vidéo ici).

Nous continuerons à relayer notre exigence (auprès des députés et des sénateurs ici) parce que l'évasion fiscale est intolérable alors que des morts sont programmées faute de soins dans nos hôpitaux, faute de transitions agricole et énergétique rapides, quand le chômage de masse perdure alors qu'il y aurait tant à faire pour mettre en œuvre ces transitions, quand la classe moyenne disparait pendant que quelques-uns pillent nos richesses.

Article 1 : Les entreprises dont le chiffre d'affaires dépasse 150 millions d'euros doivent publier chaque année le chiffre d'affaire, le nombre d'employés, le bénéfice et le montant d'impôt payé, pour chaque pays où elles, ou leurs succursales, exercent leur activité. Ces données sont accessibles à tous les citoyens conformément à la déclaration des droits de l'homme.

Article 2 : En cas de falsification, le directeur général et le directeur financier sont passibles d'une peine de prison.

Article 3 : Dans le cadre d'une politique volontariste de transparence, en adéquation avec la Responsabilité Sociale de l'Entreprise, les entreprises, qui accepteront que ces informations soient rendues publiques avant la mise en application de la loi, se verront attribuer un label « entreprise fiscalement citoyenne »

Relayons la pétition autours de nous.

Update du 23 mars 2019

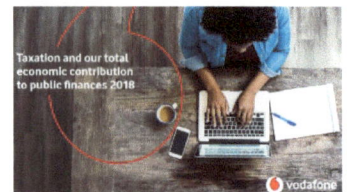

Victoire d'étape : Vodaphone, une multinationale qui adopte notre exigence de transparence.

23 mars 2019 — Vodaphone est un groupe de

télécommunications britannique, il est le 3e opérateur de réseau mobile dans le monde par le nombre d'abonnés, avec 100 000 salariés il a réalisé un chiffre d'affaires de 46 milliards d'euros en 2018.

Vodaphone vient de mettre en ligne sur internet, pour chaque pays où il opère, son chiffre d'affaires, son bénéfice et son nombre d'employés (voir ici). Il reconnait l'utilité pour la société d'un impôt juste et payé par tous (voir ici).

C'est le résultat des campagnes de transparence sur la fiscalité, comme la nôtre, qui ont lieu dans toute l'Europe.

Cela est donc possible et ne nuit pas aux très grandes entreprises. Cela favorisera les plus transparentes qui auront la préférence d'un grand nombre de citoyens.

Mais Vodaphone n'opère malheureusement plus en France (il a vendu Orange et SFR). On rejoindrait volontiers le premier opérateur français capable d'appliquer la même transparence que Vodaphone.

Informons nos opérateurs de téléphonie :

« Aux Présidents et actionnaires,

Signataire de la pétition contre l'évasion fiscale ayant recueilli 208 000 signataires (voir ici), nous vous demandons de publier, comme Vodaphone le fait, un rapport contenant, pays par pays, le chiffre d'affaires, le nombre d'employés, le bénéfice et le montant des impôts payés. »

Demandons-le également notamment aux entreprises de la grande distribution qui bénéficieraient aussi de la préférence des citoyens pour la transparence fiscale.

Update du 19 avril 2019

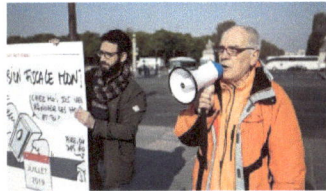

Une grande loi pour financer les transitions avec l'évasion fiscale et atténuer l'effondrement.

16 janvier 2019 — Notre pétition pour « Faire passer une loi pour contrer l'évasion fiscale » atteint aujourd'hui 208000 signatures.

Nous étions ce lundi, place de la Concorde, pour défendre votre voix dans le cadre du Grand débat national avec les 4 autres pétitions ayant réuni 1,1 million de signatures ! (voir la vidéo ici)

Depuis 2010, une loi exige que les banques rendent accessibles à tous leur chiffre d'affaire, leur bénéfice et le nombre d'employés dans tous les pays où elles opèrent. Avec ces données, les enquêtes des ONG et de citoyens ont conduit les banques à freiner leurs pratiques et ont permis de récupérer des milliards d'euros qui échappaient à l'impôt. **Nous voulons la même chose pour toutes les très grandes entreprises opérant en France.**

Ce n'est plus la peine de rappeler que ces très grandes

entreprises ne paient en moyenne que 10% d'impôt et certaines 0,05% grâce à l'évasion fiscale **MAIS il faut répéter** que nos PME qui paient 25% d'impôt sur leurs bénéfices ne peuvent concurrencer les tricheurs sur les appels d'offre et font faillite ou partent produire à l'étranger.

Ce n'est plus la peine de rappeler que d'autres entreprises où l'état est majoritaire comme Renault, ont usé de ces pratiques nommées hypocritement « optimisations fiscales ». **MAIS il faut être scandalisé** car ces dizaines de milliards manquants chaque année, conduisent droit à des augmentations de TVA et à des services hospitaliers qui se délabrent comme ceux de Grèce.

En 2016, **c'est bien le gouvernement qui a fait pression sur nos députés** pour torpiller cette loi pour la transparence fiscale des très grandes entreprises. **Nous l'avons dénoncé.**

Aujourd'hui, notre combat pour contrer l'évasion fiscale des très grandes entreprises, n'a pas fait partie des questions sur le site internet, dans le grand débat organisé par le gouvernement. Comme c'est le cas pour les autres pétitions défendues ici aujourd'hui, **les 208 000 signataires** pour « Faire passer une loi pour contrer l'évasion fiscale » **sont ignorés par le gouvernement.**

Voilà ce qu'exige notre loi

Article 1 : Les entreprises dont le chiffre d'affaires dépasse 150 millions d'euros devront publier chaque année le chiffre d'affaire, le nombre d'employés, le bénéfice et le montant d'impôt payé, pour chaque pays où elles ou leurs succursales exercent leur activité. Ces données sont accessibles à tous les citoyens conformément à la déclaration des droits de l'homme.

Article 2 : En cas de falsification, le directeur général et le directeur financier sont passibles d'une peine de prison.

Article 3 : Dans le cadre d'une politique volontariste de transparence, en adéquation avec la Responsabilité Sociale de l'Entreprise, les entreprises, qui accepteront que ces informations soient rendues publiques avant la mise en application de la loi, se verront attribuer un label « entreprise fiscalement citoyenne »

Notre demande serait-elle irréaliste et conduirait-elle à la faillite des entreprises françaises ?

En février 2019, le 3eme opérateur mondial de téléphonie, Vodaphone, bien plus grand que nos opérateurs français Bouygues, free ou SFR, a mis sur son site web , à disposition de tous, toutes les données que nous exigeons. **C'est donc possible !**

Notre président s'il est respectueux des citoyens français, doit insérer notre loi dans son referendum. Les députés s'ils sont courageux doivent s'en saisir, si besoin avec le Referendum d'Initiative Populaire.

Face à nous, l'effondrement. **Finançons en France ce qu'il est urgent de financer** : transition énergétique, autonomie alimentaire, accès pour tous à la santé. Sinon, avec l'effondrement viendra la violence.

Aujourd'hui il est moins une. **Demain il sera trop tard.**

Liberté Egalité Fraternité **pour tous**.

Update du 3 mai 2019

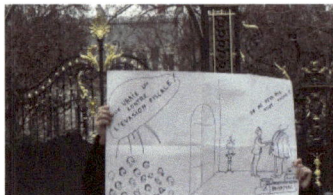

Gag : Le Président veut nous faire croire que la Cour des Comptes va chiffrer l'évasion fiscale

3 mai 2019 — Dans son discours de clôture du Grand Débat National, le Président Macron veut nous faire croire que la Cour des Comptes va chiffrer l'évasion fiscale des très grandes entreprises.

Nous avons imaginé une entreprise internationale fictive Optim-Fisc. La maison mère est anglaise avec une filiale en France (voir l'article sur mediapart ici)

Sans parler de fraude et en restant à la frontière de la légalité, mais dans la totale illégitimité, prolifère ce que nous spécialistes en finance et comptabilité appelons dans notre jargon la « comptabilité créatrice ». Le fisc ne peut souvent rien y redire.

Voici quelques exemples de « comptabilité créatrice » avec une filiale au Bas-Luxmudes qui est un paradis fiscal en raison de deux caractéristiques : taux d'imposition bas sur le bénéfice déclaré et absence de transparence des comptes.

Optim-Fisc peut déplacer du chiffre d'affaires au Bas-Luxmudes (Par exemple, Total a une filiale aux Bermudes dont le chiffre d'affaires est disproportionné avec l'extraction pétrolière et la vente de pétrole dans cette île confetti : lire ici).

Optim-Fisc peut déplacer des salariés. Dans nombre de filiales de grands groupes internationaux les bureaux sont vides. Des dizaines de cadres français de haut niveau peuvent travailler officiellement au Bas-Luxmudes pour payer moins d'impôts. En fait, ils travaillent principalement en France mais se déclarent à l'étranger.

Optim-Fisc peut jouer sur le prix de vente des produits d'une filiale à l'autre. Tant que le prix de vente d'un produit est « libre », une seule société filiale suffit à loger le bénéfice où l'on veut. Par exemple, si Optim-Fisc vend à sa filiale française les produits à leurs prix de revient, tous les bénéfices sont en France. Par contre, tous les bénéfices restent dans la maison mère anglaise si les produits sont vendus à un prix tel que la filiale française ne fasse pas de bénéfices.

Optim-Fisc peut jouer sur les charges, avec les prix de

transfert, et déplacer du bénéfice. Comment prouver qu'une équipe de conseil de Bas-Luxmudes n'a pas surfacturé un rapport « enjeux stratégique et marketing 2030 » qui a été fait en réalité par une équipe en France. Même si les prix de transfert sont davantage contrôlés aujourd'hui, les trous dans la raquette sont énormes.

La Cour des Comptes est aujourd'hui bien incapable sur notre exemple fictif et simple d'estimer l'évasion fiscale. Comment jugerait-elle de la crédibilité des opérations si l'on ajoutait une maison-mère chinoise qui rachèterait Optim-fisc ?

Le gouvernement prétend limiter l'évasion fiscale en en faisant chiffrer le montant à la Cour des Comptes.

Plutôt que ce gag pour nous enfumer, monsieur le Président réformez en urgence les règles fiscales et rendez les données fiscales de ces grandes entreprises accessibles à tous les citoyens.

!

change.org

Denis Dupré

décembre 2016

PETITION

Le RIC comme rempart contre l'évasion fiscale et la violence qui vient

L'avenir est bien plus sombre que le présent.

Je suis enseignant-chercheur à Grenoble, spécialisé en finance et éthique, et je pense que le Référendum d'Initiative Citoyenne peut nous aider à gérer la violence des confrontations entre nous et avec nos créanciers.

Changement climatique et épuisement des ressources naturelles accélèrent l'effondrement de notre capacité à produire des richesses. Comment assurer une vie digne à chacun ?

Surendettée de 2000 milliards d'euros, la France a commencé à vendre ses entreprises, ses terres et ses sources d'eau. Pour payer sa dette, jusqu'où la France va-t-elle devoir se soumettre ?

Ressentant cela, les Français sont au bord de la guerre civile, celle qui brise les familles et les amitiés. Comment piloter le navire dans la tempête ?

Avec le RIC, nous aurions pu faire voter dès 2016 une vraie loi contre l'évasion fiscale (signer la pétition ici). Nous aurions pu palier à la défaillance des 531 députés sur 577 qui se sont cachés pour ne pas voter une loi pour récupérer 80 milliards par an d'évasion fiscale des très grandes entreprises (voir ici).

Le Référendum d'Initiative Citoyenne permettrait de nous exercer à la démocratie ce que le système actuel ne permet pas. Dans les pays qui en disposent, le référendum à l'initiative des citoyens, dans un processus souvent sur plusieurs mois ou années, permet de confronter dans le calme, et non dans la rue, des arguments construits et étayés.

Le RIC permettrait à tous de s'intéresser aux affaires publiques au niveau local (eau, construction, décisions d'impact écologique, etc.) et national (évasion fiscale, etc.).

Un référendum à l'initiative des citoyens, ferait évoluer nos lois avec souplesse, en fonction de nos intérêts et des turbulences du monde à venir, et indépendamment des intérêts particuliers de nos politiques et des lobbies qui les tiennent.

Les lois doivent provenir du gouvernement et des députés mais aussi du peuple. A ceux qui préfèrent donner carte blanche à nos élus, je rappelle que depuis ces 40 dernières années, 25% de nos ministres ont été mis en examen et que bien des dictatures ont été instaurées non pas par le vote populaire mais par celui de leurs députés (lire ici).

Oui le RIC est un risque… un risque de transparence, un risque de partage de responsabilités. Un risque inacceptable pour certains qui se plaisent dans le système actuel et ne voient pas la Violence qui vient.

Imposons le RIC, un vrai outil pour débattre et faire face ensemble aux enjeux pour demain, en signant cette pétition.

Imposons le RIC en soutenant les autres pétitions qui l'exigent. Celle lancée en 2013 qui dépasse 200 000 signataires (ici) et celle issue du mouvement des gilets jaunes qui dépasse 300 000 signataires (ici).

APPEL POUR UNE TRANSITION SCIENTIFIQUE

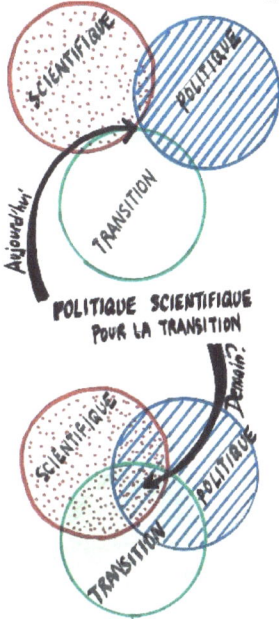

Chercheurs européens, nous sommes confrontés régulièrement à un grand écart entre les recherches qui nous sont proposées ou financées et celles que nous jugeons devoir développer d'urgence face à la crise climatique et à la préservation de la vie sur terre.

Il sera vain d'enseigner à nos étudiants le développement soutenable vis-à-vis des enjeux écologiques si nous n'offrons pas par nos recherches les outils pour le mettre en œuvre.

Une information passée presque inaperçue peut nous réveiller. Les chercheurs de l'école Polytechnique Fédérale de Lausanne viennent d'abandonner la recherche sur les transports à très grande vitesse, lancée par un concours organisé par le milliardaire Elon Musk. Ils choisissent désormais de se consacrer à la recherche sur l'efficience énergétique.

Alors que nous continuons massivement la « research-as-usual » traitant d'enjeux parfois inutiles voire nuisibles aux transitions, un travail gigantesque est à entreprendre dans tous les domaines scientifiques.

Par exemple, en biologie, un rééquilibrage de la recherche est nécessaire au profit de la connaissance et de l'utilisation soutenable des écosystèmes, dont les fonctionnements réels ont peu à voir avec les expérimentations de laboratoire et dont la méconnaissance fait fleurir les fausses bonnes solutions. Autre exemple en économie et finance : la recherche sur les impacts des produits financiers et de leurs cadres réglementaires, sur l'environnement et sur les sociétés reste quasi inexistante, sans parler de l'adaptation du système financier lui-même à la fragilité actuelle de la biosphère.

L'inertie du « paquebot Science » est visible dans les grandes revues internationales qui laissent peu de place aux thèmes en rapport avec les transitions, notamment ceux nécessitant une approche pluridisciplinaire. Les jeunes chercheurs aspirent naturellement à publier dans ces revues et ont du mal à s'orienter sur ces thèmes de recherche considérés comme risqués par les évaluations classiques et pourtant si urgents. Les équipes de recherche hésitent à sacrifier leur visibilité académique, base du classement international de leurs institutions et délaissent aussi ces thèmes.

Sans le soutien direct des présidents de nos institutions, le publish or perish continuera à dominer et les équipes de recherche continueront à dépendre de financements privés dont beaucoup préfèrent que le sujet sensible du changement des productions et des consommations dans nos sociétés soit évité. Comme il est préconisé dans le rapport mondial sur le développement durable 2019, les universités, les décideurs et les bailleurs de fonds de la recherche doivent accroître leur soutien à la recherche orientée par des missions dans le domaine des sciences de la durabilité et dans d'autres disciplines, tout en renforçant l'interface science-politique et société.

Nous ne voulons pas être piégés par les « indicateurs d'efficacité » de nos recherches inadaptées. Nous voulons faire bouger nos institutions pour préparer notre société à un monde en bouleversement rapide.

En incluant les chercheurs des associations et autres structures de la société civile, nous proposons de mettre en place de nouveaux programmes de recherche dans chaque grande école, chaque université et chaque institution de recherche dont nous sommes membres.

Nous soutenons la recherche fondamentale.

Nous demandons que nos états et l'Union européenne arrêtent les financements alloués aux recherches qui favorisent des productions incompatibles avec les transitions indispensables.

Nous demandons que les projets de recherche favorisant les transitions soutenables soient privilégiés et ne soient pas contraints à trouver un financement privé pour accéder au financement public. Pour soutenir ces projets, les équipes de recherche travaillant sur la transition ne doivent plus être jugées exclusivement sur les publications académiques, mais aussi sur l'évaluation ex-ante des possibles contributions de leur recherche à résoudre nos défis, c'est-à-dire sur le risque

scientifique qu'elles ont le courage de prendre.

Nous, chercheurs européens, remercions tous ceux qui appuieront notre demande auprès des décideurs et dans le grand public pour que cet enjeu collectif de l'orientation de la recherche n'ait pas une issue tragique.

La question de la transition scientifique est aujourd'hui vitale.

Liste des signataires :

Ivar Ekeland, Denis Dupré, Alain Grandjean, Gaël Giraud, Dominique Méda, Pierre-Henri Gouyon, Cécile Renouard, Marc-André Selosse, Dominique Bourg, Cynthia Fleury-Perkins, Denis Couvet, Claude Henry, Marie-Anne Cohendet, Jean Dominique Lebreton, Marc Lachieze Rey, Laurence Scialom, Marc Dufumier, Nathalie Ros, Loïc Blondiaux, Marie-Antoinette Mélières, Philippe Cury, Paul Dembinski, Thierry Libaert, Sophie Swaton, Jean-Pascal van Ypersele, Patrick Criqui, Corine Pelluchon, Alain Karsenty, Jeanne Fagnani, Sabrina Speich, Paul Jorion, Roland Perez, Frédérique Déjean, Sébastien Treyer, Alain Supiot, Michel Colombier, Hugues Chenet, William Sun, Marc Chesney, Pierre Ozer, Elisabetta Magnaghi, Antoine Hennion, Laurent Bégue-Shankland, Matthias Delescluse, Bruno Bouchard, Fabrice Flipo, Freddy Bouchet, Franck Jovanovic, Camille Minaudo, Cyril Fouillet, Jean Paul Moatti, Patrick Paul Walsh,

Luigino Bruni, Frédéric Landy, Christine Frison, Johannes Nissen, Bartlomiej Dessoulavy-Śliwiński, Poupaud Mariline, Jean-Bernard Stefani, Christine Verschuur, Toke Haunstrup Christensen, Peter Euler, Emmanuel Prados, Jean-Baptiste Fressoz, Jacques Lecomte, Didier Gascuel, Paul-Henri Romeo, Laurence Fauconnet, Jean-Louis Martin, Florence Jany-Catrice, Jean-Yves Courtonne, Hervé Demarcq, Peter Sturm, Pierre-Yves Longaretti, Michel Duru, Marie Dupré, Preston Perluss, Adrien Blanchet, Isabelle Chambost, Jean-Michel Servet, David Bourghelle, Ulf Clerwall, Laurent Labeyrie, Thierry Lebel, Thomas Lagoarde-Segot, Nicolas Nova, Antoine Rousseau, Hubert Gallée, Olivier Gandrillon, Alexandre Monnin, Adeline Bouchard, Frédéric Le Manach, Bruno Cessac, Aurélien Decamps, Pablo Jensen, Simon Persico, Armelle Philip, Florence Maraninchi, Claire Brossaud, Guillaume Salagnac, Hugo Joudrier, Virgile Perret, Patricia Martinerie, Julian Carrey, Jean-Christophe Clément, Marc Lenglet, Jürgen Knödlseder, Alain Falque, Catherine Hänni, Bruno Theret, Philippe Grandcolas, Emmanuel Faure, Didier Mallarino, Jacques Combaz, Florent de Dinechin, Eric Blayo, Jarne Philippe, Pierre Lemonde, Christophe Revelli, Jennifer Buyck, Pierre Guillon, Géraldine Sarret, Bryan Dufour, Nathalie Henrich Bernardoni, Séverine Durand, Claude Simon, Nedjma

Bendiab, Brigitte Nivet, Isabelle Pignatel, Jean Sébastien Suau, Danielle Dufour-Coppolani, Clément Gouriou, Vincent Jost, Olivier Gallot-Lavallée, Bruno Wilhelm, Guillaume Mandil, Sylvain Bouveret, Laurence Després, Catherine Laurent, Panthou Gérémy, Marion Leroutier, Gaël Guennebaud, Raquel Becerril-Ortega, Olivier Cépas, Philippe-E. Roche, Yamina Saheb, Pascal Barla, Claude Paraponaris, Cécile Perret, Eric Tannier, Claire Revol, Cyprien Tasset, Patrice Cayre, Hervé Le Crosnier, Joanne Clavel, Martine Olivi, Philippe Desbrières, Philippe MUSSI, Maxime Woringer, Anne Bobin-Bègue, Helene Schmutz, Romain Garrouste, Bertrand Berche, Pascal Mallet, Vincent Gaudillière, Quantin Guillaume, Rémi Servien, Ivan Bernez, Karine Leblanc, Yohan Penel, Maurine Montagnat, Mylène Bonnefoy, Laurent Bergès, Jean-Philippe Steyer, Frédéric Darboux, Fanny Dommanget, Sophie Madelrieux, Marc Pourroy, Emeline Baudet, Pierline Tournant, Grégoire Freschet, Didier Le Cœur, Denis Entemeyer, Ronan Le Cornec, Gwenaël Imfeld, Gérard Leboucher, Ivan Bernez, Jérôme Blanc, Annegret Nicolai, Gwenaël Kaminski, Luc Aquilina, Eveline Baumann, Etienne Rivot, Emilie Jardé, Nicolas Stouls, Olivier Godinot, Vincent Rossetto, Isabelle Chuine, Gérard Duvallet, Marie Bonnin, Isabelle Guérin, Lou Barbe, François Lesueur, Laurent Husson, Clovis Galiez, André Tiran, Stéphane Pouvreau, Olivier Le Pape, Laurence Le Poder, Laurent Memery, Yannick Biard, Hayo van der Werf, Rodéric Béra, Guillaume Guimbretière, Laure Pecquerie, Maryse Salles, Olivier Ragueneau, Anne Atlan, Matthieu Bravin, Youssef Fouad, Le Mouël Frédéric, Philippe Boltenhagen, Jean-Marc Bonneville, Laurent Jeanneau, Colin Fontaine, Romain Garrouste, Philippe Lesage, Catherine Macombe, Eva Risch, Juliette Langlois, Sophie Giffard-Roisin, Tom Wassenaar, Julien Lefèvre, Thierry Moutin, Cécilia Claeys, Nicolas Bruyant, Julien Maisonnasse, Maître de Conférences, Pierrick Chalaye, Christian Kerbiriou, Jean Louis Mugnier, Benoit Christian Viallon, Joël Savarino, Béatrice Bellini, Bernard Tourancheau, Stéphanie Monjon, Pierre Brasseur, Samuel Roturier, Arnaud Leconte, Gabriel Colletis, Anne Dievart, Patrick O'Sullivan, Nicolas Gratiot, Elisabeth Gressieux, Bernard Paranque, Christophe Alias, Pascal Lombard, Hélène Caune, Maryannick Rio, Erwan Lecoeur, François Chiron, Anne-Laure Amilhat Szary, Josyane Ronchail, Bénédicte Roche, Nicolas Deguines, Thomas Bolognesi, Xavier Faïn, Juan Fernandez-Manjarres, Jocelyne Ferraris, Sergi Pujades, Pierre Roumet, Xavier Robert, Martin Huret, Sandrine Vaton, Marie-Elodie Perga, Antoine Marin, Romain Vergne, Roland Hildebrand, Caroline Delaire, David Pot, Lionel Morel, Florence Faucher, Guillaume Idelon-Riton, Céline Belot, Thibault Goyallon, Anne-Laure Ligozat, Philippe Le Gall, Joelle Thollot, Sylvain Meignen, Julyan Arbel, Adeline Leclercq SamsonFacundo Muñoz, Philippe Marmottant, Anne-Cécile Meunier, Alexandra Couston, François-Xavier Viallon, Isabelle Delannoy, Bernard Quéguiner, Danièle Clavel, Odile Blanchard, Sophie Molia, Jean-Charles Sicard, Eric Ressouche, Jolan Reynaud, Ludovic Moreau, Florent Haffner, Emmanuel Busato, Aurélien Max, Thierry Pellarin, Audrey Michaud, Xavier Coquil, Ary Bruand, Hélène Magalon, Alexis Direr, Véronique Peyrache-Gadeau, Aurélien Tartrat, Chantal Gascuel, Eric Larose, Marc Benoit, Eric Suraud, Guillaume Carlier, Xavier Fourt, Valérie Stiger, Pascale Chabanet, Jacques Haury, Josefine Vanhille, Yann Brenier, Anaïs Médieu, Nadine Lebris, Raphaël Duboz, Stéphane Guédron, Jean-Marc Pierson, Isabelle Ducassy, Christophe Roturier, Virginie Simonet, Luis Reyes-Ortiz, Christian Chaboud, Antoine Boubault, Jocelyne Ferraris, Marc-Emmanuel Bellemare, Carole Plasson, Olivier Ridoux, David Conesa, Emmanuelle Piccoli, Christophe Lazaro, Hélène Hégaret, Sandrine Roy, Maxime Amblard, Philippe Eynaud, Chloe Lucas, Andreia Lemaître, Vincent Legrand, Véronique Viader, Bernard Garrigues, Patrice Meriaux, Carmen Armero i Cervera, Pascale Vielle, Michel Dietrich, François Pompanon, Aurélie Bugeau, Jean-Baptiste Durand, Antonio López-Quílez, Romain Lorrilliere, Sylvie jaffuel, Nicolas Maudet, Agathe Osinski, Hélène Cochet, Sibylle Bui, Sigrid

Pauwels, Aurélien   Evrard,   Bartiaux, Séverine Lagneaux
Vincent   Bellinkx, Françoise   …

Effondrement.
Choisir la violence ou la révolution.
Denis Dupré avec la complicité de Véronique Métay

Depuis vingt ans, j'ai publié une centaine d'articles… parce que face à ce qui m'apparaissait une urgence, je souhaitais participer à la réforme de nos manières de faire et de vivre ensemble.

La relecture de ces articles est un témoignage de ces combats et de la façon dont nos sociétés ont évolué ces dernières années.

Je crois, aujourd'hui, que face à l'effondrement certain que nous allons avoir à affronter, il s'agit d'opérer un retournement, individuellement et collectivement: une révolution.

Je crois, aujourd'hui, que les intérêts de ceux qui orientent notre monde mais vivent dans leur monde posent problème. Leur monde est à part, leur monde est maintenant détaché de notre monde. Ils ont largués les amarres. Leurs intérêts ne coïncident plus avec les nôtres.

La révolution n'empêchera pas l'effondrement, elle en limitera les effets destructeurs sur les sociétés et les individus.

Comme ceux qui en sont déjà acteurs, n'ayons pas peur de la violence de cette révolution, c'est le prix à supporter si nous souhaitons reprendre du pouvoir sur nos vies…